TRAITÉ

DES

GAINS NUPTIAUX

ET DE SURVIE,

QUI SONT EN USAGE DANS LES PAÏS

DE DROIT ÉCRIT.

TRAITÉ

DES

GAINS NUPTIAUX

ET DE SURVIE,

QUI SONT EN USAGE DANS LES PAÏS

DE DROIT ÉCRIT.

F. 5371.

F. 2690. porté

TRAITÉ

DES

GAINS NUPTIAUX
ET DE SURVIE,

QUI SONT EN USAGE DANS LES PAÏS

DE DROIT ÉCRIT,

TANT DU RESSORT DU PARLEMENT
DE PARIS, QUE DES AUTRES PARLEMENS.

CONTENANT

TOUT CE QUI CONCERNE LES AUGMENS DE DOT,
Agencemens, Contre-Augmens, Donations de Survie, Bagues & Joyaux, & autres Gains Nuptiaux & de Survie.

Par M. ANTOINE-GASPARD BOUCHER D'ARGIS, Avocat au Parlement.

A LYON,

Chez DUPLAIN, PERE & FILS, ruë Merciere.

____

M. DCCXXXVIII.

AVEC APPROBATION ET PRIVILEGE DU ROY.

PREFACE.

LES avantages qui ont lieu entre Conjoints, soit en vertu de la Loy ou d'un usage non écrit, soit aux termes de leur Contrat de Mariage, ou de quelque acte posterieur, sont sans contredit une des plus importantes matieres de la Jurisprudence ; il n'y en a guéres qui soit d'un usage plus frequent, & elle fait naître chaque jour de nouvelles questions très-difficiles à decider.

Plusieurs Auteurs nous ont donné divers Traités sur les avantages usités entre Conjoints dans les Païs Coutumiers, tels que la Communauté, le Préciput legal & le conventionnel, le Doüaire, les Ameublissemens, les Dons mutuels & autres Donations faites en faveur de Mariage.

Mais personne n'avoit encore traité *ex professo*, des Gains Nuptiaux & de Survie qui

ã iij

font en ufage dans les Païs de Droit Ecrit : car fi quelques Arrêtiftes en ont parlé dans leurs Recueils, ce n'eft qu'en paffant ; ce qu'ils en ont dit eft difperfé en divers endroits fugitifs, & quand on les raprocheroit tous, on n'y trouveroit pas encore des principes fuivis fur toutes les parties de cette matiere.

C'eft ce qui m'a engagé à faire le Traité des Gains Nuptiaux & de Survie que je prefente au Public.

Quoique je me fois attaché à reduire cet Ouvrage, pour ne pas rebuter le Lecteur par de trop longues Differtations, la matiere que j'y traite ne laiffe pas d'être étenduë par elle-même, puifqu'elle embraffe tout ce qui concerne l'Augment de Dot, ou Agencement, le Contre-Augment les Bagues & Joyaux, les Donations de Survie, les Dons de Coffres, Trouffeau, Habitation, Penfion viagere, les Habits de Deuil, l'année de Viduité & plufieurs autres droits refpectifs des Conjoints.

J'ai traité cette matiére par rapport à toutes les Provinces de France qui font regies par le Droit Ecrit, tant celles qui font du reffort du Parlement de Paris, comme Auvergne, Lyonnois, Forêts, Beaujolois, Mâconnois, que pour les Provinces qui font du reffort des Parlemens, que nous nommons Parlemens de Droit Ecrit; fçavoir, ceux de Grenoble, d'Aix, Touloufe, Bordeaux & Pau.

J'ai aussi fait mention de ce qui se pratique à cet égard dans quelques Provinces du ressort des Parlemens de Besançon, Dijon, & Metz, lesquelles sont regies en tout ou partie par le Droit Ecrit.

Et pour ne rien obmettre de l'usage des Païs de Droit Ecrit, j'ai expliqué les Gains Nuptiaux & de Survie qui se pratiquent dans l'Alsace & le Roussillon, deux Provinces qui sont chacune soûmises à un Conseil Souverain, & sont principalement regies par le Droit Ecrit.

Quant à l'ordre de cet Ouvrage, on trouvera dans les quatorze premiers Chapitres une notion de chaque Gain Nuptial en particulier : les Chapitres suivans contiennent les Regles qui sont communes aux differens Gains Nuptiaux, & les exceptions qu'il faut faire à l'égard de quelques-uns.

J'ai tâché de rassembler tout ce qui a rapport à cette matiere, soit dans les Loix Romaines, & dans quelques Coûtumes, soit dans les Edits & Declarations du Roy, soit enfin dans les Arrêtistes & les Auteurs. J'ai même recüeilli les differens usages locaux non écrits, & pour m'en instruire, je me suis adressé sur les lieux à des personnes éclairées, dont plusieurs ont eu la bonté de me procurer des Actes de notorieté, des Consultations & Memoires que j'ai inseré à la suite de mon Traité, parmi les pieces justificatives.

P R E F A C E.

Lorſque cet Ouvrage étoit ſur le point de
paroître , on m'envoya de Lyon un Memoire
contenant quelques Obſervations ſur mon Traité , ce qui m'a déterminé à faire des Additions
dans leſquelles j'ai rapporté ces Obſervations
avec mes réponſes ; j'en parlerai plus particulierement dans l'Avis qui précede ces Additions.

TABLE
DES CHAPITRES
Contenus dans ce Traité.

ē

TABLE DES CHAPITRES.

Fin de la Table des Chapitres.

TABLE

DES PIECES JUSTIFICATIVES.

Fin de la Table des Pieces Justificatives.

TABLE

DES ADDITIONS AU TRAITÉ
DES GAINS NUPTIAUX
ET DE SURVIE,

Contenant des Obſervations faites par M***
Et les Reponſes de l'Auteur.

TABLE DES OBSERVATIONS.

Fin de la Table des Obſervations.

PRIVILEGE DU ROY.

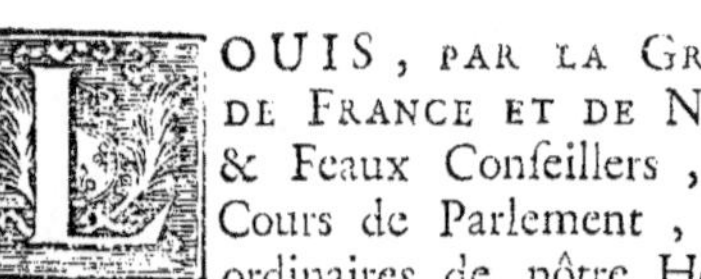OUIS, PAR LA GRACE DE DIEU, ROY DE FRANCE ET DE NAVARRE ; à nos Amez & Feaux Conseillers, les Gens tenans nos Cours de Parlement, Maîtres des Requêtes ordinaires de nôtre Hôtel, Grand Conseil, Prevôt de Paris, Baillifs, Sénéchaux, leurs Lieutenans Civils & autres nos Justiciers qu'il appartiendra, SALUT. Nôtre bien amé DUPLAIN, Libraire à Lyon : Nous ayant fait remontrer qu'il souhaiteroit continuer à faire réimprimer & donner au Public : *Le Dictionnaire de Richelet ; Traité de l'Abus, par Fevret ; Vies des Saints, avec des Reflexions, par Rebeyrolis ; Journal des Saints, par le Pere Grosez ; Traité des Gains Nuptiaux & de Survie, dans les Païs de Droit Ecrit ;* s'il Nous plaisoit lui accorder nos Lettres de continuation de Privilege sur ce necessaire ; offrant pour cet effet de les faire réimprimer en bon Papier & beaux Caracteres, suivant la feüille imprimée & attachée pour modéle sous le contre-scel des Presentes ; A CES CAUSES, voulant traiter favorablement ledit Exposant, Nous lui avons permis & permettons par ces Presentes, de faire réimprimer lesdits Livres ci-dessus specifiés, en un ou plu-

fieurs Volumes , conjointement ou feparément , & autant
de fois que bon lui femblera , fur Papier & Caracteres
conforme à ladite feüille imprimée & attachée fous nôtredit Contre-Scel ; & de les vendre , faire vendre , & debi-
ter par tout nôtre Royaume , pendant le tems de neuf
Années confecutives, à compter du jour de la date defdites
Prefentes. FAISONS défenfes à toutes fortes de Perfonnes
de quelque qualité & condition qu'elles foient , d'en introduire d'impreffion étrangere dans aucun lieu de nôtre
obéïffance ; comme auffi à tous Libraires , Imprimeurs &
autres , d'imprimer , faire imprimer , vendre , faire vendre ,
débiter ni contrefaire lefdits Livres , ci - deffus fpecifiés ,
en tout ni en partie , ni d'en faire aucun Extrait , fous
quelque pretexte que ce foit , d'augmentation , correction ,
changement de titre ou autrement , fans la permiffion
expreffe & par écrit dudit Expofant , ou de ceux qui auront droit de lui , à peine de confifcation des Exemplaires
contrefaits , de fix mille livres d'Amende contre chacun
des contrevenans , dont un tiers à Nous , un tiers à
l'Hôtel-Dieu de Paris , l'autre tiers audit Expofant , &
de tous dépens , dommages & interêts ; à la charge que
ces Prefentes feront enregiftrées tout au long fur le Regître de la Communauté des Libraires & Imprimeurs de
Paris , dans trois Mois de la date d'icelles ; que l'impreffion de ces Livres fera faite dans nôtre Royaume , & non
ailleurs , & que l'Impetrant fe conformera en tout aux
Reglemens de la Librairie , & notamment à celui du dixiéme Avril 1725. & qu'avant que de les expofer en vente ,
les Manufcrits ou Imprimés qui auront fervi de Copie à
l'impreffion defdits Livres , feront remis dans le même
état où les Approbations y auront été données , ès mains
de nôtre très-cher & feal Chevalier , le Sieur DAGUESSEAU ,
Chancelier de France, Commandeur de nos Ordres ; &
qu'il en fera enfuite remis deux Exemplaires de chacun
dans nôtre Bibliothéque Publique , & un dans celle de nôtre
Château du Louvre , un dans celle de nôtredit très-cher &
Feal Chevalier , le Sieur DAGUESSEAU , Chancelier de

France , Commandeur de nos Ordres ; le tout à peine
de nullité des Prefentes , du contenu defquelles vous
Mandons & enjoignons de faire joüir l'Expofant ou fes
ayans caufe , pleinement & paifiblement , fans fouffrir
qu'il leur foit fait aucun trouble ou empêchement. Voulons que la Copie defdites Prefentes qui fera imprimée
tout au long , au commencement ou à la fin defdits
Livres , foit tenuë pour duëment fignifiée , & qu'aux
Copies collationnées par un de nos Amez & Feaux Confeillers & Secretaires , foy foit ajoûtée comme à l'Original. Commandons au premier nôtre Huiffier ou Sergent ,
de faire pour l'execution d'icelles , tous Actes requis &
neceffaires , fans demander autre Permiffion , & nonobftant
Clameur de Haro , Chartre Normande , & Lettres à ce
contraires : CAR TEL EST NÔTRE PLAISIR , Donné à
Paris , le cinquiéme jour d'Avril , l'An de Grace Mil fept
cens trente-fept , & de nôtre Regne le vingt-deuxiéme.

Par le Roy en fon Confeil,
SAINSON.

*Regîtré fur le Regître IX. de la Chambre. Royale des
Libraires & Imprimeurs de Paris , N° 438. fol. 399. Con-
formément aux anciens Reglemens , confirmés par celui du 28.
Fevrier , 1723. & à la charge de fournir les huit Exemplaires
à ladite Chambre Royale des Libraires & Imprimeurs de Paris.
A Paris , le 9. Avril 1737.*

G. MARTIN, Syndic.

TRAITÉ

TRAITÉ
DES
GAINS NUPTIAUX
ET DE SURVIE,
QUI SONT EN USAGE DANS LES PAÏS
DE DROIT ÉCRIT.

✠✠✠✠✠✠✠✠✠✠✠✠✠✠✠;ꝏ:✠✠✠✠✠✠✠✠✠✠✠✠✠✠✠✠

CHAPITRE PREMIER.
Des Gains Nuptiaux & de Survie en general.

SOMMAIRE.

I. Toutes les Loix accordent des Gains Nuptiaux , & surtout des Gains de Survie.

II. Quels Gains Nuptiaux & de Survie sont usitez en Païs Coûtumier.

III. Quels Gains Nuptiaux & de Survie sont usitez en Païs de Droit Ecrit.

IV. Droits qui ont quelque rapport avec les Gains Nuptiaux & de Survie.

1. LE Nom de Gains Nuptiaux , pris dans un sens étendu , comprend generalement tous les avantages que se font les Conjoints en consideration de leur Ma-

riage , foit avant qu'il foit contracté ou depuis , & tant en Païs Coûtumier , que dans les Païs de Droit Ecrit.

Les Gains de Survie confiderez auffi en general , peuvent s'entendre de tous les avantages faits entre toutes fortes de Perfonnes , en faveur du furvivant.

Les Gains Nuptiaux & de Survie , proprement dits , & qui font l'objet de ce Traité , font les avantages qui fe pratiquent entre Conjoints , dans les Païs de Droit Ecrit.

Parmi les avantages qui font en ufage entre Conjoints dans les Païs Coûtumiers , il y a bien auffi des Dons en faveur de Mariage , & en faveur du Survivant des Conjoints ; mais on ne les nomme pas Gains Nuptiaux , ni de Survie , ils font plus communément connus fous le nom General de Conventions Matrimoniales , & chacune de ces Conventions a fon nom particulier , different de ceux des Gains Nuptiaux & de Survie , ufitez dans les Païs de Droit Ecrit.

Cette difference des avantages ufitez entre Conjoints , dans les Païs de Droit Ecrit , d'avec les avantages ufitez entre Conjoints dans les Païs Coûtumiers , ne confifte pas feulement dans la difference des Noms , & la diftinction de leur Nom n'eft pas inutile ; car elle fert à determiner en general & en particulier la nature des differens avantages qui fe pratiquent entre Conjoints , & la maniere dont ils doivent être reglés.

Ainfi quoiqu'en Païs de Droit Ecrit , les Gains Nuptiaux & de Survie en general , y tiennent le même rang que les Conventions Matrimoniales tiennent en Païs Coûtumier ; cependant les Gains Nuptiaux & de Survie fe reglent tout autrement que les Conventions Matrimoniales.

Et il en eft de même pour chaque Droit en particulier : par exemple , l'Augment de Dot qui dans les Païs de Droit Ecrit , tient lieu du Doüaire , ufité dans les Païs Coûtumiers , ne fe regle cependant pas de la même maniere.

Il y a furtout peu d'uniformité entre les differences Loix & Coûtumes fur les avantages qui ne font donnés qu'en confideration du Mariage, indépendamment de la Survie, ou du Predecès des Conjoints ; outre que la nature & les conditions de ces avantages ne font pas partout reglez de la même maniere, il y a beaucoup de Loix & de Coûtumes qui ne donnent rien à ce Titre, s'il n'y a rien de ftipulé par le Contrat de Mariage.

Il n'en eft pas de même des avantages accordés à l'un des Conjoints en faveur de fa Survie, ces fortes davantages paroiffent fondés fur un vœu commun de toutes les Loix, & quoique les differentes Loix & Coûtumes de chaque Païs, foient contraires dans leurs difpofitions fur la plûpart des matieres, elles femblent néanmoins fe réünir en ce point, qu'elles ont prefque toutes pour objet d'accorder au Survivant des Conjoints, quelque avantage fur les biens du Predecedé, & furtout d'affurer à la Femme, lorfque c'eft elle qui furvit, une fubfiftance honorable fur les biens de fon Mari.

Ces Gains de Survie ne font pas, il eft vrai, partout uniformes ; ceux des Païs Coûtumiers font totalement differens de ceux des Païs de Droit Ecrit, chaque Province a même fur cette matiere fes ufages particuliers.

Mais la diverfité de ces ufages n'eft que dans la forme, dans la quotité & les conditions de ces avantages accordés au Conjoint en cas de Survie ; & les Coûtumes les moins favorables accordent au Survivant quelque avantage plus ou moins confiderable, foit en propriété, foit en ufufruit.

Pour connoître en quoi les Gains Nuptiaux & de Survie des Païs de Droit Ecrit, different des Conventions Matrimoniales des Païs Coûtumiers ; il faut commencer par donner une idée des divers avantages qui fe pratiquent entre Conjoints dans les Païs Coûtumiers, foit en confideration du Mariage feulement, foit en faveur du Conjoint Survivant.

I I. Le Droit le plus general du Païs Coûtumier, eft que les Conjoints font communs en tous biens Meubles

& conquêts Immeubles : après le decès de l'un des Conjoints , la Communauté de biens se partage par moitié , entre le Survivant & les Heritiers du Predecedé.

Suivant l'ancien usage des Gaules , le Survivant des Conjoints prenoit seul en pleine proprieté tous les biens mis en Communauté , & les Fruits qui en étoient provenus pendant le Mariage. Cet usage nous est attesté par Jules Cesar , dans ses Commentaires *de Bello Gallico , Lib. 6. n. 4. viri quantas pecunias ab uxoribus dotis nomine acceperunt tantas ex suis bonis estimatione factâ cum dotibus communicant : hujus omnis pecuniæ conjunctim ratio habetur , fructusque servantur ; uter eorum vitâ superavit , ad eum pars utriusque cum fructibus superiorum temporum pervenit.*

Cet ancien usage suivant lequel tout le bien de la Communauté appartenoit au Survivant des Conjoints , ne s'est pas conservé jusqu'à nous , & le Survivant n'a plus aujourd'hui que la moitié de la Communauté ; en sorte que ce Droit n'est plus un Gain de Survie , mais seulement un Gain Nuptial.

L'usage d'avantager le Survivant , n'est cependant pas aboli dans les Païs Coûtumiers , & il y a encore plusieurs avantages en faveur du Survivant , qui se prennent tant sur les biens de la Communauté , que sur tous les autres biens du Predecedé.

1°. On stipule quelquefois dans les Contrats de Mariages des Païs Coûtumiers , que tous les biens qui se trouveront dans la Communauté au jour du decès de l'un des Conjoints , appartiendront au Survivant , s'il n'y a point d'Enfans de leur Mariage : ces sortes de Conventions sont surtout assez ordinaires entre les Habitans de la Campagne , c'est ce qu'ils appellent : *faire au plus vivant les biens ;* & telles stipulations sont valables dans toutes les Coûtumes où il est permis de disposer entre-vifs de la totalité de ses Meubles & conquêts Immeubles.

2°. Quelques Coûtumes accordent au Survivant un avantage sur les biens acquis en commun , & cela de droit , & sans qu'il soit necessaire de le stipuler,

Chap. I. *Des Gains Nuptiaux en general.* 5

Par exemple, la Coûtume du Maine, Artic. 299. porte que *le Survivant des deux Conjoints par Mariage qui ont fait acquêts de choses Immeubles durant leur Mariage, pourvû qu'au tems du decès du premier Trépasſé, ils ſoient communs en biens, à droit de tenir iceux acquêts, moitié en pleine proprieté, & l'autre moitié par uſufruit & viage ſeulement, & dont ledit Survivant ſe peut dire & porter ſaiſi & s'en douloir & complaindre & apleger s'il y eſt troublé ; & après le decès du Survivant, iceux acquêts ſe departiront entre les Heritiers du premier Trépaſſé, & les Heritiers du Survivant, &c.*

La Coûtume d'Anjou, article 283. contient une diſpoſition preſque ſemblable à celle de la Coûtume du Maine, elle porte que *le Survivant de deux Conjoints par Mariage* (Liberis exiſtentibus) *aura les acquêts, moitié en proprieté & moitié en uſufruit tant qu'il ſera en Viduité, à la charge de nourrir & entretenir les Enfans Mineurs tant qu'ils ſoient en âge, & ſi ledit Survivant ſe remarie, leſdits acquêts ſe departiront entre icelui Survivant & les Heritiers du premier Decedé, ou leur repreſentation en ligne directe, & s'il n'y a aucuns Enfans, ledit Survivant aura tous leſdits acquêts, moitié en proprieté, & l'autre en uſufruit.*

La Coûtume de Paris, donne auſſi au Survivant quelque droit ſur la part du Predecedé ; l'article 230. de cette Coûtume, porte que *la moitié des conquêts avenuë aux Heritiers du Trépaſſé, eſt le propre heritage deſdits Heritiers, tellement que ſi leſdits Heritiers vont de vie à trepas, ſans hoirs de leur corps, icelle moitié retourne à leur plus prochain Heritier, du côté & ligne de celui deſdits Mariés, par le trepas duquel leur eſt avenuë ladite moitié : deſquels biens touteſfois les Pere ou Mere, Ayeul ou Ayeule, ſuccedans à leurs Enfans, joüiront par uſufruit leur vie durant, au cas qu'il n'y ait aucuns deſcendans de l'Acquereur.*

3°. Dans preſque tous les Contrats de Mariage où les Conjoints établiſſent entre eux Communauté de biens, il eſt d'uſage de ſtipuler en faveur du Survivant un Préciput, qui conſiſte dans le droit de prendre une certaine portion de Meubles ou une ſomme d'Argent, ſur toute la maſſe de la Communauté , hors part & fans aucune diminution de ce qui doit revenir au Survivant du refte de la Communauté.

4°. Outre le Preciput conventionnel , dont on vient de parler , il y a un grand nombre de Coûtumes qui donnent au Survivant des Conjoints Nobles , tous les Meubles & effets Mobiliers en proprieté , lorfqu'il n'y a point d'Enfans , à la charge de payer les dettes & funerailles du Prédecedé ; c'eft ce que l'on appelle le Préciput legal des Nobles.

5°. Avec la Communauté de biens , les Préciputs conventionnels ou legaux , & autres avantages ; la plûpart des Coûtumes donnent encore à la Femme furvivante , le droit de prendre fa vie durant l'ufufruit de la moitié de certains biens du Mari ; c'eft ce que l'on appelle Doüaire , dont la proprieté appartient aux Enfans , foit que la Femme ait furvecu ou predecedé fon Mari ; en forte que cet avantage n'eft pas fondé fur la furvie , & n'eft établi qu'en faveur du Mariage,

Dans une partie des Coûtumes , ce Doüaire eft de la moitié des biens qui y font fujets ; telle eft la difpofition de la Coûtume de Paris , & d'un grand nombre d'autres Coûtumes femblables.

Dans quelques Coûtumes , le Doüaire n'eft que du tiers des biens qui y font fujets , telle eft la difpofition de la Coûtume de Tours , article 326. & 338. Anjou , art. 299. Maine , art. 313. & de plufieurs autres.

6°. Toutes les Coûtumes autorifent les Futurs Conjoints à fe faire par leur Contrat de Mariages telles Donations qu'ils jugent à propos , foit fimples ou mutuelles , en ufufruit ou en proprieté , même des Donations univerfelles , foit au Survivant d'eux , foit à l'un d'eux , purement & fimplement : & ces fortes de Donations font valables toutes les fois qu'elles n'excedent point ce dont il eft permis de difpofer entre-vifs par les Coûtumes , & n'empêchent pas que le Conjoint ne prenne en même-tems fes autres droits , tels que la Communauté , le Préciput , le Doüaire , &c.

7°. Presque toutes les Coûtumes permettent aux Conjoints qui n'ont point d'enfans de se faire pendant le mariage don mutuel, pour joüir par le Survivant sa vie durant, de la part qui appartenoit au predecedé dans la Communauté.

8°. Quelques Coûtumes, comme celle de Paris, article 281. permettent encore aux Conjoints, même lorsqu'ils ont des enfans, de faire en faveur du Survivant d'eux une convention suppleante au don mutuel, pourvû que ce soit en mariant leursdits Enfans.

Dans la Coûtume de Normandie, suivant l'article 374. il n'y a point de Communauté de biens entre les Conjoints, ni par consequent aucun Préciput légal ni conventionnel ; mais la femme a dans les biens acquis par son mari une certaine portion qui se regle differemment, selon la situation des biens, articles 329. & 330. & outre cette portion, elle a encore en cas de survie pour son Doüaire l'usufruit du tiers de certains biens de son mari.

Quelques Coûtumes donnent à la femme droit de Communauté, & ne lui accordent aucun Doüaire, à moins qu'il ne soit stipulé ; telles sont les Coûtumes de la Rochelle, art. 48. Xaintonge, art. 76. la Ville de Boulogne, art. 99. Berry, titre 9. art. 12.

Parmi les Coûtumes même les plus voisines des Païs de Droit Ecrit, on ne trouve gueres que la Coûtume de la Marche, qui ne donne à la femme ni Communauté, ni Doüaire, ni aucun autre avantage, & ne lui permet de prendre que ce qui est expressément stipulé par son Contrat de Mariage ; cette Coûtume autorise seulement les Donations Mutuelles en faveur du Survivant, & permet de les faire même pendant le mariage.

Tels sont les usages les plus generaux des Païs Coûtumiers, sur les avantages entre Conjoints. Nous ne nous y arrêterons pas davantage ; cette matiere étant déja amplement traitée par plusieurs Auteurs, & d'ailleurs n'étant pas de nôtre objet, il suffit d'en avoir donné une idée , pour faire connoître quel eſt l'eſprit general des Loix ſur les avantages entre Conjoints ; la difference qu'il y a entre les Gains Nuptiaux & de Survie des Païs de Droit Ecrit, & les Conventions Matrimoniales des Païs Coûtumiers , & que malgré la diverſité qu'il y a ſur cette matiere entre les differentes Loix & Coûtumes , le vœu commun de toutes les Loix eſt d'accorder au ſurvivant des Conjoints, quelque avantage , & ſur tout d'aſſurer à la femme , lorſque c'eſt elle qui ſurvit, une ſubſiſtançe honorable ſur les biens de ſon mari predecedé.

III. Les Loix des Païs de Droit Ecrit ont bien ſur cette matiere le même eſprit que celles des Païs Coûtumiers ; mais leurs diſpoſitions ſont fort differentes.

1°. En Païs de droit Ecrit , il n'y a ni Communauté , ni Doüaire , ni Préciput , ni aucun des autres droits qui ſont une ſuite de la Communauté , parce que ces ſortes de Conventions Matrimoniales étoient inconnuës dans le Droit Romain , qui eſt la Loi principale de ces Païs.

Il y a ſeulement quelques Provinces , qui, quoique regies principalement par le Droit Romain , ont des Coûtumes locales , qui accordent à la Femme Communauté & Doüaire , telles que les Coûtumes de la Duché & Comté de Bourgogne.

Dans toutes les autres Provinces qui n'ont point de ſemblables Coûtumes , il n'y a ni Communauté ni Doüaire ; on peut bien y en ſtipuler par une clauſe expreſſe du Contrat de Mariage , parceque ces ſortes de Contrats ſont ſuſceptibles de toutes ſortes de clauſes qui ne ſont point contre les bonnes mœurs ; mais ces ſortes de ſtipulations n'y ſont pas ordinaires.

2°. Quoique toutes ſortes de Donations ſimples ou mutuelles portées par le Contrat de Mariage , ſoient permiſes par le Droit Romain , auſſi-bien que par nos Coûtumes , cependant communément dans les Païs de Droit Ecrit , les Donations entre Conjoints ne ſe ſtipulent pas comme dans le Païs Coûtumier ſimplement ſous le nom & la forme des Donations ordinaires ; on les ſtipule

ſous

fous d'autres noms qui font particuliers , chacun à une certaine efpece de Donation , & qui fervent à en determiner l'objet , & à en regler la nature.

3°. Suivant le Droit Romain obfervé à cet égard dans tous les Païs de Droit Ecrit , les Conjoints ne peuvent depuis le mariage fe faire aucune Donation , pas même reciproque , ni en faveur du Survivant; ils ne peuvent fe faire aucun don mutuel ; toutes Donations entre-vifs font prohibées entre eux , *Toto titulo de Donat. inter vir. & ux. ff. & Cod.* & on ne leur a laiffé que la faculté de s'avantager par Teftament.

Il eft vrai que fuivant la Loi *cum hic ftatus* 32. au Digefte *de Donation. inter vir. & ux.* les Donations entre-vifs faites entre Conjoints , ne font pas abfolument nulles , & qu'il eft feulement dit qu'elles ne peuvent avoir l'effet des Donations entre-vifs , qu'elles font revocables jufques à la mort du Donateur , comme de véritables Donations à caufe de mort ; & que fi le Donateur meurt fans les avoir revoqué , elles font confirmées par fa mort , & commencent à valoir comme Donations à caufe de mort.

Mais cette Loi ne peut plus être obfervée depuis l'Ordonnance du mois de Fevrier 1731. concernant les Donations qui porte article 3. *Que toutes Donations à caufe de mort , à l'exception de celles qui fe feront par Contrat de 'ariage , ne pourront dorénavant avoir aucun effet , dans les Pais , même où elles font expreßément autorifées par les Loix ou par les Coûtumes , que lorfqu'elles auront été faites dans la même forme que les Teftamens ou les Codicilles ; en forte qu'il n'y ait à l'avenir dans nos Etats que deux formes de difpofer de fes biens à titre gratuit , dont l'une fera celle des Donations entre-vifs , & l'autre celle des Teftamens ou des Codicilles.*

Ainfi comme fuivant le Droit Romain , toutes Donations entre-vifs font prohibées entre Conjoints , & qu'aux termes de l'Ordonnance des Donations , on ne reconnoît plus de Donations à caufe de mort ; il eft vrai de dire qu'en Païs de Droit Ecrit , les Conjoints ne peuvent plus s'avantager que par Teſtament ou Codicille ; à la difference des Païs Coûtumiers où les Conjoints peuvent encore depuis le mariage ſe faire certains avantages, même par des Actes conçûs entre-vifs.

4.°. Ce qu'il y a encore de plus ſingulier dans l'uſage des Païs de Droit Ecrit ſur les avantages entre Conjoints, c'eſt que quoi qu'on n'y ait pas adopté, les uſages des Païs Coûtumiers ſur cette matiere, on n'y obſerve pas non plus ce qui ſe pratiquoit à cet égard dans le Droit Romain, les Donations à cauſe de Nôces, & les autres Gains Nuptiaux des Romains n'y ſont point uſités, en quoi ces Païs ſe ſont écartés du Droit Romain, qui eſt leur Loi principale.

On obſerve bien encore dans les Païs de Droit Ecrit quelques-unes des Loix Romaines qui contiennent des regles generales & communes pour tous les Gains Nuptiaux ; telles que celles qui concernent la Virile, la Reſerve en faveur des enfans, &c. mais pour celles qui concernent la forme & les regles particulieres des Donations à cauſe de Nôces & autres Gains Nuptiaux uſités chez les Romains, elles ne ſont point obſervées dans les Païs de Droit Ecrit.

Au lieu des Donations uſitées chez les Romains, & de celles qui ſe pratiquent dans les Païs Coûtumiers, les Conjoints en Païs de Droit Ecrit ſe font d'autres avantages qui ſont la plûpart des Gains de Survie, & qui conſiſtent en ce que l'on donne au Survivant une certaine portion des biens du predecedé, ce que l'on appelle communément *Gain de Nôces* ou *de Survie*, & même quelquefois *Augment*.

Ce Droit d'Augment, Gain de Nôces ou de Survie, a lieu dans preſque tout les Païs de Droit Ecrit ; mais ſur la quotité & les conditions de cet avantage, l'uſage des differentes Provinces de Droit Ecrit n'eſt pas plus uniforme que celui des differentes Coûtumes ſur la Communauté & le Doüaire, & comme ces Augmens ne ſont la plûpart reglés par aucune Loi fixe, il y en a preſque autant de fortes qu'il y a de Provinces où ils font en ufage.

Dans la plûpart des Provinces de Droit Ecrit , on donne à la femme furvivante en recompenfe & à proportion de fa Dot , une certaine portion des biens de fon mari , c'eft ce que l'on nomme proprement *Augment de Dot* , en quelques endroits *Agencement* & en d'autres *Donation à caufe de Nôces* ou *pour Nôces* : cette efpece d'Augment eft en ufage dans les Parlemens de Touloufe , Bourdeaux , Pau , Grenoble , dans les Provinces de Lyonnois , Forêts , Beaujolois , Bugey , Gex & Valromey , & en quelques endroits de l'Auvergne.

Avec cet Augment de Dot principal , la femme furvivante a encore en quelques Provinces un autre Augment moins confiderable , & fubordonné au premier , qui fe regle auffi à proportion de la Dot , c'eft ce que l'on nomme Droit de *Bagues & Joyaux ;* tel eft l'ufage des Provinces de Dauphiné , Lyonnois , Forêts , Beaujolois , Bugey , Gex & Valromey.

On ftipule auffi allez communément dans la plûpart des Païs de Droit Ecrit pour la Femme furvivante , un Droit d'habitation dans quelqu'une des maifons du mari.

Dans quelques - uns des Parlemens de Droit Ecrit , comme Bourdeaux & Pau , le mari furvivant prend auffi par forme de Gain de Survie une certaine portion de la Dot de fa femme predecedée , ce que l'on nomme communément , contre - Augment ou Droit de Retention , à caufe que ce Gain de Survie eft une efpece d'Augment oppofé à celui que devoit gagner la femme en cas de predecès de fon mari , & qu'il fe retient fur la Dot de la femme.

En quelques Provinces , comme Provence , Breffe , & Mâconnois , au lieu d'Augment de Dot proprement dit , de Bagues & Joyaux , & de contre-Augment , on ftipule en faveur du furvivant , foit la femme ou le mari , une autre forte d'Augment qu'on appelle *Donation de Survie.*

Outre ces Donations de Survie , les Conjoints ftipulent

quelquefois en faveur du survivant d'eux , une pension viagere.

Et en quelques endroits , comme en Provence , outre la Donation de Survie & les pensions viageres , on stipule encore au profit du survivant un Droit de Coffres , Hardes , Trousseau & Joyaux.

On stipule aussi quelquefois des équipages pour le survivant , & même une certaine quantité de meubles pour l'usage de la femme , en cas que ce soit elle qui survive ; ce que l'on appelle communément Don de *Chambre Garnie , ou Chambre Tapissée ;* ces sortes de stipulations ont sur tout lieu en Provence , en Dauphiné , & en Bresse.

En Alsace , les gens mariés ont le droit de Devolution , la Coûtume de Ferrète , & le Morgengaab qui sont des Gains Nuptiaux & de Survie.

Dans le Roussillon , la femme survivante a le Droit de Tenute , la Bague Nuptiale , les Habits usuels , & le Sponsalici ou Sercix.

IV. Enfin dans tous les Païs de Droit Ecrit , la femme survivante prend son deüil & son année de Viduité sur la succession de son mari , le survivant des Conjoints , soit le mari ou la femme , a le Droit de succeder au predecedé à défaut de parens , en vertu du titre *unde vir & uxor ;* & en cas qu'il y ait quelque parent qui se porte heritier du predecedé , on accorde au Conjoint survivant , s'il est pauvre , un quart des biens du predecedé , aux termes de l'authentique *præterea Cod. unde vir & uxor ,* ce que l'on appelle communément la quarte de l'authentique *præterea.*

Tels sont en general tous les differens avantages usités entre Conjoints dans les Païs de Droit Ecrit. Presque tous ces avantages sont des Gains de Survie , & c'est pour cela que l'on comprend souvent tous les Gains Nuptiaux des Païs de Droit Ecrit , sous le nom de Gains de Survie.

Cependant il y a quelques-uns des Gains Nuptiaux usités dans ces Païs de Droit Ecrit , qui ne sont établis qu'en consideration du mariage , indépendamment de la

Survie ou du predecès des Conjoints , & qui parconfe-
quent ne font point des Gains de Survie ; c'eft ce qui
fait que l'on a intitulé ce Traité , des Gains Nuptiaux
& de Survie , afin d'y comprendre generalement tous les
avantages que fe peuvent faire les Conjoints dans les Païs
de Droit Ecrit.

On vient d'expliquer fommairement dans ce Chapitre ,
quels font les avantages ufités entre Conjoints dans chacune des Provinces de Droit Ecrit , il feroit à fouhaiter
que l'on pût dans autant de Chapitres particuliers traiter
à fond l'ufage de chaque Parlement de Droit Ecrit , &
même de chaque Province ; mais on feroit obligé de repeter trop de fois la même chofe , parce qu'il y a beaucoup
d'ufages communs à plufieurs Provinces & Parlemens de
Droit Ecrit ; quelques-uns de ces ufages font même obfervés dans tous les Païs de Droit Ecrit.

Ainfi tout ce que l'on peut faire , eft d'indiquer d'a-
bord , comme on l'a fait , quels Gains Nuptiaux & de
Survie font en ufage dans chaque Province ; dans les Chapitres fuivans , on traitera plus particulierement chaque
matiere ; enfuite dans le refte de cet Ouvrage , on expliquera les regles qui font communes à tous les Gains
Nuptiaux & de Survie , & s'il fe rencontre quelque exception ou ufage particulier obfervé dans quelques Provinces fur certaines matieres , on les remarquera en leur
lieu.

Commençons par la matiere de l'Augment de Dot ,
qui eft la plus importante & la plus étenduë.

✱✱✱✱✱✱✱✱:✱✱✱✱✱✱✱✱✱✱✱✱✱✱✱✱✱✱✱✱✱✱✱

CHAPITRE SECOND.

De l'Augment de Dot.

SOMMAIRE.

I. Ce que c'est que l'Augment de Dot , son origine , & quel rapport il a avec le Doüaire.
II. En quels Païs il a lieu , & ses differens noms.
III. De l'Augment Coûtumier ou Legal.
IV. De l'Augment Prefix ou Conventionnel.

I. SOus le nom d'Augment de Dot , on comprend quelquefois tous les differens Gains Nuptiaux & de Survie qui sont en usage dans les Païs de Droit Ecrit ; mais l'Augment de Dot proprement dit dont il s'agit ici , est un Gain Nuptial & de Survie que la femme survivante prend en recompense & à proportion de sa Dot , sur les biens de son mari predecedé.

Ce Gain de Survie est établi tant en faveur des enfans que de la femme ; car ordinairement la femme n'en a que l'usufruit , & les enfans en ont la proprieté : seulement si la femme survivante & ayant enfant reste en viduité jusqu'à son decès , elle gagne en proprieté une portion de l'Augment, qu'on appelle Virile , & qui est égale à une part d'enfant.

Quelques Auteurs curieux de donner à l'Augment de Dot une ancienne origine , prétendent qu'il étoit déja en usage dès les premiers siécles ; que c'est de cette sorte de Donation dont il est parlé dans le 34.ᵉ Chapitre de la Genese , où Sichem demandant en mariage Dina fille de Jacob , promet à ses parens de lui donner tout ce qu'ils lui demanderont pour elle : *Inveni gratiam coram vobis & quæcumque statueritis dabo. Augete dotem & munera postulate & libenter tribuam quod petieritis , tantum date mihi puellam hanc uxorem.*

Il n'eſt guéres poſſible de reconnoître ſi les Gains Nup‑
tiaux qui ſont aujourd'hui en uſage , ont encore quelque
rapport avec ceux qui étoient uſité dans ces premiers ſié‑
cles ; au ſurplus de telles recherches ſeroient plus cu‑
rieuſes qu'utiles , ainſi l'on ne s'y arrêtera pas.

Mais comme les Provinces de Droit Ecrit où l'Aug‑
ment de Dot eſt en uſage , ſont principalement regies
par les Loix Romaines , il eſt neceſſaire d'examiner ſi c'eſt
par ces Loix qu'il eſt établi , ou du moins s'il y a quel‑
que choſe dans le Droit Romain à quoi il ait rapport.

Il faut commencer par écarter de nôtre matiere l'*Aug‑
mentum Dotis* , dont il eſt parlé dans le Droit Romain ; cet
Augmentum Dotis n'étoit point une Donation du mari à
la femme , c'étoit au contraire l'augmentation de Dot que
la femme apportoit à ſon mari pendant le mariage ; c'eſt
ainſi que l'explique la Novelle 97. qui porte que la
Donation à cauſe de Nôces doit être augmentée à pro‑
portion de ce que la Dot a été augmentée pendant le
mariage , elle appelle cette Augmentation de Dot *Aug‑
mentum Dotis* ; ce qui n'a comme l'on voit aucun rapport
avec l'Augment de Dot des Païs de Droit Ecrit ; Et ſi
quelques Praticiens l'ont nommé en Latin *Augmentum Dotis* ,
ce n'eſt que par un uſage mal entendu , comme le remar‑
que M. Euſebe de Lauriere en ſon Gloſſaire *Verbo* , Aug‑
ment.

Auſſi M. Cujas qui parle de nôtre Augment de Dot en
ſes Obſervations Livre 5. Chapitre 4. pour éviter cette
équivoque , ne le nomme pas *Augmentum Dotis* , mais
Incrementum Dotis , ce qui caracteriſe bien mieux l'Aug‑
ment de Dot , parce qu'en effet ce n'eſt pas une aug‑
mentation de Dot , mais un profit que la femme tire de
ſa Dot , & qu'elle prend ſur les biens de ſon mari.

Il y auroit plûtôt lieu de croire que l'Augment de
Dot tire ſon origine des Donations à cauſe des Nôces des
Romains : pour en juger , il faut rappeller ici les diffe‑
rens progrès du Droit ſur les Donations en faveur de
mariage.

Avant la tranflation de l'Empire Romain à Conftanti-
nople , il n'y avoit aucune difference entre les Donations
en faveur de mariage & les Donations ordinaires : on n'ad-
mettoit point encore cette condition tacite que l'on fupplée
toûjours aujourd'hui dans les Donations en faveur de mariage , qu'elles n'auront lieu qu'en cas que le mariage s'ac-
compliffe : auffi-tôt que les Fiancés s'étoient fait une Donation , même en confideration du futur mariage , elle avoit
irrevocablement fon effet , comme toute autre Donation
entre-vifs , & cela encore que le mariage n'eut pas fuivi ,
à moins que dans la Donation il n'y eut claufe expreffe
qu'elle feroit revoquée en cas que par l'évenement le
mariage n'eut pas lieu.

Conftantin le Grand fut le premier qui commença à
traiter plus favorablement les Donations en faveur de
Mariage , il ordonna qu'elles feroient revoquées de plein
droit en cas que le mariage n'eut pas lieu ; & comme
dès-lors tous avantages entre-vifs étoient prohibés entre
Conjoints , que par confequent les Conjoints ne pouvoient
depuis le mariage fe faire aucunes Donations , ni ajoûter
à celles faites avant le mariage ; en forte que les Fiancès
étoient obligés de fe donner avant le mariage , tout ce
dont ils avoient deffein de s'avantager ; Conftantin nomma
ces fortes de Donations entre Fiancés *Donationes Antenuptias.*

Dans la fuite Juftin I. Oncle & predeceffeur de Juftinien , ayant confideré que fouvent pendant le mariage la
Dot de la femme étoit beaucoup augmentée , il permit
d'augmenter auffi pendant le mariage la Donation faite à
la femme à proportion de l'augmentation de Dot qu'elle
auroit apportée.

Enfin Juftinien par fon Code, autorifa de plus en plus
les Donations en faveur de mariage : non feulement il permit de les augmenter depuis le mariage à porportion de
l'augmentation faite à la Dot de la femme , il permit
même aux Conjoints de fe faire de telles Donations , encore
qu'il n'y en eut aucun commencement avant le mariage ,

&

& pour donner à ces Donations un nom convenable à leur nature, il ordonna qu'à l'avenir elles feroient appellées *Donationes propter Nuptias.*

Il n'eft point parlé de ces Donations à caufe de Nôces, dans le Digefte, parce qu'elles étoient abfolument inconnuës aux Anciens Jurifconfultes, dont les Livres fervirent à former le Digefte : cette matiere n'eft traitée qu'au Code, liv. 5. tit. 3. & 14. aux Inftitutes. liv. 2. tit 7. §. 3. & dans les Novelles de Juftinien, Nov. 2. ch. 1. 4. & 5. Novelle 22. ch. 3. 20. 23. & 40. Nov. 61. & 62. Nov. 91. ch. 2. Nov. 97. Nov. 98. ch. 1. Nov. 119. ch. 1. & Nov. 127. ch. 3.

Les principales Regles établies par ces differentes Loix font :

1°. Que toute Dot mérite une Donation à caufe de Nôces, *Authent. dos. Cod. de Donat.*

2°. Que la Donation doit être reciproque, c'eft-à-dire que la Donation faite à la Femme n'eft qu'en confideration de la Dot qu'elle apporte à fon Mari, la Dot étant regardée comme une Donation faite par la Femme à fon Mari.

3°. Que la Donation à caufe de Nôces doit être égale à la Dot.

4°. Que le Mari furvivant en certains cas gagne la Dot de fa Femme, de même que la Femme furvivante gagne la Donation à caufe de Nôces fur les biens du Mari.

5°. Que le Gain de Survie appartient en pleine proprieté au Survivant des Conjoints, s'il n'y a point d'Enfans ; & s'il y en a, le Survivant n'a que l'ufufruit du Gain de Survie feulement. S'il refte en Viduité, il a outre l'ufufruit, une Virile en proprieté ; mais s'il fe remarie, il perd tout droit de proprieté dans les Gains Nuptiaux, & eft reduit au fimple ufufruit.

Tel étoit l'ufage des Romains, fur les Donations, à caufe de Nôces ; voyons maintenant ce qui fe pratiquoit anciennement dans les Provinces, que nous appellons aujourd'hui Païs de Droit Ecrit,

C

Lorſque Jules Ceſar fit la Conquète des Gaules , il ne contraignit point les Peuples qu'il avoit ſoûmis , à ſuivre les Loix Romaines ; mais dans la ſuite les Gaulois qui habitoient les Provinces les plus voiſines de l'Italie , connoiſſans la juſtice des Loix Romaines , s'accoûtumerent d'eux-mêmes à les ſuivre ; & depuis lorſque les Francs eurent conquis les Gaules , ils laiſſerent aux Gaulois la liberté de ſuivre leurs Loix , & ſe firent eux-mêmes honneur de ſe conformer aux mœurs des Romains ; en ſorte que les Donations à cauſe de Nôces des Romains , furent en uſage dans les Païs de Droit Ecrit , & du tems des Gaulois & encore pendant quelque tems depuis l'établiſſement de la Monarchie Françoiſe.

Mais lorſque ces Donations à cauſe de Nôces , tomberent en non-uſage chez les Romains , elles ceſſerent auſſi d'être uſitées dans les Païs de Droit Ecrit , où l'on ſe conformoit exactement aux Loix & aux uſages des Romains ; & en effet , les Auteurs qui parlent de ces anciennes Donations , ne diſent pas ſeulement qu'elles ceſſerent d'être pratiquées par les Romains ; ils diſent indiſtinctement qu'elles ont ceſſé abſolument d'être uſitées : ce qui doit s'entendre de tous les Païs où elles avoient lieu.

Ainſi il n'y a aucune apparence que l'Augment de Dot des Païs de Droit Ecrit , deſcende des Donations , à cauſe de Nôces des Romains.

Il y a bien quelque rapport entre les Donations , à cauſe de Nôces & l'Augment de Dot , en ce que l'Augment eſt accordé à la Femme , en recompenſe de ſa Dot , comme les Donations , à cauſe de Nôces , mais il y a entre ces Donations & l'Augment , quatre differences eſſentielles.

La premiere , eſt que la Donation à cauſe de Nôces des Romains , pouvoit être faite ou augmentée pendant le Mariage ; au contraire en Païs de Droit Ecrit , l'Augment de Dot , ne peut plus être conſtitué ni augmenté par aucune Convention poſterieure au Mariage.

La ſeconde , eſt que la Donation à cauſe de Nôces ,

devoit être égale à la Dot ; l'Augment au contraire , est ordinairement moindre que la Dot , & peut être plus fort.

La troisiéme , est que la Donation à cause de Nôces ,
n'étoit duë que lorsque la Dot avoit été payée, *Novel.* 2.
cap. 5. au lieu que l'Augment est dû à la Femme , quoique sa Dot n'ait pas été payée.

La quatriéme enfin , est que la Donation à cause de Nôces , ne se payoit qu'à proportion de ce qui avoit été payé de la Dot : au lieu que l'Augment est toûjours dû en
entier , quand même il n'y auroit rien eu de payé de la
Dot.

A toutes ces differences , il est aisé de reconnoître que
l'Augment de Dot des Païs de Droit Ecrit , n'est pas la
même chose que la Donation , à cause de Nôces des Romains.

On ne peut même pas prétendre qu'il soit fondé sur
les Loix qui regloient les Donations , à cause de Nôces ;
tous les Auteurs Modernes conviennent que l'Augment est
un Droit nouveau , qui n'a jamais été établi par les Loix
qui traitent des Donations à cause de Nôces , & que comme ces Donations ont cessé d'être usitées sous les derniers
Empereurs , toutes les Loix qui étoient faites sur cette matiere , sont devenuës inutiles , & que si on les cite encore
quelquefois dans des questions d'Augment , ce n'est que
pour faire voir en quoi l'Augment de Dot ressemble aux
Donations , à cause de Nôces ; ou parce que les Loix faites
sur cette matiere , peuvent contenir de ces regles generales
de la justice & de l'équité qui sont de tous les tems &
de tous les Païs.

L'Augment de Dot ressemble mieux à *l'Hypobolon* des
Grecs , qui succeda aux Donations , à cause de Nôces
des Romains.

En effet sous les derniers Empereurs de Constantinople ,
les Peuples , quoique Romains de nom & d'origine , com-
mençans à s'écarter en plusieurs points des Loix Romaines , & à suivre les mœurs des Grecs , avec lesquels ils é-
toient confondus , ils laisserent tomber en non-usage les
Donations , à cause de Nôces ; ainsi qu'on l'a déja obser-

vé , & au lieu de ces Donations , ils s'accoûtumerent insenfiblement à pratiquer le Don de Survie , qui étoit en ufage chez les Grecs , fous le nom d'*Hypobolon*.

C'eſt de cet *Hypobolon* dont l'Empereur Leon , furnommé le Sage , fait mention dans fes Novelles , en parlant du changement arrivé aux Donations , à caufe de Nôces ; en fa Novelle 20. il dit : *Poſtquam femel prævalere vifum eſt in imperio , ne in matrimonii coïtione ex æquo collationes fiant , fed major Donatione propter Nuptias dos fit , hoc in Republicâ obtineto.* Et dans fes Novelles 22. & 85. il declare que le Conjoint furvivant qui reſte en Viduité , gagne une Virile en proprieté dans ces nouvelles Donations , à caufe de Nôces.

Il eſt vrai que les Novelles de cet Empereur ne font parmi nous , d'aucune autorité , & qu'elles n'ont pas même été obfervées du vivant de leur Auteur , fi ce n'eſt dans les matieres fur lefquelles il n'y avoit encore eû aucune Loi , comme le remarque Mr Cujas , liv. 17. obferv. 31. en forte que ce font les Loix de Juſtinien , qui forment le dernier état du Droit Romain écrit fur la matiere des Donations , à caufe de Nôces.

Mais outre les Loix écrites , les Romains en avoient encore d'autres qui ne l'étoient point , & qui ne laiſſoient pas d'avoir la même force , fuivant ce que dit Juſtinien , en fes Inſtitutes , liv. 1. tit. 2. §. 9. Ainfi quoique les Novelles de l'Empereur Leon , n'ayent pas eû par elles - mêmes la force d'abroger les Loix prefcrites par Juſtinien , fur les Donations , à caufe de Nôces ; cela n'empêche pas qu'un long ufage n'ait établi cette autre forte de Donation , qui étoit pratiquée chez les Grecs , fous le nom d'*Hypobolon*.

Harmenopule Auteur Grec , qui vivoit dans le douzième fiecle , nous atteſte ce changement d'ufage , dans fon traité appellé fuivant la traduction Latine *Promptuarium Juris :* après y avoir parlé de la Donation à caufe de Nôces , & des Loix faites fur cette matiere par l'Empereur Leon , il parle enfuite de cette autre Donation , ou Gain de Survie , appellée *Hypobolon* , ce que l'on traduit en Latin par *Incrementum Dotis*. Il obferve que fuivant le dernier ufage, ce Gain de Survie accordé à la Femme , se regle suivant la Convention , & que lorsqu'il n'est pas fixé par le Contrat , il est dû en vertu d'une Convention presumée , qu'autrefois on le fixoit à la moitié de la Dot , mais que par le dernier usage il n'est que du tiers. Voici les termes de la traduction. *Hypobolon appellans quod ob Dotis quantitatem , cum uxore defunctâ dos à viro repetitur , huic subjicitur ac supponitur & velut sub Dote quæ in Majorem ascendit quantitatem tanquam minus ac infirmius si cum hac conferatur , ponitur , verbum si quidem* ηποβολλειν *inter varia quæ habet significata , significat & illud sub aliquo robustiori ac majori aliquid quid piam infirmius ac minus collocare , unde sane Dotis Hypobolon nominatur. Cum ergo in contrahendo matrimonio utrimque de Hypobolo conventum fuerit , ut in restituendâ Dote adjiciatur , & tantum redditur pro pacto convento Hypobolon. Sin hæc prætermissum fuerit tum ab eo qui Dotem reddit , postulatur ut Hypoboli nomine trientem universæ summæ in quam dos redacta sit præstet ; atque hoc quidem apud recentiores in hodiernum usque diem obtinuit. Cæterum apud veteres Hypobolon ad dimidiam Dotem computabatur. Si vero ante virum diem obierit mulier , nullus relinquitur Hypobolo exigendo locus.*

Mr Cujas , en ses Observations , livre 5. chapitre 4. prétend qu'on a corrompu cette definition que donne Harmenopule , de *l'Hypobolon* ; il soutient qu'au lieu de ces mots , *cum uxore defunctâ dos à viro repetitur* , il faut lire , *cum viro defuncto dos ab uxore repetitur.* Il le prouve , 1°. En retablissant le Texte Grec de la définition d'Harmenopule. 2°. Par ce que dit ensuite Harmenopule lui-même. 3°. Par le témoignage de plusieurs Auteurs ; & en effet , tout le reste de la définition d'Harmenopule suppose le cas du predecès du Mari & non de la Femme ; Ainsi il faut suivre le sentiment de Mr Cujas. Ceux qui voudront en voir davantage sur *l'Hypobolon* , peuvent consulter Balsamon , *ad nomocanon photii. tit.* 1 3. *de laïcis , cap.* 4. *Cujac. observ. lib.* 5. *cap.* 4. *Salmasius de modo usurarum , cap.* 4. *Ducange , in Gloss. Græc. verbo Hypobolon. Gregorius Tolosanus , in sintagm. juris universi. lib.* 8. *cap.* 7. *n.* 31. M. de Lauriere en son Glossaire , *verbo* Augment.   C iij

Suivant le témoignage de tous ces Auteurs , *l'Hypobolon* des Grecs étoit un Gain de Survie , que la Femme ne gagnoit que par le predecès de son Mari ; il dépendoit de la Convention des Parties , & néanmoins lorsqu'il n'étoit point reglé par le Contrat de Mariage , alors par une Convention presumée on le regloit à proportion de la Dot , ce qui avoit d'abord été fixé à la moitié , & ensuite fut reduit au tiers par le dernier usage , ce qui est assez conforme à nôtre Augment de Dot , & il y a lieu de croire que si ce n'est pas précisément la même chose , il tire du moins son origine de cet *Hypobolon*.

Cette opinion est d'autant mieux fondée , que les Romains pratiquoient cet *Hypobolon* depuis qu'ils avoient abandonné les Donations à cause de Nôces , & que les habitans des Païs de Droit Ecrit adopterent aussi sans doute l'usage de *l'Hypobolon* , pour se conformer à ce qui se pratiquoit chez les Romains.

D'ailleurs quand cet usage n'auroit pas été introduit dans les Gaules en même-tems que les Loix Romaines y furent établies, il ne seroit pas étrange qu'il y eût été apporté dans la suite par les Relations que les François eurent avec les Peuples de l'Orient. Dès l'an 1096. les François commencerent leurs voyages d'outre-Mer pour aller faire la guerre aux Infideles , & entre ceux qui eurent part à ces expeditions , étoient les habitans d'Auvergne , de Provence , de Languedoc , & de Gascogne , qu'on appelloit tous d'un nom commun *les Provençeaux* , pour les distinguer des autres habitans du reste de la France , qu'on appelloit les François. Or ces peuples qu'on appelloit les Provençeaux , & qui habitoient précisément les mêmes Provinces que nous appellons aujourd'hui Païs de Droit Ecrit , ayant appris dans leurs voyages & séjours en Orient , l'usage du Gain de Survie , appellé *Hypobolon* , ils rapporterent chez eux ce même usage qui s'y établit insensiblement sous le nom d'Augment de Dot.

Tel est le sentiment de M. Julien Brodeau , sur M. Loüet , Lettre D. n. 21, & c'est à ce sentiment que revient celui de la plûpart des Auteurs. Par exemple Me. Charles Revel en fès Remarques fur les Ufages de Breffe, Remarq. 58. dit que l'Augment eft venu de de-là les Monts, ou de la Savoye. Collet fur les Ufages de la même Province, liv. 5. p. 172. dit que les Italiens qui ont les premiers negociés en France, & qui fe font principalement établis à Lyon, y ont introduit l'ufage de l'Augment ; ce qui n'eft point contraire à l'origine que l'on vient d'établir, parce que l'on connoît aifément que cet ufage de *l'Hypobolon* des Grecs s'eft tranfmis de proche en proche, & qu'il a été connu en Italie & dans la Savoye avant de paffer en France.

Quelques Auteurs veulent que l'Augment de Dot foit imité du Morghangeba des Allemands ; & felon M. Cujas *de feud. lib. 2. tit. 9. & lib. 4. tit. 32.* Cette opinion ne feroit pas contraire à ce qui vient d'être dit, parce qu'il prétend que le Morghangeba des Allemands eft la même chofe que *l'Hypobolon* des Grecs : cependant il paroît que ce Morghangeba des Allemands eft la même chofe que *l'Hypobolon* des Grecs, & qu'il a encore moins de rapport à l'Augment de Dot.

Le Morghangeba des Allemands étoit un préfent de Nôces que le Mari faifoit à fa Femme, en préfence de fes parens, on l'appelloit d'abord *Morgengabe* de *Morgen*, qui veut dire Matin & de *Gabe*, qui veut dire Don ; *quafi matutinale donum*, parce que ce préfent fe faifoit le matin du jour des Nôces, & avant le feftin. Depuis par corruption les Allemands l'appellerent *Morghanba* ou *Morghangeba* ; & enfin on l'a appellé *Marganatique*, & les Mariages dans lefquels fe faifoit ce Don, *Mariages contractés à la Morganatique* ; d'où eft venuë cette façon de parler, fe marier à la Morganatique *ad Morganaticam*.

On ne voit point que ce *Morghangeba* fut chargé de reverfion en faveur des enfans ; c'étoit une Donation pure & fimple, qui n'étoit même pas faite en confideration de la Dot.

En effet, Tacite parlant de ces Donations en faveur

de Mariage uſitées chez les Allemands , dit en ſes Annales , *Dotem non uxor marito , ſed uxori maritus offert* , d'où il reſulte que chez les Allemands il n'étoit pas neceſſaire que la Femme apportât quelque choſe en Dot pour gagner *le Morghangeba* ; & par conſequent cette Donation n'étoit point fondée ſur les mêmes conſiderations que l'Augment, qui n'eſt donné qu'en recompenſe & à proportion de la Dot apportée par la femme.

C'eſt donc à cet *Hypobolon* des Grecs qu'il faut remonter pour trouver l'origine de l'Augment de Dot des Païs de Droit Ecrit ; & cette origine ne doit pas paroître étrange , puiſque la plûpart des Auteurs conviennent que c'eſt de ce même Hypobolon des Grecs que s'eſt formé le Doüaire des Païs Coûtumiers ; c'eſt même ce qui a fait dire à quelques-uns, que l'Augment de Dot eſt le Doüaire des Païs de Droit Ecrit ; ce qui n'eſt pas tout à fait ſans fondement , ſi l'on entend par là que ces deux Droits ont entre-eux quelque rapport.

1°. En ce que l'un & l'autre eſt un avantage que la Femme ſurvivante prend ſur les biens de ſon Mari predecedé.

2°. En ce que la Femme n'a que l'uſufruit de l'Augment , non plus que du Doüaire , & que la proprieté en appartient aux enfans.

3°. En ce que les enfans n'y peuvent rien pretendre qu'après le decès de leurs Pere & Mere.

4°. En ce que c'eſt un troiſiéme genre de biens , qui advient aux enfans par le benefice de la Loy , quoiqu'ils ne ſoient heritiers ni du Pere , ni de la Mere.

5°. L'Augment auſſi bien que le Doüaire , eſt acquis du jour du Contrat de Mariage , ou du moins du jour de la celebration , lorſqu'il n'y a point de Contrat.

6°. Pour l'Augment comme pour le Doüaire , les biens du Mari ſont engagés & affectés de telle ſorte qu'ils ne peuvent être alienés ni hypotêqués au prejudice de la Femme & des Enfans.

7°. Les Acquereurs des biens du Mari ne peuvent preſcrire

crire ni l'Augment , ni le Doüaire contre la femme &
les enfans pendant le mariage.

8°. L'Augment eſt dû de plein droit , & ſans ſtipulation , comme le Doüaire , quoiqu'il n'y ait point de Contrat , ou que dans le Contrat il n'en ſoit point fait mention.

Ces regles communes à l'Augment & au Doüaire ont
fait dire que l'Augment de Dot eſt le Doüaire des Païs
de Droit Écrit ; cependant ce n'eſt pas la même choſe ,
& il y a entre ces deux Droits pluſieurs differences eſſentielles.

La premiere , eſt que l'Augment eſt un troiſiéme genre
de biens , qui n'eſt point compris ſous le nom de biens
Paternels ni Maternels , en ſorte que la renonciation des
Enfans à tous biens Paternels & Maternels , ne comprend
pas l'Augment , & néanmoins il ſe prend ſur les biens
du Pere , & quand il s'agit de le ranger ſous une claſſe ,
c'eſt un bien Paternel. Le Doüaire au contraire eſt toûjours compris ſous le nom de Droits Paternels.

2°. L'Augment de Dot appartient aux Enfans , ſoit
qu'ils ſoient heritiers de leur Pere , ou qu'ils renoncent à
ſa ſucceſſion ; à la difference du Doüaire que les Enfans
ne peuvent plus demander lorſqu'ils ſe ſont portés heritiers
de leur Pere. Coûtume de Paris , art. 251.

3°. La Mere qui ne ſe remarie pas , à dans l'Augment
une portion en proprieté qu'on appelle Virile , c'eſt-à-
dire égale à celle d'un des Enfans. Il n'en eſt pas de
même du Doüaire , la femme n'en a que l'uſufruit , ſoit
qu'elle ſe remarie , ſoit qu'elle reſte en Viduité.

4°. Quand il n'y a point d'Enfans du Mariage , ou
qu'ils decedent tous avant la Mere , l'Augment entier
lui demeure en pleine proprieté ; au lieu qu'en pareil
cas , le Doüaire retourne aux Heritiers des propres Paternels.

5°. L'Augment même Coûtumier , eſt ſujet au retranchement de l'Edit des ſecondes Nôces ; le Doüaire Coûtumier n'y eſt pas ſujet.

6°. Il faut que la Femme ſurvive à ſon Mari , pour

D

faire paſſer l'Augment aux Enfans , au lieu que le Doüaire appartient aux Enfans , quoique leur Mere n'ait pas ſurvecu ſon Mari , & par conſequent n'ait pas recuëlli le Doüaire.

II. Les Païs où l'Augment de Dot eſt le plus communément en uſage , ſont les Parlemens de Touloufe , de Bourdeaux , de Pau , de Grenoble , les Provinces de Lyonnois , Forêts , Beaujolois , Bujey , Gex & Valromey , quelques endroits de l'Auvergne , & la principauté Souveraine de Dombes.

Il y a encore quelques Provinces comme la Breſſe , le Mâconnois & la Provence où l'on voit quelquefois de ces ſortes de ſtipulations ; mais ce n'eſt pas l'uſage ordinaire de ces Provinces , & on y pratique au lieu d'Augment de Dot , d'autres Gains de Survie , dont nous parlerons dans la ſuite.

Dans la plûpart des Provinces où l'Augment de Dot a lieu , ce Droit n'y eſt établi par aucune Loi ni Statut : il ne s'y eſt introduit que par un long uſage , qui y a inſenſiblement acquis force de Loy.

Cet uſage n'a été recuëilli & redigé par écrit , que dans deux Coûtumes.

La premiere , & la plus ancienne , eſt celle de la Vil'e de Touloufe , confirmée en 1289. par Philippe le Bel. cette Coûtume , part. 3. *de Dotibus* , art. 1. & 3. porte que la Femme ſurvivante gagne l'Augment , qui y eſt nommé *Augmentum , ſeu Donatio propter Nuptias dotalitium.*

L'autre Coûtume eſt celle de Bourdeaux , Guienne & Païs Bordelois , redigée en 1521. cette Coûtume porte que la Femme ſurvivante outre ſa Dot qu'elle reprend , gagne une certaine portion des biens du Mari à proportion de ſa Dot , laquelle portion ſuivant l'article 47. eſt pour les Filles le double de leur Dot , & pour les Veuves le tiers , ſuivant l'article 49.

L'Augment de Dot reçoit différens noms Synonimes.

En Grec on le nomme encore *Hypobolon* , ou *Antipherni ,* comme qui diroit Contre-Dot.

En Latin : *Mattheus de Afflictis* , en fa Decifion. 24. le nomme , *Antiphatum , tertiaria quafi tertia pars Dotis ;* M. Cujas liv. 3. *de feudis* & en fes Obfervat. liv. 5. chap. 4. l'appelle *incrementum Dotis* , & le definit , *quod mortuo marito uxori fuperftiti redditur fupra Dotem.* M. Maynard en fes Queft. not. de Droit. liv. 4. ch. 56. l'appelle *addi-tamentum* , & le definit *quod poft mortem viri de ipfius bonis uxori fuperftiti quafi fænus attribuitur.* Les Coûtumes de Tou-loufe & *Gregorius Tolofanus* , l'appellent *Donationem propter Nuptias , adjancamentum , Dotalitium.* Enfin quelques Prati-ciens l'appellent auffi *Augmentum Dotis , Donationem propter Nuptias.*

Il faut obferver en paffant que quelques - uns de ces noms font fouvent employés pour exprimer quelque autre forte de Donation ; par exemple le *Dotalitium* ou *Vitali-tium* , s'entend communément du Doüaire. Anciennement en France lorfque les Contrats fe faifoient en langue Latine , le Doüaire y étoit nommé *Donatio propter Nup-tias* , fuivant le témoignage de M. Guy Coquille , en fes Inftitutes du Droit François , tit. des Doüaires ; ce même nom *Donatio propter Nuptias* , fe dit encore en par-lant des Donations à caufe de Nôces des Romains , & ce-lui *d'Augmentum Dotis* fe dit de l'augmentation de Dot ; ainfi il faut prendre garde aux équivoques qui peuvent naître de ces noms , & ne pas appliquer à l'Augment ce qui concerneroit quelque autre matiere.

L'Augment de Dot , reçoit auffi dans nôtre langue divers noms Synonimes : comme Gains de Nôces , Gain Nuptial , Donation ou Gain de Survie. La Coûtume de Bourdeaux l'appelle *Donation pour Nôces.* Dans les Parle-mens de Bourdeaux & de Pau on l'appelle *Agencement* , nom qui femble convenir plus particulierement à l'Aug-ment Conventionnel , qu'à l'Augment en general , parce qu'*Agencer* , veut dire ajufter , arranger , ce qui fuppofe une convention ; cependant les Auteurs de ces Parlemens & entre autres la Peirere en fes Decifions , & l'Auteur des Notes lettre A. n. 39. & fuivans , lettre B. & lettre V. n.

76. se servent indistinctement de ce nom Agencement , pour exprimer toute sorte d'Augment.

Il y a deux sortes d'Augment de Dot ; sçavoir , le Coûtumier ou Legal , & le Prefix ou Conventionnel.

III. L'Augment Coûtumier ou Legal est un Gain Nuptial & de Survie , que la Coûtume ou l'Usage de certaines Provinces accorde à la femme survivante , en recompense de sa Dot sur les biens de son defunt mari.

Lorsque la femme a stipulé ce Droit d'Augment Coûtumier sans en fixer la quotité , elle ne laisse pas de le prendre tel qu'il est reglé par la Coûtume ou l'Usage des lieux ; il n'y a dans ce cas aucune difficulté , puisque la volonté des Contractans concourt avec la Loi pour établir un Augment en faveur de la femme survivante ; il n'est pas necessaire que le Contrat explique qu'elle sera la quotité de l'Augment Coûtumier qui est stipulé , cette quotité est reglée par la Coûtume ou l'Usage de la Province.

Mais on demande , si pour que la femme survivante puisse profiter de l'Augment qui est reglé par la Coûtume ou l'Usage , il est necessaire qu'il y ait une stipulation d'Augment , du moins en general , ou bien s'il lui est dû sans aucune stipulation , même dans le cas où il y a un Contrat de Mariage , & que le Contrat n'en fait point mention ?

Si l'Augment de Dot étoit fondé sur les Loix qui établissent la Donation à cause de Nôces , il seroit dû dans tous les Païs de Droit Ecrit , sans aucune stipulation , la Novelle 91. de Justinien , d'où est tirée l'authentique *Dos* , inserée au Code *de Donat. ant. Nupt.* porte que toute Dot merite une Donation , *Dos data Donationem meretur. cap.* 1. en sorte qu'aux termes de cette Novelle , il suffisoit que la femme eût apporté une Dot , pour qu'elle eût en recompense une Donation à cause de Nôces ; & cela de plein droit , & sans aucune stipulation : Mais comme on l'a déja observé , l'Augment de Dot n'est pas fondé sur les Loix Romaines ; ainsi il ne faut consulter fur cette matiere que l'Ufage des Païs de Droit Ecrit ; Ufage qui n'eft pas uniforme dans toutes les Provinces.

Dans la Coûtume de la Ville de Bourdeaux , Senéchauffée de Guyenne , & Païs Bourdelois , l'Augment de Dot Coûtumier ou Legal , eft dû à la femme de plein droit , & fans ftipulation , en vertu de la Coûtume qui l'établit expreffement fous le nom de Donation à caufe de Nôces , que l'on convient être la même chofe que l'Augment.

Et la Jurifprudence du Parlement de Bourdeaux eft conforme à la Coûtume , fuivant le témoignage de la Peirere , en fes Decifions , de l'Auteur des Notes , Lettre A. n. 39. & fuivans , & lettre B. & V. n. 76. & de M. Breton-nier en fes Queftions Alphabetiques *verbo* Augment.

Par les Coûtumes de la Ville de Touloufe , l'Augment de Dot Coûtumier y eft pareillement dû de plein droit , & fans ftipulation ; en vertu de ces Coûtumes qui l'éta-bliffent en termes exprès , à laquelle difpofition l'ufage eft conforme , fuivant ce qui nous eft attefté par Def-peiffes , tom. 1. part. 1. fect. 5. n. 15. par M. Bretonnier , *loco cit.* & par M. d'Olive en fes Arrêts du Parlement de Touloufe , liv. 3. ch. 3.

Dans tout le refte du reffort de ce Parlement , l'Aug-ment eft auffi en ufage ; mais il n'eft dû que l'orfqu'il eft expreffement ftipulé par le Contrat de Mariage.

M. le Bret en fon Hiftoire de la Ville de Montauban , p. 223. dit que cette Ville joüit d'un Droit Coûtumier touchant les Mariages , fçavoir du Gain de la Dot en tout , ou en partie , *de l'Augment* , de toute Donation & de Penfion aux Veuves fur le bien de leurs Maris , quand elles ne fe remarient point , qu'au furplus on y fuit le Droit Ecrit.

La Coûtume generale d'Auvergne , Païs Coûtumier , n'établit point d'Augment , & il n'eft pas dû de plein droit , même dans les endroits de cette Province qui font regis par le Droit Ecrit ; mais à la fuite de la Coûtume generale il y a plufieurs Coûtumes locales des Païs Coû-tumiers qui établiffent un Gain de Survie pour la femme , à proportion de fa Dot, fous le nom d'Augment ; telles font les Coûtumes locales de la Ville & Châtellerie de Ritz, de Buffet, de Bullon, & autres en grand nombre, qu'il feroit trop long de détailler ; il fuffit d'obferver qu'en quelques endroits cet Augment eft de la moitié de la Dot, qu'en d'autres il n'eft que du tiers.

Dans les Provinces de Lyonnois, Forêts, Beaujolois, quoiqu'il n'y ait aucune Loi, Coûtume, ni Statut qui établiffe l'Augment de Dot, il ne laiffe pas d'y être dû de plein droit, & fans ftipulation, en vertu de l'ufage feul, fuivant le témoignage de M. Bretonnier, en fes Obfervations fur Henris, tom. 1. liv. 4. ch. 6. queft. 107. & tome 2. en fes Obferv. fur le 18ᵉ. Plaidoyer d'Henris, & en fes Queftions Alph. *verbo* Augment.

La même chofe a lieu dans les Provinces de Bugey, Valromey, & Gex : fuivant le témoignage de M. Faber. *Cod. de Donat. Ant. Nupt. defin.* 5. & de M. Ch. Revel, en fes Remarques fur les Ufages de Breffe, Remarque 58.

L'Augment de Dot eft pareillement dû de plein droit & fans aucune ftipulation dans la Principauté Souveraine de Dombes, quoiqu'il n'y ait aucune Coûtume qui en difpofe, & qu'il n'y foit fondé que fur l'ufage.

À l'égard des autres Païs où l'Augment eft en ufage, mais fans être établi de plein droit par la Coûtume ou l'Ufage, il n'y eft dû qu'en vertu d'une ftipulation expreffe portée dans le Contrat de Mariage ; tels font les Parlemens de Pau, de Grenoble, & autres Païs. Et à plus forte raifon dans les Provinces d'Auvergne, Provence, Breffe, & Mâconnois, où l'Augment n'eft pas d'un ufage ordinaire ; il n'eft dû que lorfqu'il eft expreffément ftipulé ; au lieu d'Augment on y pratique une Donation de Survie, qui a fes Loix particulieres, qu'on expliquera dans le chapitre 6.

Quant à la quotité de l'Augment legal, elle ne fe regle pas comme le Doüaire Coûtumier, à proportion des biens du Mari, elle fe regle en quelques Provinces felon la nature ou les forces de la Dot , & en d'autres fuivant l'état & la qualité des Conjoints.

Par les Coûtumes de Touloufe , l'Augment de Dot eft de la moitié de la valeur de la Dot , fans aucune dif-tinction .de la qualité des biens qui la compofent. Coû-tume de Touloufe , part. 3. de Dot. art. 1. & 3. Cujas , Obferv. liv. 3. Chap. '4. Brodeau fur M. Loüet , lettre I. n. 10. Bretonnier en fes Obfervat. fur Henris , tom. 2. fur le 18. Plaidoyer , IV. Queft. p. 826.

Par la Coûtume de Bourdeaux , l'Augment fe regle non feulement à proportion de la Dot , mais auffi eu égard à la qualité de la femme. Suivant l'Article 47. de cette Coûtume , la fille qui fe marie gagne le double de fa Dot quand elle furvit à fon mari. Et fuivant l'Ar-ticle 49. la femme veuve qui fe remarie , doit gagner feulement le tiers de fa Dot.

Dans les Provinces de Bugey , Gex , & Valromey , l'Augment de Dot Coûtumier fe regle à proportion , & fuivant la nature de la Dot.

Si elle eft de valeur certaine , comme fi elle confifte en deniers , l'Augment eft de la moitié. *Faber de Donat. defin.* 3. *& defin.* 11. *de pactis Conventis tam fupra do-tem , &c.*

Si la Dot eft de valeur incertaine , comme en herita-ges , meubles , vins , grains , & autres denrées , parce qu'il les faut eftimer ; en ce cas la quotité de l'Augment dépend de la prudence du Juge ; on le regle ordinairement au tiers ou au quart de la valeur des biens , les dettes de la femme prelevées.

Et l'eftimation des effets qui compofent la Dot fe fait eu égard à la valeur qu'ils avoient lors de la Conftitution de Dot ; car fi la valeur en eft augmentée ou diminuée depuis , le profit ou la perte concerne le Mari feul qui eft le maître de la Dot.

Que fi la Dot eft de valeur tout à fait incertaine ; comme fi elle confifte en procès , droits , noms & actions , en ce cas fi l'Augment furpafloit les forces des biens du

Mari , il n'en fera point dû , s'il n'eſt reglé par le Contrat de Mariage , à moins que le mari n'eut traité de
ces droits litigieux à une certaine ſomme , ou qu'il n'eut
pris des heritages ou autres effets en payement de ces
droits ; auquel cas , il en devroit l'Augment *, arbitrio boni
viri* , après les dettes & impenſes neceſſaires deduites.

Mais ce qu'il y a encore de plus ſingulier dans l'uſage
de ces Provinces de Bugey, Gex & Valromey, c'eſt que
l'Augment de Dot Coûtumier n'eſt dû qu'aux filles , les
veuves qui ſe remarient n'en ont point. *Faber , de Donat.
Ant. Nupt. defin. 3. & 6. de jure Dotium. Defin. 1.
& 8. qui potior.* Revel ſur les Statuts de Bugey , Doute 5.

Dans les Provinces de Lyonnois , Forêts , Beaujolois ,
l'Augment ſe regle pareillement ſuivant la nature & les
forces de la Dot ; mais il y a quelques uſages differens
de ce qui ſe pratique dans le Bugey.

Quand la Dot conſiſte en argent , l'Augment de Dot
Coûtumier eſt de la moitié , comme dans le Bugey.

Quand elle conſiſte en Immeubles , l'Augment eſt du
tiers de la valeur des Immeubles.

Et ſi la Dot conſiſte partie en argent, partie en Immeubles,
l'Augment eſt de la moitié de ce qui eſt en argent , &
du tiers de la valeur de ce qui eſt en Immeubles. La
raiſon de cette diverſité procede de ce que l'argent eſt
plus utile au mari que les Immeubles , ſurtout dans la
Ville de Lyon , à cauſe du commerce , dit M. Bretonnier,
Obſerv. tom. 2. p. 826. Ce qui eſt conforme à ce que dit
M. Faber dans ſon Code *de Donat. Ant. Nupt. defin. 4.
ſed cum dos in immobilibus conſiſtit æquum non eſt ad ratam
æſtimationis bonorum augmentum conſtitui , quia non eandem
utilitatem marito affert uſus bonorum immobilium quam pecu-
nia numerata.*

L'uſage n'eſt pas ſi certain pour la quotité de l'Augment , lorſque la Dot conſiſte en Meubles , meublans ou
effets mobiliers , comme grains , vins , denrées , & autres
choſes ſemblables.

M. Faber à l'endroit qu'on vient de citer , eſtime qu'il
faut

faut porter le même jugement des Meubles que des immeubles , par la raison , dit-il , que cette forte de bien n'est pas à beaucoup près si avantageuse que l'argent comptant , les Meubles ne rapportant aucun fruit , & le mari n'en ayant que le simple usage.

M. Bretonnier en ses Observations sur Henris tom. 1. liv. 6. ch. 2. quest. 8. rapporte deux Arrêts qui ont jugé la question.

Par le premier, rendu en la cinquiéme Chambre des Enquêtes le 6. Mars 1697. il fut jugé qu'il étoit dû un Augment des Meubles apportés en Dot par la femme , & que cet Augment devoit être de la moitié de la valeur des Meubles.

Le deuxiéme Arrêt , rendu en la Premiere Chambre des Enquêtes , est du 1. Septembre 1702. dans l'espece de cet Arrêt la femme s'étoit constitué en Dot tous ses biens tant Meubles qu'Immeubles , bestiaux , semences & denrées , sans néanmoins aucune estimation de ces effets mobiliers ; elle prouvoit par une enquête qu'elle avoit réellement apporté tous ces effets , & en demandoit l'Augment ; cependant il ne lui fut accordé qu'à proportion des Immeubles ; en sorte que cet Arrêt est directement contraire au precedent.

M. Bretonnier fait encore mention de ces deux Arrêts en ses Observations sur le 18. Plaidoyer d'Henris , & en cet endroit il ajoûte , que pour se tirer de l'incertitude où jettent ces differens préjugés , il faut s'en tenir aux principes, qu'il faut distinguer si les meubles, denrées , & autres choses données en Dot , ont été estimées , ou s'il n'y en a eu aucune estimation.

Si les effets mobiliers donnés en Dot ont été estimés , soit par le Contrat de Mariage , soit par quelque autre Acte postérieur au mariage , pour lors , dit M. Bretonnier, le mari en doit l'Augment , comme d'une somme de deniers ; & il faut dire la même chose , si le mari pour le payement de la Dot promise , avoit pris des meubles ou autres effets mobiliers pour un certain prix , la femme aura pour Augment la moitié de ce prix.

E

Mais si la femme apporte des meubles sans aucune estimation, ou qu'il lui en vienne pendant le mariage, comme en ce cas la propriété de ces meubles demeure à la femme, il ne lui en est pas dû d'Augment, du moins on ne doit le lui donner que jusqu'à concurrence de la valeur du tiers ; parce que les Meubles ne rapportent pas plus de profit au mari que les Immeubles.

Et pour regler la quotité de l'Augment des Meubles, ou Immeubles, lorsque leur valeur n'est point fixée par le Contrat de Mariage, on ne considere que la valeur qu'ils avoient au tems du mariage ; ou s'ils sont échus depuis, la valeur qu'ils avoient au tems qu'ils sont échus, sans aucun égard à la diminution ou augmentation survenuës depuis.

Si la Dot consiste en actions ou droits litigieux, pour qu'il en soit dû à la femme un Augment, il ne suffit pas que la somme fut dûë au jour du mariage, il faut aussi qu'elle fut dès lors exigible ; & même si le Mari est decedé sans avoir reçû le payement des dettes actives qui composent la Dot, & qu'on ne puisse lui imputer à cet égard aucune negligence, M. Bretonnier *Observ. sur le 18. Plaid. d'Henris*, estime qu'en ce cas il n'est dû à la femme aucun Augment.

Mais si la dette qui n'étoit pas exigible au tems du mariage, l'est devenuë depuis, l'Augment en est dû ; & de même toutes les fois que le mari a reçû quelque chose de la Dot, ou qu'il est obligé d'en tenir compte, parce qu'il l'a laissé perdre par sa faute, l'Augment est dû à la femme à proportion de ce que son mari a reçû, ou qu'il a pû recevoir. C'est le sentiment de M. Faber, en son Code *de jure Dot. defin. 23.*

Quant à la quotité de cet Augment, M. Faber n'en parle point. M. Bretonnier dit que s'il se fut expliqué, il l'auroit vrai semblablement reduit au moins au tiers ; car du papier, dit-il, n'est pas de l'argent comptant, le plus souvent le recouvrement en est difficile, & le mari n'en retire le payement qu'après longues années, & bien

des traverſes & des depenſes ; ainſi c'eſt faire grace à la
femme que de lui donner l'Augment du tiers de ce que
ſon mari a reçû.

C'eſt auſſi le ſentiment de M. Auzanet, dans ſes Memoires pour les Conferences, tenuës chez M. le Premier
Preſident de Lamoignon, au Titre des Doüaires , Habitations & Augment de Dot ; entre les differens projets
d'Arrêtés qu'il propoſe ſur la matiere de l'Augment , il
propoſe celui-ci comme un des plus neceſſaires , *que ſi*
ceux qui ont promis la Dot , ou les Debiteurs ſur leſquels elle
a été aſſignée deviennent inſolvables , l'Augment de Dot ſera
reduit au tiers de ce qui aura pû être touché effectivement des
deniers Dotaux.

A l'égard des Succeſſions, Donations , Legs univerſels
ou particuliers échus à la femme pendant le mariage ,
il ne lui en eſt point dû d'Augment, ſi elle s'eſt reſervé
tous ſes biens en paraphernal ; mais ſi elle s'eſt conſtitué
en Dot , tous ſes biens preſens & avenir , l'Augment lui
en eſt dû ; & la même choſe a lieu quand elle ne s'eſt
point expreſſément reſervé en paraphernal ſes biens preſens ou avenir , parce que c'eſt aujourd'hui une maxime
certaine en Païs de Droit Ecrit , auſſi bien qu'en Païs
Coûtumier , que tous biens ſont reputés Dotaux , s'il n'y
a ſtipulation au contraire.

Cet Augment des biens adventifs ſe regle à proportion
& ſuivant la qualité des biens , de même que pour les
biens que la femme avoit au tems du mariage.

Il y a ſeulement un cas où la quotité de cet Augment
paroît difficile à regler ; c'eſt lorſque les Succeſſions ,
Donations , ou Legs échûs à la femme depuis le mariage ,
ſont ſi conſiderables , que l'Augment qui lui en ſeroit dû
à proportion , emporteroit tous les biens du mari.

C'eſt ce que remarque M. Auzanet , en ſes Memoires
loco. cit. On a vû , dit - il , à Lyon pluſieurs exemples de
Femmes qui ont abſorbé tous les biens de leurs Maris ,
au prejudice de leurs Enfans & de leurs Creanciers , ſous
pretexte de Succeſſions échûës pendant le mariage , &

pour remedier à ces inconveniens , il propose de regler que dans la liquidation de l'Augment de Dot , on ne considerera point les biens échûs à la femme pendant le mariage , encore que par le Contrat elle eut constitué en Dot tous ses biens present & avenir.

Mais 1°. cet article de M. Auzanet n'est qu'un projet pour faire une Loi nouvelle , & un projet qui n'a pas même été adopté dans les Arrêtés de M. le Premier Président de Lamoignon , parce que suivant ces Arrêtés , il ne devoit dorénavant y avoir d'autre Augment que celui qui auroit été reglé par Contrat de Mariage.

2°. Il ne seroit pas juste non plus de refuser absolument à la femme tout droit d'Augment pour les biens qui peuvent lui être échûs pendant le mariage , puisque souvent ces biens sont plus considerables que ceux qu'elle avoit d'abord apporté lors du mariage,

Il faut donc seulement moderer cet Augment dû pour les biens échûs pendant le mariage , & le regler *boni viri arbitrio ;* c'est-à-dire , plûtôt suivant la qualité des Parties & les facultés du mari , que suivant la quotité des biens échûs à la femme pendant le mariage. C'est le sentiment de M. Faber , *Cod. de Donat. Ant. Nup. defin.* 4. & de M. Bretonnier en ses Observ. sur le 18. Plaidoyer d'Henris , & en ses Questions Alphabetiques *verbo* Augment, p. 29.

La raison pour laquelle on doit regler l'Augment des biens échûs pendant le mariage differemment de l'Augment des biens apportés lors du mariage , c'est que les biens que la femme a apporté en Dot lors du mariage étoient certains , le mari en connoissoit la quotité , & en les recevant il sçavoit qu'elle seroit la quotité de l'Augment qu'il en devroit à sa femme ; d'ailleurs les fruits de cette Dot presente lui ont aidé à soutenir les charges du mariage dès les commencemens ; au lieu que le mari n'étoit pas assuré qu'il échût à la femme quelques biens pendant le mariage ; il sçavoit encore moins qu'elle seroit la valeur de ces biens , & ne pouvoit pas par consequent juger qu'elle seroit la quotité de l'Augment dont ses biens pourroient être chargés , à raison de ceux échûs à sa femme pendant le mariage ; en sorte qu'on ne peut pas dire qu'il ait promis tacitement telle ou telle quotité d'Augment pour les biens avenir ; & d'ailleurs il arrive le plus souvent que le mari n'a point joüi de ces biens nouvellement échûs , ou du moins qu'il n'en a joüi que peu de tems , ainsi ils ne doivent pas produire à la femme un Augment aussi considerable que ceux qu'elle apporte lors du Mariage.

Telles sont les regles que l'on suit pour fixer la quotité de l'Augment de Dot Coûtumier dans les Provinces de Lyonnois , Forêts , Beaujolois.

En Dombes la quotité de l'Augment se regle comme à Lyon , c'est-à-dire qu'il est de la moitié de l'argent comptant , & du tiers des Immeubles.

Dans les Parlemens de Grenoble & Pau , dans la Province d'Auvergne , & autres Païs où l'Augment n'est dû qu'en vertu d'une stipulation expresse , il n'y a point de quotité Coûtumiere dûë pour l'Augment dans le cas où il seroit stipulé en general , sans être fixé ; parce que n'y ayant point d'Augment Coûtumier , il ne peut y avoir non plus de quotité Coûtumiere de l'Augment.

La quotité conventionnelle la plus usitée, ne peut pas même passer pour Coûtumiere , ni être accordée dans le cas d'une stipulation d'Augment non fixé. La femme ne peut dans ces Païs prétendre pour Augment que la quotité , qui est reglée par le Contrat de Mariage.

Et à plus forte raison n'y a-t-il point de quotité Coûtumiere d'Augment dans les Provinces de Bresse , Mâconnois , & Provence , puisque non seulement l'Augment n'y est pas dû de plein droit , mais qu'il n'est pas d'usage d'y en stipuler.

Au surplus dans toutes ces Provinces où il n'y a point d'Augment Coûtumier , si l'on avoit stipulé un Augment sans en fixer la quotité , on tâcheroit de connoître par les termes du Contrat de Mariage si les parties ont eu intention que la quotité de l'Augment fut reglée suivant l'usage de quelques Provinces où il y a Augment Coûtumier , ce qui vaudroit autant que si l'Augment étoit fixé par le Contrat. Ou s'il y avoit de l'obscurité dans les termes du Contrat , on regleroit l'Augment *arbitrio boni viri.* C'est ce que l'on va encore expliquer plus amplement , en parlant des Augmens Conventionnels.

IV. L'Augment de Dot préfix ou Conventionnel , est celui qui est stipulé , & dont la quotité est reglée par le Contrat de Mariage , à la difference de l'Augment Coûtumier ou Legal , qui est dû sans aucune Convention , en vertu de la Loi seule , ou du moins de l'usage de la Province qui l'établit de droit & qui en regle la quotité.

Cet Augment de Dot préfix ou Conventionnel a lieu non-seulement dans les Païs où l'Augment quoique d'un usage ordinaire , n'a lieu qu'en vertu d'une stipulation expresse , comme dans les Parlemens de Pau & de Grenoble ; mais il se pratique aussi dans les Païs où il y a un Augment Coûtumier dû sans stipulation , comme dans les Provinces de Lyonnois , Forêts , Beaujolois ; parce que les Contrats de Mariage sont susceptibles de toutes sortes de Clauses qui ne sont point contraires aux bonnes mœurs , ni à aucun Statut réel prohibitif absolu , & que dans les Païs où l'usage a établi l'Augment Coûtumier , quoique cet Augment soit dû en vertu de l'usage seul sans aucune stipulation , & que la quotité & les conditions de ce Droit soient aussi reglez par l'usage ou la Coûtume ; cependant il n'y a aucun Statut qui défende de regler l'Augment de Dot , autrement qu'il est établi par la Coûtume ou l'usage de la Province , en sorte que les Personnes qui contractent mariage , peuvent faire sur l'Augment telles Conventions qu'ils jugent à propos , même contraire à l'usage ordinaire.

Pour former ce que l'on appelle proprement un Augment Conventionnel ou Préfix , il ne suffit pas qu'on ait stipulé par le Contrat de Mariage un Droit d'Augment en general , il faut que la quotité en soit fixée par le Contrat de Mariage , autrement la femme ne pourroit prétendre que la quotité reglée par l'usage du Lieu ; ce

qui reviendroit aux termes de l'Augment Coûtumier , &
fi par l'ufage du lieu , il n'étoit point dû d'Augment Coûtumier , comme il n'y auroit point non plus de quotité
Coûtumiere , il arriveroit que la ftipulation d'Augment
dont la quotité ne feroit pas fixée , deviendroit inutile &
fans aucun effet.

L'Augment prefix n'eft donc proprement que celui qui
eft ftipulé , & dont la quotité eft reglée par le Contrat de
Mariage.

Cette forte d'Augment eft fort ufitée même dans les
Païs où l'Augment auroit lieu de plein droit & fans ftipulation , parce que les Conjoints ont un égal interêt que
l'Augment foit reglé par le Contrat de Mariage , d'une
maniere fixe & invariable ; le Mari a interêt qu'il foit
reglé , afin qu'il n'augmente point à fon préjudice , pendant le Mariage , par l'écheance de nouveaux Liens Dotaux qui pourroient furvenir à la Femme depuis le Mariage ; la Femme a interêt que fon Augment foit reglé ,
& qu'il ne puiffe varier ni diminuer à fon préjudice , par
les differentes variations & diminutions qui pourroient furvenir à fa Dot depuis le Mariage ; & le Mari & la Femme ont encore tous deux interêt de fixer la quotité de
l'Augment , afin de prevenir & d'éviter les difficultés qui
fe rencontrent prefque toûjours dans l'Augment Coûtumier ,
lors qu'il s'agit de liquider la valeur de la Dot , & de
regler l'Augment à proportion.

Il n'eft pourtant pas abfolument neceffaire que la quotité de l'Augment Conventionnel foit fixée à une fomme
certaine ; les Contractans peuvent auffi le fixer à une quotité
certaine , comme du tiers ou du quart de la Dot , ou
telle autre quotité dont ils conviennent entre eux.

Et ces fortes de Conventions font valables dans toutes
les Provinces où l'Augment de Dot a lieu , foit que la
fomme ou quotité convenuë , foit moindre que n'auroit
été l'Augment Coûtumier , foit qu'elle excede la quotité
Coûtumiere , les Parties la peuvent regler fur tel pied que
bon leur femble ; en quoi l'Augment Conventionnel eft

different du Doüaire prefix qui dans quelques Coûtumes
ne peut exceder le Coûtumier ; comme Touraine , titre 30.
Article 327. Maine , Article 356. Poitou , Article 257.

M. Charles Revel fur les Statuts de Breffe , Queft. 27.
Doute 7. ne difconvient pas que la condition de l'Augment
Coûtumier peut être faite meilleure par la Convention ;
mais il prétend qu'on ne peut diminuer l'Augment que
donne la Coûtume , & encore moins y renoncer entierement , que ces Pactions font illicites ; il fonde fon opinion
fur ce que dit M. Faber , en fon Code *de Donat. Ant.
Nupt. defin.* 3. *ejus eft tantus favor , ut ne ullâ Conventio-
ne deterior ejus conditio fieri poffit* ; de forte , dit-il , que s'il
étoit dit au Contrat de Mariage , qu'on ne payera d'Augment à la Femme qu'à proportion de ce que fon Pere aura payé de fa Dot , cette Convention feroit nulle & on
devra tout l'Augment , *quia* , dit-il , *eft pars Dotis , & conditio Dotis deterior fieri non poteft. L. Articilinus* 17. *Digeft.
de Pactis. Dotalibus.*

Cependant il eft certain dans l'ufage que non feulement on peut par Contrat de Mariage diminuer l'Augment Coûtumier , mais auffi qu'on y peut renoncer entierement , & que dans ces Pactions il n'y a rien de contraire aux bonnes mœurs , puifque la même chofe fe pratique à l'égard du Doüaire Coûtumier.

Et ces fortes de Conventions ont leur execution , tant
contre les Enfans que contre la Femme ; parce que la
Femme a la liberté de renoncer au Benefice que la Loi
lui accorde , & les Enfans ne peuvent pas fe plaindre
qu'elle les fruftre de leur Droit , n'en ayant aucun dans
l'Augment , qu'autant que leur Mere l'a d'abord recuëilli.

Les Enfans fembleroient même avoir plûtôt fujet de fe
plaindre , lorfque leur Mere renonce au Doüaire à leur
préjudice , parce qu'ils peuvent recuëillir le Doüaire , encore que leur Mere n'ait pas furveçu à fon Mari ; cependant on ne fait point revivre le Doüaire en faveur
des Enfans , lorfque la Femme elle-même y a renoncé
par Contrat de Mariage ; & a plus forte raifon en doit-il
être

être de même de l'Augment , dans lequel les Enfans n'ont de leur chef aucun Droit , & auquel ils ne viennent que par la tranfmiſſion que leur en fait leur Mere lorſqu'elle l'a recuëilli. C'eſt le ſentiment de M. Faber , en ſon Code *de Donat. Ant. Nupt. defin. 6.* M. Bretonnier en ſes Obſervations ſur le 18ᵉ. Plaidoyer d'Henris , tome 2. page 827. & en ſes Queſtions Alphabetiques *verbo* Augment , p. 27. Renuſſon , Traité du Doüaire , Ch. 14. n. 12.

Lorſque l'Augment de Dot eſt fixé par le Contrat de Mariage à une certaine ſomme ou quotité , la Femme n'a pour tout Droit d'Augment que ce qui eſt reglé par le Contrat , & cet Augment prefix lui tient lieu du Coûtumier ; tellement qu'elle ne peut avoir enſemble le préfix & le Coûtumier , ni renoncer au préfix pour opter le Coûtumier , à moins que par le Contrat de Mariage on n'eut expreſſement ſtipulé qu'elle aura cette faculté.

Les Futurs Conjoints ne peuvent par leur Contrat de Mariage ſtipuler que le Mari aura la liberté d'augmenter ou de diminuer pendant le Mariage l'Augment de Dot préfix , qui eſt reglé par le Contrat ; parce que par le Droit Romain obſervé en Païs de Droit Ecrit , toutes Donations ſont prohibées entre Conjoints , auſſi-bien que par le Coûtumier , *Scilicet ne mutuo amore Conjuges invicem ſpolientur , l. 1. 2. & 3. Digeſt. de Donat. Int. vir. & ux.*

Il eſt vrai que par la Loi vingt du Code *de Donat. Ant. Nupt.* & la diſpoſition des Inſtitutes au titre *de Donat. §. 3.* Juſtinien permet au Mari d'augmenter & même de commencer pendant le Mariage la Donation à cauſe de Nôces , qui étoit donnée à la Femme en recompenſe de ſa Dot , ce qui fit appeller ces ſortes de Donations *Donationes propter Nuptias* ; au lieu qu'elle s'appelloient auparavant *Donationes ante Nuptias.*

Et Deſpeiſſes , tom. 1. part. 1. tit. 13. du Mariage , Sect. 5. n. 6. aſſimile ſur ce point l'Augment de Dot des Païs de Droit Ecrit à la Donation à cauſe de Nôces des Romains ; & ſur ce fondement , il dit que le Gain de Survie eſt valable , ſoit qu'il ait été ſtipulé dans le Contrat de Mariage , ou depuis la paſſation dudit Contrat , & que de même

que la Dot peut être constituée non seulement lors du Mariage , mais aussi augmentée ou entierement constituée
après ledit Contrat ; de même le Gain de Survie peut
non seulement être stipulé dans ledit Contrat , mais aussi
augmenté & même entierement constitué après icelui , suivant ce qui est dit de la Donation , *propter Nuptias. §. est
& aliud. 3. Instit. de Donat.* Laquelle , dit Despeisses , nos
Docteurs estiment semblable audit Gain , au moins à celui
que la Femme fait par le predecès de son Mari.

Guy Pape , question 363. paroît être du même sentiment , du moins dans deux cas particuliers qu'il croît
devoir être exceptés de la prohibition generale de s'avantager entre Conjoints ; sçavoir lorsqu'un des Conjoints
est plus jeune que l'autre , ou que l'un est Noble &
que l'autre ne l'est pas. *Si juvenis accipiat in uxorem mulierem senem , vel Nobilis ignobilem , isto casu inæqualitas pactorum toleratur & pactum inæquale adjectum censetur esse quædam
remuneratio respectu juventutis aut respectu Nobilitatis , & talis
remuneratio valet de jure , etiam inter Conjuges facta.*

Ferrerius , sur cette question de Guy Pape , est aussi de
même avis & en rend ainsi la raison : *Si ignobilis ducat
nobilem , senex juvenem , valent pacta Donationis , remissionis
confessionis , renuntiationis in favorem personæ Nobilioris facta
per ignobilem non solum tempore Contracti matrimonii , re integrâ , sed etiam postea non obstante prohibitione juris communis
prohibentis Donationes inter Conjuges , quia ignobilis non dicitur lædi nec pauperior fieri etiam si de jure suo dimittat , quia
compensatur cum honore splendidioris matrimonii vel juventutis
pulchritudine.*

Je ne puis cependant me rendre au sentiment de ces
Auteurs , & cela par plusieurs raisons.

1°. Despeisses se trompe , lorsqu'il suppose que nos
Docteurs estiment l'Augment de Dot semblable à la Donation à cause de Nôces. Tous nos Auteurs Modernes conviennent au contraire que les Donations à cause de Nôces ,
ont cessé il y a long-tems d'être en usage , qu'il y a entre
ces deux formes de s'avantager des differences essentielles ,

& qu'il ne faut point appliquer à l'Augment les Loix qui ont été faites pour les Donations à cause de Nôces. Inſtit. au Droit Franc. d'Argou, tom. 1. Liv. 3. Ch. 10. Ainſi puiſque les Donations à cauſe de Nôces, ne ſont plus en uſage, & que les Loix faites ſur cette matiere ſont devenuës inutiles & ſans effet, il faut s'en tenir au principe general du Droit Romain, qui eſt que toutes Donations entre-vifs, ſont prohibées entre Conjoints, & que par conſequent l'Augment de Dot prefix ne peut être conſtitué, augmenté ni diminué pendant le Mariage.

2°. A l'égard de ce que diſent Guy Pape & Ferrerius, outre que les conſiderations qui les determinent dans les deux cas particuliers qu'ils propoſent, n'auroient aucune application dans la Theſe generale, elles ne paroiſſent pas être aſſés fortes pour donner atteinte à la regle, même dans les cas particuliers dont il s'agit ; car ſi la prohibition de s'avantager entre Conjoints eſt fondée en general ſur la crainte que l'un des Conjoints n'engage l'autre par careſſes ou par menaces à lui faire quelque avantage, comme il n'y a pas lieu de douter que c'eſt là le véritable motif de cette prohibition, il y a encore plus lieu de craindre ces ſortes de ſuggeſtions & d'artifices entre perſonnes d'un âge ou d'une condition inégale ; l'avantage de la naiſſance, ou les agrémens de la jeuneſſe peuvent donner à celui des Conjoints qui en eſt doüé un aſcendant aſſez puiſſant pour engager l'autre Conjoint à lui faire quelque Don conſiderable ; en ſorte que les mêmes inconveniens qui ont fait défendre toutes Donations entre Conjoints, ſe trouvent également dans les deux cas que Guy Pape & Ferrerius croyent devoir excepter de la regle generale.

D'ailleurs comment pourroit-on faire uſage de l'exception que ces Auteurs veulent tirer de la diſproportion d'âge des Conjoints, il n'y a point d'âge fixé après lequel le Mari & la Femme ſoient reputés vieux, relativement l'un à l'autre, à l'effet d'autoriſer les Donations qu'ils ſe feroient pendant le Mariage.

Et à l'égard de la Nobleſſe , elle ne peut non plus former une exception. La prohibition de s'avantager entre Conjoints eſt generale , elle eſt tant pour les Nobles que pour les Roturiers , & l'on ne peut pas dire que dès-lors qu'un des Conjoints eſt Noble & l'autre Roturier , il y a une telle diſproportion quelle habilite le Conjoint Noble à recevoir du Conjoint Roturier , la Nobleſſe ne met point au-deſſus des Loix , & au ſurplus comment fixer cette pretenduë diſproportion , il y a d'honnêtes Rotures qui valent mieux que certaines Nobleſſes.

Ainſi il ne paroît pas poſſible de ſuivre l'opinion de Guy Pape & Ferrerius , & il doit demeurer pour conſtant que l'Augment de Dot ne peut être conſtitué , augmenté ni diminué pendant le mariage.

Il n'y a qu'un ſeul cas où l'Augment ſemble pouvoir être conſtitué pendant le Mariage ; ſçavoir lorſque la Femme s'eſt conſtitué en Dot tous ſes biens preſens & avenir , ou lorſqu'elle n'a promis en Dot que les biens qui lui viendront pendant le Mariage , le Mari peut en ce cas promettre de donner un Augment prefix , à proportion de ce que la Femme apportera en Dot pendant le Mariage , & cette Convention Conditionnelle eſt valable.

Mais il n'y a rien en cela de contraire au principe general que l'on vient d'établir , parce que quoique cette Convention ſoit Conditionnelle & ne ſe réaliſe qu'après le Mariage , elle prend néanmoins ſa force du Contrat ; tellement que la Femme pour cet Augment des biens apportés en Dot depuis le Mariage , a hypotéque ſur les biens de ſon Mari du jour du Contrat de Mariage , encore qu'il y eut un eſpace de tems conſiderable entre le Contrat & l'échéance des biens Dotaux ; à la difference de la Donation à cauſe de Nôces qui ſe pouvoit réellement augmenter , & même commencer depuis le Mariage pour les biens Dotaux nouvellement apportés par la Femme , pour laquelle Donation la Femme n'avoit hypotéque que du jour de l'Acte de Donation , ſuivant la Loi , *Aſſiduis.* §. 2. *Cod. qui potior.* & la Novelle 97. ch. 2.

Il ne faut donc pas regarder l'Augment promis pour les biens Dotaux avenir, comme une Donation faite depuis le Mariage, & cela foit que cet Augment ait été fixé à une certaine fomme par le Contrat, foit qu'on en ait fixé la quotité proportionnellement & relativement à la Dot, comme fi l'on a dit qu'il fera du tiers ou de la moitié des biens avenir ; car en l'un & l'autre cas, il eft toûjours certain que c'eft par le Contrat de Mariage que cet Augment eft reglé, il depend bien de l'évenement de la Dot que cet Augment ait lieu ou n'ait pas lieu, mais fuppofé qu'il ait lieu, il eft fixé dès le moment du Mariage, & il ne peut plus augmenter ni diminuer.

Au refte, quoique cette augmentation d'Augment de Dot pour les biens échûs pendant le Mariage, foit de Droit, & n'ait pas befoin d'être ftipulée dans les Païs où il y a un Augment Coûtumier ; & que la Femme en prenant fon Augment Coûtumier pour les biens qu'elle avoit lors du Mariage, prend auffi l'Augment Coûtumier des biens qui lui font échus depuis ; il n'en eft pas de même lorfque par Contrat de Mariage l'Augment de la Femme eft fixé à une certaine fomme pour tout droit d'Augment ; car encore bien que cet Augment n'eut été reglé qu'en confideration des biens prefens, & qu'on n'eut point parlé des biens Dotaux à venir, la Femme ne pourra cependant prendre pour tout Augment que la fomme fixée par le Contrat, & ne pourra prétendre aucun Augment, même Coûtumier pour les biens qui lui font échus pendant le Mariage.

En effet, c'eft principalement pour exclure l'Augment Coûtumier qui feroit dû pour les biens Dotaux échus pendant le Mariage, qu'on a foin communément de fixer l'Augment à une fomme certaine, de crainte que fi on ne le fixoit qu'à une certaine quotité, les biens nouvellement échus à la Femme ne fuffent fi confiderables que l'Augment qui lui en feroit dû, abforbat tous les biens du Mari.

Que si par les termes du Contrat de Mariage, il paroissoit que les Conjoints en stipulant un Augment prefix, n'ont pas eu intention d'exclure le Coûtumier pour les biens Dotaux à venir, la Femme pourroit prendre le prefix qui a été stipulé pour les biens qu'elle avoit lors du Mariage, & le Coûtumier pour les biens Dotaux échus depuis, ou un supplément d'Augment prefix proportionné à ces biens, supposé que par les termes du Contrat, il parut que les Conjoints on entendu que la quotité ou somme de l'Augment prefix seroit augmentée, à proportion de la Dot nouvellement échuë pendant le Mariage.

L'Augment prefix aussi-bien que le Coûtumier, appartient de droit aux Enfans, & la Mere n'en a que l'usufruit, à moins qu'il n'y ait quelque stipulation contraire.

Mais on demande s'il est permis de stipuler que l'Augment Coûtumier ou prefix sera sans retour, c'est-à-dire que la Femme survivante en aura la proprieté en entier, même au cas où il y auroit des Enfans.

Il y a sur cette matiere les mêmes raisons de douter que pour la clause du Doüaire stipulé sans retour, à laquelle presque tous les Auteurs semblent ne donner aucun effet contre les Enfans; cependant quoiqu'il en soit du Doüaire, il est certain du moins dans les Parlemens de Droit Ecrit, que l'Augment peut y être stipulé sans retour, même au préjudice des Enfans, c'est le sentiment de M. Faber, en son Code *de Donat. Art. Nupt. defin.* 6. & de M. Expilly, dans ses Arrêts ch. 63. où il dit que la question a été ainsi jugée par un Arrêt du Parlement de Grenoble du 5. Juillet 1566. il y apporte seulement une exception au cas que la Mere se remarie.

Pour ce qui est des Païs de Droit Ecrit du ressort du Parlement de Paris, il n'est pas aussi certain qu'on y puisse stipuler un Augment sans retour, mais c'est ce que l'on examinera plus à fond dans le ch. 27. où l'on aura encore occasion d'en parler en expliquant quels sont les Droits des Conjoints dans les Gains de Survie.

Dans les Païs de Droit Ecrit où il n'y a point d'Aug-

ment Coûtumier , comme en Provence , Breſſe, Mâconnois ,
& dans les Païs Coûtumiers où l'Augment de Dot n'eſt
point du tout en uſage , comme dans la Coûtume de
Paris , & autres ſemblables , on peut néanmoins ſtipuler
un Augment d'une certaine ſomme ou quotité proportion-
née à la Dot , mais il faut abſolument que cet Augment
ſoit fixé ou qu'il ſoit dit dans le Contrat , quelle Coûtume ou uſage les Conjoints adoptent pour regler leur Augment ; autrement , il ne ſeroit pas poſſible d'executer la
ſtipulation d'Augment ; parce qu'on n'en pourroit pas determiner la quotité , n'y ayant dans ces Païs aucun Augment en uſage , ni par conſequent aucune quotité Coûtumiere , ces eſpeces quoique rares peuvent cependant arriver quelquesfois , lorſque des perſonnes des Païs où l'Augment eſt en uſage , vont ſe marier dans un Païs où il
n'y a point d'Augment , auquel cas il faudroit obſerver
pour les ſtipulations d'Augment , ce qui vient d'être dit
ci-deſſus.

CHAPITRE TROISIÉME.

Du Contre-Augment, ou Droit de Retention.

SOMMAIRE.

I. LE Contre-Augment ou Droit de Retention est un Gain Nuptial & de Survie, usité dans quelques-unes des Provinces de Droit Ecrit, que le Mari survivant retient sur la Dot de sa Femme predecedée, comme l'Augment de Dot accordé à la Femme survivante se retient sur les biens du Mari.

On appelle ce Gain de Survie accordé au Mari *Contre-Augment*, parce qu'il est opposé à l'Augment, & qu'il n'est accordé qu'au cas où l'Augment n'aura pas lieu.

On l'appelle aussi Droit de Retention, parce qu'il consiste en ce que le Mari retient par forme de Gain de Survie la Dot de sa Femme en tout ou partie.

II. Quoique plusieurs Auteurs ayent composé des Volumes entiers sur la matiere de la Dot ; on n'y trouve presque rien sur le Gain de la Dot accordé au Mari survivant, du moins cette matiere n'y est traitée que dans les principes generaux du Droit, & non suivant les usages particuliers des Païs de Droit Ecrit.

Il n'y a que deux Auteurs qui ont traité principalement du Gain de la Dot.　　　　　　　　　　　　Le

Le Premier , eſt Rolland Duval , connu ſous le nom de *Rollandus à Valle* , Juriſconſulte de Caſal , dans le Mont-ferrat. Son ouvrage eſt intitulé : *Quæſtiones de Lucro Dotis* , & contient III. Queſtions.

L'autre Auteur eſt *Phannuccius de Phannucciis* , Juriſ-conſulte de la Republique de Lucques. Son ouvrage a pour titre : *Commentarius in cap.* 19. *libri* 2. *ſtatutorum civitatis lucenſis , ſivè tractatus de Lucro Dotis.*

Encore ces deux Auteurs n'ont-ils traité la matiere du Gain de la Dot que relativement aux uſages de leur Païs , qui ſe trouvent très-differens de ceux des Païs de Droit Écrit ; ainſi l'on ne peut apprendre dans aucun de ces Auteurs les regles du Contre-Augment.

Il faut donc chercher dans les Loix Romaines & dans les Coûtumes , Statuts , & Uſages particuliers des Païs de Droit Ecrit , ſur quoi peut être fondé le Contre-Augment , & quels ſont ſes principes & ſes regles.

On a vû ci-devant en cherchant l'origine de l'Augment de Dot , que les Loix & les Coûtumes , quelques contraires qu'elles ſoient dans la plûpart de leurs diſpoſitions , s'accordent néanmoins preſque toutes pour donner quelque avantage à la Femme ſurvivante. On a vû qu'avant que l'Augment fut établi , la Femme chez les Romains avoit de Droit & ſans ſtipulation une Donation à cauſe de Nôces , en recompenſe de la Dot apportée par elle à ſon Mari.

Voyons maintenant ſi les Loix favoriſent également le Mari ſurvivant , & comment l'uſage du Contre-Augment s'eſt établi.

III. Suivant l'ancien Droit Romain , les Heritiers du Mari predecedé étoient obligés à la reſtitution de la Dot , ſans aucune diſtinction , de même qu'ils le ſont encore aujourd'hui. *L. in his rebus. Cod. de jure Dotium.* Mais le Mari ſurvivant gagnoit dans certains cas la Dot entiere de ſa Femme , ou du moins une partie , ſelon la nature de l'action qu'on avoit contre lui pour la repetition de la Dot.

Or pour la repetition de la Dot , il y avoit anciennement

trois fortes d'actions , fçavoir l'action *rei uxoriæ* , l'action *ex Stipulatu* & l'action *præscriptis verbis.*

La premiere de ces actions étoit propre & particuliere à la Femme , & au Pere qui l'avoit Dotée.

La feconde , étoit commune à tous ceux qui avoient ftipulé la reftitution de la Dot, foit la Femme , foit le Pere ou la Mere , ou autre Perfonne même étrangere.

La derniere , n'étoit que pour les Etrangers , c'eft-à-dire, pour toutes fortes de perfonnes , autres néanmoins que la Femme & le Pere qui avoient donné la Dot , à la charge de leur être reftituée en cas de predecès de la Femme.

Quoique les formalités de ces fortes d'actions foient abrogées , il eft cependant neceffaire de remarquer en paffant quel ufage on faifoit de chacune de ces actions , & quel étoit leur effet , parce qu'autrement il n'eft pas poffible d'entendre les textes de Droit qui concernent cette Matiere.

Lorfque le Mariage étoit diffous par la mort de la Femme , on diftinguoit fi la Dot étoit Profectice , ou fi elle étoit Adventice.

Si la Dot étoit Profectice , c'eft-à-dire , conftituée par le Pere ou Ayeul de la Femme , & qu'au tems du decès de la Femme le Pere ou Ayeul fut encore vivant ; la Dot devoit être reftituée au Pere ou Ayeul qui l'avoit donnée , ils avoient pour la repeter l'action *rei uxoriæ* , fuivant ce qui eft dit en la Loi 6. au Digefte *de jure Dotium.*

Si le Pere ou l'Ayeul conftituant fe trouvoit decedé lors de la mort de la Femme, la Dot entiere, quoique profectice , demeuroit au Mari en toute proprieté , parce que l'action *rei uxoriæ* donnée à la Femme ou au Pere ou Ayeul pour la repetition de la Dot , ne paffoit point à leurs Heritiers.

Mais fi par le Contrat de Mariage il y avoit Claufe ex-preffe de reftitution , en ce cas la Dot profectice étoit repetée par l'action *ex ftipulatu* , laquelle action pouvoit

être intentée par tous ceux qui avoient ſtipulé la reſtitution de la Dot, ſoit la Femme, ſoit le Pere ou autre Perſonne, même Etrangere. *Ulpianus lib. regularum tit. 6.*
§ 1. & 2. Lege 6. ff. de jure Dotium.

Si la Dot étoit adventice, c'eſt-à-dire provenuë d'ailleurs
que du Pere, elle demeuroit toute entiere au Mari en
cas de predecès de la Femme, à moins qu'il n'y eut
Clauſe au contraire, *ulpianus lib. regul. tit. 6. §. 3.* &
cela avoit ainſi lieu quoique celui qui avoit donné la
Dot fut encore vivant, & les Heritiers Etrangers de la
Femme n'avoient aucun droit de repeter la Dot que lorſqu'il y en avoit une ſtipulation expreſſe portée par le
Contrat de Mariage, auquel cas ils en pourſuivoient la
reſtitution aux termes du Contrat, & par l'action appellée
præſcriptis verbis.

Si le Mariage étoit diſſous par divorce, & que la Femme
fut Fille de Famille, elle avoit droit de repeter ſa Dot
ſous l'autorité de ſon Pere, *l. 2. & 34. ff. Soluto Matrim.*
quemadmod. ſi ce n'eſt que les mauvaiſes mœurs de la
Femme fuſſent la cauſe du divorce, auquel cas la Femme
anciennement perdoit une partie de ſa Dot. *Ulpian. in*
fram. tit. 6. §. 12.

Telles étoient ſuivant l'ancien Droit Romain les differentes ſortes d'actions établies pour la repetition de la
Dot, entre leſquelles on voit que l'action procedant de la
ſtipulation, & qu'on appelle en Droit *ex ſtipulatu*, étoit d'un
uſage bien plus étendu & plus avantageux que l'action
rei uxoria, qui n'étoit accordée qu'à la Femme ou au Pere
ou Ayeul, & non à leurs Heritiers.

Le Gain de la Dot accordé au Mari en certains cas
par cet ancien Droit, étoit bien un Gain de Survie, &
même une eſpece de Contre-Augment, puiſqu'il étoit oppoſé
à la Donation à cauſe de Nôces, que la Femme devoit
gagner en cas de ſurvie, de même que le Contre-Augment, qui eſt aujourd'hui en uſage dans les Païs de Droit
Ecrit, eſt oppoſé à l'Augment de Dot.

Ce Gain de la Dot étoit même un Droit plus étendu

que nôtre Contre-Augment , puifqu'il étoit de la totalité de la Dot ; au lieu que nôtre Contre-Augment n'eſt ordinairement que d'une partie , ainſi qu'on le verra dans la ſuite.

IV. On pourroit donc induire de ces convenances que le Contre-Augment des Païs de Droit Ecrit , eſt fondé ſur le Gain de la Dot , accordé par l'ancien Droit Romain.

Mais ce qui derange cette origine , & qui en interromp la filiation , c'eſt que le nouveau Droit Romain , obſervé dans les Païs de Droit Ecrit , ne donne au Mari ſurvivant aucun Gain ſur la Dot de ſa Femme.

En effet , l'Empereur Juſtinien , par ſa Conſtitution , a abrogé l'action *rei uxoriæ* , & en ſa place a ſubſtitué l'action *ex ſtipulatu de Dote* , & a ordonné que la ſtipulation ſeroit toûjours preſumée. *l. 2. & 10. ff. ſoluto matrim. l. 6. ff. de jure Dotium. l. unicâ in principio & §. maneat & §. illo 6. Cod. de rei uxoriæ actione. §. fuerat inſtit. de actionibus.* Enforte qu'aujourd'hui ſans diſtinction de la qualité de la Dot , ſans diſtinguer ſi la Femme , ſon Pere ou autre conſtituant eſt ſurvivant , le Mari ou ſes Heritiers ſont toûjours tenus de reſtituer la Dot entiere à la Femme ou à ſes heritiers.

Il y a ſeulement une exception etablie par le Droit des Novelles ; c'eſt que ſi la diſſolution du Mariage arrive pour cauſe d'adultere de la part de la Femme , ou pour quelqu'une des autres cauſes exprimées dans la Novelle , la Femme perd ſa Dot entiere & le Mari en profite , *Novell. 22. cap. 19. in fine l. 11. Cod. de Repudiis.* En quoi le nouveau Droit eſt plus rigoureux que l'ancien , qui en pareil cas ne faiſoit perdre à la Femme qu'une partie de ſa Dot , & non pas la totalité : *Ulpianus in fragm. tit. 6. §. 12.* Mais le Mari ne gagne ainſi la Dot qu'au cas qu'il n'y ait point d'Enfans ; s'il y en a de ce Mariage , la Dot de leur Mere leur appartient en entier , *Novell. 117. ch. 8. & Novell. 134. cap. 11. & Authent. ſed hodie. Cod. ad l. Juliam de Adult.* & même à defaut d'Enfans s'il y a encore quelques-uns des aſcendans de la Femme qui foient vivans, & qu'ils ayent conftitué la Dot, elle doit leur revenir en entier, par Droit de Reverfion, & s'ils ne font pas les conftituans de la Dot, il leur appartient un tiers. *Novell.* 134. *ch.* 10. *& Authent. fed hodie.*

Mais ce que le Mari a droit de retenir fur la Dot de fa Femme convaincuë d'adultere ou autre crime, n'eft pas proprement un Gain de Survie, ni même un Gain Nuptial; c'eft plûtôt une peine prononcée contre la Femme qu'un avantage accordé au Mari. Ainfi on ne peut pas confiderer ce Gain de la Dot comme un Contre-Augment.

Tel eft fur cette matiere le dernier état du Droit Romain, obfervé en Païs de Droit Ecrit, par lequel le Mari n'a de droit aucun Gain de Survie, fur la Dot de fa Femme predecedée. Suivant ce qui nous eft attefté par Defpeifles, tom. 1. part. 1. du Dot, Sect. 3. & par Domat en fes Loix Civiles, liv. 1. tit. 9. des Dots, Sect. 3.

Le Contre-Augment ufité dans les Païs de Droit Ecrit, n'eft cependant pas non plus émané du Droit Coûtumier; car les Coûtumes fi favorables aux Femmes n'ont pas eu la même attention pour avantager les Maris furvivans; il y a bien quelques Coûtumes qui accordent au Mari certains droits fur les biens de fa Femme predecedée, comme la Coûtume de Metz, tit. 6. art. 10. qui donne au Mari furvivant tous les Meubles & acquêts de Gagiere. Mais ces Coûtumes en cela font fingulieres & exhorbitantes du Droit Commun & general des Païs Coûtumiers, qui ne donne au Mari furvivant aucun Gain de Survie fur la Dot de fa Femme predecedée.

Il y a donc lieu de croire que le Contre-Augment des Païs de Droit Ecrit, defcend du Gain de Survie, que l'ancien Droit Romain donnoit au Mari fur la Dot de fa Femme predecedée.

En effet lorfque le nouveau Droit Romain qui ne donne au Mari aucun Gain de Survie fur la Dot de fa Femme, a abrogé l'ancien Droit, on conferva toûjours l'ufage de ftipuler quelque avantage en faveur du Mari furvivant, ainſi qu'il paroit par la Loi unique , §. *6. Cod. de rei uxoriæ actione*, la Loi 19. au Code *de Donationibus ante Nuptias*, la Loi 2. 12. & 26. au Digeſte *de Pactis Dotalibus* , la Loi 1. au *ff. de Dote prælegatâ* , la Loi 9. au Code *de Pactis Conventis* & la Novell. 97. ch. 1. *de æqualitate Dotis.*

Cet uſage obſervé par les Romains de ſtipuler un Gain de Survie en faveur du Mari ſurvivant , s'eſt toûjours perpetué depuis , il a été tranſmis aux Habitans des Païs de Droit Ecrit , avec le dernier Droit Romain , & de là s'eſt inſenſiblement formé le Contre-Augment.

V. Dans quelques endroits , comme dans la Ville & Viguerie de Toulouſe , dans la Ville de Bourdeaux , Sénéchauſſée de Guyenne & Païs Bordelois , l'uſage de ſtipuler un Contre-Augment eſt devenu ſi commun & ſi general , que cette ſtipulation n'y eſt plus neceſſaire , elle ſe preſume toûjours & ſe ſupplée de Droit ; on en a même fait dans la ſuite une diſpoſition expreſſe des Coûtumes de ces Païs , lorſqu'elles ont été redigées , en vertu de laquelle diſpoſition le Mari ſurvivant a droit de prendre le Contre-Augment , aux termes de la Coûtume ſans qu'il ait été ſtipulé.

Les plus anciennes Coûtumes qui font mention de Contre-Augment ſont celles de la Ville & Viguerie de Toulouſe , redigées en Latin & confirmées en 1289. par Philippe le Bel , ces Coûtumes *part.* 3. *de Dotibus* , après avoir parlé dans l'article premier de l'Augment de Dot , dans l'article 2. reglent ainſi le Contre-Augment pour le Mari.

Art. 2. item conſuetudo eſt Toloſæ ſivè uſus quod ſi uxor vel alius nomine ejus dedit Dotem viro ſuo , quantacumque ſit illa dos & uxor tranſducta præmoriatur , dictus maritus lucratur Dotem & Donationem propter Nuptias , & inde poteſt dictus maritus facere ſuam voluntatem , niſi aliter actum fuerit inter ipſos.

Cette diſpoſition eſt encore étenduë par l'article ſuivant , qui porte : *item conſuetudo eſt Toloſæ ſeu uſus quod maritus uxore ſuâ præmortuâ cognitâ per eum carnaliter vel tranſductâ , lucratur Dotem & è converſo uxor viro ſuo præ-*

mortuo lucratur Donationem propter Nuptias seu Dotalicium sivè decesserint ipsi Conjuges ut Dictum est liberis communibus existentibus , seu non existentibus ,. & hoc nisi aliter actum vel Conventum fuerit inter ipsos.

La même chose a lieu pour ceux qui demeurent hors la Ville & Viguerie de Toulouse, dans le ressort du même Parlement , lorsque par leur Contrat de Mariage ils adoptent la Coûtume de Toulouse, pour regler leurs Conventions Matrimoniales , ce qui se pratique communément, & qu'on appelle dans le Païs se marier *Pactes de Toulouse.* Au moyen de cette adoption le Mari gagne le Contre-Augment , comme s'il avoit été stipulé nommément , & à plus forte raison s'il est stipulé nommément , c'est ce qui nous est attesté par Despeisses , tom. 1. tit. du Dot , part. 1. Sect. 3. n. 92.

Par l'article 18. des Satuts de Montpellier , le Mari survivant à sa femme demeure usufruitier sa vie durant , de tous les biens Immeubles qui lui avoient été constitués en Dot , *res immobiles quæ in Dotem viro traduntur , si præmoriatur uxor , vir debet uti & tenere in totâ vitâ suâ , nisi pactum in contrarium reclamaverit. V.* Despeisses , tom. 1. Part. 1. du Dot , Sect. 3. n. 4.

M. le Bret , en son Histoire de la Ville de Montauban , p. 223. fait mention que cette Ville joüit d'un Droit Coûtumier touchant les Mariages , sçavoir du Gain de la Dot , en tout ou en partie.

M. Benoît , connu sous le nom de *Guillelmus Benedictus* , qui avoit d'abord été Professeur de Droit dans l'Université de Cahors , avant d'être Conseiller au Parlement de Bourdeaux , & ensuite en celui de Toulouse, dans le Commentaire qu'il a fait sur le chapitre *Raynutius* , aux Decretales *de Testamentis.* Sur ces mots : *mortuo , itaque Testatore* p. 1. n. 34. & 115. dit que dans la Ville de Cahors , aussibien que dans celle de Toulouse le Mari survivant gagne une partie de la Dot.

Gregoire , connu sous le nom de *Gregorius Tolosanus* , qui avoit aussi été Professeur de Droit , dans l'Université de Cahors , avant de profeſſer à Touloufe ; dans ſon traité intitulé *Sintagma juris Univerſi , lib. 9. cap. 23. n. 2.* obſerve comme M. Benoît , que l'uſage de Cahors eſt d'accorder au Mari ſurvivant le Gain d'une partie de la Dot.

Les Coûtumes generales de la Ville de Bourdeaux , Sénéchauffée de Guyenne , & Païs Bordelois , portent art. 47. que le Mari gagne la Dot , enſemble les Meubles , quand la Femme decede avant le Mari.

Cette même Coûtume en l'article 49. regle la même choſe pour le cas où le Mari ſurvivant avoit épouſé une Veuve. Il ajoûte que s'il y a Enfans dudit Mariage , le Mari gagnera ſeulement la Dot & uſtenciles de la Maiſon que les autres Meubles , comme Argent monnoyé ou à Monnoyer , cabal , dettes , Beſtial & autres Marchandiſes ſeront reſervés , & appartiendront aux Enfans dudit Mariage , deſquels joüiront après le decès du Pere s'il n'y a Pacte au contraire.

Enfin l'article 50. porte que s'il n'y a Enfans dudit Mariage , les uſtenciles demeureront audit Mari ; mais que les Cabaux Or & Argent & autres Meubles venus à la Femme par ſucceſſion , retourneront aux plus prochains Parens de la Femme , ſi elle n'en avoit autrement diſpoſé ou accordé au Contrat de mariage , mais au Mari demeureront les Meubles qu'ils auront acquis durant le Mariage.

Il y a un grand nombre des Coûtumes Locales d'Auvergne , qui donnent au Mari ſurvivant le Gain de la moitié de la Dot , telles ſont les Coûtumes Locales des lieux de Gimaux , de Sardon , de la Motade & Preſſinhat , la Prevôté de Cuſſet & pluſieurs autres.

Quoique les Coûtumes & les Auteurs que l'on vient de citer ne ſe ſervent pas du nom de Contre-Augment , pour deſigner le Gain de Survie accordé au Mari ſur la Dot de ſa Femme , on convient néanmoins dans l'uſage que c'eſt la même choſe ; on l'a d'abord appellé Gain de la Dot , parce qu'il étoit appellé en Droit *lucrum Dotis ,* enſuite on l'a auſſi nommé Gain de Survie , & enfin on

lui

lui a aussi donné les noms d'Augment du Mari , d'Augment reciproque ou de Contre-Augment , à cause qu'il est opposé à l'Augment que la Femme devoit gagner par le predecès de son Mari. Toutes ces differentes denominations sont employées indifferemment , & ne signifient que le même Droit , ainsi qu'il paroît par la Declaration du Roi , concernant les Insinuations du 10. Mars 1708. enregistrée au Parlement le 15. Juin de la même année ; par la Declaration du 25. Juin 1729. enregistrée le 12. Juillet suivant , concernant aussi les Insinuations ; par l'Ordonnance renduë sur la matiere des Donations, du Mois de Fevrier 1731. enregistrée le 9. Mars de la même Année ; & enfin par une derniere Declaration du 17. Fevrier 1731. sur les Insinuations, enregistrée le 9. Mars suivant ; dans toutes lesquelles Ordonnances & Declarations , le Gain de la Dot est designé sous les noms de Gain de Nôces , de Survie & de Contre-Augment.

VI. Dans les autres Provinces de Droit Ecrit, comme Lyonnois , Forêts , Beaujolois ; dans les Parlemens de Grenoble , de Pau , & de Dombes , il n'y a aucun Contre-Augment dû de plein Droit au Mari , mais il est d'usage d'en stipuler un par le Contrat de Mariage , & cela se pratique communément sur tout entre les Gens de Campagne.

Il y a , comme l'on voit, deux sortes de Contre-Augment , sçavoir le Coûtumier ou Legal , qui est dû de plein droit & sans stipulation , en vertu & aux termes de la Coûtume , comme à Toulouse & à Bourdeaux ; & le Contre-Augment Conventionnel qui n'est dû que lorsqu'il est expressement stipulé par le Contrat de Mariage , comme il a lieu dans les Provinces de Lyonnois , & autres semblables.

VII. Le Contre-Augment Coûtumier est dû au Mari survivant , même lorsqu'il y a des Enfans communs du Mariage , & il n'en est pas de ce Gain de Survie , comme de l'Augment de Dot , qui n'est dû à la Femme qu'en consideration & à proportion de sa Dot , le Contre-Aug-

H

ment eſt dû au Mari , quoiqu'il n'ait aucun bien de ſon chef.

Et quoique le Contre-Augment ſoit ainſi nommé, parce qu'il eſt ordinairement oppoſé à l'Augment , néanmoins il eſt dû au Mari, quand même on auroit ſtipulé que la Femme n'auroit point d'Augment.

Mais ce qu'il faut obſerver , c'eſt qu'il n'eſt dû au Mari que lorſque la Femme apporte quelque choſe en Dot & ſur les biens Dotaux ſeulement ; les biens que la Femme s'eſt reſervés en Paraphernal, n'y ſont point ſujets, à moins qu'il n'y ait une ſtipulation expreſſe qui les y aſſujetiſſe ; auquel cas ce n'eſt plus un Contre-Augment Coûtumier , mais Conventionnel.

Et pour donner une idée des biens qui peuvent être ſujets au Contre-Augment Coûtumier , il eſt à propos de rapporter ce que dit Bernard Automne , ſur l'Article 47. de la Coûtume de Bourdeaux.

Si la Femme, dit cet Auteur , donne à ſon Mari par Contrat un tiers , il ne gagnera point la Dot , parceque où il y a Pacte au Contrat , le Mari ne prend que le Pacte, & perd le Gain de la Coûtume ; cela a été ainſi jugé.

Les deniers donnés à la Femme , ou par la Femme pour en être fait emploi en Fonds ou Rente, le Mari ne les gagne , non plus que les Bagues & Joyaux, parce que l'Article 48. les donne à la Femme , & par conſéquent à ſes Heritiers après ſon decès , ſi elle n'en a diſpoſé.

Mais , ajoûte Automne , ſi la Femme apporte en Dot un Fonds eſtimé , le Mari le gagne en cas de Survie. *Secus* des deniers deſtinés pour emploi.

Et plus loin, il dit que le ſecond Mari ne gagne la Dot de la Veuve remariée , que quand il n'y a point d'Enfans du precedent Mariage , à cauſe de la Loi *hâc edictali Cod. de ſecundis Nuptiis*, & qu'il ne gagne qu'une part d'Enfant.

Quoique dans les Païs où le Contre-Augment eſt dû de Droit & ſans ſtipulation , la quotité en ſoit reglée par la Coûtume, & que le Mari gagne cette portion , ſoit qu'il y ait Enfans ou non ; on peut par Contrat de Mariage regler autrement le droit du Mari , ſoit pour la quotité du Contre-Augment , ſoit pour les cas dans leſquels il aura lieu ; on peut le ſtipuler plus fort ou moindre que le Coûtumier ; Automne , ſur l'Article 47. de la Coûtume de Bourdeaux. On peut ſtipuler qu'il n'aura pas lieu , s'il y a des Enfans vivans au tems du decès de la Femme , on peut même convenir que le Mari n'aura aucun Gain ſur la Dot. *Cujac. ad capit. plerumque x. de Donat. Inter virum & uxorem.* & Maynard , liv. 2. chap. 88.

VIII. Et à plus forte raiſon dans les Païs où le Contre-Augment n'a lieu que lorſqu'il eſt expreſſement ſtipulé , peut-on faire ſur ce Contre-Augment telles Conventions que l'on juge à propos.

Il ſuffit que le Contre-Augment ſoit ſtipulé , pour qu'il ſoit dû au Mari , ſoit qu'il y ait Enfans ou non , *l. ſi Pater* 12. *in principio ff. de Pactis Dotalibus.* Et cela a ainſi lieu , ſoit qu'on ait expliqué que c'eſt pour le cas où il y auroit Enfans , *l. 1. §. & ideo 1. in fine ff. de Dote prælegatâ.* Soit que le Contre-Augment ſoit ſtipulé purement & ſimplement ſans autre explication , *l. unicâ §. illo procul dubio 6. Cod. de rei uxoriæ actione & cap. ult. x. de Donat. Inter vir. & uxor.*

IX. Le Contre-Augment , ſoit Coûtumier ou Conventionnel appartient au Mari ſurvivant , au préjudice des Heritiers de la Femme , & même au préjudice du Pere , ou autre perſonne qui a conſtitué la Dot , encore que le conſtituant fut vivant au tems de la diſſolution du Mariage , *l. ſi ſocrus* 18. *Cod. de jure Dotium. l. ſi Pater* 12. *ff. de Pactis Dotalibus & l. ſi convenit. 6. Cod. de Pactis Conventis tam ſup. Dot. &c.*

Et ſi le Mari & la Femme ſont morts enſemble , ſans qu'on puiſſe ſçavoir qui des deux eſt predecedé , ſi le Mari a reçû la Dot , ſes Heritiers ont droit de retenir ſur ladite Dot le Contre - Augment , ou Gain de Survie , ſoit Coûtumier ou Conventionnel , *l. qui duos §. ſi Maritus* 3. *ff. de rebus dubiis.* Et *l. ſi poſſeſſor , §. 1. ff.*

de religiosis ; non pas que la Femme soit censée predecedée ; mais parce que pour revoquer la Donation du Contre-Augment, il faut que le Donateur survive, & qu'en tel cas où le droit des Heritiers du Mari & de ceux de la Femme semble égal, pour prétendre respectivement le Gain de Survie, la condition des Heritiers du Mari qui tiennent la Dot, semble la meilleure, suivant la regle ordinaire en tel cas : *que in pari causâ melior est possidentis.* Il en seroit autrement si le Mari n'avoit pas reçû la Dot, ses Heritiers ne pourroient pas demander le Contre-Augment à ceux de la Femme, à moins qu'ils ne pussent prouver que le Mari lui a survecu.

Lorsque la Femme survit à son Mari, les Heritie du Mari ne peuvent de son chef prétendre aucun Contre-Augment, sous pretexte de quelque Clause que ce puisse être : car l'on n'autorise point les Conventions qui empêchent la restitution de la Dot de la Femme vivante, parce que dit la Loy *Reipublicæ interest mulieres Dotes salvas habere quò facilius nubere possint. l. 2. au ff. de jure Dotium. Dotatas esse mulieres ad sobolem procreandam replendamque liberis civitatem maximè est necessarium l. 1. ff. soluto matrimonio.*

Lorsque le Mari à cause de sa pauvreté a été obligé pendant le Mariage de rendre à sa Femme sa Dot, il n'est pas pour cela privé du Contre-Augment, qu'il a droit de pretendre sur cette Dot, par la Coûtume du lieu, ou par la Convention : *l. ubi adhuc 19. in fine Cod. de jure Dotium,* ni lorsque le Mariage est dissous avant le terme qu'il avoit accordé pour le payement de sa Dot. *Ferrer, in quæst.* 274. *Guido. Pap.* parce que le terme accordé par le Mari, pour le payement est une grace qu'on ne doit pas retorquer contre lui. *Boer. Decis.* 22. *n.* 40. prétend cependant qu'on a jugé le contraire aux Parlemens de Paris & de Bourdeaux ; mais on ne voit point l'espece de ces Arrêts, ainsi l'on n'en peut tirer aucune conséquence.

Le seul cas où le Mari est privé du Contre-Augment qu'il devoit gagner par le predecès de sa Femme, c'est

lorfqu'il la tué ou fait tuer, quand même il l'auroit furprife en adultere. M. Charles Dumolin, Coûtume de
Bourgogne, Art. 229. *l. fi ab hoftibus* 10. §. *fi vir.* 1. *ff.
folut. matrimonio. Non enim æquum eft virum ob facinus fuum
Dotem lucri facere, & l. non fraudantur* 134. *ff. de diverfis
reg. juris* §. *un. cum nemo ex fuo delicto meliorem fuam conditionem facere poffit.*

La même peine a lieu contre le Mari, lorfqu'il n'a pas
pourfuivi la vengeance de la mort de fa Femme, encore
qu'elle ait été mife à mort par un autre que lui, &
qu'il n'y ait aucune part. Suivant la Loi *ei qui* 10. *ff. de
his quæ ut indign.* & Barthole, fur cette Loi, *l. cum mortem* 27. *ff. de jure fifci Benedict. cap. Raynutius ad hæc verba
mortuo itaque teftatore, part.* 1. *n.* 34.

Dès qu'une fois le Contre-Augment eft acquis au Mari,
il le tranfmet à fes Heritiers, encore qu'il vint à deceder
avant de l'avoir recüeilli. *Benedict. loco fup. citato par.*
2. *n.* 115.

Le Contre-Augment, foit de la Dot entiere ou d'une
partie, eft propre aux Enfans qui naiffent du Mariage,
en forte que de droit commun, le Pere n'en a que l'u-
fufruit fa vie durant, & qu'il doit conferver ce Gain de
Survie à fes Enfans, aufquels en appartient la proprieté,
foient qu'ils fe portent Heritiers de leur Pere, ou qu'ils
renoncent à fa fucceffion ; Colombet, en fon abregé de la
Jurifprudence Romaine, part. 3. tit. 30.

Le Pere a feulement de droit, une virile en proprieté,
dont il peut difpofer, comme bon lui femble, pourvû
qu'il ne fe remarie point ; car s'il vient à fe remarier,
il eft reduit au fimple ufufruit ; comme il fe pratique
pour l'Augment, lorfque la Femme furvivante fe remarie.

Le Contre-Augment pourroit cependant appartenir au
Pere, en toute proprieté, fi par le Contrat de Mariage il
avoit été ftipulé fans retour, même au cas où il y auroit des Enfans furvivans, & cette Claufe ne fouffriroit
aucune difficulté dans les Parlemens de Droit Ecrit, où
l'on peut ftipuler l'Augment fans retour ; mais dans les

Païs de Droit Ecrit du ressort du Parlement de Paris ,
où l'on prétend que l'Augment ne peut être stipulé sans
retour ; il semble qu'il faudroit dire qu'il en doit être
de même du Contre-Augment ; c'est ce que nous examinerons plus particulierement dans le chapitre 27. en parlant des droits que le survivant a dans les Gains Nuptiaux.

Au surplus , l'effet de la stipulation du Contre-Augment
sans retour cesseroit encore même dans les Parlemens de
Droit Ecrit , si le Mari survivant venoit à se remarier , &
dans ce cas il seroit toûjours reduit au simple usufruit.

Que si au tems du decès de la Femme il ne se trouve point d'Enfans vivans , le Contre-Augment entier appartient au Mari en toute proprieté , soit qu'il reste en Viduité, ou qu'il se remarie.

****

CHAPITRE QUATRIÉME.

Des Bagues & Joyaux.

SOMMAIRE.

I. Ce que c'est que les Bagues & Joyaux.
II. En quoi ils ressemblent au Préciput.
III. En quels Païs ils ont lieu.
IV. Des Bagues & Joyaux Coûtumiers.
V. Des Bagues & Joyaux préfix, ou Conventionnels.

I. DAns plufieurs des Provinces de Droit Ecrit , outre l'Augment de Dot , proprement dit , la Femme a encore un autre Augment moins confiderable & fubordonné , qu'on appelle Bagues & Joyaux.

Pour entendre ce que c'est que cet Augment , il faut obferver qu'il y a deux fortes de Bagues & Joyaux ; les premiers font les Colliers , Bagues , & autres Bijoux fervant à la parure que l'Epoux ou fes Parens donnent à l'Epoufe , pour prefent de Nôces , avant ou le lendemain du Mariage , & ceux-là font affurément la maniere la plus ancienne de faire aux Femmes des liberalités en faveur de Mariage ; mais ces Bagues & Joyaux qui fe donnent en nature ne font que des prefens qui dépendent abfolument de l'honnêteté & de la galanterie , & qui ne méritent pas l'attention des Loix ; s'il n'ait quelque difficulté pour la reftitution de ces prefens lorfque le mariage ne s'accomplit pas , cela dépend ordinairement des circonftances du fait , qu'il faut laiffer à l'arbitrage du Juge , & l'on ne peut donner aucune regle certaine à cet égard.

Les autres Bagues & Joyaux dont il s'agit ici , & qui ne font en ufage que dans quelques-unes des Provinces de Droit Ecrit , font un don de Nôces & de Survie , que le Mari fait à sa Femme à proportion de sa Dot : ces Bagues & Joyaux quoique fort differens des premiers, ne laissent pas néanmoins d'en tirer leur origine : en effet l'ancien usage de donner des Bagues & Joyaux en nature, a d'abord fait introduire que pour prevenir toute contestation, on en regleroit la valeur par le Contrat de Mariage, lorsque le Mari n'en auroit pas donné en nature avant le Contrat ; & delà on s'est insensiblement accoûtumé à considerer cette fixation en argent, comme un don de Nôces & de Survie fait à la Femme, pour lui tenir lieu des Bagues & Joyaux, qu'on lui donnoit autrefois en nature.

II. Ce droit de Bagues & Joyaux revient à peu près au Préciput qu'on a coûtume de stipuler dans les Païs Coûtumiers, avec cette difference néanmoins que le Préciput n'est absolument fondé que sur la Convention ; au lieu qu'en quelques Provinces les Bagues & Joyaux sont dûs de plein droit & sans stipulation.

Il n'y a cependant aucune Loi ni aucune disposition de Coûtume qui établisse ce droit de Bagues & Joyaux ; mais en quelques endroits il est fondé sur un usage qui a acquis force de Loy.

III. Les Païs où le don de Bagues & Joyaux est le plus usité, sont les Provinces de Lyonnois, Foréts, Beaujolois, & dans ces Provinces ils sont dûs de plein droit, & sans qu'il soit besoin d'aucune stipulation, suivant ce qui nous est attesté par **M. Bretonnier**, en ses Questions Alphabetiques *verbo* Bagues & Joyaux.

La même chose se pratique dans la Principauté de Dombes.

Il y a encore quelques Provinces où le don de Bagues & Joyaux est en usage, comme dans les Parlemens de Bourdeaux, de Toulouse, de Grenoble, de Metz, dans la Province de Mâconnois, dans la Province de Bresse, & dans celle de Bugey, suivant le témoignage de **M. Faber**, *Cod. de jure Dot. defin. 5.* de Revel, doute 2. de Collet, p. 175. On en stipule aussi quelquefois en Provence ; mais

dans

dans tous ces Païs les Bagues & Joyaux ne font dûs que lorfqu'ils font expreſſément ſtipulé par le Contrat de Mariage.

IV. Il y a donc deux fortes de Bagues & Joyaux ; les uns Coûtumiers qui font dûs en vertu de l'uſage feul , & les prefix ou conventionnels , qui ne font dûs qu'en vertu & aux termes du Contrat de Mariage.

La quotité des Bagues & Joyaux Coûtumiers, dans les Provinces de Lyonnois , Forêts , Beaujolois, fe regle felon l'état & la qualité du Mari au tems de fon decès. Lorſque le Mari eſt Noble , ou du moins vivant noblement , les Bagues & Joyaux dûs à la Femme font de la dixiéme partie de fa Dot ; fi le Mari eſt d'une condition tout à fait obſcure , les Bagues & Joyaux ne font que de la vingtiéme partie de la Dot ; mais dans cette claſſe on ne comprend gueres que les plus bas Artiſans , & les Habitans de la Campagne ; & s'il y a conteſtation pour la quotité des Bagues & Joyaux , il dépend de la prudence du Juge de les regler au dixiéme ou au vingtiéme de la Dot , fuivant l'état & les facultés du Mari.

En Dombes , la quotité Coûtumiere des Bagues & Joyaux , eſt de la cinquiéme partie de la Dot , pour les Veuves des perfonnes illuſtres ; c'eſt-à-dire , celles qui font conſtituées en quelque dignité de la robe ou de l'épée , ou qui ont aſſés de degrés de Nobleſſe pour pouvoir prendre la qualité de Chevalier , à la difference des fimples Gentils-hommes qui ne peuvent prendre que la qualité d'Ecuyer , & pour lefquels & les Nobles , les Bagues & Joyaux ne font que de la dixiéme partie de la Dot. Pour les Bourgeois , Marchands , Artiſans , & gens de Campagne , ils font de la vingtiéme partie de la Dot.

Cette diſtinction des Nobles & des Perfonnes illuſtres , eſt fuivie dans la Breſſe & dans le Bugey , fuivant le témoignage de Revel , p. 291. Collet, p. 175. col. 1.

Pour que la Mere reciieille les Bagues & Joyaux Coûtumiers , il faut qu'elle furvive à fon Mari , & après fa mort ils font de droit reverfibles à fes Enfans , à l'exception

I

d'une virile , dont elle a la propriété ; on peut néanmoins ſtipuler par le Contrat de Mariage , que les Bagues & Joyaux quoique Coûtumiers ne ſeront point reverſibles.

V. A l'égard des Bagues & Joyaux préfix ou conventionnels , comme le droit n'en eſt fondé que ſur la convention , ils en dépendent auſſi pour la quotité , & pour toutes les conditions qu'on y veut ajoûter.

Ordinairement les parties fixent les Bagues & Joyaux à une certaine quotité , ou plûtôt à une certaine ſomme , pour éviter les difficultés qui ſe trouvent dans la liquidation de la Dot , lorſqu'il s'agit de regler les Bagues & Joyaux à proportion.

On peut ſtipuler les Bagues & Joyaux ou plus forts ou moindres que les Coûtumiers ; on peut les ſtipuler ſans retour , même au préjudice des Enfans.

Du moins dans les Parlemens de Droit Ecrit, cela ſouffre plus de difficulté dans les Païs de Droit Ecrit , du reſſort du Parlement de Paris , comme nous l'expliquerons dans le chapitre 27.

On ſtipule valablement des Bagues & Joyaux , non ſeulement dans les Païs où ils ſont en uſage ; mais auſſi dans des Païs où ils ne ſont pas connus , comme à Paris.

On peut ſtipuler que la Femme aura en propriété dans les Bagues & Joyaux , une portion plus forte que la virile , ou qu'elle n'en aura abſolument que l'uſufruit.

On peut ſtipuler qu'il n'y en aura point , encore que les parties ſe marient dans un Païs qui en accorde à la Femme même ſans ſtipulation.

Enfin , on y peut ajoûter telles clauſes & conditions que l'on juge à propos , pourvû qu'elles ne ſoient point contre les bonnes mœurs.

Quelquefois le futur Epoux , donne à ſa future Epouſe une certaine quotité , ou une certaine ſomme pour ſes Bagues & Joyaux , ſans en expliquer davantage les conditions , & en ce cas la qualité , les conditions , & charges de ces Bagues & Joyaux ſe reglent ſuivant l'uſage du lieu , comme l'Augment ; il faut que la Femme ſur-

vive pour les gagner , & elle n'en peut difpofer au préjudice de fes Enfans , que de fa Virile.

Quelquefois il eft dit dans le Contrat de Mariage , que
la fomme promife pour Bagues & Joyaux fera propre à la
Femme , & qu'elle en pourra difpofer comme de fon
propre bien , à la vie & à la mort , & l'effet de cette
claufe eft que la Femme peut difpofer comme bon lui
femble de la totalité de fes Bagues & Joyaux , même au
préjudice de fes Enfans , pourvû qu'elle demeure en viduité ;
& elle n'en perd la propriété qu'au cas qu'elle fe remarie.

Souvent on ftipule que la Femme pourra difpofer de
fes Bagues & Joyaux , foit qu'il y ait Enfans ou non ,
& en ce cas , elle en peut difpofer entre-vifs ou à caufe
de mort , & quoiqu'il y ait des Enfans , elle en peut dif-
ofer à leur préjudice , quand elle demeure en viduité ;
mais non pas quand elle fe remarie. *Faber Cod. de fec.
Nupt. defin.* 13. la Peirere , lettre N. n. 23. Ricard des
Donat. part. 3. ch. 9. gl. 3. n. 1346.

La queftion eft feulement de fçavoir , fi dans ce cas
elle en peut difpofer quand elle predecede fon Mari ; au
Parlement de Touloufe on juge qu'elle le peut , M. de
Cambolas , livre 4. chapitre 31. On juge au contraire au
Parlement de Grenoble. Expilly , chapitre 178. Baffet, tom.
1. livre 4. tit. 7.

Quelquefois on ftipule que la Femme pourra difpofer
de fes Bagues & Joyaux en cas de furvie , foit qu'elle fe
remarie ou qu'elle demeure en viduité , auquel cas elle
en peut difpofer quoiqu'elle fe remarie , & qu'il y ait
des Enfans , parceque la Nov. 22. ch. 2. permet aux perfonnes mariées de fe décharger des peines des fecondes Nôces.

Dans la Province de Mâconnois , lorfque on ftipule au
profit de la Femme un droit de Bagues & Joyaux , la
Femme qui ne fe remarie point , a la liberté d'en difpofer , non pas feulement d'une virile , comme dans les autres
Provinces ; mais de la totalité. Si elle fe remarie , elle y
perd tout droit de proprieté , & n'y a pas même de virile.

Dans la Breffe & le Bugey , les Donations de Bagues

& Joyaux font en pleine propriété , & la Femme qui ne
fe remarie point peut en difpofer même de la totalité , au
profit de qui bon lui femble : *Etiam liberis extantibus* , que
fi elle fe remarie M. Faber *Cod. de fec. Nup. defin.* 13.
dit que les Bagues & Joyaux ne font pas pour cela reverfibles ; mais le dernier ufage de ces Provinces, eft qu'en
ce cas les Bagues & Joyaux font reverfibles aux Enfans ,
à moins que le Contrat de Mariage ne contienne que cette
Donation a été faite pour en difpofer par la Femme comme
il lui plaira , y ayant Enfans ou non , Revel. Remarq. 58.
& en fes Queft. Doute 2.

Il arrive affez fouvent que le Mari promet feulement d'en-
joüailler fa future , fuivant fa condition , fans fixer la
quotité des Bagues & Joyaux , & dans ce cas fi le Mariage a été contracté dans un Païs où les Bagues & Joyaux font dûs de plein droit & fans ftipulation ; on donne
à la Femme la quotité Coûtumiere pour les Bagues &
Joyaux qui lui ont été promis par le Contrat ; & fi le
Mariage a été contracté dans une Province où la ftipulation des Bagues & Joyaux eft en ufage , & dans laquelle
néanmoins ils ne font pas dûs de plein droit , on donne
à la Femme pour fes Bagues & Joyaux la quotité conventionnelle la plus ufitée.

Mais fi une telle ftipulation indéfinie de Bagues &
Joyaux fe prefentoit dans un Contrat de Mariage , paffé
en un Païs où les Bagues & Joyaux ne font point du
tout en ufage , comme par exemple à Paris , elle feroit
fans effet , à caufe de l'impoffibilité qu'il y auroit de fixer
la quotité de ces Bagues & Joyaux , à moins que par
quelques termes du Contrat , ou par quelque autre cir-
conftance , on ne pût connoître que l'intention des parties
a été de regler leurs Conventions Matrimoniales , fuivant
l'ufage de quelque Province où les Bagues & Joyaux font
ufités , auquel cas on donneroit à la Femme pour fon
droit de Bagues & Joyaux , la quotité ufitée dans la Province dont les parties auroient adopté la Loi , pour regler
le fort de leur Mariage.

CHAPITRE CINQUIÉME.

Du Droit d'Habitation.

SOMMAIRE.

I. Ce que c'eſt que le Droit d'Habitation en general.
II. De l'Habitation qui fait partie des Gains Nuptiaux.
III. Comment ce Droit a lieu en Païs Coûtumier.
IV. De l'Habitation en Païs de Droit Ecrit.

I. LE droit d'Habitation, conſideré en general, & dans le ſens le plus étendu, eſt le droit d'habiter gratuitement dans la Maiſon d'autrui.

Ce Droit peut avoir lieu en differens cas : il peut être conſtitué par Contrat ou par Teſtament & en faveur de toutes ſortes de perſonnes. Les Loix Romaines contiennent pluſieurs diſpoſitions ſur cette matiere, au titre *de uſu & habitatione Digeſt.* liv. 7. tit. 8. aux Inſtitutes, liv. 2. tit. 7. & au Code, titre *de uſufruĉtu & habitatione*, liv. 3. tit. 33. & ces Loix ſont obſervées à cet égard, tant en Païs Coûtumier, qu'en Païs de Droit Ecrit.

II. Ce n'eſt pas ici le lieu de traiter ce Droit d'Habitation, pris en general & dans toute ſon étenduë, mais comme tant en Païs Coûtumier, qu'en Païs de Droit Ecrit, l'Habitation fait ſouvent partie des Gains Nuptiaux; on en va parler ſeulement en ce qui eſt du reſſort de la matiere des Gains Nuptiaux.

Ces ſortes de ſtipulations d'Habitation, ne ſont pas non plus des Clauſes abſolument particulieres aux Païs de Droit Ecrit, on en peut appoſer de ſemblables dans les Contrats de Mariage des Païs Coûtumiers, & l'on y en voit en effet quelquefois.

Nous avons même quelques Coûtumes qui accordent à

la Femme furvivante un droit d'Habitation , fans qu'il foit neceſſaire de le ſtipuler, comme Anjou , art. 322. Vermandois , art. 24. Mais ce n'eſt qu'entre gens Nobles , qu'elles accordent ce droit à la Femme furvivante.

Dans les autres Coûtumes qui n'ont point de femblables difpoſitions , la ſtipulation d'un droit d'Habitation pour le furvivant n'eſt pas beaucoup uſitée , même entre Nobles.

Au reſte ce feroit s'écarter de l'objet qu'on s'eſt propoſé , que d'embraſſer ici tout ce qui peut concerner les ſtipulations d'Habitation en Païs Coûtumier , & l'on va fe renfermer dans ce qui concerne ces fortes de ſtipulations telles qu'elles fe pratiquent dans les Païs de Droit Ecrit.

IV. Le Droit d'Habitation , tel qu'il eſt en uſage dans les Païs de Droit Ecrit , eſt un Gain Nuptial & de Survie , qu'on ſtipule par le Contrat de Mariage en faveur de la Femme , en cas qu'elle furvive & tant qu'elle reſtera en viduité.

Quelquefois c'eſt la Femme qui promet à fon Mari un Droit d'Habitation en cas qu'il lui furvive , ou bien le droit eſt ſtipulé reciproquement pour le furvivant des Conjoints , dans une Maiſon du Predecedé ; mais il n'y a gueres d'exemple qu'on ſtipule un Droit d'Habitation pour le Mari , & ce n'eſt ordinairement que pour la Femme qu'on le ſtipule.

Cette ſtipulation en faveur de la Femme furvivante eſt très-uſitée dans les Païs de Droit Ecrit , furtout dans les Provinces de Lyonnois , Forêts , Beaujolois ; pour peu que les futurs Conjoints ayent une fortune aiſée félon leur état , & furtout ſi le Mari a quelque Maiſon à la Ville ou à la Campagne , même feulement fur l'eſperance d'en acquerir une pendant le Mariage , on ne manque gueres de ſtipuler que la Femme en cas de furvie , outre fon Augment de Dot , Bagues & Joyaux & autres Gains Nuptiaux & de Survie , aura fon Habitation dans quelqu'une des Maiſons de fon Mari à fon choix , ou dans une Maiſon que l'on deſigne , ou une certaine ſomme à laquelle on eſtime ce Droit d'Habitation.

Quelquefois on ſtipule que la Femme aura ſon habitation à la Ville & à la Campagne.

Si le Mari vient à deceder ſans avoir acquis aucune Maiſon , ou que celles qu'il avoit ſoient ruinées & inhabitables au jour de ſon decès , en ce cas la Femme ſurvivante peut opter l'eſtimation de ſon habitation , ſuivant qu'elle a été reglée par le Contrat de Mariage , & même la faire eſtimer , ſi elle ne l'a pas été par le Contrat , & pour le payement de cette eſtimation , la Femme eſt preferée ſur les Meubles de ſon Mari , comme pour ſa Dot, Augment , Bagues & Joyaux.

Ce Gain de Survie , quoique d'un uſage aſſés ordinaire , n'eſt cependant jamais dû ſans une ſtipulation expreſſe , & le Contrat eſt la ſeule Loi qui le regle; en ſorte que les contractans y peuvent appoſer telles conditions que bon leur ſemble.

Lorſque ce Droit d'Habitation eſt ſtipulé en faveur de la Femme & qu'elle ſurvit , il lui eſt dû , ſoit qu'elle ait apporté quelque choſe en Dot , ou qu'elle n'ait eu aucun bien , & ſoit que la Dot promiſe ait été payée ou non , parce que ce Gain de Survie eſt indépendant de la Dot , à la difference de l'Augment & des Bagues & Joyaux , qui ne ſont dûs qu'à proportion de la Dot.

La Femme qui prend ſon habitation en nature , n'eſt point tenuë de donner caution , parce qu'elle n'a qu'une ſimple joüiſſance , & ne peut pas detourner le fonds ; & même quand elle opteroit l'eſtimation de ſon habitation , elle ne ſeroit pas encore tenuë de donner caution , parce que la ſomme de deniers qu'elle opte , n'eſt pas l'eſtimation du fonds dont elle avoit droit de joüir , mais ſeulement de la joüiſſance ; or la joüiſſance lui appartient , ſans aucune charge de reſtitution.

Quoique le Droit d'Habitation , ne ſoit ſtipulé qu'en cas de ſurvie de la Femme , il y a néanmoins certains cas où la Femme peut le demander , du vivant de ſon Mari ; par exemple , ſi ſon Mari a fait faillite , s'il ya ſeparation de corps & de bien , fi le Mari eft condamné à quelque peine , qui emporte mort civile ; ce qui fera difcuté ci-après plus amplement , pour tous les Gains Nuptiaux.

La Femme furvivante , perd fon habitation , lorfqu'elle fe remarie , parce qu'elle eft cenfée ne pouvoir plus demeurer dans la Maifon de fon premier Mari , étant obligée d'aller demeurer avec le fecond. D'ailleurs le Droit d'Habitation eft perfonnel ; en forte que ce qui eft accordé à la Femme furvivante , n'eft pas fait pour fon fecond Mari , en quoi le Droit d'Habitation eft different du Doüaire , que la Femme conferve en fe remariant.

Que fi l'on a ftipulé que la Femme aura fon habitation , ou une certaine fomme à fon choix ; en ce cas quoiqu'elle fe remarie , elle joüit de la fomme à elle accordée , pourvû qu'après le decès de fon Mari , elle ait opté cette fomme ; car fi elle avoit opté fon habitation en nature , & qu'enfuite fur le point de fe remarier , ou après s'être remariée , elle voulut demander la fomme à elle accordée , elle n'y feroit pas recevable. Bretonnier , en fes Obfervations fur Henris , tom. 1. liv. 4. ch. 6. Queft. 105.

Et quand même la Femme fe retrouveroit dans la fuite en état de viduité , elle ne rentreroit pas pour cela dans fon Droit d'Habitation. Arrêtés de M. de la Moignon , titre du Droit d'Habitation , article 8.

Mais pour prévenir toutes ces difficultés , on ne manque gueres de ftipuler que la Veuve confervera fon habitation , même en fe remariant. Bretonnier. *ibidem.*

La Veuve convaincuë de fuppofition de part , ou d'avoir vécu impudiquement pendant l'année du Deüil , perd fon Droit d'Habitation.

CHAPITRE

CHAPITRE SIXIÉME.

Des Donations de Survie.

SOMMAIRE.

I. Ce que c'eſt que Donation de Survie.
II. En quels Païs ces Donations ont lieu.
III. En quoi elles different de l'Augment.
IV. Quels biens y peuvent être compris.

I. LE nom de Donation de Survie , pris dans la ſigni-fication generale , du mot *Donation* , peut convenir à tous les differens Gains Nuptiaux & de Survie , parceque tous ces ſortes de Gains , ſont en effet des Donations faites par le predecedé , au profit du ſurvivant.

Mais par Donations de Survie , proprement dites , qui ſont celles dont on a deſſein de parler , on n'entend que certaines Donations particulieres , qui ſe font reciproque-ment par chacun des Conjoints , en faveur du ſurvivant ; & ces Donations qui ont leur forme & leurs regles par-ticulieres , differentes de celles des autres Gains de Survie , n'ont lieu que dans quelques-unes des Provinces regies par le Droit Ecrit , telles que la Provence , la Breſſe & le Mâconnois.

II. Dans ces trois Provinces , la Femme ſurvivante n'a point d'Augment de Dot , ni de Bagues & Joyaux , & le Mari en cas de ſurvie n'a point de Contre-Augment.

On peut bien y en ſtipuler par Contrat de Mariage , auquel cas ces avantages ſe reglent ſuivant la conven-tion ; mais ces ſortes de ſtipulations d'Augment , Bagues & Joyaux , & de Contre-Augment n'y ſont pas en uſa-ge.

Au lieu de ces ſortes de Gains Nuptiaux , les Conjoints

K

se font par Contrat de Mariage , une Donation reciproque , qu'on appelle , Donation de Survie.

Cet Usage nous est attesté pour la Bresse , par trois Auteurs.

Le premier , est M. le President Favre , (*Antonius Faber*) il étoit natif de cette Province , & y avoit été long-tems Juge Mage de la Ville de Bourg , qui est la Capitale ; en sorte qu'il étoit bien instruit des Usages de cette Province ; Ce Magistrat en ses Definitions sur le Code *de Secundis Nuptiis* , *definit.* 13. & 15. dit que dans la Bresse , il n'y a point d'Augment de Dot , mais seulement une Donation , que l'on appelle de Survie : *Apud sebusianos meos nullus Augmenti usus est , sed tantum Donationis propter Nuptias , ut loquuntur , super vita.*

Le second Auteur , qui nous atteste que la Donation de Survie est en usage dans la Bresse , c'est M. Philippe Collet , Avocat au Parlement de Dijon , en son Commentaire sur les Statuts de Bresse , liv. 5. Sect. 2. Remarque 2.

Le troisiéme est M. Charles Revel , Avocat au Bailliage de Bourg en Bresse , en son Commentaire sur les Statuts de cette Province , page 290. où il dit qu'après la Dot , la seconde Convention des Contrats de Mariage du Païs de Bresse , est la Donation de Survie , & il en rapporte la formule qui est ainsi conçûë : *Item lesdits Epoux & Epouse futurs , se sont fait les Donations de Survie suivantes , sçavoir , que ledit Epoux venant à mourir avant ladite Epouse , ayant Enfans ou non , le Mariage consommé ou non , il lui donne de Survie* 100. *liv. & au même cas de predecès , ladite Epouse donne audit Epoux* 50. *livres.*

M. Revel , observe au même endroit qu'il n'est pourtant pas de necessité absoluë , que le Mari donne à sa Femme une fois plus qu'elle ne lui donne , mais seulement que tel est l'usage ordinaire.

L'usage de la Donation de Survie , dans la Province du Mâconnois , nous est attesté par M. Bretonnier , en ses Questions Alphabetiques *verbo* Augment , & en ses Obfervations fur Henris , tom. 2. Plaidoyer 18. p. 825. *in fine* , où il dit , que dans le Mâconnois l'Augment n'eft dû , qu'en vertu d'une ftipulation expreffe , & qu'en fa place on ftipule ordinairement une Donation de Survie , comme dans la Breffe.

Le même Auteur en fes Queftions Alphabetiques *verbo augmentum* , nous affure que la Donation de Survie fe pratique en Provence , au lieu d'Augment , ce qui eft conforme à ce qu'en dit Boniface , tom. 1. liv. 6. tit. 4. ch. 2.

III. La Donation de Survie , qui eft en ufage dans ces trois Provinces , differe en beaucoup de chofes de l'Augment de Dot.

1°. Elle differe de l'Augment , en ce qu'elle n'eft jamais düe , fans une Convention expreffe , & qu'il faut que la quotité en foit fixée par le Contrat de Mariage ; au lieu que l'Augment dans quelques Provinces eft dû de plein droit & fans ftipulation , & dans les Païs même où il n'eft dû que lors qu'il eft ftipulé , il n'eft pas neceffaire que la quotité en foit fixée par le Contrat ; elle fe regle fuivant l'ufage de la Province où les Conjoints ont contracté.

2°. La Donation de Survie , eft ordinairement reciproque , entre le Mari & la Femme , & néanmoins elle n'eft pas égale ; le Mari donne ordinairement à fa Femme le double de ce qu'elle lui donne en cas de furvie , fuivant la Remarque de Revel , p. 290. au lieu que l'Augment de Dot , foit Coûtumier , ou Conventionnel , n'eft qu'en faveur de la Femme , & dans la plûpart des Païs où l'Augment eft en ufage , le Mari furvivant n'a aucun avantage fur les biens de fa Femme , à moins qu'il ne l'ait ftipulé par forme de Contre-Augment.

3°. Les Biens compris dans la Donation de Survie , appartiennent en toute proprieté au furvivant , encore qu'il y eut des Enfans du Mariage ; *Faber , de fecundis Nuptiis. definit.* 13. & 15. Revel , pag. 428. à la fin. Bretonnier , en fes Queft. *verbo* Augment , & en fes Obfer-

K ij

vations fur Henris , tom. 2. Plaidoyer 18. p. 825. à la fin. l'Augment au contraire eft reverfible aux Enfans , après le decès de leur Mere , & elle n'en a en proprieté qu'une virile.

La Donation de Survie a feulement cela de commun avec l'Augment de Dot , que s'il y a des Enfans du Mariage, & que le furvivant fe remarie , il perd la proprieté de la Donation de Survie ; comme il fe pratique à l'égard de la virile que la Femme a dans l'Augment ; Faber , & Revel , aux mêmes endroits ; tellement que ledit furvivant eft tenu dés lors à la caution des ufufruitiers , s'il veut toucher le principal de fa Donation , la proprieté étant en ce cas reverfible aux Enfans , fuivant la Loi *feminæ* au Code *de fecundis Nuptiis.*

Que fi les Enfans viennent à mourir avant le fecond Mariage , & même après ledit fecond Mariage , le furvivant rentre dans tous fes droits , & la proprieté de la Donation de Survie lui retourne libre , de maniere qu'il en peut difpofer pleinement.

On peut même ftipuler par le Contrat de Mariage , que le furvivant confervera la proprieté de la Donation de Survie , quoiqu'il paffe à de fecondes Nôces. Revel p. 433. dit , qu'une telle ftipulation a été declarée valable , par Arrêt du Parlement de Dijon , rendu entre les Chambards , Collet , p. 174. col. 1. fait mention de cet Arrêt , & le date du 15. Juillet 1662.

4°. En cas de faillite , ou difcuffion des biens du Mari , la Femme n'a pas droit de joüir de la Donation de Survie ; cela a été ainfi jugé au Parlement de Dijon , le 11. Janvier 1648. Collet , p. 171. col. 1. au lieu que la Femme peut demander à joüir de fon Augment de Dot , & de fes Bagues & Joyaux , lorfqu'elle eft feparée pour caufe de faillite , diffipation ou fevices de fon Mari.

5°. Pour joüir des biens , compris en la Donation de Survie , le furvivant ne donne caution de les rendre , qu'en cas qu'il paffe à de fecondes Nôces , parce qu'hors ce cas il en a la proprieté. *Faber de fecundis Nuptiis , de-*

fin. 13. au lieu que pour joüir de l'Augment & des Bagues & Joyaux, la Femme doit donner caution de les rendre à fes Enfans, foit qu'elle fe remarie ou qu'elle refte en viduité; & il n'y a que la virile, pour laquelle elle ne donne caution, qu'au cas qu'elle fe remarie, parce que hors ce cas elle en a la pleine propricté.

6°. Dans la Breffe, & dans le Mâconnois, les interêts de la Donation de Survie, ne font dûs que du jour de la demande, formée pour raifon de la Donation; Collet, page. 174. col. 1. à la difference des interêts de l'Augment, qui font dûs de plein droit, & fans qu'il y ait eu de demande formée pour l'Augment.

En Provence, les interêts de la Donation de Survie, ne font point dûs, fans une demande expreffe, encore que la Donation foit demandée. Boniface, tom. 1. liv. 6. tit. 4. ch. 2.

IV. Dans les Provinces de Breffe, Mâconnois & Provence, où la Donation de Survie eft en ufage, les futurs Conjoints peuvent par Contrat de Mariage fe donner reciproquement au furvivant d'eux, tous leurs biens fitués dans l'étenduë de ces Provinces, ou autres qui n'ont aucune difpofition prohibitive, qui reftraigne les liberalités que les futurs Conjoints fe font, par Contrat de Mariage.

Mais comme la Convention expreffe ou tacite des futurs Conjoints eft foumife aux Statuts réels, abfolus & prohibitifs de la fituation des biens, quelque étenduë que foit la Claufe de Donation de Survie, elle fe trouve reftrainte dans chaque Coûtume pour les biens qui y font fitués à la quotité, dont il eft permis aux Contractans Mariage, de difpofer en faveur l'un de l'autre, parce que la faculté de difpofer des biens, fe regle par le Statut réel du Territoire, dans lequel ils font fitués, & qu'on ne peut deroger à ce Statut lorfqu'il eft abfolu & prohibitif.

Il eft vrai, que la faveur des Contrats de Mariage a introduit, que l'on peut par ces fortes de Contrats deroger aux difpofitions même réelles , des Coûtumes de la fituation des biens , lorfque ces difpofitions ne font établies que pour regler les droits des Conjoints , à defaut de Convention ; mais lorfque les Coûtumes font tellement abfoluës & prohibitives , qu'elles défendent toute convention que les Conjoints pourroient faire contre leur difpofition , les Contractans ne peuvent y deroger par aucune Claufe , quelque expreffe qu'elle foit , s'ils fe font des avantages prohibés par la Loi de la fituation des biens qu'ils fe donnent , tels avantages feront nuls , ou s'ils excedent feulement la quotité dont il leur eft permis de difpofer , en faveur l'un de l'autre , les Heritiers du predecedé pourront les faire reduire , fuivant le Statut réel prohibitif du lieu où les biens font fitués.

Ces principes font amplement établis par M. Froland , dans fes Memoires , concernant la qualité des Statuts , tom. 2. ch. 22. Cet Auteur après avoir examiné de quelle nature eft le Statut de l'Augment de Dot , s'il eft réel ou perfonnel , fe determine enfin , à dire que ce Statut eft réel , & que par confequent il faut fuivre la Coûtume du lieu , où les biens du Mari fe trouvent affis , tant par rapport à la conceffion du Droit d'Augment , que par rapport à la quotité & aux differents droits qui refultent de la qualité des Parties ; & au nombre 27. de ce même chapitre , l'Auteur dit , que par rapport à la Donation de Survie , il eftime qu'il faut fuivre les mêmes regles qu'il vient de prefcrire pour l'Augment ; c'eft-à-dire que la Donation de Survie eft un droit réel , qui fe regle par la Loi qui regit les biens donnés.

De là il refulte que quoique le Mariage foit contracté & celebré en Breffe , Provence , ou Mâconnois , quoique les Conjoints y ayent toûjours eu leur Domicile , & que la plus grande partie de leurs biens y foit fituée ; néanmoins , fi leurs Immeubles font fitués en d'autres Coûtumes , qui reftraignent les Donations , même faites par Contrat de Mariage , la Donation de Survie faite par ces Conjoints , fera reduite pour les biens fitués dans ces

Coûtumes, à la quotité dont il leur est permis de disposer en faveur l'un de l'autre, suivant le Statut réel de la situation des biens.

Ainsi, par exemple, lorsque les biens font situés en Normandie où la Femme, suivant les Articles 329. 330. & 371. ne peut avoir qu'une moitié, ou un tiers, selon la nature des biens, quelque Convention qui ait été faite ; au contraire par le Contrat de Mariage, la Donation de Survie, sera réduite à la moitié ou au tiers de ces biens, parce que le Statut qui les regit est absolument prohibitif, & qu'on ne peut par consequent y deroger.

Néanmoins si l'un des Conjoints, avoit vendu pendant le Mariage des biens qui pouvoient entrer dans la Donation de Survie, pour en acquerir d'autres dans une Coûtume, telle que celle de Normandie, où la Donation est reductible, & qu'il parut évidemment que ces biens n'ont été denaturés que pour fruftrer le survivant, de l'effet de la Donation de Survie, il feroit jufte en ce cas d'accorder au survivant la Donation de Survie, avec toute l'étenduë qu'elle pouvoit avoir avant la fraude commife par le predecedé ; parce qu'il n'eft pas permis aux Conjoints de fe fruftrer de leurs droits, fur tout quand ce font des avantages reciproques, tels que la Donation de Survie.

A l'égard des Meubles & effets Mobiliers, qui pourroient fe trouver dans une Coûtume qui reduit la liberalité des Conjoints, comme celle de Normandie, ils ne feroient pas pour cela foumis à la difpofition de cette Coûtume, lorfque les Conjoints font domiciliés ailleurs, parceque les meubles en quelque lieu qu'ils fe trouvent, fuivent toûjours la Loi du domicile de la perfonne à laquelle ils appartiennent ; ainfi pourvû que la Loi du domicile des Conjoints ne limite point à une certaine quotité, ce qui peut être compris dans la Donation de Survie, rien n'empêche qu'en vertu d'une telle Donation le furvivant ne puiffe profiter de tous les Meubles & effets Mobiliers, encore qu'au jour du decès de l'un des Conjoints, ces Meubles fe trouvaffent actuellement dans une Coûtume prohibitive, ou du moins qui reduit la liberalité des Conjoints,

Si le furvivant ne peut pas prendre en entier la quotité qui lui eft donnée , par exemple , la moitié fur certains biens du predecedé , à caufe du Statut prohibitif , qui regit ces biens , & qui ne permet d'en difpofer que jufqu'à concurrence du tiers , comme en Normandie ; il pourra prendre le fupplement de fa moitié fur les autres biens dont la difpofition étoit libre , parceque l'intention du Donateur , n'eft pas de donner la moitié , dans chaque heritage , ce qui feroit fujet à de grands inconveniens , mais plûtôt la moitié dans la totalité ; & ainfi lorfqu'il y aura une moitié en la totalité difponible , il faudra la donner au furvivant , quoiqu'il y eut des heritages , dont le Donateur ne pouvoit difpofer jufqu'à concurrence du tiers.

Mais cette interpretation favorable de la volonté du Donateur , ne peut avoir lieu que lorfqu'il n'a point defigné les biens dont il entend donner une partie , & qu'il a feulement donné une telle quotité de fes biens en general ; en forte que fi le Conjoint Donateur a expliqué qu'il donne au furvivant la moitié des heritages qu'il a en Normandie , le furvivant n'aura que le tiers de ces biens , fuivant la Coûtume de leur fituation , & ne pourra pas prendre le fupplement de la moitié à lui donnée fur d'autres biens , quoique la difpofition en fut libre , parce que dans cette efpece , l'intention du Donateur eft marquée , il a voulu donner une partie de fes heritages qu'il a en Normandie , mais non pas des autres heritages qu'il peut avoir en d'autres Provinces ; & l'on ne peut pas fuppléer ce qui eft reduit de la quotité donnée dans tels & tels biens defignés nommément,

CHAPITRE

CHAPITRE SEPTIÉME.

Des Coffres, Hardes, Troufſeau, Bagues Nuptiales, Meubles, &c.

SOMMAIRE.

I. Ce que c'eſt que Coffre & Trouſſeau.
II. Des Coûtumes qui en parlent.
III. Uſages des Païs de Droit Ecrit ſur cette matiere.

I. ON appelle vulgairement Troufſeau, les Robes, Habits, Linge, Hardes, Bijoux, Bagues, Joyaux & autres Nipes que la femme apporte avec elle en ſe mariant.

En quelques endroits, comme en Provence, on appelle Coffre, toutes les Hardes que la femme apporte, à cauſe qu'elles ſont ordinairement enfermées dans un Coffre.

Enfin il y a des Païs où l'on appelle ces ſortes d'Effets *Trouſſail*, & en d'autres *Trouſſeil* ou *Trouſſel*.

II. Il y a pluſieurs Coûtumes qui parlent du Troufſeau, & qui ont quelques diſpoſitions tant ſur la reſtitution du Troufſeau, lorſque le cas y échet, que pour l'eſtimation du Troufſeau & les interêts qui peuvent en être dûs. On peut voir ſur cette matiere Melun art. 276. Sens art. 268. Auxerre art. 263. Troyes art. 143. Châlons art. 104. Bretagne art. 463.

Mais ces Coûtumes n'accordent aucun Gain de Survie ſur les Coffres & Troufſeaux; elles diſent ſeulement que les filles mariées venant à la ſucceſſion de leurs pere & mere & autres aſcendans, ſont tenuës de rapporter leur Troufſeau.

Il n'y a que la Coûtume de Bretagne art. 463. qui dit, que ſi le fils ne laiſſe pas des biens ſuffiſans pour payer le

L

Doüaire de fa femme, elle peut le prendre fur les Biens du pere de fon mari ; & qu'en ce cas le pere prend tous les Meubles de fa femme, à la referve de fon Trouffel ; fçavoir, fon Lit, fon Coffre, fes Robes & Joyaux, qui lui demeureront quittes.

Encore cette referve faite en faveur de la femme n'eft-elle pas un Gain de Survie : car la Coûtume de Bretagne ne dit point qu'il foit neceffaire que la Femme furvive, pour tranfmettre à fes Heritiers le droit de reprendre fes Coffre & Trouffeau, &c.

III. Dans quelques-unes des Provinces de Droit Ecrit, le Conjoint furvivant profite de certaines Hardes & Bijoux.

Par la Coûtume de Bourdeaux art. 48. il eft dit que les Bagues que le Mari baillera à fa Femme avant les Nôces, & huit jours après les Nôces, feront à elle.

Dans la Province de Rouffillon il n'y a fur cette matiere aucun Statut écrit ; mais l'ufage & la Jurifprudence donnent à la Femme furvivante la Bague nuptiale, & les Habits ufuels, qu'elle portoit ordinairement, eu égard à la condition du Mari, & à ce qui s'obferve dans la famille. On trouve même des Contrâts où la Femme ftipule le Gain de tous fes Bijoux, Hardes & Nipes, en cas qu'elle furvive.

Il y a auffi en Provence un ufage fingulier fur les Coffres & Hardes : Les Femmes s'y font reconnoître par le Contrat de Mariage les Coffres, Hardes, Bagues & Joyaux qu'elles apportent à leurs Maris : On appretie ces Coffres & Hardes à 1000. liv. 2000. liv. plus ou moins, fuivant l'importance defdits Coffres. Par exemple, une Femme fe conftituë en Dot 30000. liv. fçavoir, 3000. liv. aux prix & valeur de fes Coffres, & 27000. liv. en Argent ou en certains autres Effets. On ftipule dans le Contrat de Mariage, après la Donation de Survie en Argent reciproque entre les deux Conjoints, que leurs Robes, Bagues & Joyaux, enfemble le prix & reconnu d'iceux, appartiendront au furvivant defdits mariés ; laquelle claufe, *enfemble le prix & reconnu d'iceux*, opere que la Femme en cas

de furvie reprend en entier les 30000. liv. de fa Dot ,
& encore fes Coffres en efpece ; & au contraire fi c'eft le
Mari qui furvit , il ne rend aux Heritiers de fa Femme
que 27000. liv. & gagne les 3000. liv. reconnus pour la
valeur des Coffres ; & outre cette eftimation il prend auffi
les Coffres en nature , qui lui appartiennent comme acheteur , en vertu de la reconnoiffance qu'il en a paffée ; &
avec ces Coffres il prend auffi tous les autres Gains de
Survie qui peuvent avoir été ftipulés à fon profit.

Dans cette même Province , dans le Dauphiné & la
Breffe, on ftipule quelquefois au profit du furvivant , des
Equipages , & même pour la Femme , en cas qu'elle fur-
vive , un Ameublement fuivant fa condition , ce que l'on
appelle fa Chambre garnie , & en d'autres endroits fa
Chambre tapiffée.

Dans l'Alface le furvivant des Conjoints reprend avant
partage tous fes Habits , Hardes , Linges & Joyaux : mais
les Heritiers du prédecedé font de leur côté la même chofe. Lorfqu'il y a des Enfans vivans lors du prédecès du
Pere , fes Habits , & Hardes appartiennent aux garçons.
Quand la Mere meurt , les filles prélevent également fes
Habits , Hardes & Joyaux.

Ces differens Gains Nuptiaux & de Survie fur les Coffres & Hardes , font fujets aux regles communes à tous les
Gains de Survie ; ils ne font cependant pas ordinairement
reverfibles aux Enfans , à moins qu'il n'y en ait une ftipulation expreffe ; mais fi le furvivant fe remarie , il en
perd dès ce moment la propriété , ainfi qu'on l'établira plus
amplement dans le chapitre 27.

CHAPITRE HUITIÉME.

Des Penſions Viageres.

SOMMAIRE.

I. Ce que c'eſt que Penſion.
II. Des Penſions viageres qui font partie des Gains Nuptiaux.
III. En quels Païs elles ont lieu , & comment.

I. QUoique le nom de Penſion ſemble ne convenir qu'à des rentes de liberalité , cependant dans tous les Païs de Droit Ecrit on ſe ſert ordinairement du mot *Penſion* , pour exprimer toutes ſortes de Rentes , ſoit foncieres ou conſtituées ; comme le remarque M. Bretonnier en ſes Obſervations ſur Henris , tom. 1. liv. 4. chap. 6. queſt. 92.

Ainſi les Penſions Viageres dans les Païs de Droit Ecrit ne ſont autre choſe que des Rentes Viageres.

Il n'eſt pas de nôtre objet de traiter ici la matiere des Rentes Viageres , conſiderées en general & dans tous les cas où elles peuvent avoir lieu , il ne s'agit ici que de certaines Rentes ou Penſions Viageres qui ſont du nombre des Gains Nuptiaux & de Survie qui ſe ſtipulent dans les Contrats de Mariage des Païs de Droit Ecrit.

II. Ces Penſions Viageres ſe conſtituent par le Contrat de Mariage , & dépendent de la liberalité des futurs Conjoints ; l'un d'eux donne à l'autre , en cas qu'il le ſurvive , une Penſion Viagere à prendre ſur tous ſes Biens.

Quelquefois elles ſe conſtituent reciproquement & également par l'un & l'autre des futurs Conjoints au profit du ſurvivant d'eux : Quelquefois elles ſont ſtipulées reciproquement ſans être égales : Quelquefois auſſi elles ne

font ftipulées qu'au profit de l'un des Conjoints , foit le
Mari ou la Femme , en cas qu'il furvive l'autre Conjoint.
En un mot , ces fortes d'avantages dépendent abfolument
de la convention : mais pour parler de ce qui fe pratique
le plus ordinairement , ces fortes de Penfions Viageres ne
fe ftipulent gueres qu'en faveur de la Femme , en cas qu'elle
furvive fon Mari.

III. Rien n'empêche de ftipuler de ces fortes de Penfions Viageres dans les Contrats de Mariage qui fe paffent
en Païs Coûtumier, mais elles n'y font pas en ufage ; &
lorfqu'on y ftipule quelque Penfion Viagere ou Alimentaire au profit de la Femme furvivante , ce n'eft point à
titre de Penfion , mais à titre de Doüaire ; ce qui donne
à ce Droit un caractere different des Penfions Viageres des
Pays de Droit Ecrit , & l'affujettit à des regles particulieres.
Ces Penfions Viageres ne font même pas en ufage indiftinctement dans tous les Païs de Droit Ecrit, on peut bien y
en ftipuler , & peut-être y en voit-on quelquefois ; mais
ces fortes de Claufes ne font pas par tout en ufage. En
effet dans les Provinces où la Femme a un Augment de
Dot , comme dans les Provinces de Lyonnois , Forêts,
Beaujolois , dans les Parlemens de Touloufe , Bourdeaux ,
Grenoble & Pau , il n'eft pas d'ufage de ftipuler qu'outre
l'Augment la Femme furvivante aura une Penfion Viagere,
parceque l'Augment eft déja une efpece de Penfion Viagere , qui eft donnée à la Femme pour fa fubfiftance &
fon entretien.

Ce n'eft gueres que dans les Provinces où la Femme n'a
point d'Augment de Dot , que le futur Epoux lui promet ,
en cas qu'elle furvive , une Penfion Viagere. Par exemple,
dans la Provence & dans la Breffe , outre la Donation de
Survie qui s'y ftipule reciproquement , on y ftipule auffi
ordinairement pour la Femme , en cas de furvie , une Penfion Viagere de 500. liv. 1000. liv. plus ou moins , fuivant que les parties en conviennent , la convention feule
étant le fondement & la regle de ce Gain de Survie ; de
maniere que s'il n'y a point de Penfion expreffément fti-

pulée, il n'en eſt point dû , encore que la Femme n'eût ni Augment , ni Donation de Survie.

Cet uſage de donner une Penſion Viagere à la Femme ſurvivante , nous eſt atteſté pour la Provence par M. Bretonnier , en ſes Obſervations ſur Henris, & pour la Breſſe par M. Charles Revel , en ſa Remarque 58. ſur les Uſages du Païs de Breſſe , & en ſa Queſtion 27. ſur les Uſages du même Païs , doute 2.

Si la Penſion Viagere eſt donnée à la Femme par forme d'Alimens Viduaux , & pour lui tenir lieu des interêts de ſa Dot & de ſon Augment , elle a pour cette Penſion la même Hypotéque que pour ſa Dot ; mais auſſi dès qu'elle a pris ſa Dot & ſon Augment , elle ne peut plus demander la Penſion. C'eſt ce qui a été jugé au Parlement de Touloufe le 11. Janvier & 19. Juillet 1571. La Rocheflavin en ſes Arrêts , liv. 2. *verbo* Dot. tit. 6. art. 7.

Et à plus forte raiſon ſi la Penſion Viagere donnée à la Femme , eſt à-peu-près égale à ce qu'elle pouvoit prétendre pour ſon année de viduité , elle ne peut avoir en même tems le Droit de viduité ; parce qu'en ce cas la Penſion remplit l'objet auquel eſt deſtiné le Droit de viduité. C'eſt ce qui reſulte d'un Arrêt du Parlement d'Aix, du 27. Juin 1671. rapporté par Boniface, tom. 4. liv. 5. tit. 12. ch. 2. par lequel il fut jugé que la Veuve , à qui ſon défunt Mari avoit promis une Penſion Viagere en cas de Survie , ne pouvoit prétendre en même tems les Alimens viduaux, mais qu'elle n'auroit que la Penſion.

Il dépend ſeulement de la Veuve de prendre ce qu'elle juge le plus avantageux , ou la Penſion , ou ſa Dot & ſon Augment. Les Heritiers du Mari ne peuvent l'obliger de prendre ſa Dot & ſon Augment ; & elle eſt en droit de joüir de la Penſion tant qu'elle reſtera en viduité , ſans retirer ſa Dot & ſon Augment , ainſi qu'il a été jugé au Parlement de Touloufe par Arrêts des 3. Janvier & 14. Mars 1575. 18. Novembre 1577. La Rocheflavin en ſes Arrêts, liv. 2. *verbo* Dot, tit. 6. art. 17. & Maynard , liv. 2. chap. 76. Et par un autre Arrêt du 1. Mars 1590.

rapporté par la Rocheflavin , liv 2. *verbo* Mariage , tit. 14. art. 39.

Cependant fi le Mari n'avoit chargé fes Heritiers de payer la Penfion que jufqu'à ce qu'ils auront payé la Dot & l'Augment , en ce cas il dépendroit d'eux de faire ceffer la Penfion , quand ils le jugeroient à propos , en rendant à la Femme fa Dot , & lui délivrant fon Augment & autres Gains Nuptiaux ; Defpeiffes , tom. 1. part. 1. fect. 5. n. 29. *in fine.*

Si la Penfion Viagere eft donnée à la Femme par forme de Gain de Survie , elle doit en être payée fans aucune diminution de fa Dot , de fon Augment , & de fes autres Gains Nuptiaux & de Survie ; car ces differens avantages n'ont rien d'incompatible , ainfi qu'il fut jugé en la Chambre de l'Edit de Caftres , en 1620. Defpeiffes , *loco cit.*

CHAPITRE NEUVIÉME.

Du Droit de Dévolution, de la Coûtume de . Ferrete , du Morgengaab, & autres Gains Nuptiaux & de Survie, uſités en Alſace.

SOMMAIRE.

I. Objet de ce Chapitre & du ſuivant.
II. L'Alſace regie par le Droit Ecrit.
III. Du Droit de Dévolution.
I V. Uſage de Strasbourg.
V. De la Coûtume de Ferrete.
V I. Du Gain des Habits , Hardes , Linges & Joyaux.
V II. Du Morgengaab.

I. **Q**Uoique dans le Chapitre premier de ce Traité l'on ait fait connoître qu'il y auroit trop d'inconvenient à faire un Chapitre particulier pour chaque Province de Droit Ecrit , pour y traiter enſemble tous les differens Gains Nuptiaux & de Survie qui ſont en uſage dans chaque Province , parceque ces uſages étant les mêmes en pluſieurs endroits , on ſeroit expoſé à de frequentes repetitions qui deviendroient ennuyeuſes, & même cauſeroient de la confuſion , néanmoins on comprendra dans ce Chapitre tous les differens Gains Nuptiaux & de Survie uſités dans la Province d'Alſace , parce qu'ils ſont particuliers à cette Province , & n'ont preſque rien de commun avec les autres Gains Nuptiaux & de Survie qui ſe pratiquent dans les autres Païs de Droit Ecrit.

On fera la même choſe & par la même raiſon dans le Chapitre ſuivant, pour les Uſages du Rouſſillon , ces Uſages étant auſſi totalement differens des autres matieres compriſes en ce Traité,

II.

II. Pour connoître fur quoi font fondés les ufages particuliers qui fe font introduits dans la Province d'Alface,
fur la matiere des Gains Nuptiaux & de Survie, il faut
obferver que l'Alface, quoique regie principalement par
le Droit Écrit, ne laiffe pas d'avoir quelques Coûtumes
locales, & même des ufages non écrits; ce qui paroît
venir de ce qu'autrefois cette Province étoit compofée de
quantité de petits Etats, dont les Magiftrats ou les Poffef-
feurs étoient Etats d'Empire : il y avoit des Evêques, dix
ou douze Villes en forme de Republiques, des Comtes &
d'autres Seigneurs, tous Etats d'Empire.

Dans les Contrats de Mariage qui fe paffent en Alface,
on ne pratique ni les Donations à caufe de Nôces des
Romains, ni les Augmens, Bagues & Joyaux, Contre-
Augment, Donations de Survie, ni aucun des autres Gains
Nuptiaux ufités dans les autres Provinces de Droit Ecrit.

III. Dans une partie des Villes ci-devant Imperiales,
comme Colmar, Turkeim, Munfter, Sclestad & Landau,
le Droit de Dévolution ou de Succeffion reciproque, fi
connu en Brabant, a lieu, quoique de differentes manieres
en certains points.

Pierre Stokmans, qui avoit d'abord été Profeffeur en
Droit dans l'Univerfité de Louvain, enfuite Confeiller au
Confeil Souverain de Brabant, & qui fut enfin Confeiller
d'Etat au Confeil du Roi d'Efpagne, Maître des Requêtes
& Garde des Archives du Brabant, a fait un Traité fur
le Droit de Dévolution, dans lequel il définit ce Droit :
Vinculum quod per Diffolutionem Matrimonii confuetudo injicit
bonis immobilibus, fuperftitis Conjugis, ne ea ullo modo alienet
fed integra confervet, ejufdem Matrimonii liberis, ut in eâ
fuccedere poffint, fi parenti fuo fuperfuerint, vel ipfi, vel qui ab
ipfis nati fuerint, exclufis liberis fecundi vel ulterioris tori.

Quelques-uns appellent ce Droit de Dévolution, *Speciem*
quamdam anticipatæ fucceffionis. D'autres difent que c'eft,
inchoata fucceffio quæ perficitur, morte fuperveniente, fuperftitis Con-
jugis.

Ce Droit de Dévolution ou Succeffion reciproque a lieu.

M

de plein droit, & fans aucune ftipulation entre les Conjoints mariés dans le reffort de ces Villes que l'on vient de nommer, dans lefquelles il eft en ufage.

Ce Droit produit quatre principaux effets.

Le premier eft que tous les biens immeubles que les futurs Conjoints apportent en mariage, ou qui leur viennent depuis par Succeffion, ou qu'ils acquierent pendant le mariage, appartiennent en proprieté aux Enfans de leur mariage, à l'exclufion des Enfans des autres mariages.

Le fecond effet du Droit de Dévolution eft que l'ufufruit de tous ces mêmes biens Immeubles appartient au furvivant des Conjoints, avec la faculté en cas d'indigence, d'en aliener le tout ou partie, pourveu que le Magiftrat le lui permette en connoiffance de caufe.

Le troifiéme effet eft que le furvivant des Conjoints emporte la pleine proprieté de tous les Meubles, même au préjudice des Enfans.

Le quatriéme effet eft que s'il n'y a point d'Enfans vivans au tems du décès du prémourant des Conjoints, le furvivant fuccede en pleine proprieté à tous les biens, tant Meubles qu'Immeubles, pourveu que le prédecedé n'en ait pas difpofé par teftament.

Ces Droits de Dévolution & de Succeffion reciproque entre Conjoints, peuvent fouffrir dérogation par le Contrat de Mariage ; & c'eft auffi ce que l'on fait le plus communément ; & ordinairement les futurs Conjoints ftipulent communauté des Acquêts, & refervent les biens qu'ils apportent en mariage, & ceux qui leur échéeront dans la fuite par fucceffion.

Au furplus, les Conjoints peuvent de leur confentement mutuel, & fans autre formalité, changer leurs Contrats de Mariage, ou même les annuller.

IV. Strasbourg, ci-devant République, a fes Loix Ecrites, fuivant lefquelles tout ce qu'une Femme apporte en mariage, ou qui lui échet par fucceffion pendant le mariage, eft un bien propre & refervé à elle & aux fiens, dont le remploi fe fait par privilége, & préferablement aux Créanciers Hypotecaires, même anterieurs au Mariage, conformément à la Loi *affiduis*, au Code *qui potiores in pign. vel hyp. habeantur.*

V. Dans la plus grande partie de la Haute Alface, & même dans la Baffe, tout ce que les Conjoints apportent en Mariage, qui leur échet par Succeffion ou autrement, ou qu'ils acquiérent pendant le Mariage, compofe une maffe dont le Mari ou fes Heritiers prennent les deux tiers, & la Femme ou les fiens, l'autre tiers avec environ 60. liv. pour Gain Nuptial. Cette confufion ou focieté de tous biens eft appellée la Coûtume de Ferrete; elle n'eft point écrite, mais eft fondée fur un ufage qui a force de Loi, & qui a lieu de plein droit & fans aucune ftipulation.

VI. Une chofe qui paroît reçûë affés generalement par toute l'Alface, c'eft que le furvivant reprend avant partage tous fes Habits, Hardes, Linges & Joyaux; & les Heritiers du prédecedé font de leur côté la même chofe. Lors qu'il y a des Enfans, la mort du Pere arrivant, fes Habits & Hardes appartiennent aux Garçons: quand la Mere meurt, les Filles prélevent également fes Habits, Hardes & Joyaux.

VII. Un autre Gain Nuptial très-ufité dans toute l'Alface, c'eft une efpéce de Donation à caufe de Nôces, qui fe ftipule ordinairement dans les Contrats de Mariage, & qu'on appelle en Langue du Pays, Morgengaab. Il y a des Jurifconfultes qui traduifent ce mot par ceux-ci: *Donum matutinale, Morganatica.*

Ce Morgengaab ufité en Alface, paroît tirer fon origine du Morghangeba des Allemans.

En effet, comme on l'a déja remarqué dans le Chapitre premier, le Morghangeba des Allemans étoit un Préfent de Nôces que le Mari faifoit à fa Femme: On l'appelloit d'abord Morgengabe, de Morgen, qui veut dire matin, & de Gabe, qui veut dire Don: *quafi matutinale Donum;* parceque ce Préfent fe faifoit le matin du Jour des Nôces & avant le Feftin; depuis par corruption les Allemans

l'appellerent Morghanba ou Morghangeba , & enfin Morganatique.

Ainſi comme l'Alſace a long-tems été ſoumiſe aux mêmes
Loix que l'Allemagne , dont elle n'eſt ſéparée que par le
Haut-Rhin , il eſt évident que cette Province avoit emprunté
pluſieurs uſages des Allemans , tels que celui du Morgengaab , & qu'elle les a retenu lorſque dans la ſuite elle a changé de Domination.

Quoiqu'il en ſoit , le Morgengaab , tel qu'il eſt uſité en Alſace , eſt un avantage que le futur Epoux fait à ſa future
Epouſe , ſi elle eſt fille , d'une certaine ſomme , qui eſt quelquefois ſtipulée propre à la Femme , & quelquefois reverſible aux Enfans. Quand une Veuve épouſe un Garçon , elle
lui fait auſſi un avantage de cette nature : Et ſi un Homme
veuf ſe remarie avec une Veuve , celle-ci a auſſi ſa Morgengaab.

Tous ces differens Droits de Morgengaab dépendent entierement de la convention ; car il y a des Contrats de Mariage
où on n'en ſtipule point , & alors il n'en eſt point dû à la Femme , ſi ce n'eſt dans la Coûtume de Ferrete , dont on vient de
parler , dans l'étenduë de laquelle la Femme ou ſes Heritiers ,
tirent de la maſſe commune ou totale des biens des Conjoints ,
le tiers , avec environ 60. liv. pour Morgengaab coûtumiere.

Ces Uſages ſur les Gains Nuptiaux , qui ſe pratiquent en
Alſace , m'ont été atteſtés par les plus celébres Avocats au
Conſeil Souverain de cette Province , dans une Conſultation
qu'on trouvera à la fin de cet Ouvrage.

CHAPITRE DIXIÉME.

Du Droit de Tenute, de la Bague Nuptiale, du Sponfalici ou Screix, & autres Gains Nuptiaux & Survie, ufités dans le Rouffillon.

SOMMAIRE.

I. Par quelles Loix le Rouffillon eft gouverné.
II. Droits du Mari fur la Dot.
III. Droits de Viduité & de Tenute dûs à la Femme.
IV. De la Bague Nuptiale.
V. Du Sponfalici ou Screix.
VI. Comment fe reglent les Gains de Survie en Rouffillon.

I. A Vant d'expliquer quels font les Gains Nuptiaux & de Survie ufités dans le Rouffillon, il eft neceffaire de donner une idée de l'état prefent de cette Province, & des Loix par lefquelles elle eft regie, afin de faire connoître en même-tems quelles font les Loix qui y reglent les Gains Nuptiaux.

La Comté de Rouffillon eft actuellement gouvernée par les anciennes Conftitutions de Catalogne, qui ont été introduites dans cette Province, dans le tems qu'elle faifoit partie de la Catalogne.

Ces Conftitutions dont le texte eft en Catalan, font compofées des anciens ufages du Païs, des Loix accordées aux Etats Generaux, foit par les Rois d'Efpagne, foit par les Princes particuliers, que la Catalogne a eu pendant un tems; & des Pragmatiques que les Souverains de Catalogne avoient fait de leur propre mouvement pour cette Province.

On fuit auffi dans le Rouffillon le droit Romain, tant

Canonique que Civil , & c'eft par cette raifon que cette Province eft mife au nombre des Païs de Droit Ecrit.

Ces Loix furent indiquées à cette Province , par le feu Roi Loüis XIV. de glorieufe memoire , après qu'il l'eut réünie à la France , par les Articles 42. & 43. du Traité fait aux Pyrenées , entre les Couronnes de France & d'Efpagne le 7. Novembre 1659.

On obferve auffi dans cette Province quelques Ufages particuliers non Ecrits , qui y ont force de Loi , & il y en a notamment plufieurs de cette efpece fur les Gains Nuptiaux & de Survie.

On a fait voir au commencement de cet Ouvrage , que les Gains Nuptiaux dont il eft parlé dans le Droit Romain , étoient déja tombés en non ufage chez les Romains eux - mêmes , auffi ne fe pratiquent - ils point dans le Rouffillon , non plus que dans les autres Provinces de Droit Ecrit.

On y fuit feulement quelques regles generales préfcrites par le Droit Romain , pour l'effet & les conditions des Gains Nuptiaux ; telles que celles qui concernent la reverfion de ces Gains aux Enfans , & la virile que le furvivant a droit d'y prendre en proprieté : ces regles generales y font obfervées comme dans les autres Païs de Droit Ecrit.

A l'égard des anciennes Conftitutions de Catalogne , elles établiffent bien des Gains de Survie ; mais ils ne font pas reciproques pour les deux Conjoints , ils ne font qu'en faveur des Femmes furvivantes.

I I. Le Mari en cas de furvie n'a de droit aucun Gain Nuptial à prendre fur la fucceffion de fa Femme predecedée , à moins qu'il n'y en ait quelqu'un expreffément ftipulé à fon profit par le Contrat de Mariage ; auquel cas il prend en vertu du Contrat ce qui lui a été promis.

Il a feulement cet avantage comme adminiftrateur & ufufruitier de la Dot ; que fi fa Femme s'eft conftitué en Dot tous fes biens , les acquifitions qu'elle a fait pendant le Mariage , foit à prix d'argent , foit au moyen des fruits de fon fonds dotal, appartiennent en entier au Mari, parce qu'elles font confiderées comme faites de fon bien.

Il en feroit autrement fi la Femme s'étoit refervée quelque chofe en paraphernal; car étant la Maîtreffe de cette efpece de bien, les acquifitions qu'elle auroit fait en particulier, feroient cenfées provenir de fon paraphernal, & par confequent n'appartiendroient point au Mari.

III. Pour ce qui eft de la Femme furvivante, les Conftitutions de Catalogne lui accordent deux avantages.

Le premier eft qu'elle a droit de prendre fur les biens de fon Mari predecedé, des alimens, & fon entretien pendant la premiere année de fon veuvage, appellée communément, l'an du Deüil, en rendant compte du furplus des fruits : ce qui eft fans doute fondé fur la Glofe de la Loi unique au Code *de rei uxoriæ actione ſ. 7.* & revient à peu près au droit ou année de viduité qu'on accorde auffi à la Femme dans les autres Provinces de Droit Ecrit.

Si la Veuve fe remarie dans la premiere année du deüil, les alimens & entretien qu'elle avoit droit de prendre fur les biens de fon Mari, ceffént dès ce moment pour le refte de l'année; Elle n'eft pas neanmoins tenuë de reftituer ce qu'elle en a perçû pour le paffé, à l'exception des habits qui lui ont été fournis pour le deüil qu'elle eft tenuë de rendre, parce qu'en fe remariant elle quitte le deüil de fon premier Mari.

Le fecond avantage que les Conftitutions de Catalogne accordent à la Femme, confiftent en ce qu'elles lui donnent enfuite la poffeffion & joüiffance de tous les biens de fon Mari, quelques confiderables qu'ils foient, à moins que par le Contrat de Mariage, cette joüiffance n'ait été reftrainte & limitée à certains biens.

Cette joüiffance qu'on nomme communément dans le Païs, droit de *Tenute*, appartient à la Femme, jufqu'à ce qu'elle foit payée en argent comptant, tant de fa Dot que de fon Augment ou Gain de Survie, s'il y en a eu quelqu'un ftipulé à fon profit par le Contrat de Mariage.

Il eft vrai que fi la Veuve trouve dans la fucceffion de fon Mari des efpeces ou matieres d'or & d'argent fuffifantes , elle eft obligée de fe payer de ces deux créances ; c'eft-à-dire , de fa Dot & de fon Augment ou Gain de Survie , & dans ce cas elle ne peut prétendre la *Tenute* ou joüiffance des biens de fon Mari.

Cette *Tenute* ou joüiffance n'a même lieu que lorfque la Veuve a eu foin de faire faire bon eft fidel Inventaire de tous les biens & effets delaiffés par fon Mari , dans deux mois après le decès.

Les Conftitutions fixent ce délai à deux mois ; mais la Jurifprudence a introduit qu'ils ne commencent à courir qu'après l'expiration des neuf premiers jours accordés par l'Autentique , *fed neque* , au Code *de fepulcro violato* , qui défend à tous Creanciers & autres d'exercer pendant ces neuf premiers jours aucune contrainte ni pourfuite contre ceux qui reprefentent le défunt.

Lorfque l'Inventaire eft fait dans le délai fixé par les Loix , & qu'il eft exaér , on adjuge à la Veuve fes alimens & fon entretien pendant l'année du Deüil , fuivant l'état & la condition de fon Mari ; & elle eft autorifée à fe payer de ces creances fur le fond même des biens de fon Mari , fi les revenus ne fuffifent pas.

Après cette premiere année du Deüil , fi la Veuve n'a pas encore trouvé des deniers fuffifans pour fe payer de fa Dot & de fes Gains de Survie , elle continuë d'avoir la *Tenute* ou joüiffance que la Coûtume lui donne des biens de fon Mari , & alors elle a la pleine joüiffance de tous les fruits fans en rendre compte.

La Veuve qui joüit à ce titre de *Tenute* des biens de fon Mari , n'a pas befoin d'en prendre une nouvelle poffeffion , quoique cela fe pratique communément à l'égard des Heritiers & autres Succeffeurs en Païs de Droit Ecrit. La Veuve en eft difpenfée , & l'Inventaire lui fuffit , parce qu'en cette matiere le mort faifit le vif , & qu'elle eft cenfée continuer la poffeffion du défunt.

Cette

Cette continuation de poſſeſſion eſt même ſi efficace ,
que la Veuve peut intenter complainte & exercer toutes
actions poſſeſſoires en cas qu'elle ſoit troublée dans ſa
joüiſſance : & dès qu'une fois elle eſt *Tenutaire* , elle eſt
comme maîtreſſe des biens , & eſt conſiderée comme une
Heritiere fideicommiſſaire chargée de remettre l'hoirie ;
elle peut dans tous les faits non volontaires , faire tout
ce que feroit l'heritier lui-même s'il étoit en poſſeſſion
des biens ; on peut auſſi la pourſuivre ſeule pour toutes
les affaires de la ſucceſſion , & elle eſt tenuë d'y défendre.

A défaut de biens libres du Mari , ou ſi ſes biens libres
ne ſont pas ſuffiſans , la Veuve peut ſubſidiairement uſer
de ſon droit de Tenute ſur les biens ſubſtitués par les
aſcendans de ſon Mari , au cas qu'ils y ſoient ſubſidiairement ſoumis par l'Autentique *res quæ* , au Code *communia
de legatis* , & pour la reſtitution de la Dot & de la Donation à cauſe de Nôces : & le ſentiment general des
Auteurs du Païs eſt que la *Tenute* comprend les biens
ſubſtitués qui ſont confondus avec ceux du Mari , juſqu'à
ce qu'ils ſoient ſeparés & diſtingués des biens libres.

La Femme ſurvivante qui ſe remarie , ne laiſſe pas de
conſerver la Tenute des biens de ſon Mari , juſqu'à ce
qu'elle ſoit entierement payée de ſes creances.

Enfin la Tenute paſſe aux Enfans communs de la Veuve
& de ſon défunt Mari , pourvû qu'ils ſoient heritiers de
leur Mere ; mais elle ne la tranſmet point à ſes petits
Enfans , à cauſe que ce droit eſt exhorbitant , & qu'on
ne l'a pas encore étendu juſques-là.

Et lorſque les Enfans d'un premier lit ont la *Tenute* des
biens de leur Pere , en qualité d'heritiers de leur Mere
à qui elle appartenoit , ils ſont preferés pour cette Tenute à la Veuve d'un ſecond lit , & continuent de joüir
des biens de leur Pere , juſqu'à ce qu'ils ſoient payés de
leurs creances , ſans imputer les fruits ſur leurs principaux,
ni en rendre aucun compte à la Veuve du ſecond lit.

Mais la Veuve même d'un premier lit , ne tranſmet

à ſes Heritiers collateraux que la ſimple retention des biens ; & ils ſont tenus d'imputer chaque année ſur les principaux de leurs creances la portion des fruits qui excede les interêts compenſatifs , ſuivant les regles ordinaires de l'antichreſe.

IV. L'uſage & la Juriſprudence des Arrêts donnent encore à la Veuve la Bague Nuptiale qu'elle a reçû pour arrhes , & que le Prêtre a beni lors de la celebration du Mariage , un de ſes Bijoux mediocres , & les habits à ſon uſage , & qu'elle portoit ordinairement ſelon la condition de ſon Mari , & eu égard à ce qui s'obſerve dans la famille.

V. Il eſt auſſi d'uſage dans la Province de Rouſſillon , de ſtipuler par le Contrat de Mariage un Gain de Survie reciproque en faveur du ſurvivant des Conjoints : il eſt ordinairement égal pour le Mari & la Femme ; mais quelquefois on le ſtipule plus fort pour la Femme que celui du Mari : on voit même des Contrats de Mariage où la Femme ſtipule en cas de ſurvie le Gain de tous ſes Bijoux , Hardes & Nipes.

VI. Tous ces Gains de Survie n'étant fondés que ſur le Contrat de Mariage , ils dépendent entierement des termes de la convention , & les Conjoints ont pleine liberté de les regler comme ils le jugent à propos.

Les Futurs Conjoints reglent ordinairement ce Gain de Survie au dixiéme de la Dot ; il y en a qui le reglent au ſixiéme ; rarement ſtipule-t-on un Gain de Survie plus conſiderable ; mais encore une fois cela dépend de la volonté des parties contractantes.

Cet Augment ou Gain de Survie n'eſt connu en Rouſſillon que ſous les noms de Sponſalici ou Screix , quelques Auteurs du Païs l'ont appellé Donation à cauſe de Nôces ; mais c'eſt improprement.

Ce Gain n'eſt autre choſe pour la Femme qu'une Donation que le Mari lui fait *in præmium virginitatis* : en ſorte qu'il n'eſt pas d'uſage d'en ſtipuler en faveur des Veuves qui ſe remarient , quoique rien n'empêche qu'on n'en ſtipule pour elles ſi les parties en conviennent.

Le Gain de Survie qu'on ſtipule en faveur du Mari eſt en conſideration de celui qu'il promet à ſa Femme en cas de ſurvie.

Ce Gain n'eſt dû au Mari ou à la Femme qu'en cas de ſurvie, & qu'autant qu'il eſt ſtipulé.

La femme ſurvivante ne retire le ſien qu'à proportion & au prorata de la Dot payée, à moins que ce ne fut un étranger qui eut promis la Dot, auquel cas elle reti-reroit ſon Augment en entier, encore bien que la Dot ne fut pas payée : elle en joüit pendant ſa vie, en don-nant caution : & après ſon decès la proprieté en eſt ac-quiſe à tous les Enfans par égales portions.

Cet Augment eſt d'ailleurs auſſi privilegié que la Dot : il peut être aſſigné & payé ſur les biens ſubſtituès par les aſcendans du Mari, ſi ſes biens libres ne ſuffiſent pas ; pourvû qu'il ne ſoit pas exhorbitant, eu égard à la qua-lité, l'état & la fortune des Conjoints : le Mari peut même, en promettre un, quoique ſa Femme ne lui apporte aucune Dot.

Les mêmes regles s'obſervent par rapport aux Gains de Survie ſtipulés en faveur du Mari.

On ſuit en Rouſſillon la Juriſprudence qui tient que le Droit Canon a abrogé toutes les peines prononcées par forme de punition, en haine des ſecondes Nôces, & n'a laiſſé que celles qui concernent le bien & l'avantage des Enfans du premier lit.

Si le ſurvivant des Conjoints ne paſſe point à de ſecondes Nôces, il peut diſpoſer de ſon Gain de Survie comme bon lui ſemble ; mais en cas de ſecondes Nôces, ſoit pendant la premiere année du deüil, ſoit depuis, le ſurvivant perd tous les droits de proprieté qu'il pouvoit avoir dans ſes Gains de Survie, & eſt reduit au ſimple uſufruit, la proprieté de-meurant reſervée aux Enfans communs de lui & du prede-cedé, ſuivant la Loi *fœminæ*, au Code *de ſecundis Nuptiis*, & les autres diſpoſitions du Droit Civil.

A l'égard de l'uſufruit des avantages & Gains de Survie

fait par le Mari ou accordés par l'ufage , la Veuve n'en eft
point privée en quelque tems qu'elle fe remarie , à moins
que les fecondes Nôces ne fuffent fi precipitées , qu'il pût y
avoir du doute & de l'incertitude fur la filiation des Enfans
dont elle pourroit accoucher avant les dix mois du decès de
fon premier Mari : ce cas n'a pourtant point été decidé , mais
on eft perfuadé que la Veuve qui fe remarieroit avec tant de
précipitation , feroit dechûë & privée de la joüiffance , auffi-
bien que de la proprieté de fes Gains de Survie.

Les Auteurs Catalans les plus fuivis , eftiment qu'il eft
libre aux futurs Conjoints de s'affranchir reciproquement des
peines des fecondes Nôces , fuivant le Droit des Novelles.
Collat. 4. *tit.* 1. *de Nupt.* §. *Difponat.* & conformément à la
Jurifprudence du Parlement d'Aix.

Au furplus les Conjoints ont en Rouffillon la liberté de
faire entre-eux telles conventions qu'il leur plaît : le Mari
par exemple , peut affocier fa Femme aux acquèts & conquêts.

Enfin fur cette matiere des Gains Nuptiaux & de Survie ,
on fuit dans le reffort du Confeil Souverain de Rouffillon ,
la difpofition du Droit Civil , avec les modifications du
Droit Canon.

Ces ufages m'ont été ainfi atteftés par les plus celebres
Avocats au Confeil Souverain de Rouffillon , dans un Memoire ou Confultation qu'on trouvera à la fin de cet ouvrage.

CHAPITRE ONZIÉME.

Du Deüil.

SOMMAIRE.

I. Objet de ce Chapitre & des trois suivans.
II. Si le Deüil est un Gain de Survie.
III. Des Loix qui ordonnoient le Deüil.
IV. Si le Mari est tenu de porter le Deüil de sa Femme.
V. En quoi consiste le Deüil.
VI. Qui doit le payer.
VII. Comment il se regle.
VIII. Pour quelles causes la Veuve le perd.
XI. Si la Veuve qui se remarie dans l'an du Deüil, perd ses Gains Nuptiaux.
X. Si elle encourt la peine d'infamie.

I. DAns les dix premiers Chapitres de ce Traité, on a vû ce qui concerne les differens Gains Nuptiaux & de Survie ; il nous reste à parler de quelques autres Droits, appartenant au survivant des Conjoints mariés en Païs de Droit Ecrit ; Droits qui, s'ils ne sont pas vraiment des Gains Nuptiaux ou de Survie, en approchent du moins beaucoup, & ont une liaison naturelle avec cette matiere. Tel est le Droit de Deüil, dont nous allons parler dans ce Chapitre ; & tels sont pareillement les Droits de Viduité, de Succession reciproque à défaut de parens, & la Quarte que l'Authentique *Præterea* donne au survivant pauvre, sur les biens du Conjoint prédecedé.

II. Pour ce qui concerne le Droit de Deüil, quoique ce qui est donné à la Femme survivante pour son Deüil, ne soit pas un veritable Gain Nuptial ni de Survie, il est cependant à propos d'en faire ici mention, parceque

N iij

c'eſt un Droit que la Femme ſurvivante prend ſur les biens de ſon Mari prédecedé, & que ce Droit a quelque liaiſon avec les Gains Nuptiaux & de Survie.

III. Les Loix du Digeſte impoſoient à la Femme qui ſurvivoit à ſon Mari, l'obligation d'en porter le Deüil pendant une année, comme un devoir dû à la mémoire de ſon Mari, à peine d'infamie pour la Veuve lorſqu'elle y manquoit. Telle eſt la diſpoſition expreſſe de la Loi *Genero* 8. au Digeſte, *de his qui notantur infamiâ.*

Mais dans la ſuite on relâcha beaucoup de la rigueur de ce ceremonial; & par le Droit du Code, qui eſt le dernier état du Droit Romain ſur cette matiere, les Femmes furent diſpenſées de l'obligation de porter les Ornemens exterieurs du Deüil. C'eſt la diſpoſition de la Loi *Decreto*, 15. au Code, *ex quibus cauſis infamia irrogatur.* Cette Loi renouvelle ſeulement les défenſes que ces Loix ont toûjours faites aux Veuves de ſe remarier dans l'an du Deüil.

En France on a adopté ſur cette matiere le Droit du Digeſte, qui oblige les Femmes à porter le Deüil de leurs Maris pendant un an; & la Loi du Code qui les en diſpenſe, n'y eſt point ſuivie, pas même dans les Païs de Droit Ecrit. Brodeau ſur M. Loüet, lettre V. ſom. XI. C'eſt une regle reçûë dans toute la France que la Veuve eſt tenuë, *lugere maritum, & lugubria ſumere.* Loiſel, en ſes Inſtit. Coûtum. liv. 1. tit. 2. regle 29. & 33.

IV. Cette obligation de porter le Deüil, n'eſt pas reciproque entre les Conjoints, & les Heritiers de la Femme ne doivent rien au Mari pour Habits de Deüil, parcequ'il n'eſt pas obligé de le porter. Cela s'eſt toûjours ainſi pratiqué dans les Gaules, ſuivant ce que remarque Tacite, *de moribus Germanorum, Fœminis lugere honeſtum eſt Viris meminiſſe.*

Neanmoins dans le Reſſort du Parlement de Dijon, par un Uſage particulier à cette Province, l'obligation de porter le Deüil eſt reciproque entre les Conjoints, & le Mari eſt tenu de porter le Deüil de ſa Femme, de même que la Femme, en cas de furvie, eft tenuë de le porter pour fon Mari. Telle eft la Jurifprudence de ce Parlement; & par une fuite neceffaire de cet Ufage, les Heritiers de la Femme prédecedée y doivent des Habits de Deüil au Mari, comme ceux du Mari, en pareil cas, en doivent à la Femme. Il y a plufieurs Arrêts de ce Parlement qui l'ont ainfi jugé; entr'autres un du 17. Mai 1602. & un autre du 29. Novembre 1612. rapportés par Taifand fur la Coûtume de Bourgogne, tit. 4. art. 8. n. 5. & par Bouvot, tom. 1. part. 1. *verbo* Mari, queft. 4. & tom. 2. *verbo* Societé, Communauté, queft. 4.

Pour ce qui eft du Deüil qui eft dû à la Femme furvivante, quoique ce Droit ne foit pas particulier aux Païs de Droit Écrit, & qu'il ait également lieu dans les Païs Coûtumiers, on ne laiffera pas d'en faire ici mention, parcequ'il eft auffi neceffaire de connoître les Ufages qui font communs aux Païs de Droit Ecrit & aux Païs Coûtumiers, que ceux qui font particuliers aux Païs de Droit Ecrit.

Nous obferverons donc qu'en Païs de Droit Ecrit, comme dans les Païs Coûtumiers & generalement dans toute la France, la Femme furvivante eft obligée de porter pendant un an le Deüil de fon Mari, & de demeurer en viduité pendant cette année.

V. Ce Droit de Deüil confifte en une fomme de deniers qu'on donne à la Femme, pour les Habits, Linges & Hardes, Equipages & Meubles qu'elle doit avoir pendant l'année du Deüil, tant pour elle que pour fes Domeftiques, ce qui s'eftime à une fomme plus ou moins forte; *arbitrio boni Viri*, felon la condition du Mari.

VI. C'eft aux Heritiers du Mari à payer à la Femme ce qui lui eft dû pour fon Deüil; & la Femme peut l'exiger d'eux, & a pour ce Droit, Hypotéque du jour de fon Contrat de Mariage.

La raifon pour laquelle le Deüil fe prend fur la fucceffion du Mari, eft que la Veuve étant affujettie à vivre pendant une année entiere dans la trifteffe du Deüil, il feroit trop dur de l'obliger encore de porter les Ornemens du Deüil à fes dépens , la regle étant que , *nemo debet lugere fumptibus fuis.*

D'ailleurs , ces Ornemens de Deüil font partie des frais funeraires du Mari ; & par conféquent doivent être pris fur la fucceffion , fuivant la maxime , *quifque de fuo funerari debet.*

VII. Quelque confiderable que puiffe être la fomme que l'on donne à la Femme pour fon Deüil , felon la condition de fon défunt Mari , ce Droit de Deüil eft toûjours dû à la Femme furvivante , & elle peut l'exiger , encore qu'elle n'ait point apporté de Dot , ou que la Dot n'ait pas été payée : C'eft ce que nous attefte M. Bretonnier , en fes Obfervations fur Henris , tom. 1. liv. 4. ch. 6. queft. 104. La raifon de cet Ufage , eft que le Deüil n'eft point donné en confideration des biens apportés par la Femme , mais par honneur pour la mémoire du Mari.

Ce Droit de Deüil n'eft même pas proprement un Gain Nuptial ni de Survie. En effet , il n'eft pas donné par forme d'avantage ; c'eft au contraire un devoir que les Loix impofent à la Femme envers la mémoire de fon Mari , un ceremonial gênant & trifte ; & fi les frais de ces Ornemens fe prennent fur la fucceffion du Mari , ce n'eft , comme on l'a déja obfervé , que pour en indemnifer la Femme , & ne pas l'obliger de porter le Deüil à fes dépens ; ce qui feroit d'autant plus injufte , que ce Deüil fait partie des frais funeraires du Mari.

VIII. Les regles que l'on fuit fur la matiere du Deüil , font :

1°. Que la Veuve qui vit impudiquement pendant la premiere année de la mort de fon Mari , eft privée de fon Deüil.

IX. 2°. La même peine a lieu contre la Femme , lorfqu'elle fe remarie dans la premiere année de fon veuvage ; non pas qu'un tel mariage foit affimilé à une vie impudique , mais parce qu'étant fi précipité , il eft contre la bienféance , & qu'il en peut arriver des inconveniens : *Ex turbatione fanguinis aut feminis incertitudine.* Cette Queftion a

été

été ainsi jugée par plusieurs Arrêts , entr'autres un du Parlement de Roüen, du 3. Novembre 1637. rapporté par Basnage sur l'article 392. de la Coûtume de Normandie , & par deux Sentences du Châtelet de Paris , l'une renduë en 1680. l'autre du 4. Fevrier 1698. dans le cas d'une Veuve qui s'étoit remariée huit mois après la mort de son Mari. V. les Auteurs des Notes sur Dupleßis , Tr. de la Commun. liv. 1. ch. 5. sect. 3.

Et par les mêmes raisons , la Veuve qui vit impudiquement ou qui se remarie pendant l'an du Deüil, est privée de tous les Gains Nuptiaux & de Survie , & generalement de tous les avantages à elle accordés sur les biens de son Mari , soit par les Loix , la Coûtume ou l'Usage , soit par son Contrat de Mariage. C'est une Jurisprudence si notoire & si certaine , qu'elle n'a pas besoin d'être établie plus amplement.

X. Le Droit Canon a seulement retranché la peine d'infamie , qui étoit prononcée par les Loix Romaines contre les Femmes qui se remarioient dans la premiere année de leur veuvage ; ce qui a sans doute été ainsi reglé pour empêcher les désordres secrets qu'auroient pû commettre quelques Veuves, qui n'auroient pas osé se remarier de peur d'encourir la peine d'infamie.

Mais à cela près , les Veuves qui se remarient dans l'an du Deüil sont sujettes à toutes les peines du Droit Civil ; ce qui a été confirmé par un Arrêt que cite Basset , rendu en forme de Reglement le 8. Fevrier 1618.

CHAPITRE DOUZIÉME.

De l'Année ou Droit de Viduité.

SOMMAIRE.

I. Droit de Viduité , ce que c'est en Normandie.
II. Ce que c'est en Païs de Droit Ecrit.
III. Sur quoi il est fondé.
IV. & V. En quel cas il est dû à la Femme.
VI. De l'Hypotéque de ce Droit.
VII. Si le Droit de Viduité se confond quand la Femme reprend sa
  Dot & ses Gains Nuptiaux.

I. IL y a dans la Coûtume de Normandie un Droit particulier à cette Province , qu'on appelle Droit de Viduité , qui consiste , suivant l'Article 382. de cette Coûtume , en ce que le Mari ayant eu Enfant né vif de sa Femme , joüit par usufruit , tant qu'il se tient en viduité , de tout le revenu appartenant à sadite Femme lors de son decès , encore que l'Enfant soit mort avant la dissolution du Mariage ; & s'il se remarie , il n'en joüit plus que du tiers.

Mais ce Droit de Viduité établi par la Coûtume de Normandie , en faveur du Mari survivant , n'a aucun rapport avec l'Année ou Droit de Viduité qui a lieu dans les Païs de Droit Ecrit , dont il s'agit ici.

II. Ce Droit ou année de Viduité en Païs de Droit Ecrit , est établi en faveur de la Femme survivante ; il consiste en une certaine somme d'argent qu'on lui adjuge , tant pour les interêts de sa Dot Mobiliaire , que pour les Alimens qui lui sont dûs aux dépens de la Succession de son Mari pendant l'année du Deüil.

Ce Droit de Viduité fait partie de la Dot de la Femme .

puifqu'il tient lieu des interêts pendant la premiere année du Deüil : Ainfi ce n'eft pas proprement une liberalité du Mari , mais une créance de la Femme ; & par cette raifon il ne doit pas être fujet au retranchement de l'Edit des fecondes Nôces , à moins que ce ne fût dans le cas où la Femme n'auroit point apporté de Dot , parce qu'en ce cas il pourroit être regardé comme une liberalité ; encore y a-t-il du doute : car ce Droit eft toûjours une grace de la Loi ; d'ailleurs il eft donné pour faire honneur à la mémoire du Mari , & il a la même faveur que la Dot & les Habits de Deüil : Obfervations de Bretonnier fur Henris , tom. 1. liv. 4. ch. 6. queft. 59.

III. L'origine de ce Droit vient de ce que par les Loix du Digefte , les Heritiers du Mari n'étoient obligés de rendre la Dot à la Femme qu'en trois termes , *annuâ , bimâ , trimâ die.*

Juftinien a depuis changé cette forme de payer la Dot par la Loi unique , au Code *de rei uxoriæ actione* , §. 7. par laquelle il ordonne qu'à l'avenir à l'égard des Immeubles , la Femme en aura la joüiffance auffitôt après le decès de fon Mari ; & à l'égard de la Dot mobiliaire , confiftante foit en deniers , Meubles meublans , ou autres Effets mobiliers , il accorde aux Heritiers du Mari , pour en faire le payement , une année de délai , à compter du jour du decès du Mari.

Cette Loi avoit encore laiffé bien des doutes ; car elle n'avoit point reglé comment la Veuve feroit indemnifée de la non-joüiffance de fa Dot mobiliaire , pendant l'année de délai accordée aux Heritiers du Mari. D'ailleurs , comme il arrive fouvent que tout le bien de la Femme confifte en fa Dot , & que la Dot , ou du moins la plus grande partie eft mobiliaire , la Femme ne pouvant en demander la reftitution qu'après l'année du deüil expirée , elle étoit expofée pendant ce délai à manquer des chofes neceffaires pour fon entretien & fa fubfiftance ; & cependant on doutoit fi les Heritiers collateraux ou extranées lui devoient des Alimens.

Ces inconveniens ont donné lieu à l'Auteur de la Glofe d'établir fur ce Paragraphe de la Loi, que pendant l'année du deüil, les Heritiers du Mari font obligés de nourrir & entretenir la Veuve fuivant fa qualité.

Cette interpretation de la Loi a paru fi jufte & fi raifonnable, qu'elle a été adoptée dans tous les Païs de Droit Ecrit; & elle y eft exactement fuivie, par un Ufage non écrit, mais qui a acquis force de Loi; & ce font ces Alimens accordés à la Femme furvivante, qu'on appelle Année ou Droit de Viduité.

IV. Dans les Provinces de Droit Ecrit qui font du Reffort du Parlement de Paris, ce Droit de Viduité eft toûjours dû, *ipfo jure*, à la Femme furvivante, encore qu'elle n'ait point apporté de Dot. Cet ufage nous eft attefté par M. Bretonnier en fes Obfervations fur Henris, tom. 1. liv. 4. ch. 6. queft. 59. & 104.

M. Bretonnier femble faire entendre, fans néanmoins le dire expreffément, que cet Ufage eft particulier aux Provinces de Droit Ecrit du Reffort du Parlement de Paris; en forte que dans les Parlemens de Droit Ecrit, l'année de Viduité ne feroit dûë à la Femme que lorfqu'elle auroit apporté une Dot, & pour lui tenir lieu des interêts de fa Dot.

Cependant il paroît que dans tous les Païs de Droit Ecrit indiftinctement ce Droit de Viduité eft toûjours dû à la Veuve, encore qu'elle n'ait apporté aucune dot, ou que fa dot n'ait pas été payée; parce qu'il lui eft accordé non feulement en compenfation des interêts de fa dot, dont elle ne joüit point pendant cette année, mais auffi par forme d'Alimens qui lui font dûs aux dépens de la Succeffion de fon Mari pendant l'année du deüil, de même que fon deüil lui eft dû, quoiqu'elle n'ait point apporté de dot: ce qui eft fondé fur ce que pendant cette année, n'y ayant point encore d'arrangement ni de partage des biens, *fictione juris*, le mariage femble durer encore; comme dit M. Expilli dans fes Arrêts, ch. 190. & par cette raifon les Heritiers du Mari font tenus de fournir pendant cette année à toutes les charges du mariage, du nombre defquelles eft l'entretien & la nourriture de la Femme.

Graverol dans fes Obfervations fur la Rocheflavin, liv. 2. tit. 6. fur le mot Dot, & préference d'icelui, art. 5. cite un Arrêt du Parlement de Touloufe, du 21. Juillet 1677. par lequel il fut jugé que la Veuve avoit droit de demander fon deüil & fon Droit de Viduité, quoique l'heritier de fon Mari lui eût rendu fa dot ; ce qui confirme que le Droit de Viduité n'eft pas abfolument fondé fur le défaut de reftitution de la dot, & qu'il eft dû dans les Parlemens de Droit Ecrit auffi-bien que dans les Païs de Droit Ecrit du Reffort du Parlement de Paris, foit qu'il y ait une dot, ou qu'il n'y en ait point.

V. Quoique les Heritiers du Mari ayent droit de joüir de la dot mobiliaire de la Femme pendant l'année du deüil, fi cette dot n'a pas été payée, la Veuve n'eft pas obligée de la payer aux Heritiers, parceque ce feroit un circuit inutile ; les Heritiers font obligés, aux termes de la Loi, de rendre la dot après l'année de deüil, & même ce délai ne leur eft accordé que pour leur donner le loifir de préparer l'argent dû à la Femme : Or lorfque la dot n'eft pas encore payée, les Heritiers du Mari n'ont pas befoin de délai pour chercher de l'argent, puifqu'ils n'ont rien à rendre ; ainfi dans ce cas la Veuve doit joüir de fa Dot mobiliaire qui fe trouve entre fes mains, ou entre celles de fes parens, de même qu'elle joüit fans delai des Immeubles qui lui ont été conftitués en dot ; & les Heritiers du Mari ne peuvent prétendre les interêts de cette Dot mobiliaire.

Mais auffi dans ce cas la Veuve ne peut point leur demander de Droit de Viduité, parceque n'y ayant plus aucune confufion des biens des Conjoints, les Heritiers du Mari ne font plus obligés de contribuer à l'entretien de la Veuve, à moins que les interêts de fa dot ne fuffent pas fuffifans pour fon entretien & fa fubfiftance, auquel cas il feroit jufte d'y faire contribuer les Heritiers du Mari.

Au furplus, il eft au choix de la Veuve de tenir compte

aux Heritiers de son Mari, des interêts de sa dot mobiliaire non payée, & de leur demander son Droit de Viduité, ou de retenir par devers elle sa dot mobiliaire non payée, sans en laisser la joüissance aux Heritiers de son Mari, auquel cas elle ne peut plus leur demander de Droit de Viduité, ainsi qu'on vient de le dire ; & tel est le sentiment de M. Bretonnier en ses Observations sur Henris, tom. 1. liv. 4. ch. 6. quest. 104.

Et M. Boniface, tom. 1. p. 435. rapporte un Arrêt du Parlement de Toulouse, du 26. Fevrier 1654. qui a jugé que la Veuve a le choix quand les biens de son Mari sont en discussion, de demander les interêts de sa dot ou son Droit de Viduité ; ce qui est juste, dit M. Bretonnier, & doit être general dans tous les Païs du Droit Ecrit ; parce que le délai d'un an n'est accordé au Mari & à ses Heritiers, qu'afin qu'ils ayent le tems de chercher de l'argent : délai qui est de grace & de bienséance, & que les créanciers du Mari ne doivent pas avoir au préjudice de la Femme ; cela peut être de conséquence pour la Femme, quand sa dot mobiliaire est considerable.

La Veuve qui a une fois opté son Droit de Viduité, ne peut plus varier, & doit se contenter de la somme à laquelle il sera estimé, quand même elle n'égaleroit pas les interêts de la Dot mobiliaire, parceque s'il y a du benéfice sur ces interêts, il appartient aux Heritiers du Mari, qui supportent encore pendant cette année toutes les charges du mariage.

VI. A l'égard de l'hypotéque de la Femme pour son Droit de Viduité, elle est ainsi que celle du deüil & autres droits du jour du Contrat de mariage : Telle est la Jurisprudence de tous les Parlemens, excepté celui de Toulouse dans lequel on suit la Loi *assiduis*, au Code, *qui pot. in pign. vel hyp. habeant.* Conformément à laquelle on donne à la Femme une hypotéque anterieure à tous Créanciers, même d'auparavant le mariage, tant pour la dot & les interêts, que pour tout ce qui en tient lieu, comme le deüil & le Droit de Viduité.

Cet Ufage nous eft attefté par la Rocheflavin en fes Arrêts, liv. 2. tit. 6. fur le mot Dot, & préference d'icelui, art. 5. Gravcrol dans fes Notes fur cet Article ; Defpeilfes, tom. 1. p. 306. n. 27. & 28. Catelan, tom. 2. liv. 6. chap. 26.

VII. L'Année ou Droit de Viduité eft toûjours dû à la Femme furvivante, quoiqu'elle ait fa Dot & fes Gains Nuptiaux à repeter, parceque ce Droit lui eft accordé, principalement pour lui tenir lieu des interêts de fa dot, qui n'eft exigible qu'après l'an du deüil revolu, & que les Heritiers du Mari, en payant à la femme ce Droit de Viduité, ne lui doivent point d'interêts de fa dot pour cette année.

Et à plus forte raifon le Droit de Viduité eft-il toûjours dû, quoique la Femme ait à repeter fes Gains Nuptiaux; parceque ces Gains n'étant qu'un acceffoire de la dot, ou du moins une liberalité du Mari, ils ne peuvent pas être plus privilegiés que la dot méme ; & par conféquent ne font pareillement exigibles qu'après l'an revolu, & fans interêts pour cette année : en forte que l'année de Viduité eft donnée pour tenir lieu, tant de la dot que des Gains Nuptiaux.

Il y a feulement à cet égard une raifon de douter, c'eft que dans les Parlemens de Droit Ecrit on juge que les interêts des Gains Nuptiaux courent du jour du decès du Mari ; & dans les Païs de Droit Ecrit du Reffort du Parlement de Paris, on juge que les interêts ne courent que du jour de la demande.

Mais on peut concilier ces deux Jurifprudences avec le principe que l'on vient de pofer, & dire que le Parlement de Paris n'adjuge les interêts des Gains Nuptiaux du jour de la demande que dans le cas d'une demande formée après l'an revolu, tems auquel les Gains Nuptiaux font exigibles, & que dès lors on en peut demander les interêts, le droit de viduité n'étant que pour la premiere année.

A l'égard de la Jurifprudence des Parlemens de Droit

Ecrit , on peut auſſi l'accorder avec nôtre principe , en obſervant que s'ils adjugent les interêts des Gains Nuptiaux
du jour du decès du Mari , cette Juriſprudence n'a d'autre effet que de les faire courir auſſi-tôt qu'ils peuvent
avoir lieu , ſans qu'il y en ait de demande ; ou ſi l'on veut
abſolument prendre à la lettre ces termes , *du jour du decès du Mari* , il faut dire que ces interêts pourroient bien
dès ce jour être dûs , ſi par des circonſtances particulieres
la Femme n'avoit point de Droit de Viduité ; mais que
lorſque les Heritiers de ſon Mari conſentent de lui payer
un Droit de Viduité , la premiere année des interêts des
Gains Nuptiaux ſe compenſe avec le Droit de Viduité ,
qu'ainſi dans la regle generale la dot & les Gains Nuptiaux
ne ſont exigibles qu'après l'an revolu , & ne produiſent
point d'interêts pour cette année lorſque la Femme prend
le Droit de Viduité.

CHAPITRE

CHAPITRE TREIZIÉME.

De la Quarte qu'on donne au Conjoint survivant pauvre, sur les biens du predecedé.

SOMMAIRE.

I. La Femme qui a une Dot & des Gains Nuptiaux, n'a rien dans la succession de son Mari.
II. Et vicè versâ pour le Mari.
III. Le survivant pauvre à une Quarte.
IV. Ce droit a lieu dans tous les Païs de Droit Ecrit.
V. Et notamment en Provence.

I. LOrsque la Femme survivante a sa Dot & ses Gains Nuptiaux à repeter sur la succession de son Mari, ou qu'elle a d'ailleurs assés de bien pour se procurer une subsistance honorable, suivant la condition de son defunt Mari, elle ne peut prétendre aucune autre part en la succession de son Mari, lorsqu'il se presente des heritiers pour la receüillir.

II. Et la même chose a lieu à l'égard du Mari survivant ; s'il a des Gains Nuptiaux & de Survie, ou d'autres biens suffisans pour sa subsistance, il ne peut rien prétendre au-delà de ses Gains Nuptiaux & de Survie en la succession de sa Femme, au préjudice de ses heritiers.

III. Mais lorsque le Conjoint survivant n'a pas assés de sa Dot ou de ses autres biens, qu'il n'a point de Gains Nuptiaux, ou qu'ils ne sont pas assés considerables pour sa subsistance, en ce cas les Loix Romaines accordent à ce survivant pauvre, une Quarte sur les biens du Conjoint predecedé, quand il n'a laissé que trois Enfans ou moins de trois, & sa part afferente quand il y a plus de trois Enfans.

Cette portion eſt donnée au ſurvivant en toute proprieté, lorſqu'il n'y a point d'enfans communs, & en uſufruit lorſqu'il y a des Enfans.

Ce droit de Quarte qu'on accorde au ſurvivant, eſt établi par les Novelles 53. & 74. de Juſtinien.

De ces diſpoſitions Irnerius a formé l'Authentique *præterea*, qu'il a inſerée au Code *unde Vir & Uxòr.*

La Novelle 53. & l'Authentique *præterea* accordent cette Quarte au Mari ſurvivant pauvre, auſſi-bien qu'à la Femme.

Cependant Me. Denis le Brun en ſon Traité des Succeſſions liv. 1. ch. 7. n. 4. prétend que le Mari ſurvivant, quoique pauvre, ne peut demander aucune portion de la ſucceſſion de la Femme ; parce que, dit-il, la Quarte n'a été accordée à la Femme que par commiſeration ; au lieu que l'homme eſt moins à plaindre ayant plus de force pour gagner ſa vie. M. le Brun appuye ſon ſentiment de la Novelle 117. ch. 5. *quia verò*, qui a ôté au Mari la Quarte que lui donnoit la Novelle 53.

Mais le Chapitre de la Novelle 117. quoique poſterieure à la Novelle 53. n'eſt pas obſervé dans les Païs de Droit Ecrit, & l'on tient communément que le Mari ſurvivant pauvre a le même droit que la Femme, ſuivant la Novelle 53. & l'Authentique *præterea.* Et tel eſt le ſentiment d'Accurſe ſur l'Authentique ; de M. Ch. Dumolin ſur le Conſeil 24. de Decius ; de Deſpeiſſes tom. 1. part. 1. du Mariage, ſect. 5. n. 26. & de pluſieurs autres Auteurs.

IV. Ce droit de Quarte établi par le Droit Romain en faveur du Conjoint ſurvivant pauvre, eſt aſſurément une Loi des plus belles, des plus juſtes, & des plus conforme au Droit divin & au Droit naturel.

Cependant elle n'a point été adopté dans les Païs Coûtumiers, ſans doute parce que la Femme ſurvivante y a ordinairement la moitié de la Communauté, & ſon doüaire, & que le Mari a auſſi moitié de la Communauté.

Mais il peut ſouvent arriver que le ſurvivant n'ait aucun de ces droits à recüeillir , auquel cas le droit de Quarte feroit pour lui une reſſource , il n'y a cependant point lieu.

V. On a même douté long-tems ſi l'Authentique *præterea* devoit être ſuivie dans les Provinces de France reglées par le Droit Ecrit ; mais on ne le revoque plus aujourd'hui en doute ; le Parlement de Touloufe & pluſieurs autres Parlemens l'ont reçûë , ainſi qu'il eſt prouvé par differens Arrêts , & notamment en Provence où l'on préten-doit que ce droit de Quarte ne devoit pas avoir lieu ; il a été jugé en faveur d'une Femme ſurvivante pauvre qu'il auroit lieu à ſon égard , par un Arrêt ſolemnel du Parlement d'Aix du 21. Fevrier 1732. dont voici l'eſpece.

Jofeph Laugier , natif de la Ville d'Arles , entra en qualité de Clerc chés Sebaſtien Raillon , Procureur en la Senechauſſée , qui joüiſſoit alors d'une fortune aſſés con-fiderable à proportion de ſon état. Ce Procureur avoit une fille qu'il ne deſtinoit pas pour être l'épouſe de ſon jeune Clerc qui n'avoit aucun bien ; mais celui-ci s'inſinua ſi bien dans l'eſprit de la Demoiſelle Raillon, qu'il ſeduiſit cette jeune fille , & la mauvaiſe conduite de ces Amans étant declarée par les effets , Laugier ſortit de la maiſon du ſieur Raillon ; il fallut employer l'autorité de la Juſtice pour l'obliger à un Mariage qu'au fond il ſouhaitoit avec ardeur , ce Mariage fut celebré le 28. Fevrier 1689. avec les ſolemnités preſcrites par les Canons & les Ordonnan-ces.

La ceremonie faite , le ſieur Raillon outré de cet éve-nement , ne laiſſa pas de garder ſa fille chés lui ; mais le Gendre fut contraint d'aller tenter fortune ailleurs ; il y réüſſit ſi heureuſement , qu'en moins de trois ou quatre ans il devint beaucoup plus riche que ſon Beau-pere. Le ſieur Raillon voulut alors l'obliger de recevoir ſon épouſe ; le ſieur Laugier par reſſentiment du mépris que la famille de ſon épouſe avoit eu pour lui , peut-être auſſi par dé-goût ou par refroidiſſement cauſé par l'abſence ou par quelque nouvelle inclination , ne voulut pas recevoir chez lui la Demoiselle Raillon , elle lui demanda une provision , il la lui refusa , il attaqua même le Mariage , & mit en usage tant de subterfuges qu'il éludât l'effet de tous les Juge-mens qu'on obtint contre lui ; ce qui après plus de sept années de poursuites , entraîna la ruine totale du sieur Raillon & le fit mourir de chagrin.

La Demoiselle Raillon se trouva après la mort de son Pere reduite à la plus affreuse necessité , elle passa dans cet état miserable depuis 1702. jusqu'en 1731.

Au mois de Janvier 1731. le Sieur Laugier son Mari mourut riche de plus de 500000. livres de bien. Par son Testament du 12. Juillet 1730. il fit pour 20000. livres de legs tant pieux , qu'autres , & institua son Heritier Jacques Meyfren.

. La Demoiselle Raillon ayant appris la mort de son Mari , & le Testament qu'il avoit fait , se pourvût contre l'Heritier institué , & demanda le quart de la succession , conformé-ment aux Novelles 53. 74. & 117. & à l'Authentique *præterea.* Elle rapportoit des autorités pour prouver que ces Novelles & cette Authentique faisoit Loi dans la Province , elle ajoûtoit qu'elles avoient d'autant plus d'appli-cation à l'espece presente , qu'elle ne se trouvoit dans ce miserable état que par la vexation de son Mari.

La défense de l'Heritier institué étoit.

1°. Que l'Authentique ni les Novelles dont on implo-roit les dispositions , n'avoient aucune autorité dans le Païs : il citoit plusieurs Arrêts qu'il prétendoit l'avoir ainsi jugé.

2°. Que quand ces Loix auroient été en vigueur en Provence , elles ne devoient pas favoriser la Demanderesse , parce qu'elle ne se trouvoit pas dans les circonstances qu'elles exigent , & que leurs motifs ne se rencontroient point dans le cas dont il s'agissoit.

La premiere condition , disoit-on , que demandent ces Loix , est que le Mariage ait été contracté par la seule tendresse , ici il avoit fallu forcer le Sieur Laugier par autorité de Justice , on l'avoit constitué prisonnier , & ce ne fut que pour se procurer la liberté qu'il épousa la Demanderesse,

La feconde condition eft, que la Femme jufqu'à la mort de fon Mari ait toûjours demeuré avec lui. Ici la Demoifelle Raillon avoit été éloignée de fon Mari depuis fon mariage, c'eft-à-dire depuis 41. ans, pendant ce long efpace de tems, elle avoit paffé plufieurs Actes, dans lefquels elle n'avoit pas même pris la qualité de Femme du Sieur Laugier, elle ne l'étoit pas venu voir dans la maladie dont il étoit mort, elle n'en avoit même pas pris le Deüil.

Le motif de la Loi eft, de crainte que par la mort du predecedé, le furvivant ne changeât d'état en tombant de l'opulence dans la mifére. Ici au contraire la Demanderefle vouloit changer d'état, & après avoir vécu pauvre pendant plus de 30. ans, elle vouloit fe mettre dans l'opulence.

On répondoit pour la veuve;

1°. Que les Arrêts cités, loin d'avoir aucune application à l'efpece, formoient même en quelque forte un préjugé en faveur de la Femme.

2°. Que ces termes de la Novelle *per folum affectum Nuptialem*, ne fignifioient pas la feule affection conjugale, mais un mariage contracté par paroles de prefent, feulement qu'on ne leur avoit jamais donné une autre fignification.

3°. Que fi elle n'avoit pas demeuré avec fon Mari, c'étoit la faute du Mari feul.

4°. Que fi elle n'avoit pas été le voir dans fa derniere maladie, c'eft que d'un côté elle étoit elle-même alors malade, qu'elle ne l'avoit appris qu'après la mort, la maladie n'ayant durée que trois jours; que d'un autre côté cette démarche auroit été inutile, parceque fon Mari dans les difpofitions où il étoit à fon égard lui auroit fait refufer l'entrée de fa maifon.

5°. Que fi-tôt qu'on avoit fçû la mort, fes parens lui avoient donné quelques mauvais habits noirs dont elle s'étoit vétuë, qu'ainfi elle avoit pris le deüil, ceremonie dont fon extrême pauvreté pouvoit d'ailleurs la difpenfer.

La Demoifelle Raillon auroit pû ajoûter encore une raifon plus forte, qui eft que la Veuve n'eft jamais obligée de porter le deüil à ses dépens , & que c'étoit à la succession de son Mari à le lui fournir , suivant la regle *nemo debet lugere sumptibus suis.*

Enfin on disoit que la pieté , les sentimens de la nature étoient les motifs de la Loi , motifs qui devoient d'autant mieux prévaloir ici , que son Mari seul l'avoit reduit dans la pauvreté où elle se trouvoit.

Sur ces raisons de part & d'autre , le Parlement d'Aix après plusieurs Audiences , par son Arrêt du 21. Fevrier 1732. conformément aux Conclusions de M. l'Avocat General de Seguiran , adjugea à la Veuve le Quart dans la succession , avec restitution des fruits depuis le decès du Mari , suivant l'estimation qui en seroit faite , & cependant lui accorda une provision de 1000. livres à imputer d'abord sur les fruits à restituer , & condamna l'Heritier & les Executeurs Testamentaires qui s'étoient joints à lui , en tous les dépens. Plaidans Me Gensollen pour la Veuve , & M. M. Paschal & Masse pour l'Heritier , & pour les Executeurs Testamentaires.

✻✻✻✻✻✻✻✻✻✻✻✻✻✻✻✻✻✻✻✻✻✻✻✻✻✻✻✻✻✻✻✻

CHAPITRE QUATORZIÉME.

De la Succession d'entre Mari & Femme.

SOMMAIRE.

I. Ancien Droit sur les Successions d'entre Mari & Femme.
II. Droit nouveau établi par le titre , Unde Vir & Uxor.
III. Ce Titre s'observe dans tous les Païs de Droit Ecrit.
IV. Et en quelques Coûtumes.
V. En quoi il participe des Gains de Survie.
VI. Quel est son effet.

I. JUsqu'au tems des Empereurs Theodose & Valentinien , il n'y avoit point de Loi qui donnât au Conjoint survivant la succession de son Conjoint prédecedé, dans le cas où il ne se présente aucun parent du défunt pour la recüeillir.

On donnoit seulement alors dans ce cas au Conjoint survivant , un secours extraordinaire pour être preferé au fisc qui étoit la possession des biens ; Droit qui n'étoit pas une veritable succession , mais qui en tenoit lieu au Conjoint survivant , & produisoit pour lui à peu près les mêmes effets.

Mais dans la suite on fit une Loi expresse pour donner à titre de succession au Conjoint survivant les biens du Conjoint prédecedé. C'est la disposition de la Loi unique , au Digeste, *unde Vir & Uxor* ; & de la Loi unique au même titre du Code , suivant laquelle le Mari succede à sa Femme , & la Femme à son Mari , lorsque le prédecedé meurt sans Enfans, sans Parens, & sans avoir disposé de ses biens , en ce cas le survivant exclud le fisc : *Maritus & Uxor , ab intestato invicem sibi in solidum , pro antiquo jure succedant , quoties deficit omnis parentum liberorum , ve seu propinquorum legitima vel naturalis successio , fisco excluso.*

III. Ce Titre qui défere la succession du Mari à la Femme,

& celle de la Femme au Mari , s'obferve uniformément dans tous les Païs de Droit Ecrit , lorfque le cas de cette fucceffion s'y rencontre , tel qu'il eft reglé par les Loix.

IV. Il y a même quelques Coûtumes qui l'ont adopté expreffément , comme la Coûtume de Poitou art. 299. qui porte , & où il n'y auroit lignager capable à fucceder, la Femme fuccederoit au Mari & le Mari à la Femme , plûtôt que lefdits biens foient dits vacans. La Coûtume de Berri tit. 9. art. 8. ordonne la même chofe.

Dans la Coûtume de Paris & plufieurs autres femblables , qui ne font aucune mention de ce droit de fucceffion reciproque entre le Mari & la Femme , on ne laiffe pas de l'admettre.

Il eft vrai qu'il y a quelques Coûtumes qui préferent le fifc au Conjoint furvivant, comme la Coûtume de Bourbonnois art. 328. & d'autres qui excluent pareillement le Conjoint furvivant , du moins indirectement , comme la Coûtume de Normandie art. 245. celle du Maine art. 286. celle d'Anjou art. 268.

Mais cette exclufion rigoureufe n'a lieu que dans ces Coûtumes qui la prononcent ainfi expreffément , & le titre *unde Vir & Uxor* eft reçû dans un affés grand nombre de Coûtumes , pour qu'on puiffe dire que ce Droit quoique fondé fur les Loix Romaines , n'eft pas particulier aux Païs de Droit Ecrit , & qu'il s'obferve auffi affés communément dans les Païs Coûtumiers.

V. Nôtre deffein n'eft pas de traiter ici à fond cette matiere qui a déja été traitée par tous les Auteurs qui ont Ecrit fur la matiere des Succeffions ; mais il manqueroit quelque chofe à cet ouvrage fi l'on n'y donnoit pas du moins une idée fommaire du titre *unde Vir & Uxor* , parce que ce titre fait partie des droits appartenans aux gens mariés en Païs de Droit Ecrit ; & d'ailleurs les Auteurs qui en parlent conviennent tous eux-mêmes que c'eft un droit fingulier qui n'eft pas proprement de l'ordre des Succeffions ; en forte qu'ils femblent le renvoyer dans la claffe des Gains Nuptiaux & de Survie , avec lefquels il a beaucoup de rapport & de liaifon.   En

En effet, quoique ce Droit de Succession reciproque entre le Mari & la Femme, n'ait pas toûjours lieu lorsque l'un des Conjoints a survêcu à l'autre, quoique ce ne soit qu'à défaut d'Heritiers Testamentaires & *ab intestat*, que le Conjoint survivant succede au prédecedé ; il faut cependant convenir que lorsque le cas arrive où ce Droit peut avoir lieu, le Conjoint survivant n'est préferé au fisc qu'en consideration de sa qualité de Conjoint, en faveur du Mariage & de la Survie ; en sorte que ce Droit peut bien être regardé comme une espece de Gain Nuptial & de Survie.

Lorsque le Conjoint survivant succede ainsi au prédecedé, il prend à ce titre generalement tous les biens du prédecedé, sans distinguer ce qu'il avoit droit de prendre pour ses Gains Nuptiaux & de Survie, lesquels se trouvent compris & confondus dans la totalité de la succession.

VI. L'effet de ce droit est que le survivant n'est plus grevé d'aucune reversion, soit pour ce qu'il devoit avoir pour les Gains Nuptiaux, soit pour la totalité de la Succession du prédecedé ; le titre *unde Vir & Uxor*, n'ayant lieu que lorsqu'il n'y a aucun Parent capable de succeder, auquel cas il n'y a plus personne au profit de qui le survivant pût être grevé de reversion ; n'y ayant point de reversion établie au profit du fisc, dès qu'une fois il est exclus par le Conjoint survivant, qui est admis à succeder au prédecedé.

CHAPITRE QUINZIÉME.

Si l'insinuation du Contrat de Mariage est necessaire pour la validité des Gains Nuptiaux & de Survie.

SOMMAIRE.

I. Disposition du Droit sur les Donations en faveur de Mariage.
II. De l'ancien Usage observé en France pour ces Donations.
III. Des dernieres Loix qui ont assujetti ces Donations à l'Insinuation.
IV. Quels Gains Nuptiaux & de Survie y sont sujets.

I. L'Empereur Constantin ayant introduit la formalité de l'Insinuation, generalement pour toutes sortes de Donations, les Empereurs qui lui succederent n'en excepterent pas, comme quelques-uns l'ont pensé, toutes les Donations faites en faveur de mariage, ils n'affranchirent de cette formalité que les Donations appellées *Antenuptiales*, que l'Empereur Justinien fit depuis appeller, *Donationes propter Nuptias* ; nom sous lequel on ne comprenoit que les Donations à cause de Nôces, proprement dites ; c'est-à-dire, celles qui étoient faites de la part du Mari à la Femme, par une espece de compensation de la dot qu'elle lui donnoit.

Toutes les autres Donations que les futurs Conjoints pouvoient se faire en faveur de mariage, & qui étoient proprement celles que la Loi premiere, au Digeste *de Donationibus*, nomme, *Sponsalitia*, ou, *Sponsalitia largitates*, étoient sujettes à la formalité de l'Insinuation.

Tel est sur cette matiere le dernier état du Droit Romain, dont on ne peut faire aucune application aux Usages des Païs de Droit Ecrit, parceque les Gains Nuptiaux & de Survie qui s'y pratiquent, ne sont pas les mêmes que ceux

des Romains, & que d'ailleurs nous avons plusieurs Ordonnances, Edits, & Déclarations renduës sur cette matiere,
qui forment un Droit positif qui déroge au Droit Romain,
même pour les Païs de Droit Ecrit ; c'est ce qu'il faut examiner.

II. Les anciennes Ordonnances qui ont établi la necessité d'Insinuer les Donations, comme celle de 1539. art. 132.
l'Ordonnance de Moulins de 1566. articles 57. & 58. les
Déclarations des 10. Juillet 1566. & 25. Novembre 1690.
comprennent bien en general les Donations faites par Contrat & en faveur de mariage, mais elles ne parlent point
nommément des Donations dont l'usage est particulier aux
Païs de Droit Ecrit ; telles que les Donations faites par forme d'Augment, Contre-Augment, Bagues & Joyaux, &
autres Gains Nuptiaux & de Survie.

M. Loüet, lettre I. n. 10. rapporte un Arrêt de 1598. par
lequel il fut jugé qu'en Païs de Droit Ecrit, l'Augment,
quoique stipulé par Contrat de Mariage, n'étoit pas sujet à
Insinuation.

Le motif sur lequel fut rendu cet Arrêt est, dit M. Loüet,
que l'Augment de Dot en quelques termes qu'il soit convenu, n'est Donation sujette à Insinuation : l'Ordonnance de
1539. qui assujettit à l'Insinuation les Donations faites même
par Contrat de Mariage, n'entend parler que des Donations
faites *ab homine, non à lege* : Or l'Augment de Dot, dit - il,
vient *ex liberalitate legis*, & du devoir du mari, suivant l'Authentique *Dos data, Cod. de Donat. ant. Nup.* & tant s'en faut
que tel don provienne de la liberalité du mari, qu'étant ob-
mis au Contrat, il peut être demandé *condictione ex lege*, suivant l'opinion de Jean Faber, *in dictâ Auth. Dos data*, qu'ainsi il ne faut d'autre notification & publication de l'Augment
de Dot, que le Contrat de Mariage, qui emporte avec soi
ledit Augment, l'un venant en consequence de l'autre.

Brodeau sur cet endroit de M. Loüet adopte les mêmes
principes, & dit que Donation en faveur de Mariage est sujette à Insinuation ; mais non l'Augment de Dot, celle-là venant de la liberalité de l'homme, celle-ci de la seule Provi-
dence & disposition de la Loi.

Telle étoit autrefois la Jurifprudence du Parlement de Paris, fuivant le témoignage de ces deux Auteurs, & de M. le Prêtre en fes Arrêtés, page 36. & d'Henris en fes Arrêts.

Revel en fes Queftions fur les Ufages de Breffe, dit que les Donations de Survie font exemptes de la formalité d'Infinuation, parcequ'elles tiennent plus de la Donation à caufe de mort, que de celle entre-vifs : Qu'à l'égard de l'Augment, il eft fans difficulté que dans le Bugey où il eft dû de plein droit, il n'eft point fujet à Infinuation, parce qu'il y vient *ex difpofitione Legis* : mais que dans la Breffe où il n'y a point de Coûtume pour l'Augment, & où il vient purement *ex liberalitate mariti*, il feroit fujet à Infinuation ; à moins, dit-il, qu'il ne fût conditionnel & reduit à un ufufruit, auquel cas il eftime qu'il ne feroit pas fujet à Infinuation.

L'Augment de Dot ni les autres Gains Nuptiaux & de Survie n'étoient pas encore compris dans les differentes Donations qui ont été declarées fujettes à Infinuation par l'Edit des Infinuations Laïques, donné à Verfailles au mois de Decembre 1703. & regîtré au Parlement de Paris, le 8. Fevrier 1704. & par plufieurs Declarations renduës depuis au fujet des Infinuations.

III. Ce n'eft que par la Declaration du 20. Mars 1708. enregiftrée au Parlement le 15. Juin de la même année, que ces fortes de Donations ont commencé à être affujetties comme les autres à la formalité de l'Infinuation ; l'Article 3. de cette Declaration porte que toutes Donations foit entre-vifs ou à caufe de mort, même les Donations entre-vifs faites par les peres & meres ou ayeuls à leurs enfans, (autres que par Contrat de Mariage) tant de Meubles que d'Immeubles, en ufufruit ou en proprieté ; celles par forme d'Augment, Dons Mobils, Engagemens, Droits de Retention, Agencemens, Gains de Nôces & de Survie, dans les Païs où ils font en ufage, tous Dons mutuels, enfemble toutes autres Donations, de quelque nature qu'elle puifent être, foit qu'elles foient ftipulées entre Mari & Femme, par Contrat de Mariage, ou faites par Donation à caufe de mort, ou teftament, & foit que lefdits Actes contien-

nent des Inftitutions contractuelles, Subftitutions, Fonda-
tions, & Dotations en faveur des Eglifes, Convens, Monafteres, Hôpitaux & Communautés, Nous voulons qu'elles
foient Infinuées & enregiftrées dans les tems & fous les peines portées par l'Article deux de nôtre Edit du mois de Decembre 1703. & les Droits payés, fçavoir, pour les Donations de meubles & effets mobiliers, fur le pied reglé par le
Tarif arrêté en nôtre Confeil cejourd'hui, à l'exception feulement des Legs & Donations qui feront faites en faveur des
Eglifes, Monafteres & Communautés, d'une fomme mobiliaire une fois payée, que Nous difpenfons dudit droit d'Infinuation, pourveu que ladite fomme n'excede pas 300. liv.
& pour les biens immeubles donnez en proprieté par Donations entre-vifs, lorfque les biens donnez feront fituez dans
l'étenduë de la Jurifdiction du domicile du Donateur, fera
feulement payé le droit de centiéme denier de la valeur defdits biens, & lorfque lefdits biens feront fitués dans l'étenduë d'autres Jurifdictions que celle du domicile du Donateur,
les droits feront payés, fçavoir, au Greffe du domicile du
Donateur, fur le pied porté par ledit Tarif, & au Greffe des
autres Jurifdictions dans l'étenduë defquelles lefdits biens feront fitués, le droit de centiéme denier, chacun pour ce
qui les concernera.

Sur le fondement de cette Declaration du 20. Mars 1708.
les Gens d'affaires intereffez à l'Edit des Infinuations, pré-
tendoient que les Dons d'Augment, Contre-Augment & autres Gains de Nôces & de Survie portez par les Contrats de
Mariage, étoient abfolument nuls, faute d'avoir été infinués
dans les quatre mois, qui eft le delai marqué pour l'Infinuation par les anciennes Ordonnances.

Mais les Parlemens dans l'étenduë defquels ces Droits
étoient établis, ayant fait des remontrances au Roi fur les
inconveniens qui pourroient naître d'un tel changement de
Jurifprudence, le Roi a donné une autre Declaration à Marly le 25. Juin 1729. qui a été regiftrée en Parlement le 12.
Juillet de la même année, par laquelle en interprêtant fa
Declaration du 20. Mars 1708. il a declaré que les Dons

portez dans les Contrats de Mariage par forme d'Augment, Contre - Augment, & autres Gains de Nôces & de Survie, dans les Païs où ils font en ufage, ne pourront être arguez de nullité faute d'avoir été infinuez ; & que ceux qui auront negligé de fatisfaire à cette formalité, n'ont dû & ne doivent être regardez que comme fujets aux autres peines prononcées par lefdits Edits & Declarations, ce qui ne concerne que les Droits qu'il fuffit de payer quand on demande l'execution des Contrats de Mariage.

Cette Declaration a été confirmée par l'Ordonnance du mois de Fevrier 1731. concernant les Donations, enregiftrée au Parlement le 9. Mars de la même année, par laquelle après que l'Infinuation eft ordonnée pour toutes fortes de Donations à peine de nullité ; il eft dit en l'art. 21. ladite peine de nullité n'aura pas lieu neanmoins à l'égard des Dons mobils, Augmens, Contre-Augmens, Engagement, Droits de retention, Agencemens, Gains de Nôces & de Survie, dans les Païs où ils font en ufage ; à l'égard de toutes lefquelles ftipulations ou conventions, à quelque fomme ou valeur qu'elles puiffent monter, nôtre Declaration du 25. Juin 1729. fera executée felon fa forme & teneur.

Et par une autre Declaration concernant les Infinuations, donnée à Verfailles le 17. Fevrier 1731. & regiftrée en Parlement le 9. Mars de la même année, il eft encore dit en l'article 6. N'entendons deroger à l'article 3. de nôtre Declaration du 20. Mars 1708. en ce qu'il ordonne l'Infinuation des Donations par forme d'Augmens, ou Contre-Augmens, Dons mobils, Engagemens, Droits de retention, Agencemens, Gains de Nôces & de Survie dans les Païs où ils font en ufage ; Voulons que lefdits Actes foient infinuez conformément à ladite Declaration, & les Droits payez fuivant le Tarif, en même-tems que ceux du Contrôle, dans les lieux où le Contrôle eft établi ; & dans ceux où le Contrôle n'a pas lieu, dans les quatre mois du jour & date defdits Actes, fans neanmoins que le défaut d'Infinuation defdits Actes puiffe emporter la peine de Nullité, & ce conformément à nôtre Declaration du 25. Juin 1729.

A l'égard du Don de Bagues & Joyaux, je me fouviens d'avoir vû une Note écrite de la main de M. Bretonnier, en fon Recüeil Alphabetique des Queftions, *verbo* Bagues & Joyaux, qui portoit que le Don de Bagues & Joyaux n'a pas befoin d'Infinuation ; mais il avoit fait cette Note avant les dernieres Declarations dont on vient de parler.

En effet, quoique le Don de Bagues & Joyaux ne foit pas nommé dans aucune des Ordonnances, Edits & Declarations qui affujettiffent les Gains Nuptiaux à la formalité de l'Infinuation, il s'y trouve compris tant comme Donation par Contrat & en faveur de mariage, que comme Gain Nuptial & de Survie ; & il eft d'autant plus fujet à Infinuation, qu'il depend entierement de la volonté des parties, & n'eft point dû s'il n'eft ftipulé par le Contrat de Mariage, du moins dans la plûpart des Païs de Droit Ecrit.

Il faut dire la même chofe de toutes les autres Donations faites par forme de Gains Nuptiaux & de Survie, dont le nom particulier ne fe trouve pas dans les Ordonnances, Edits & Declarations renduës fur cette matiere, on ne peut plus douter que toutes ces fortes de Donations ne foient fujettes à Infinuation, les Loix qui l'ordonnent ainfi étant conçüës à cet égard dans des termes fi generaux, qu'elles comprennent indiftinctement toutes fortes de Donations, même celles qui feroient faites en ufufruit.

IV. Cela ne s'entend cependant que de ce qui eft ftipulé par le Contrat de Mariage qui provient *ex difpofitione hominis*, & que l'on nepeut demander qu'en vertu du Contrat de Mariage, & non en vertu de la Loi : car pour ce qui eft de l'Augment des Bagues & Joyaux, du Contre-Augment, & autres Gains Nuptiaux & de Survie, legaux & coûtumiers, qui ont lieu de plein droit & fans ftipulation dans certaines Provinces de Droit Ecrit, il n'eft pas neceffaire, du moins dans ces Provinces, qu'il y ait un Contrat de Mariage pour y ftipuler ces fortes de Gains Nuptiaux & les rendre publics par l'Infinuation du Contrat, parce que chacun eft prefumé fçavoir ce qui eft reglé par les Loix, & par conſequent ne pas ignorer les Gains Nuptiaux coûtumiers que les Conjoints ont droit de prendre.

Ce n'eſt donc que pour les Gains Nuptiaux conventionnels ſtipulez par Contrat de Mariage , que l'Inſinuation eſt neceſſaire : encore ſi ces avantages ſtipulez n'excedent pas les coûtumiers, non ſeulement le Contrat eſt inutile', puis qu'en ce cas il n'ajoûte rien à cet égard à la diſpoſition de la Loi , mais même y ayant un Contrat de Mariage , il ne paroît pas neceſſaire de le faire inſinuer , puis qu'on peut demander ces ſortes de Gains ſans le ſecours du Contrat.

Ainſi l'Inſinuation n'eſt proprement neceſſaire pour les Gains Nuptiaux & de Survie , que lorſque dans le Contrat de Mariage , il y a des ſtipulations de ces ſortes de Gains Nuptiaux qui excedent la quotité des coûtumiers.

CHAPITRE

CHAPITRE SEIZIÉME.

Quelle Loi regle les Gains Nuptiaux que doit avoir le Conjoint survivant.

SOMMAIRE.

I. Diversité des Usages sur les Gains Nuptiaux.
II. Sentiment des Auteurs sur la maniere de les concilier.
III. Resolutions sur cette question.

I. DAns les Chapitres précedens, on a vû la diversité des usages des differentes Provinces de Droit Ecrit sur les Gains Nuptiaux & de Survie : qu'en plusieurs Provinces l'Augment de Dot & les Bagues & Joyaux sont dûs sans stipulation à la Femme survivante ; qu'en d'autres Païs ils ne lui sont dûs que lorsqu'ils sont stipulés ; que la quotité de ces Gains de Survie n'est pas par tout uniforme ; que même en certaines Provinces ils ne sont point du tout en usage, & qu'en leur place on y pratique des Donations de Survie , & autres avantages qui ont leurs regles particulieres.

On a vû pareillement que l'usage des Païs de Droit Ecrit n'est pas plus uniforme sur les avantages accordés au Mari survivant : qu'en quelques endroits la Coûtume lui donne le Gain de la Dot par forme de Contre-Augment , comme à Toulouse & à Bourdeaux , qu'en d'autres il n'a de Contre-Augment que lorsqu'il est stipulé , que dans certaines Provinces le Contre-Augment n'est point en usage, & qu'au lieu de ce Gain le Mari a une Donation de Survie ou autres avantages , selon les Coûtumes & Usages des differens Païs de Droit Ecrit.

Dans les Païs Coûtumiers , tous ces Gains Nuptiaux & de Survie sont inconnus ; la Femme au lieu d'Augment -

R.

de Bagues & Joyaux , & des autres Gains Nuptiaux & de Survie , prend d'abord ordinairement un préciput fur la Communauté de biens , qu'elle partage enfuite avec les Heritiers de fon Mari ; elle prend avec cela fon doüaire fur les biens de fon Mari ; voilà les Gains les plus ufités ; on peut y en ftipuler encore d'autres : à l'égard du Mari furvivant , il n'a droit de prendre fur les biens de fa Femme que ce qui a été ftipulé , qui fe reduit ordinairement à un préciput.

Cette diverfité d'ufages fur les Droits appartenans aux gens mariés , donne lieu à beaucoup de Queftions mixtes qui naiffent de l'affemblage & du concours de plufieurs perfonnes , de biens , d'actes , & autres circonftances qui fouvent fe trouvent foumifes à differentes Loix. La difficulté dans ces cas eft de fçavoir à laquelle de ces differentes Loix on doit s'en rapporter.

Il eft vrai que lorfqu'il y a un Contrat de Mariage , c'eft la premiere Loi qu'il faut confulter , les Conjoints ne pouvant jamais avoir plus de droit que le Contrat leur en donne , du moins pour ce qui eft reglé par le Contrat : mais fouvent il n'y a point de Contrat , ou bien tout n'a pas été prévû par le Contrat , ou enfin ce qui y eft reglé ne peut pas s'executer dans certaines Coûtumes & fur certains biens , les differens objets qu'il s'agit de concilier n'étant pas tous foûmis à la même Loi , étant même chacun fous l'empire d'autant de Loix differentes , dont les difpofitions font contraires entre elles , revient toûjours à la difficulté de fçavoir quel parti prendre pour regler les Droits des Conjoints.

Par exemple le Mari fera domicilié à Lyon , où l'Augment de Dot eft dû à la Femme furvivante de plein droit , & fans qu'il y en ait de ftipulation ; la Femme fera domiciliée dans le Mâconnois , où il n'a lieu que lorfqu'il eft ftipulé.

Le Mari aura fon domicile dans un lieu où il ne lui eft point dû de Contre-Augment , s'il n'eft expreffément ftipulé , la Femme aura fon domicile ou fes biens à Touloufe , ou à Bourdeaux où le Contre-Augment eft dû de plein droit.

Le Contrat de Mariage sera passé dans le Bugey, où les Veuves qui se remarient n'ont point d'Augment, la celebration du mariage aura été faite en Guyenne, où l'Augment n'est que du tiers pour les Veuves.

Les biens du Mari seront situés dans les Païs de Lyonnois, Forêts, Beaujolois, où l'on regle l'Augment suivant la nature des biens qui composent la Dot, & où selon la qualité de ces biens l'Augment est tantôt du tiers & tantôt de la moitié ; les biens dotaux de la Femme seront situés à Toulouse, où l'on ne distingue point, & où l'Augment est toûjours de la moitié de la Dot.

Le premier domicile matrimonial aura été établi dans une Province où on regle l'Augment suivant la qualité de la Femme ; & où il est pour les Filles Nobles de la moitié, pour les Roturieres du tiers seulement ; & il peut arriver que pendant le mariage, les Conjoints ayent transporté leur domicile en d'autres Provinces, dont les Usages sont tous differens sur les Gains Nuptiaux.

Il se peut faire encore que des Habitans d'une Province de Droit Ecrit soient venus passer leur Contrat de Mariage en Païs Coûtumier, ou que la celebration de leur mariage ait été faite, ou enfin qu'ils soient venus s'y établir, du moins qu'ils y ayent demeuré.

Toutes ces differentes circonstances peuvent se trouver frequemment, & si elles ne se rencontrent pas toutes à la fois dans une même espece, rien n'est du moins si commun que d'en voir plusieurs opposées les unes aux autres, & l'on apperçoit aisément les difficultés qu'elles font naître.

Dans de telles especes, par quelle Loi reglera-t-on les Gains Nuptiaux & de Survie que les Conjoints ont droit de prendre, & les conditions & la quotité de ces Gains Nuptiaux ?

Sera-ce par la Loi du lieu où le Contrat de Mariage a été passé, ou par celle du lieu de la celebration ? Sera-ce par la Loi de la situation des biens du Mari, ou par celle du lieu où sont situés les biens Dotaux de la Femme?

Sera-ce enfin par la Loi du domicile des Conjoints ; & en cas qu'on doive avoir égard à la Loi du Domicile, lequel confiderera-t'on ? Sera-ce celui de la Femme ou du Mari ? Sera-ce celui d'avant ou d'aprés le Mariage ? Les Gains Nuptiaux varieront-ils, felon les changemens de domicile que le Mari peut faire pendant le mariage, pourront-ils être perçûs fur des biens fitués en Païs Coûtumier, où ces fortes de dons font inconnus, & *vice versâ*, les Conjoints nés, mariés, & domiciliés en Païs Coûtumier pourront-ils prétendre des Gains Nuptiaux fur leurs biens fitués en Païs de Droit Ecrit, & quels feront les Gains qu'ils auront droit d'y prendre ?

Telles font du premier coup d'œil les Queftions qui fe préfentent en foule fur cette matiere : il n'eft pas neceffaire d'en faire un plus grand détail, on voit affés la diverfité qui peut fe rencontrer dans ces fortes d'efpeces, & l'importance des Queftions.

Quoique toutes ces Queftions fe decident felon le pouvoir des differens Statuts qui fe trouvent oppofés, elles ne font pas moins difficiles ; car pour determiner le pouvoir d'un Statut relativement aux autres, avec lefquels il eft en concurrence, il y a bien des objets & des interêts à concilier.

Et il ne fuffit pas de fçavoir fi le Statut eft réel ou perfonnel ; car fouvent les principes ordinaires de la nature & de la qualité des Statuts viennent échoüer contre la faveur des Conventions Matrimoniales ; ainfi indépendamment de l'objet de chaque Statut, il faut examiner comment on en determine les effets & le pouvoir dans l'execution faite vis-à-vis d'un autre Statut oppofé.

Et pour être plus en état de former des principes fur cette matiere, commençons par voir ce qu'en ont dit les Auteurs relativement aux Gains Nuptiaux & de Survie des Païs de Droit Ecrit.

I I. M. Julien Brodeau, fur M. Loüet, Lettre I. n. 10. decide en paffant la Queftion fans la traiter ; il dit que la quantité de l'Augment fe regle & fe taxe fuivant la difpofition particuliere de la Coûtume du lieu où le Contrat de Mariage eft paffé, s'il n'y a convention au contraire.

Mais il faut obferver que M. Brodeau ne met en concurrence que la Loi du lieu du Contrat de Mariage, avec le Contrat même, & qu'il n'explique point s'il fuppofe les Conjoints domiciliés & leurs biens fitués dans le lieu où ils paffent leur Contrat, il y a feulement lieu de croire que n'étant entré dans aucun détail des differentes efpeces qui peuvent fe prefenter, il a raifonné d'aprés ce qui fe rencontre le plus ordinairement, & que par confequent il a fuppofé que les Conjoints avoient leur domicile dans le lieu où ils avoient paffé leur Contrat de Mariage ; en forte qu'on ne peut pas conclure de ce qu'il dit, qu'il donne abfolument la preference à la Loi du lieu du Contrat de Mariage fur toute autre Loi, & c'eft peut-être plûtôt en confideration de ce que cette Loi eft ordinairement celle du domicile ; mais ceci n'eft qu'une conjecture, & il faut convenir qu'il dit pofitivement que l'Augment fe regle par la Loi du lieu où le Contrat de Mariage a été paffé, s'il n'y a Contrat au contraire.

Il y a feulement encore une obfervation importante à faire fur ces derniers termes de Brodeau, *s'il n'y a Contrat au contraire*, c'eft qu'ils emportent non-feulement que la quotité de l'Augment peut être fixée par le Contrat de Mariage differemment de ce quelle le feroit par la Loi ou l'Ufage ; mais ces mêmes termes peuvent encore avoir été mis pour faire entendre que les Conjoints ont en general la liberté de ftipuler que l'Augment fera reglé par une autre Loi que celle du lieu du Contrat de Mariage.

Defpeiffes, tom. 1. part. 1. tit. du Mariage, Sect. 5. n. 15. dit que les avantages Nuptiaux font dûs au marié furvivant, tels qu'ils lui ont été accordés par fon Contrat de Mariage ; que fi dans le Contrat il n'en a été rien convenu, il n'en eft point dû, à moins que par quelque Statut particulier du lieu où le Mariage a été paffé, il ne fut porté qu'il en feroit dû ; car alors, dit-il, on fuit le Statut, & bien que depuis le Mariage, les mariés foient aller habiter en autre lieu où il y a un Statut fur cela different de celui qui étoit au lieu du Contrat, on doit fuivre le Statut du lieu dudit Contrat , & non celui du lieu du decès. *V. Graſſus §. ſucceſſio ab inteſtato , quæſt. 36. num.* 6. feulement , dit-il , lorſque le Contrat a été paſſé au domicile de la Femme , on ſuit le Statut du lieu du domicile du Mari. Bacquet au Traité des Droits de Juſtice , ch. 21. n. 74. & *Graſſ. dict. quæſt. 36. num.* 4. ainſi qu'il a été jugé au Senat de Grenade en Caſtille , parceque l'intention des mariés a été de vivre au lieu de l'habitation du Mari.

Collet ſur les Uſages de Breſſe , liv. 5. p. 172. col. 2. dit qu'il paroît par un Arrêt du Parlement de Dijon du 24. May 1609. qu'il a été jugé que c'eſt la Coûtume de la Province où ſont ſitués les biens qui regle l'Augment de Dot , plûtôt que la Loi du lieu du Contrat de Mariage.

Mais il n'a pas bien examiné cet Arrêt , & il falloit qu'il y eut des circonſtances ſingulieres qui ayent donné lieu de juger ainſi ; il paroît que le motif fût qu'on trouva l'Augment qui avoit été ſtipulé , exceſſif ; en effet la Dot n'étoit que de 15000. florins , l'Augment ſtipulé étoit de 7500. florins , & outre cela il y avoit encore pour la Femme une Donation de 15000. florins : l'Arrêt liquida tous ſes droits à 6000. livres , cependant les biens étoient ſitués en Savoye , & le Contrat de Mariage avoit été paſſé au Château de Marches en Savoye.

L'Auteur des Memoires concernans la nature & la qualité des Statuts , eſt celui qui a traité le plus amplement la matiere que nous examinons , tom. 2. ch. 22. & 23. Dans le premier il traite les Queſtions mixtes qui naiſſent pour l'Augment & la Donation de Survie , & après avoir balancé tous les inconveniens & les raiſons qui militent de part & d'autre , il conclut qu'en matiere d'Augment il faut pour lever toute difficulté , ſuivre la Coûtume des lieux où les biens du Mari ſont aſſis , tant pour la Conceſſion du Droit en general , que pour ſa quotité & la qualité des parties.

Il ajoûte que pour fixer les Droits de la Donation de Survie qui ſe pratique en quelques Provinces de Droit Ecrit , il faut ſuivre les mêmes regles qu'il a preſcrit pour l'Augment , & que la plûpart des eſpeces propoſées au ſujet d'un de ces droits , peuvent également s'appliquer à l'autre.

Dans le Chapitre 23. il examine séparément les mêmes Questions pour les Bagues & Joyaux , & se détermine à dire que pour les regler il faut aussi donner la preference à la Loi de la situation des biens.

M. d'Olive , en ses Quest. Notables du Droit , liv. 3. ch. 26. & liv. 5. ch. 33. rapporte plusieurs Arrêts intervenus sur des Questions mixtes , entre-autres un sur une Question de Gains Nuptiaux , il s'agissoit de sçavoir quelle Coûtume il falloit suivre pour juger si une Veuve pouvoit prétendre la restitution de sa Dot avec l'Augment , ou si elle se devoit reduire au partage des acquêts & conquêts ; M. d'Olive dit que la Question doit être reglée par la Coûtume du lieu où le mariage a été contracté , & qu'elle fut ainsi jugée en termes précis par Arrêt du Parlement de Paris , du 23. Decembre 1329. rapporté par M. Marion , Plaidoyé 8.

III. Voilà comme l'on voit bien des opinions differentes , je n'entreprendrai pas de traiter ici toute la matiere des Statuts en general , cela meneroit trop loin , ceux qui en voudront voir les premiers principes , peuvent avoir recours aux Auteurs qui ont travaillé sur cette matiere ; mais en me renfermant dans le point qui fait l'objet de ce chapitre , j'essaye-rai par quelques reflexions de poser les principes par lesquels on peut decider nôtre Question , de sçavoir quelle Loi regle les Gains Nuptiaux & de Survie que les Conjoints peuvent prétendre ; & pour y parvenir , il faut d'abord distinguer s'il y a Contrat de Mariage , ou s'il n'y en a point.

S'il y a un Contrat de Mariage , & que ce Contrat regle les Droits des Conjoints par rapport aux Gains Nuptiaux & de Survie , le survivant n'aura d'autres Gains que ceux qui lui sont accordés par le Contrat de Mariage : & sans considerer ni la Loi de la situation des biens , ni la Loi du lieu du Contrat ou de la celebration, ni aucun des domiciles des Conjoints ; car sous quelque Loi que se trouvent placés la celebration , les domiciles , la situation des biens , dès qu'il y a un Contrat de Mariage, c'est la Loi qu'il faut suivre , & cette Loi est invariable , & ne peut recevoir aucun changement , soit

par des Actes poſterieurs , ſoit par des changemens de domicile , ce qui eſt de droit commun & a lieu , tant pour les
Païs Coûtumiers , que pour les Païs de Droit Ecrit.

La faveur des Contrats de Mariage a même introduit
qu'on peut déroger aux diſpoſitions même réelles des Coûtumes , pourvû qu'elles ne ſoient pas prohibitives.

Ainſi quoique à Paris la Femme ait ordinairement Communauté & Doüaire, que le Mari ſurvivant n'ait aucun avantage s'il n'eſt ſtipulé , que l'Augment de Dot , les Bagues &
Joyaux , le Contre-Augment & les autres Gains Nuptiaux
& de Survie des Païs de Droit Ecrit y ſoient inconnus , cependant ſi par le Contrat de Mariage on a ſtipulé un Augment & des Bagues & Joyaux pour la Femme ſurvivante ,
un Contre-Augment pour le Mari , ou d'autres Gains Nuptiaux & de Survie qui ne ſont uſités que dans les Païs de
Droit Ecrit , le Survivant des Conjoints ne laiſſera pas de
prendre ce qui aura été ſtipulé , & ces droits ſe regleront
comme en Païs de Droit Ecrit , encore que le Contrat & la
celebration du Mariage ayent été faites à Paris , que les
Conjoints y ayent toûjours eu leur domicile ; & que tous
leurs biens y ſoient ſitués , & à plus forte raiſon ſi les biens
ſont ſitués en Païs de Droit Ecrit.

Et *vice verſá* , ſi les Conjoints ont été mariés en Païs de
Droit Ecrit , & y ont toûjours eu leur domicile , ils ne laiſſe-
ront pas de prendre par tout en vertu de leur Contrat de
Mariage , les Gains Nuptiaux & de Survie qu'ils auront ſtipulé , même ſur les biens de Paris.

Il faut ſeulement obſerver que ces ſortes de ſtipulations
ſont ſubordonnées aux diſpoſitions réelles prohibitives des
Coûtumes , telles ſont celles qui défendent abſolument de
rien donner ; ou qui ne permettent de donner qu'une certaine
partie , comme l'article 330. de la Coûtume de Normandie ,
qui porte *quelque accord ou convenant qui ait été fait par Contrat
de Mariage & en faveur d'icelui , les Femmes ne peuvent avoir
plus grande part aux conquêts faits par le Mari , que ce qui leur
appartient par la Coûtume , à laquelle les Contractans ne peuvent
déroger.*

L'article

L'article 371. de la même Coûtume, contient aussi une disposition réelle prohibitive, conçûë en ces termes ; la femme ne peut avoir Doüaire plus que le tiers de l'Heritage, quelque convenant qui soit fait au traité de mariage, & si le Mari donne plus que le tiers, ses Heritiers le peuvent revoquer après son decès.

Les stipulations portées par les Contrats de Mariage, quelques expresses qu'elles soient, ne peuvent être executées sur les biens soûmis à ces dispositions réelles, prohibitives, qu'autant qu'elles le permettent, & jusqu'à concurrence de ce dont elles permettent de disposer ainsi.

Mais à l'égard des Gains Nuptiaux & de Survie même Coûtumiers, comme ils ne consistent ordinairement qu'en une somme à prendre sur tous les biens de l'autre Conjoint, ce qui ne peut pas se prendre sur les Biens de Normandie, se prend sur ceux de Paris ou autres Coûtumes, dans lesquelles la disposition des biens est libre ; à la difference du Doüaire Coûtumier qui se prenant en nature dans chaque Coûtume, à proportion des biens qui y sont situés, est restraint à la quotité que donne chaque Coûtume.

S'il n'y a point de Contrat de Mariage, ou que le Contrat ne regle point quels avantages auront les Conjoints, c'est alors qu'il faut faire attention aux circonstances du lieu du Contrat de la celebration des domiciles, & de la situation des biens, pour connoître lorsqu'il y a divers lieux, & autant de Loix differentes, par laquelle de ces Loix on reglera les droits des Conjoints ; pour cela il faut d'abord examiner si les Statuts qui établissent ces sortes de Gains Nuptiaux & de Survie, sont réels ou personnels.

Pour soutenir que ces Statuts sont personnels, on peut dire que les droits qu'ils accordent sont établis en faveur de la Survie, qui est une consideration tirée de la personne, que d'ailleurs cet Statuts ne donnent qu'une action personnelle & mobiliaire pour se faire payer d'une certaine somme d'argent, par forme de Gain Nuptial & de Survie, action qui n'est attachée à aucun Territoire, & qui n'a d'assiette certaine que la personne même à qui elle est accordée ; & comme tout

S

ce qui eſt perſonnel, ſe regle par la Loi du Domicile de la perſonne, il faudroit dire dans ce ſiſtème que les Gains Nuptiaux & de Survie ſe reglent par la Loi du Domicile de la perſonne ſurvivante.

Mais les caracteres que l'on vient de remarquer dans les Gains Nuptiaux & de Survie, ne ſuffiſent pas pour former des Statuts perſonnels, ces droits ne conſtituent point au ſurvivant un état general tel que la Majorité, ils ne lui donnent même aucune qualité ou capacité univerſelle, abſtraction faite des biens, caractéres qui ſont les ſeuls qui forment les Statuts perſonnels; en ſorte qu'on ne peut pas ſe determiner à dire que les Statuts qui reglent les Gains Nuptiaux & de Survie ſoient des Statuts perſonnels.

Il faut donc conſiderer ces Statuts comme réels, & en effet la condition de la ſurvie qui eſt ce qui paroît le plus perſonnel, eſt un Statut réel, parce qu'elle n'eſt relative qu'aux biens dont on diſpoſe : cela eſt ainſi reglé par la nouvelle Ordonnance du Mois d'Août 1735. concernant les Teſtamens, art. 74. qui porte que l'Article 422. de la Coûtume de Normandie, qui exige la Survie de trois Mois, pour la validité des Teſtamens ou autres diſpoſitions, à cauſe de mort, concernant les biens d'une certaine nature, ſera regardé comme un Statut réel; & en conſequence ledit article aura ſon entier effet pour les biens de ladite nature, ſitués dans les lieux regis par ladite Coûtume, & n'en aura aucun pour les biens étant en d'autres Païs; le tout en quelque lieu que celui qui aura fait la diſpoſition ait ſon Domicile, ou qu'il ait diſpoſé.

L'article ſuivant de cette Ordonnance regle la même choſe pour la ſurvie exigée par la Coûtume de Bourgogne & celle de Bourbonnois, pour la validité de certains Actes.

Et à plus forte raiſon la Survie neceſſaire pour gagner les Droits Nuptiaux & le droit de demander, ces ſortes de Gains ſont-ils des Statuts réels dans le principe, puiſqu'ils n'ont pour objet que la diſpoſition des biens.

Et ſuivant ces principes ce ſeroit la Loi de la ſituation des biens qui regleroit les Gains Nuptiaux & de Survie que doit

avoir le Conjoint survivant ; mais cette regle generale que
les droits réels se reglent par la Loi de la situation des biens,
reçoit une exception en faveur des Gains Nuptiaux : parce
qu'en cette matiere il y auroit trop d'inconveniens à suivre la
regle generale.

Il arriveroit par exemple, que des Conjoints quoique nés
mariés & domiciliés en Païs de Droit Ecrit, n'auroient ni
Augment ni Contre-Augment, lorsque leurs biens seroient
en Païs Coûtumier, parceque le Droit Coûtumier n'accorde
point ces sortes de Gains Nuptiaux sur les biens de son
territoire, & d'un autre côté ces Conjoints n'auroient non
plus ni Communauté ni Doüaire, parce que ces Droits
ne sont point usités dans les Païs de Droit Ecrit.

Au contraire les Conjoints des Païs Coûtumiers prendroient Communauté & Doüaire en leur Païs, & preten-
droient encore des Gains Nuptiaux & de Survie sur les biens
des Païs de Droit Ecrit, ce qui causeroit beaucoup de con-
fusion.

Pour prevenir ces inconveniens & beaucoup d'autres semblables, il a fallu introduire plusieurs regles particulieres pour
les Droits des gens mariés.

Une de ces regles est qu'à défaut de Contrat ou de Convention expresse dans le Contrat de Mariage, les Conjoints
sont toûjours presumés adopter la Loi du domicile du Mari,
pour regler leurs droits & conventions.

Une seconde regle est que ces Droits sont fixés irrevocablement, soit par le Contrat de Mariage, soit à défaut de Contrat par
la Loi du domicile que le Mari avoit au tems du mariage, sans
que les Conjoints puissent y apporter dans la suite aucun changement, par des Actes contraires ou en changeant de domicile.

Une troisiéme regle est que les conventions portées par
le Contrat de Mariage, & les conventions tacites qui se
tirent de la Loi du domicile matrimonial pour suppléer au
défaut du Contrat, se réalisent & s'executent sur toutes sortes
de biens, en quelques Coûtumes qu'ils soient situés, quand
même elles seroient contraires à la convention expresse ou
tacite, pourvû neanmoins qu'elles ne soient pas absolument

réelles , prohibitives ; car toute convention expreſſe ou tacite échouë contre les Statuts réels prohibitifs.

De ces principes il reſulte qu'à défaut de Contrat de Mariage ou pour ſuppléer à ce qui n'eſt pas reglé par le Contrat , c'eſt à la Loi du domicile du Mari qu'il faut avoir recours pour regler les droits des Conjoints , & par conſéquent les Gains Nuptiaux & de Survie des Païs de Droit Ecrit.

Par ce domicile du Mari , dont la Loi doit regler les droits des Conjoints , on entend le domicile qu'il avoit au tems du mariage ; celui qu'il avoit auparavant , quelque conſiderable qu'il pût être par le tems & les circonſtances , ne regle point les droits des Conjoints , parceque s'il en a changé lors du mariage , on préſume que c'eſt dans le lieu de ce domicile que les Conjoints ont eu intention de fixer leur établiſſement , & qu'ils ſe ſont ſoumis à la Loi de ce lieu pour regler le ſort de leur mariage.

Le ſéjour momentané que le Mari auroit fait dans un lieu quelque tems auparavant ou après le Mariage , ne fixe point les Gains Nuptiaux , parce qu'il faut que ce ſoit la Loi d'un domicile où les Conjoints ſe ſoient établis , comme pour perpetuelle demeure.

Que ſi lors du mariage le Mari n'avoit point de domicile certain , ce ſera le dernier domicile qu'il a eu , ou ſi peu de tems après le mariage le Mari s'eſt choiſi un domicile , ce ſera ce premier domicile matrimonial qui reglera les droits des Conjoints.

Mais dès qu'une fois il y a un domicile que l'on peut regarder comme fixe , & comme un ſéjour dont les Conjoints ont eu intention d'adopter tacitement la Loi pour regler leurs conventions , les droits des Conjoints ſont dès ce moment fixés irrevocablement par cette Loi , & ne peuvent ſouffrir aucun changement , ſoit par des Actes contraires , quelques exprés qu'ils puiſſent être , ſoit par des tranſlations de domicile.

C'eſt donc la Loi du domicile matrimonial qui regle les droits des Conjoints , à défaut de Contrat , ou qui ſupplée à ce qui n'eſt pas reglé par le Contrat.

Le domicile particulier que la Femme pouvoit avoir avant son mariage, n'est en cette matiere d'aucune consideration, parceque la Femme suit le sort de son Mari, & est par consequent soûmise à la même Loi.

Et à plus forte raison n'a-t-on aucun égard à la Loi des domiciles particuliers & separès que la Femme pourroit avoir eu de fait pendant le mariage, parceque le domicile est plus de droit que de fait, & quand même la Femme seroit separée de corps & de biens de son Mari, qui est le seul cas où elle soit autorisée à avoir un domicile de droit & fait distinct de celui de son Mari, la Loi de ce domicile ne regleroit point les droits des Conjoints, parceque c'est contre la premiere intention des Conjoints qui se sont proposé de vivre sous la Loi du domicile du Mari, Loi qui a fait une telle impression sur leurs droits respectifs, qu'ils ne peuvent plus souffrir aucune variation.

Pour ce qui est de la Loi du lieu où le Contrat de Mariage a été passé, elle n'a d'empire que sur la forme exterieure du Contrat, & non sur la substance des droits qui en resultent.

La Loi du lieu de la celebration n'a pareillement d'empire que sur les solemnités de la celebration, & non sur les droits des Conjoints.

A l'égard de la Loi du lieu où sont situés les biens des Conjoints, cette Loi a bien le pouvoir de regler les droits que les Conjoints peuvent avoir sur ces biens.

Mais si le Contrat deroge expressément ou tacitement à la Loi de la situation des biens, ou si la Loi du domicile matrimonial qui supplée au Contrat de Mariage, & qui est toûjours presumée adoptée par les Conjoints, lorsqu'il n'y a point de clause contraire, si cette Loi du domicile matrimonial regle des droits des Conjoints autrement que la Loi de la situation, alors les Statuts même réels du lieu de la situation des biens des Conjoints, ne peuvent empêcher l'effet du Contrat de Mariage exprès ou tacite, parce que la faveur des mariages a introduit que les Conjoints peuvent en faveur de mariage deroger par leur Contrat de Mariage exprés ou tacite aux Statuts même réels des Coûtu-

mes , à moins que ces Statuts ne foient prohibitifs , auquel
cas la convention expreffe ou tacite ne peut exceder ce que
permet la Loi ; mais s'ils ne font que negatifs , la convention
expreffe ou tacite l'emporte fur leur difpofition.

Ainfi lorfqu'il s'agit de fçavoir fi la Femme furvivante aura
un Augment & des Bagues & Joyaux ou autres Gains de
Survie , & pareillement lorfqu'il s'agit de regler , fi le Mari
furvivant aura un Contre-Augment ou autres Gains de Survie , & qu'il eft queftion de regler fur quels biens & dans
quelles Coûtumes ces droits auront lieu ; s'ils font reglés par
le Contrat de Mariage , il faut fe conformer au Contrat , &
le Conjoint furvivant ne peut rien prétendre au-de là de ce
qui eft reglé par le Contrat , quand même la Coûtume du
domicile ou celle de la fituation des biens accorderoit quelque autre droit au furvivant ; parceque les Conjoints renoncent au benefice de la Loi , lorfqu'ils fe font une Loi particuliere par leur Contrat.

Que s'il n'y a point de Contrat de Mariage , ou que le
Contrat ne regle point les Gains Nuptiaux & de Survie ,
ou du moins s'il ne regle rien fur quelqu'un des avantages
que les Conjoints peuvent prétendre , en vertu de la Loi de
leur domicile , ou de celle de la fituation des biens , en ce
cas tout ce qui n'eft pas reglé par le Contrat eft reglé par la
Loi du premier domicile matrimonial , & les Conjoints prennent ce que leur accorde cette Loi , non feulement dans fon
territoire , mais par tout ailleurs , même dans les Coûtumes
negatives , n'y ayant que les Coûtumes réelles prohibitives
dans lefquelles les Conjoints ne peuvent prendre que ce que
la Loi du lieu leur donne.

Mais comme les Gains Nuptiaux & de Survie , même
Coûtumiers , ne confiftent ordinairement qu'en une action
mobiliaire qu'on n'eft pas obligé de réalifer fur un bien plûtôt que fur un autre , fi le Conjoint furvivant ne trouve pas
dans une Coûtume affez de bien pour fe payer de fes Gains
Nuptiaux & de Survie , ou fi la Coûtume de la fituation des
biens qu'il difcute ne lui permet pas d'en emporter la totalité
à titre de Gains Nuptiaux , en ce cas il peut fe venger fur les

autres biens dont la disposition est libre.

Suivant ces principes, une Femme mariée suivant la Loi des Païs de Droit Ecrit, aura en cas de Survie un Augment de Dot, & des Bagues & Joyaux, soit Coûtumiers ou Conventionnels; & elle pourra s'en faire payer même sur les biens situez en Païs Coûtumiers; mais elle n'aura point de Doüaire même Coûtumier sur ces biens, parce que l'Augment est le Doüaire des Païs de Droit Ecrit, & qu'on ne peut cumuler ces deux droits, autrement ce seroit faire concourir deux causes lucratives en une même personne.

Vice versâ, la Femme étant mariée suivant la Loi des Païs Coûtumiers, si son Doüaire est préfix, elle le prendra tel qu'il est reglé par le Contrat, & pourra s'en faire payer même sur les biens des Païs de Droit Ecrit.

Si son Doüaire est Coûtumier, elle ne prendra dans chaque Coûtume que ce qu'elle donne à titre de Doüaire, & n'aura par conséquent rien à prendre sur les biens situez en Païs de Droit Ecrit, pas même à titre d'Augment.

On regle de la même maniere les autres Gains Nuptiaux & de Survie, tant pour le Mari que pour la Femme.

Mais les Gains Nuptiaux & de Survie, soit Coûtumiers & préfix, tant ceux du Mari que de la Femme, ne peuvent se prendre sur les biens situez dans des Coûtumes réelles, prohibitives, que jusqu'à concurrence de ce que ces Coûtumes permettent de donner.

Par exemple en Normandie, suivant l'article 330. de cette Coûtume, quelque accord ou convenant qui ait été fait par Contrat de Mariage, & en faveur d'icelui, les Femmes ne peuvent avoir plus grande part aux Conquêts faits par le Mari que ce qui leur appartient par la Coûtume, à laquelle les Contractans ne peuvent deroger.

Par l'Article 371. de cette même Coûtume, la Femme ne peut avoir Doüaire plus que le tiers de l'Heritage, quelque convenant qui soit fait au traité de mariage; & si le Mari donne plus que le tiers, ses Heritiers le peuvent revoquer après son decès.

Ce sont là des Statuts réels, prohibitifs, absolus, con-

tre lefquels toute convention expreſſe ou tacite vient échoüer ;
de maniere que le Conjoint furvivant ne pourroit ſe payer de
ſes Gains Nuptiaux & de Survie , ſur les biens ſituez dans cette Coûtume , que juſqu'à concurrence de ce que cette Coûtume laiſſe à la diſpoſition des Conjoints ; mais le Conjoint furvivant peut achever de ſe faire payer ſur les biens d'une autre
Coûtume , & même épuiſer entierement les biens d'une Coûtume qui en laiſſe aux Conjoints la libre diſpoſition.

CHAPITRE DIX-SEPTIÉME.

Si le Conjoint furvivant qui n'a rien apporté en mariage , ou dont l'Apport n'a pas été payé , peut demander les Gains Nuptiaux & de Survie.

SOMMAIRE.

I. La Femme qui n'avoit pas payé ſa Dot n'avoit point de Dona-
tion à cauſe de Nôces.
II. S'il en eſt de même de l'Augment , & des Bagues & Joyaux.
III. Autrefois ceux qui ſe marioient ſans Dot étoient infames.
IV. Si la Femme qui n'apporte rien en Dot , doit avoir un Aug-
ment & des Bagues & Joyaux.
V. Quid, Lorſqu'il n'y a point de Contrat de Mariage , ou que
dans le Contrat il n'eſt point parlé de Dot.
VI. Quid , Des autres Gains Nuptiaux & de Survie promis à la
Femme.
VII. Quid , Des Gains de Survie ſtipulés pour le Mari.

I. SUivant les Novelles 2. & 97. de Juſtinien , la Femme qui n'avoit pas payé ſa Dot ne devoit point avoir
de Donation à cauſe de Nôces ; & celle qui n'en avoit payé
qu'une partie , ne devoit auſſi avoir qu'une partie de la Donation à cauſe de Nôces à proportion de ce qui avoit été payé
de la Dot.

II.

II. Il paroît par le sentiment des anciens Auteurs que la même chose s'observoit autrefois pour l'Augment.

En effet, Guy Pape en sa Question 274. dit que si la Dot n'a pas été payée, la Femme n'aura point d'Augment, & que si il n'y a eu qu'une partie de payée, la Femme ne touchera son Augment qu'à proportion de ce qui aura été payé de sa Dot.

Le même Auteur en sa Question 430. pose le cas où le Mari auroit donné terme & délai pour le payement de la Dot, soit à la Femme, soit à ceux qui lui ont constitué sa Dot; il dit que lorsque la Dot n'a pas été payée, quelques Docteurs distinguent si le Mari a suivi ou non la foi du constituant, si les termes de payement sont écoulez ou non, que pour lui il croit qu'il faut dire indistinctement que l'Augment est dû en entier à la Femme, quoique la Dot ne soit pas payée, ou qu'elle ne l'ait été qu'en partie ; & cela, soit qu'on ait stipulé ou non l'Augment payable, même en cas que la Dot ne seroit pas payée, ou ne le seroit qu'en partie, soit que le Mari ait suivi ou non la foi du constituant, soit enfin que les termes de payement soient écoulez ou non, pourveu neanmoins, ajoûte Guy Pape, que ce ne soit pas la Femme elle-même qui ait promis de payer sa Dot, parce qu'en ce cas le défaut de payement pourroit lui être justement imputé.

Ranchin dans ses Notes sur la Question 274. de Guy Pape, dit aussi que si c'est la Femme elle-même qui s'est constitué sa Dot, & qu'elle ne l'ait point payé, elle ne peut demander son Augment, que si elle n'a payé qu'une partie de sa Dot, elle ne doit en avoir l'Augment qu'à proportion.

Matthæus dans ses Notes sur les Questions 430. & 565. de Guy Pape, tient pareillement que si le défaut de payement vient de la part de la Femme, l'Augment ne lui est pas dû, ou du moins qu'il ne lui en est dû qu'à proportion de ce qu'elle a payé de sa Dot.

Ferrerius sur la Question 274. de Guy Pape, dit d'abord que soit que la Femme demande son Augment en vertu de la convention, soit qu'elle le demande en vertu de la

T

Loi , il lui eſt toûjours dû , encore bien que ſa Dot n'ait pas été payée ; & cela a lieu , dit-il , ſoit que ce fût le pere ou un Etranger qui eût conſtitué la Dot , & même quand le Mari ne ſeroit mort qu'après le terme fixé pour le payement ; mais autre choſe ſeroit , dit-il , ſi c'étoit la Femme qui ſe fût elle-même conſtitué ſa Dot : car en ce cas ce ne ſeroit qu'à la Femme qu'on pourroit imputer ce retardement , & conſéquemment elle ne pourroit prétendre d'Augment.

M. Boyer dans ſes Deciſions , queſt. 22. & M. René Chopin , *de moribus paris* , liv. 2. tit. 2. n. 4. diſtinguent comme Guy Pape & ſes Annotateurs , ſi c'eſt la Femme qui s'eſt elle-même conſtitué ſa Dot , ou ſi c'eſt ſon Pere ou un autre Etranger ; au premier cas ces Auteurs eſtiment que la Femme ne doit avoir ſon Augment qu'à proportion de ce qu'elle a payé de ſa Dot ; au ſecond cas ils tiennent que le défaut de payement ne pouvant être imputé à la Femme , elle doit avoir ſon Augment en entier , ſoit que la Dot n'ait été payée qu'en partie , ſoit que le Mari n'en ait rien du tout reçû.

Mais la derniere Juriſprudence eſt plus favorable à la Femme que le ſentiment de ces Auteurs : On ne diſtingue plus ſi la Dot a été payée ou non , ſi elle ne l'a été qu'en partie , ſi le Mari a donné terme pour le payement , & ſi les termes ſont écoulez ou non , ſi c'eſt la Femme elle-même ou ſon pere ou autre qui a conſtitué la Dot ; on tient que dès qu'il y a une Dot promiſe , c'eſt au Mari à s'en faire payer ; que s'il n'a pas pris les ſûretez neceſſaires pour s'en procurer le payement , ou s'il a negligé de le pourſuivre , c'eſt à lui à s'imputer de n'avoir pas profité de la Dot qui lui a été promiſe ; en ſorte que quoique la Dot n'ait été payée qu'en partie , ou même que le Mari n'en ait rien reçû , on adjuge toûjours à la Femme ſon Augment coûtumier ou conventionnel ſans aucune diminution.

C'eſt ce que dit M. Faber en ſon Code *de jure Dot. defin.* 1. 15. & 16. où il établit que l'Augment eſt toûjours dû en entier , quoique la Dot n'ait pas été payée , ou qu'elle n'ait été payée qu'en partie , par qui que ce ſoit qu'elle ait été conſtituée ; parceque , dit-il , l'Augment n'eſt pas dû

feulement en recompenfe de la Dot , il eft donné à la Femme en faveur du mariage , comme le Doüaire dans les Païs de
Coûtume.

Chorier en fa Jurifprudence de Guy Pape , liv. 4. fect. 2.
art. 8. dit que l'Augment eft toûjours dû , *fi Virgo ducta fit* ,
foit que la Dot ait été payée , foit qu'elle ne l'ait pas été ;
foit qu'elle lui ait été conftituée , foit qu'elle même s'en foit
fait la conftitution , quand même elle feroit feparée par Acte public de corps & de biens d'avec fon Mari , & qu'ils fe
feroient reciproquement départis de tous droits & prétentions , & qu'ils y auroient renoncé. Le même Auteur nous
attefte que cela fut ainfi jugé par Arrêt du 16. Mars 1655.
que le Parlement enterina les Lettres que la Femme avoit
pris contre fa renonciation à fes droits , feulement que l'Augment fut compenfé jufqu'à concurrence avec les interêts de
la Dot que le Mari n'avoit point reçûs.

M. Expilly dans fes Arrêts , ch. 59. fait mention de deux
Arrêts du Parlement de Grenoble qui adjugerent pareillement à la Femme fon Augment en entier , quoique dans
l'efpece ce fût la Femme qui s'étoit elle-même conftitué fa
Dot , & qu'elle ne l'eût pas entierement payée.

M. Maynard , liv. 2. ch. 77. & liv. 6. ch. 6. rapporte
auffi deux Arrêts du Parlement de Touloufe, qui ont jugé que
l'Augment étoit dû à la Femme fans aucune diminution ,
quoique la Dot n'eût été payée qu'en partie ; & il ajoûte
que l'Augment feroit pareillement dû en entier , quand même le Mari n'auroit rien reçû de la Dot.

La même chofe fe juge au Parlement de Bourdeaux , fuivant le témoignage de la Peirere , lettre D. n. 140.

Cette Jurifprudence uniforme des differens Parlemens ,
nous eft encore atteftée par Henris , tom. 1. p. 825. & par
M. Bretonnier en fes Obfervations fur Henris , tom 1. pag.
377. & en fon Recüeil des principales Queftions qui fe jugent differemment dans les differens Tribunaux , *verbo* Augment.

Il y a même un cas où l'on accorde à la Femme l'Augment
entier de fa Dot non payée , quoiqu'il n'y ait aucune negli-

gence à imputer au Mari , c'eſt lorſque le Mari a donné des termes pour le payement de la Dot ; car dans ce cas s'il n'y en a rien de payé , ou que le Mari n'en ait reçû qu'une partie , quoiqu'il n'ait pas tenu à lui de ſe faire payer ou de faire achever le payement , on ne laiſſe pas d'accorder à la Femme ſon Augment en entier , ſuivant ce que dit *Gregorius Toloſanus* , *Sintagm. Jur. univ.* liv. 9. ch. 23. n. 7. & 8. & cette Queſtion a été ainſi jugée par un Arrêt du Parlement de Grenoble , dont Baſſet , tom. 1. liv. 4. tit. 10. ch. 1. fait mention ; dans l'eſpece de cet Arrêt une partie de la Dot n'étoit payable qu'après le decès du pere de la Femme ; le Mari mourut auparavant & n'avoit pû par conſequent être payé du reſte de la Dot , cependant on adjugea à la Femme ſon Augment en entier ; ce qui prouve de plus en plus que l'Augment eſt accordé en conſideration de la Dot promiſe , & non en compenſation du profit que le Mari en peut tirer.

Il faut appliquer aux Bagues & Joyaux tout ce qui vient d'être dit de l'Augment. Dès qu'il y a une Dot conſtituée , les Bagues & Joyaux coûtumiers ou préfix en ſont dûs à la Femme , quand même la Dot de la Femme n'auroit pas été payée , ou ne l'auroit été qu'en partie ; & cela par les mêmes raiſons que l'on vient d'apporter pour l'Augment. C'eſt le ſentiment de M. Faber en ſon Code *de jure Dotium* , *defin.* 3. *in notis* , & de M. Bretonnier en ſes Queſtions Alphabetiques , *verbo* Bagues & Joyaux.

Paſſons maintenant à la ſeconde partie de ce Chapitre , qui conſiſte à examiner s'il eſt dû un Augment & des Bagues & Joyaux coûtumiers ou préfix à la Femme qui n'a point apporté de Dot.

III. L'Empereur Majorian par une de ſes Novelles , avoit declaré infames ceux qui ſe marioient ſans conſtitution de Dot : mais cette Novelle a été abrogée , & l'on peut aujourd'hui ſe marier ſans conſtitution de Dot : c'eſt la diſpoſition de la Loi derniere , au Code *de Donat. ant. Nupt. ſine Nuptiis quidem nulla Dos intelligitur , ſine Dote autem Nuptiæ poſſunt celebrari.* Et cette Loi eſt obſervée auſſi-bien dans les

Païs coûtumiers, que dans les Païs de Droit Ecrit.

Dans les Païs coûtumiers où le Doüaire tient lieu d'Augment, le Doüaire, soit coûtumier ou préfix est dû à la Femme, quoiqu'elle n'ait rien apporté à son Mari. Coûtume de Blois art. 190. M. C. Dumolin en ses Notes sur cet article.

IV. Il n'en est pas de même de l'Augment & des Bagues & Joyaux qu'on donne à la Femme en Païs de Droit Ecrit. On distingue entre l'Augment & les Bagues & Joyaux conventionnels, & l'Augment & les Bagues & Joyaux coûtumiers.

A l'égard de l'Augment & des Bagues & Joyaux stipulez par Contrat de Mariage & fixez à une certaine somme, il n'est pas douteux que la Femme a toûjours droit de les demander, quoiqu'elle n'ait rien apporté en Dot à son Mari, parceque ces sortes d'Augment & de Bagues & Joyaux conventionnels fixez à une certaine somme, sont à proprement parler, des Donations ordinaires, qui prennent leur force des termes du Contrat de Mariage ; mais pour que la Femme puisse ainsi prendre son Augment & ses Bagues & Joyaux conventionnels, il ne suffiroit pas qu'elle eût stipulé un Droit d'Augment & de Bagues & Joyaux vague & indeterminé, ni même une certaine quotité relative à la Dot, comme du tiers ou du quart, il faut qu'ils soient fixez par le Contrat à une certaine somme, autrement une telle stipulation ne produiroit aucun effet ; parceque n'y ayant point de Dot, il n'y auroit aucun objet relativement auquel on pût fixer la quotité de l'Augment & des Bagues & Joyaux.

A l'égard de l'Augment & des Bagues & Joyaux coûtumiers, ils ne sont jamais dûs à la Femme qui n'a apporté aucune Dot à son Mari, par la raison que ces avantages ne sont accordez à la Femme qu'en recompense de sa Dot ; en sorte que le motif qui les a fait établir, cesse lorsqu'il n'y a eu aucune Dot apportée par la Femme ; & comme ces Droits se reglent à proportion & suivant la nature des biens qui composent la Dot, ils ne peuvent avoir lieu que lorsqu'il y a une Dot du moins promise, autrement on n'en peut determiner la quotité.   T iij

C'eſt le ſentiment de M. Faber en ſon Code *de jure Dotium*, *definit*. 7. où il dit : *Augmentum Dotis non poteſt eſſe ſine Dote.*

C'eſt auſſi ce qu'obſerve M. Bretonnier ſur le dix-huitié-me Plaidoyé d'Henris , tom. 2. il y a , dit-il , cette diffe-rence entre le Doüaire & l'Augment , que le Doüaire eſt dû quand même la Femme n'auroit promis ni apporté au-cune Dot , au lieu que l'Augment ne peut être dû ſans l'ob-jet de la Dot , parceque l'acceſſoire ne peut pas être ſans le principal.

Le même Auteur ſemble decider le contraire en ſes Ob-ſervations ſur Henris , tom. 1. liv. 4. ch. 3. queſt. 10. où il dit , que quand il n'y auroit point eu de Dot promiſe , l'Augment ne laiſſeroit pas d'être dû ; mais cette Obſerva-tion eſt faite ſur une eſpece où l'Augment avoit été reglé par le Contrat de Mariage , & l'Auteur en cet endroit en-tend parler de l'Augment conventionnel , & non de l'Aug-ment coûtumier ; ainſi il n'eſt pas étonnant qu'il diſe en cet endroit que l'Augment eſt dû , quand même il n'y auroit point eu de Dot ; parceque , comme on l'a déja obſervé , tel Augment ſtipulé & fixé par Contrat de Mariage , eſt une Donation ordinaire qui n'eſt point fondée ſur la Dot.

On trouve auſſi dans les Arrétez de M. le Premier Pre-ſident de Lamoignon , titre des Doüaires , art. 16. *Que la Veuve aura ſon Augment de Dot , encore qu'elle n'ait rien apporté en mariage :* Mais outre que ces Arrêtez n'ont point été re-vêtus de l'autorité publique , & ne détruiſent point les uſa-ges qui y ſont contraires , l'Augment dont il eſt parlé en cet article 16. eſt un Augment conventionnel , comme il reſulte de l'article 1. du même titre , ſuivant lequel il ne devoit y avoir à l'avenir aucun autre Augment de Dot que celui qui auroit été convenu & fixé par le Contrat de Mariage.

Ainſi il demeure pour conſtant que lorſque la Femme n'a rien apporté en Dot à ſon Mari , elle ne peut , quoiqu'elle lui ſurvive , demander ſur ſes Biens ni Augment , ni Bagues & Joyaux coûtumiers ; & cela , ſoit qu'elle n'eût aucun bien lors du mariage , ſoit qu'elle ſe ſoit expreſſément reſervé en paraphernal tous ſes biens preſens & à venir , parceque l'Augment de Dot & les Bagues & Joyaux coûtumiers ne font pas feulement des Gains de Survie, dans la plûpart des Provinces où ils font en ufage, ils fe reglent à proportion de la Dot ; & dans les Provinces même où ils fe reglent fuivant la qualité des parties, ils ne font toûjours donnez qu'en recompenfe de la Dot ; ce qui eft conforme à la difpofition de la Novelle 2. de Juftinien, chap. dernier, fuivant laquelle la Femme qui n'avoit point apporté de Dot à fon Mari, ne devoit point avoir de Donation à caufe de Nôces.

Mais fi la Femme ne s'eft refervé en paraphernal que les biens qu'elle avoit au jour du mariage, & qu'elle fe foit conftitué en Dot fes biens à venir ou une partie d'iceux, ou du moins fi elle ne les a pas refervé en paraphernal, en ce cas quoiqu'elle n'ait point apporté de Dot en contractant mariage ; neanmoins fi pendant le mariage il lui eft advenu quelque bien, elle pourra demander un Augment & des Bagues & Joyaux coûtumiers à proportion, parceque n'ayant refervé en paraphernal que fes biens prefens, & s'étant conftitué en Dot fes biens à venir ou partie d'iceux, ou du moins ne les ayant pas refervé en paraphernal, ce qui vaut une conftitution tacite de Dot, les biens qui lui font échus pendant le mariage, lui ont formé une Dot en recompenfe de laquelle elle doit avoir un Augment & des Bagues & Joyaux coûtumiers.

V. C'eft une queftion plus difficile de fçavoir fi la Femme aura un Augment & des Bagues & Joyaux coûtumiers lors qu'il n'y a point de Contrat de Mariage, & par confequent point de conftitution de Dot du moins expreffe, ou bien lors qu'il y a un Contrat, mais dans lequel la Femme ne s'eft conftitué aucune Dot, quoiqu'elle eût des biens lors du mariage, ou qu'il lui en foit échu depuis. Car c'eft une grande difpute entre les Docteurs de fçavoir fi tels biens dans ce cas font dotaux ou paraphernaux : Les uns foutiennent qu'ils ne peuvent être que paraphernaux, n'étant point conftituez expreffément en Dot. D'autres au contraire veulent qu'on préfume qu'ils font conftituez tacitement en Dot, n'étant point expreffément refervez en paraphernal. Les differentes opinions des Auteurs fur cette queftion, font rapportées par *Baldus*, *Novellus de Dote*, part. 6. priv. 14. & par *Menochius de præfumpt.* liv. 3. *præfumpt.* 8. L'opinion qui paroît la plus fuivie, & qui eft auffi la plus juridique, eft que ces biens font dotaux : c'eft le fentiment de Guy Pape, queft. 468. n. 13. & queft. 499. Ferrerius dans fa note fur cette derniere Queftion, & M. Bretonnier en fes Queftions Alphabetiques, *verbo* Paraphernaux. Ainfi en préfupofant que ces biens font dotaux, il faut dire confequemment qu'il en eft dû à la femme un Augment, & des Bagues & joyaux coûtumiers à proportion.

VI. A l'égard des autres Gains Nuptiaux & de Survie, comme les Donations de Survie, les Habitations, les Penfions viageres, ils font toûjours dûs à la Femme furvivante, quoiqu'elle n'ait point apporté de Dot, ou que fa Dot n'ait pas été payée, parceque ces fortes de Gains de Survie font indépendans de la Dot, & que d'ailleurs ils ne font que conventionnels, & par confequent font toûjours dûs en vertu de la ftipulation.

VII. Il en eft de même des Gains de Survie qui appartiennent au Mari furvivant, ils lui font toûjours dûs quoiqu'il n'eût aucun bien de fon chef, parcequ'ils ne font pas reglez proportionnellement à ce qu'il apporte en mariage, mais ils font donnez en recompenfe de ce qu'auroit gagné la Femme fi elle avoit furvêcu.

Cette regle a même lieu pour le Contre-Augment coûtumier qui eft établi en quelques endroits en faveur du Mari furvivant, parceque ce Contre-Augment n'eft point donné à proportion de ce qu'apporte le Mari, mais à proportion de la Dot de la Femme, en forte qu'il fuffit que la Femme ait apporté une Dot pour que le Mari furvivant prenne le Gain que la Coûtume lui accorde fur cette Dot.

CHAPITRE

CHAPITRE DIX-HUITIÉME.

Si les Gains Nuptiaux & de Survie font reductibles pour la Legitime des Enfans.

SOMMAIRE.

I. U*fage des Païs Coûtumiers pour conferver la legitime.*
II. Quid , *En Païs de Droit Ecrit pour l'Augment.*
III. Quid , *Pour les Bagues & Joyaux.*
IV. Quid , *Pour les Donations de Survie & autres.*
V. Quid , *Du Contre-Augment , & autres Gains du Mari.*

I. LE Doüaire que nos Coûtumes donnent à la Femme , n'eft jamais en aucun cas de la totalité des biens du Mari ; car outre qu'il ne fe prend que fur certains biens , la plûpart des Coûtumes n'en donnent à la Femme que la moitié , d'autres ne lui en donnent que le tiers.

Quelques Coûtumes ont même porté leur attention juf-qu'à reduire tout Doüaire préfix au Doüaire Coûtumier. Comme celle de Touraine , tit. 30. art. 326. Maine , art. 356. Poitou , art. 257.

Dans les Coûtumes où le Doüaire préfix n'eft pas de plein droit reduit au Coûtumier , le Doüaire préfix en ce qu'il excede le Coûtumier , n'a plus à certains égards la faveur du Doüaire , il n'eft confideré que comme une Dona-tion en faveur de Mariage , & la portion de ce Doüaire donnée au de là de la quotité Coûtumiere eft reductible à la moitié pour la Legitime des Enfans ; en forte que ni le Doüaire Coûtumier , ni le Doüaire préfix ne peuvent ordinairement préjudicier à la Legitime des Enfans.

Et à plus forte raifon tous les autres avantages ftipulés par le Contrat de Mariage , comme Préciput , Donations mutuelles , &c. font-ils reductibles pour la Legitime , puif-

V

qu'ils n'ont pas la faveur du Doüaire , & que ce ne font que des Donations ordinaires , qui ne font pas préferables à la Legitime.

Il peut cependant arriver que le Doüaire Coûtumier , & même le préfix non excedant le Coûtumier , préjudicient à la Legitime , fçavoir lorfqu'il ne fe trouve au jour du decès du Mari dans fa fucceffion que dequoi payer le Doüaire de la Femme ; car en ce cas il abforbe tout , même au préjudice de la Legitime , & la raifon eft que tant qu'il n'excede point le Coûtumier , il forme une créance qui doit être acquitée avant la legitime , parcequ'il n'y a point de Legitime que les dettes de la fucceffion ne foient payées ; mais hors ce cas le Doüaire Coûtumier ou préfix eft toûjours reductible pour la legitime des Enfans , ce qui a lieu auffi pour les autres avantages ufités entre Conjoints dans les Païs Coûtumiers.

II. Il n'en eft pas de même de l'Augment de Dot , il n'eft point limité à un certain genre de biens du Mari , ni à une certaine quotité de ces biens , il ne fe regle qu'à proportion de la Dot de la Femme furvivante.

L'Augment préfix en ce qu'il excede le Coûtumier ne forme pas beaucoup de difficulté , car il n'eft confideré en cette partie que comme une Donation ordinaire & eft reductible pour la Legitime des Enfans , & pour celle des afcendans lorfqu'il leur en eft dû. Il y a néanmoins encore en cela une difference entre l'Augment préfix & le Doüaire préfix , c'eft que la portion du Doüaire préfix qui excede le Coûtumier eft toûjours reduite à la moitié , parce qu'en Païs Coûtumier la Legitime des Enfans eft la moitié de ce qu'ils auroient eu fi leurs Pere ou Mere n'avoient pas difpofé autrement ; au lieu que la portion de l'Augment préfix qui excede le Coûtumier eft reductible differemment , felon le nombre d'Enfans du Donateur ; s'il y a cinq Enfans ou un plus grand nombre , ils peuvent retenir la moitié de la portion de l'Augment préfix qui excede le Coûtumier ; s'ils ne font que quatre Enfans ou moins de quatre , ils ne peuvent retenir qu'un tiers de la portion reductible , la

Legitime des Enfans étant ainſi reglée en Païs de Droit Ecrit, ſuivant la Novelle 18. de Juſtinien *de Triente & Semiſſe.*

Il y a plus de difficulté pour l'Augment Coûtumier ou l'Augment préfix, non excedant le coûtumier, lorſque par l'évenement ces Augmens abſorberoient tous les biens du Mari.

L'Augment Coûtumier eſt à la verité reglé par l'Uſage à la moitié ou au tiers de la Dot, & le préfix en ce qu'il excede le coûtumier eſt reductible pour la Legitime.

Mais ces regles ne ſuffiſent pas encore pour aſſurer la Legitime des Enfans & des aſcendans, parceque ſi la Dot de la Femme eſt une fois auſſi conſiderable que les biens du Mari, extans au jour de ſon decès, l'Augment coûtumier ou préfix non excedant le coûtumier dû à proportion de cette Dot, abſorbera tous les biens du Mari, & il ne reſtera rien pour la Legitime : on ne voit point par quel temperament on pourroit reduire ces ſortes d'Augmens exceſſifs.

Il y a ſur cette matiere deux principes dont on ne peut s'écarter.

Le premier, eſt que la Femme peut ſe conſtituer en Dot tous ſes biens preſens & avenir, *nihil enim vetat mulierem dare in Dotem bona ſua omnia*, dit la Loi IV. au Code *de jure Dotium.*

Un ſecond principe, eſt que toute Dot merite un Augment proportionné à ſa quotité, parceque l'Augment eſt donné en recompenſe de la Dot, *Dos data Donationem meretur Auth. Dos. Cod. de Donat.*

De ces deux principes on eſt en droit de conclure que l'Augment Coûtumier & le préfix non excedant le Coûtumier à quelque ſomme qu'ils puiſſent ſe monter, ſont dûs en entier à la Femme ſurvivante, ſans être ſujets à aucune reduction pour la Legitime des Enfans, ni pour celle des aſcendans, du moins les Loix n'ont point prevû ce cas.

III. Les Bagues & Joyaux coûtumiers, & les préfix non excedans les coûtumiers, paroiſſent auſſi par les mêmes raiſons devoir être preferés à la Legitime des Enfans & aſcen-dans.

Cependant comme il feroit trop dur que la Femme furvivante eut un Augment fi exceffif , tandis que les Enfans & les afcendans n'auroient aucune Legitime , je penfe que par équité & felon les circonftances , on regleroit en ce cas l'Augment & les Bagues & Joyaux *arbitrio boni Viri* , ou bien l'on obligeroit la Veuve à donner aux Legitimaires une Penfion par forme d'Alimens , en attendant qu'ils ayent la joüiffance de cet Augment.

IV. Pour ce qui eft des Donations de Survie & autres Gains Nuptiaux qui ne font fondés que fur la Convention expreffe des parties , ils font fans contredit reduâibles pour la Legitime.

V. A l'égard du Contre-Augment & des autres Gains Nuptiaux & de Survie qui peuvent avoir lieu en faveur du Mari furvivant , s'ils font préfix , ils font pareillement reduâibles pour la Legitime , en ce qu'ils excedent les coûtumiers.

S'ils font Coûtumiers , à prendre les principes à la lettre , ils ne font fujets à aucune reduâion pour la Legitime , cependant il pourroit arriver les mêmes inconveniens de ces Gains Coûtumiers du Mari , que de ceux de la Femme furvivante ; en effet comme le Gain de Survie coûtumier accordé au Mari confifte ordinairement au Gain de toute la Dot , ainfi qu'il eft reglé par les Coûtumes de Touloufe & de Bourdeaux , fi la Femme s'eft conftitué tous fes biens en Dot , comme elle le peut le faire , le Mari devroit avoir toute la Dot à titre de Contre-Augment , ce qui comprenant tous les biens de la Femme il ne refteroit rien pour la Legitime ; mais la Legitime eft fi favorable qu'il y a lieu de croire que fi le cas arrivoit que le Contre-Augment pût abforber tous les biens de la Femme au préjudice de la Legitime , le Juge felon les circonftances prendroit quelques temperamens pour affurer la Legitime , ainfi qu'on l'a déja obfervé en parlant des Augmens exceffifs.

CHAPITRE DIX-NEUVIÉME.

Si les Gains Nuptiaux & de Survie font fujets au retranchement de l'Edit des fecondes Nôces.

SOMMAIRE.

I. Si l'Augment eft reductible.
II. Quid, *Des Bagues & Joyaux.*
III. Des Donations de Survie & autres Gains.
IV. Le Deüil n'eft pas reductible.
V. Quid, *Du droit de viduité.*
VI. Si le Contre-Augment *& autres Gains du Mari font re-*
ductibles.
VII. A qui appartient le retranchement.

I. **L**A Loi *hac edictali* au Code *de fecundis Nuptiis* , défend
à ceux qui fe remarient ayant des Enfans d'un premier
Mariage , de donner à leur fecond Conjoint , même de leurs
propres biens , plus que la part de l'Enfant le moins prenant dans leur fucceffion.

Le premier chef de l'Edit des fecondes Nôces , contient
la même difpofition , avec cette difference feulement qu'il
ne comprend pas nommément comme la Loi *hac edictali* ,
tant les Hommes que les Femmes , il ne parle que des
Veuves qui fe remarient ; mais on a reconnu que c'eft une
omiffion de l'Edit , s'il n'a pas compris nommément les
Hommes , cet Edit n'ayant été fait que pour renfermer
la difpofition de la Loi *hac edictali* qui eft generale pour
tous ceux qui fe remarient ; & c'eft aujourd'hui une Jurifprudence conftante que le retranchement porté par l'Edit
des fecondes Nôces a lieu auffi-bien pour les Donations
faites par les Hommes convolans en fecondes Nôces , que
pour les Donations faites par les Femmes à leurs feconds
Maris. Y iij

Ce retranchement reglé par l'Edit en faveur des Enfans des premiers Mariages , a lieu en toutes fortes de Donations faites par la Femme ou le Mari à leur fecond Conjoint.

L'Augment de Dot foit coûtumier ou préfix, quelque privilege qu'il ait par lui-même & par la faveur de la Dot dont il eft un acceffoire, n'eft pas exempt de ce retranchement , parceque quoiqu'on l'appelle Augment de Dot , *quafi incrementum Dotis* , c'eft toûjours un avantage , & dès-là il eft reductible aux termes de l'Edit.

Auffi la Loi *hac edictali* affujettiffoit-elle à ce retranchement les Donations à caufe de Nôces aufquelles a fuccedé l'Augment de Dot , quoique ces Donations fuffent dûës de plein droit comme l'Augment.

Et l'on a toûjours jugé conftamment que l'Augment eft reductible aux termes de l'Edit des fecondes Nôces : Charondas , liv. 7. de fes Reponfes ch. 163. en rapporte un Arrêt du Parlement de Touloufe. Maynard , liv. 3. ch. 27. & la Rocheflavin en fes Arrêts liv. 6. *verbo Dot* , tit. 41. art. 14. en rapportent auffi plufieurs , & entre-autres un du Parlement de Touloufe prononcé en robes Rouges au mois de Septembre 1598. Henris , tom. 1. de fes Arrêts en rapporte un du 15. Juillet 1702. qui confirme la même Jurifprudence.

II. Par ce même Arrêt du 15. Juillet 1702. il fut jugé que les Bagues & Joyaux font fujettes au retranchement de l'Edit, auffi-bien que l'Augment de Dot , ce qui a lieu tant pour les Bagues & Joyaux coûtumiers , que pour les préfix , par les mêmes raifons que l'on vient de rapporter pour l'Augment.

III. Les Donations de Survie , les Dons de Coffres , Trouffeaux , & autres Gains de Nôce & de Survie , font auffi reductibles aux termes de l'Edit des fecondes Nôces , ce qui fouffre d'autant moins de difficulté , qu'ils ne font fondés que fur la convention , & qu'on retranche même ceux qui proviennent de la Loi.

IV. Pour ce qui eft des Habits de Deüil dûs à la Femme furvivante , à quelque fomme qu'ils fe montent , fuivant la condition des parties , ils ne font pas fujets au retranchement de l'Edit des fecondes Nôces , & ne font point imputés fur la part que la Femme remariée prend pour ſes Gains Nuptiaux , dans les biens de ſon ſeçond Mari decedé , parceque le Deüil eſt plûtôt conſideré comme un devoir & une charge , que comme un avantage. Cela a été ainſi jugé par Sentence du Bailliage de Mâcon du 3. Septembre 1700. confirmée par Arrêt du 15. Juillet 1702. rapporté par M. Bretonnier en ſes Obſervations ſur Henris , tom. 1. liv. 4. ch. 6. queſt. 59.

V. Il en devroit être du droit de Viduité comme du Deüil, il y a même des raiſons bien plus fortes pour excepter le droit de Viduité du retranchement de l'Edit, car outre que ce droit eſt donné à la Femme pour ſa ſubſiſtance , en attendant la reſtitution de ſa Dot & de ſes Gains Nuptiaux , & pour faire honneur à la memoire du Mari & à ſa famille , ce droit fait partie de la Dot de la Femme , puiſqu'il lui tient lieu des interêts de ſa Dot pendant la premiere année du Deüil, ce n'eſt point une liberalité du Mari à ſa Femme , c'eſt une grace de la Loi, c'eſt même , on le peut dire , une créance legitime qui ne doit être ſujette à aucun retranchement.

Il n'y a qu'un ſeul cas où le droit de Viduité pourroit être ſujet au retranchement de l'Edit des ſecondes Nôces , ſçavoir , lorſque la Femme n'a point apporté de Dot , parceque dans ce cas il pourroit être conſideré comme une liberalité , encore devroit-on toûjours l'excepter , puiſqu'il n'eſt pas donné ſeulement par forme d'avantage , ni pour tenir lieu des interêts de la Dot, mais auſſi par forme d'alimens.

Cependant par la Sentence du Bailliage de Mâcon dont on vient de faire mention , & par l'Arrêt du 15. Juillet 1702. qui l'a confirmé , la ſeconde Femme fut deboutée de ſes prétentions pour ſon droit de Viduité , quoi qu'elle eut apportée une Dot aſſez conſiderable.

M. Bretonnier obſerve qu'il ne comprend pas le motif de la Sentence en ce chef , ſi ce n'eſt que le Teſtateur ayant prié la ſeconde Femme de prendre à compte de ſes droits , ſa Maiſon & ſes Meubles , & la Femme ayant joüi de cette Maiſon dés le moment du decés de ſon Mari , il ne lui étoit point dû d'Année de Viduité.

VI. A l'égard du Contre-Augment & des autres Gains

Nuptiaux qui peuvent avoir lieu au profit du Mari , foit en vertu du Statut , foit en vertu de la Convention , il n'y a aucune diftinction à faire , & ils font conftamment tous fujets au retranchement de l'Edit des fecondes Nôces , par les mêmes raifons que l'on a apporté ci-devant pour l'Augment & autres Gains Nuptiaux & de Survie qui ont lieu en faveur de la Femme furvivante.

Il y a même moins de raifon de douter pour les Gains Nuptiaux du Mari , ces Gains ne lui étant pas accordés en confideration des biens qu'il peut avoir apporté en Mariage , mais feulement en recompenfe des avantages qu'il fait à fa Femme.

VII. Le retranchement de l'Augment & des Bagues & Joyaux de la feconde Femme appartient aux Enfans du premier Lit , & la feconde Femme ni les Enfans du fecond Lit n'y partagent point : ainfi qu'il a été jugé par Arrêt du Parlement de Paris , rendu en la feconde Chambre des Enquêtes , le 2. Juillet 1702. rapporté par M. Augeard , en fes Arrêts notables , tom. 1.

M. de Cambolas liv. 2. de fes Decifions , ch. 66. obferve que le retranchement de l'Augment appartient aux Enfans du premier Lit , preferablement aux Créanciers du Pere , le retranchement provenant aux Enfans de la difpofition de la Loy établie en haine des fecondes Nôces , & non de la liberalité du Pere.

Le retranchement de tous les autres Gains Nuptiaux & de Survie , foit du Mari ou de la Femme , appartient pareillement aux Enfans du premier Lit , à l'exclufion du fecond Conjoint des Enfans du fecond Lit & des Créanciers des Conjoints , ce qui à l'égard des Créanciers s'entend de ceux qui font pofterieurs au Mariage , car ceux qui font anterieurs font toûjours preferés à tout Gain ou retranchement quel qu'il foit.

CHAPITRE VINGTIÉME.

En quels cas un des Conjoints peut demander ses Gains Nuptiaux du vivant de l'autre Conjoint.

SOMMAIRE.

I. Pour gagner les Gains Nuptiaux, il faut que le Conjoint survive.

II. Cas où la Femme peut demander ses Gains du vivant de son Mari.

III. Cas où le Mari peut demander les siens du vivant de sa Femme.

IV. Quid, Si le Conjoint mort civilement survit à l'autre Conjoint.

I. TOus les Gains Nuptiaux & de Survie dont on a parlé dans les Chapitres précedens, sont des Donations conditionnelles, dans lesquelles la clause *en cas que le Conjoint survive*, est toûjours censée apposée, & se supplée de droit ; en sorte que ces avantages n'ont lieu au profit du Conjoint en faveur duquel ils sont stipulez, qu'au cas que ce Conjoint survive ; telle est la regle generale qui ne devroit recevoir aucune exception.

C'est aussi ce qui a fait dire à quelques Auteurs que jamais un des Conjoints ne peut demander ses Gains Nuptiaux du vivant de l'autre Conjoint, sous quelque prétexte que ce soit. De ce nombre est Revel en ses Questions sur les Statuts de Bresse, doute 6. où il dit que pour gagner l'Augment, il faut que la Femme survive, parceque c'est une donation conditionnelle, qui s'entend si la Femme survit, que M. Maynard, liv. 4. ch. 56. & M. Loüet & Brodeau, lettre D. n. 36. & Bacquet des Droits de Justice, ch. 15. n. 46. & suivans, établissent ce principe, & qu'ain-

X

ſi l'Augment n'eſt pas dû à la Femme même en cas de mort civile du Mari, ou de diſſipation de ſa part des biens de la Femme : *Etſi vergat ad inopiam* ; parceque les Donations conditionnelles dépendent du tems & de l'évenement, & que comme la Femme ſeparée de biens d'avec ſon Mari, a cauſe de ſa diſſipation ou de ſes crimes, ne peut avoir l'adjudication de ſa Donation de Survie, à cauſe qu'elle dépend du predecès, qu'il en doit être de même de l'Augment juſqu'à ce que le Mari ſoit réellement mort.

M. Revel convient neanmoins, que dans les cas par lui alleguez, la Femme peut demander une proviſion, & que tel eſt le ſentiment de **M.** Maynard, Loïiet & Bacquet, aux endroits ci-devant citez.

Mais on va plus loin, & il eſt conſtant qu'il y a pluſieurs cas où l'un des Conjoints peut demander ſes Gains Nuptiaux & de Survie, quoique du vivant de l'autre Conjoint. C'eſt ce que l'on va expliquer, tant pour le Mari que pour la Femme.

II. Et premierement pour la Femme, il y a pluſieurs cas qui lui ſont particuliers, dans leſquels elle peut même du vivant de ſon Mari, demander ſon Augment, ſes Bagues & Joyaux, ſa Donation en cas de predecès, & autres Gains Nuptiaux & de Survie.

Le premier cas eſt lorſque le Mari a fait faillite, on juge alors que la Femme ſeparée de biens pour cauſe de la faillite de ſon Mari, peut non ſeulement retirer ſa Dot, mais auſſi demander à joüir de ſon Augment, de ſes Bagues & Joyaux, & autres Gains Nuptiaux & de Survie ; & cela avec la même preference qu'elle a pour ſa Dot. Cette queſtion a été ainſi decidée par pluſieurs Arrêts, l'un de 1590. rapporté par Montholon, un autre par M. Bouguier, Lettre D. n. 14. & notamment par un Arrêt du 18. Juillet 1656. rapporté dans le premier Tome du Journal des Audiences, Liv. 8. ch. 46. & par Henris, tom. 2. liv. 4. queſt. 1. Soefve, tom. 2. cent. 1. ch. 37. Les Arrêts precedens avoient jugé diverſement la queſtion, mais M. Bretonnier en ſes Obſervations ſur l'Arrêt de 1656. rapporté par Henris, aſſure que cette Jurisprudence est à present certaine.

2°. S'il y a separation de corps & de biens ordonnée en Justice, pour sevices ou mauvaises mœurs du Mari, suivant le témoignage de M. Bretonnier au même endroit, la Femme peut demander à joüir de son Augment de Dot & autres Gains Nuptiaux & de Survie, soit qu'ils lui ayent été promis par Contrat de Mariage, ou qu'ils lui soient dûs de plein droit & sans stipulation.

La même chose a lieu s'il y a separation de biens ordonnée en justice, pour cause de dissipation, ou mauvaise conduite du Mari.

Dans tous ces cas de separation ordonnée pour faillite, sevices, mauvaises mœurs, ou dissipation du Mari, on accorde à la Femme son Augment de Dot, ses Bagues & Joyaux, & autres avantages, pour lui tenir lieu de la Pension Alimentaire que son Mari devroit lui payer, suivant ce que dit M. Dargentré sur l'Article 433. de la Coûtume de Bretagne, *cum separatio bonorum fit ex culpâ mariti, ex quo accidit ut maritus desinat uxorem alere, tunc aut Doarium solvendum & repræsentandum est, aut mulier de bonis viri alenda.*

Mais lorsque la separation de biens n'est ordonnée qu'à cause de l'indigence du Mari, & qu'il n'y a point de dissipation à lui imputer, en ce cas la Femme ne peut exiger son Augment de Dot, ni ses Bagues & Joyaux, parce que comme ce n'est point par la faute du Mari que la separation est arrivée, il ne seroit pas juste d'ajoûter une nouvelle peine à ses malheurs.

On reserve seulement en ce cas à la Femme son hypotêque sur les biens du Mari alienés, pour le payement des autres Creanciers, & on ordonne que les derniers Créanciers seront tenus de rapporter jusqu'à concurrence de l'Augment Bagues & Joyaux, quand ils auront lieu.

C'est ce qui nous est attesté par M. de la Rocheflavin, liv. 2. lettre M. Arrêt 44. où il dit que la Femme peut bien repeter sa Dot pendant la vie de son Mari s'il tombe en pauvreté, mais non l'Augment, que cela a été ainsi jugé au Parlement de Toulouse le 6. Juin 1575. M. Maynard traite auſſi cette queſtion en ſon Livre 4. ch. 56. & rapporte un Arrêt du Parlement de Touloufe du 13. Septembre 1586. par lequel la Cour en adjugeant le decret fur les biens du Mari vivant , ſe contenta de les declarer affectés & hypotêqués à l'Augment de la Femme le cas y échéant.

La même choſe a été jugée au Parlement de Dijon , par Arrêt du 4. Août 1614. rapporté par Bouvot, en ſes Arrêts part. 2. *verbo* Decret, queſtion unique. Dans l'eſpece de cet Arrêt les Créanciers du Mari difcutoient ſes biens qui ne confiſtoient qu'en meubles , la Femme feparée de biens pour caufe de l'indigence de ſon Mari , formoit oppoſition à la vente dés Meubles pour fureté de ſon Augment : par l'Arrêt il fut dit que les Meubles feroient vendus au profit des Créanciers , en donnant par eux caution de rendre à la Femme ſon Augment en cas que par l'évenement il eut lieu.

Et par Arrêt du Parlement de Paris , rapporté par Montholon en ſes Arrêts , Arrêt 63. la Femme s'étant fait feparer de ſon Mari , parceque ſes affaires étoient derangées , il fût dit que la fomme promife à la Femme pour Augment , feroit mife entre les mains d'un Marchand folvable , pour y demeurer tant que ſon Mari vivroit.

Si la féparation d'habitation étoit demandée par le Mari , & ordonnée pour caufe de fevices ou mauvaifes mœurs de la Femme , ce qui n'eſt pas fans exemple , il femble qu'en ce cas la Femme ne meriteroit pas de joüir de ſon Augment , Bagues & Joyaux , néanmoins comme on les lui accorde , lors même que c'eſt elle qui demande la feparation , à plus forte raifon doit-on les lui accorder , lorfque c'eſt le Mari qui demande d'être feparé , parce qu'il ne feroit pas jufte que fous pretexte de feparation , il fe difpenfât de nourrir & entretenir fa Femme , ce qui eſt une des charges du Mariage, dont la feparation ne le décharge point ; en forte que pour quelque caufe que la feparation foit ordonnée , il eſt indif-penfable d'accorder à la Femme ſon Augment & ſes Bagues & Joyaux par forme de Penfion Alimentaire.

Et par la même raifon ſi le Mari demandoit d'être feparé

de biens d'avec sa Femme à cause des Procès ou autres affaires considerables qu'elle peut avoir en son nom, il seroit tenu de payer à sa Femme son Augment & ses Bagues & Joyaux.

3°. Si le Mari est condamné à quelque peine qui emporte mort civile, sans neanmoins que la mort naturelle s'ensuive, comme le bannissement hors le Royaume, les Galeres à perpetuité, &c. la Femme peut demander son Augment & ses Bagues & Joyaux, ou autres Gains de Survie, en donnant caution de les rendre à ses Enfans à son decès. Cet usage nous est attesté par M. Bretonnier en ses Observations sur Henris, tom. 2. liv. 4. quest. 1. La raison pour laquelle on ne fait en ce cas aucune difficulté d'accorder à la Femme son Augment & ses Bagues & Joyaux, & autres avantages, est que le Mari devenant par la mort civile, incapable de tous effets civils, il est consideré dès lors comme s'il étoit mort naturellement, & la Femme est reputée lui avoir survêcu : Et comme la mort civile du Mari emporte la confiscation de tous ses biens au profit du Roi ou des Seigneurs, la Femme est preferée au fisc pour toucher ses reprises & conventions matrimoniales ; parceque si elle étoit obligée d'attendre la mort naturelle de son Mari, elle ne pourroit plus esperer d'en être jamais payée, puisque son Mari, par la mort civile, est dépoüillé de tous ses biens, & n'en peut plus acquerir.

On trouve, à la verité, une disposition contraire dans les Arrêtés de M. le Premier President de Lamoignon, tit. des Doüaires, art. 51. qui porte que, *la mort civile du Mari ne donne point ouverture au Doüaire, ni à l'Augment de Dot, sauf à la Femme de demander en Justice une Pension qui ne pourra exceder le mi-Doüaire.* Mais comme cet Arrêté n'est qu'un projet de Loi, qui n'est pas revêtu de l'autorité publique, il ne détruit point l'usage contraire qu'on vient de rapporter.

Dans tous les cas où le Mari est condamné à quelque peine qui emporte mort civile, la Femme peut demander son Augment, Bagues & Joyaux, soit que le Mari ait été condamné contradictoirement ou par contumace.

Il faut seulement observer que si le Mari n'a été condamné que par contumace, on ne doit accorder à la Femme, & après elle à ses Enfans, l'Augment, Bagues & Joyaux, & autres Gains, qu'en donnant caution de les rapporter, parceque le Mari peut dans les cinq Années se représenter pour purger la contumace, & être absous du crime qui lui étoit imputé, auquel cas la Femme ou les Enfans & leurs cautions seroient tenus de rendre ce qui auroit été accordé par provision pour l'Augment & les Bagues & Joyaux : le Mari ne pourroit néanmoins prétendre aucune restitution de fruits.

La caution doit être donnée par la Femme tant pour la sûreté des Enfans que du Mari ; en sorte qu'après les cinq Années du Jugement par contumace, la caution donnée par la Femme ou les Enfans demeure dechargée de plein droit à l'égard du Mari, parce que le Jugement de mort civile étant confirmé par le laps de tems, le Mari est de plus en plus reputé mort civilement, & que l'on ne présume pas qu'il puisse revivre, mais la caution donnée par la Femme demeure seulement encore obligée envers les Enfans pour la restitution du fonds des Gains Nuptiaux après la mort de la Mere.

Neanmoins si le Mari condamné par Contumace étoit reçû à se purger après les cinq ans, & qu'il fut absous, ou si le Mari condamné Contradictoirement étoit rétabli dans tous ses Droits par des Lettres du Prince, soit de Justice ou de Grace, la Femme ou les Enfans qui se trouveroient en possession des Gains Nuptiaux seroient tenus de lui rendre tous ce qu'ils en auroient reçû, en cas qu'ils n'en eussent point disposé à titre onereux : & au cas qu'ils eussent disposé à titre onereux des biens qui leur auroient été donnés en payement, ils seroient tenus de lui rendre la valeur ; mais le Mari ne pourroit en aucun cas prétendre la restitution des fruits.

Et si la Femme après avoir reçû son Augment & autres Gains Nuptiaux à cause de la mort civile de son Mari, venoit elle-même à deceder avant la mort naturelle de son Mari, le fisc ni les Heritiers ou Creanciers du Mari ne pourroient pas les repeter contre sa succession, sous pretexte qu'ils ne lui avoient été accordés que dans la présupposition

qu'elle furvivroit à fon Mari , en ce cas la Mere tranfmet à
fes Enfans tout ce qu'elle a reçû , quoique leur Pere foit encore vivant naturellement , parce qu'il ne peut être confideré
comme vivant aprés avoir été reputé predecedé par la mort
civile ; tellement qu'en cas de mort de la Femme après la
mort civile du Mari , & avant la mort naturelle dudit
Mari , il ne peut ni le fifc ou fes Heritiers ou creanciers ,
demander les avantages qu'il auroit eu s'il eut furvécu à fa
Femme ; c'eft ainfi que la Queftion a été jugée au Parlement
de Bourdeaux par Arrêt prononcé en Robes Rouges au mois
de Decembre , rapporté par Automne , *ad legem fi mors.*

4°. Lorfque le Mari eft long-tems abfent hors le Royaume,
& qu'on n'en a plus de nouvelles , la Femme peut demander
à joüir de fon Augment Bagues & Joyaux ou autres Gains
Nuptiaux , parce qu'aprés un certain tems d'abfence , le
Mari eft reputé mort. C'eft ce que dit M. Bretonnier en fes
Obfervations fur Henris , tom. 2. liv. 4. queft. 1.

Le même Auteur en fes Queftions Alphabetiques *verbo*
Abfens, explique ce que l'on regarde en droit comme une
longue abfence ; à l'égard de la Dot , dit-il , comme c'eft le
Patrimoine de la Femme , il y a de la juftice de la lui rendre
après un tems raifonnable v. g. cinq ans , & quand on ne
voudroit pas la lui accorder , elle a un moyen infaillible pour
la r'avoir , elle peut fe faire féparer , car une longue abfence
eft un moyen legitime de féparation.

A l'égard des autres conventions , comme le Doüaire , le
préciput , & la Communauté dans les Païs Coûtumiers ,
l'Augment , les Bagues & Joyaux , & la Donation de Survie
dans les Païs de Droit Ecrit , il eft jufte que la Femme atten-
de plus long-tems à les demander : l'efpace de dix ans paroît
raifonnable , & encore dans ce cas , il feroit jufte de ne lui
donner la proprieté de ces avantages que fous deux conditions,
la premiere de donner bonne & fuffifante caution , la feconde
d'en employer le revenu à l'entretien & nourriture des
Enfans s'il y en a.

La Caution que la Femme donne en ce cas pour toucher fon Augment & fes autres Gains Nuptiaux , n'eft pas

feulement pour la fûreté des Enfans aufquels la proprieté de tous ces avantages doit revenir après la mort de la Mere , c'eft encore plus pour la fûreté du Mari abfent en cas
qu'il revienne ; car comme la verité fait toûjours ceffer la
fiction , quelque-tems que le Mari ait été abfent, s'il revient , fa Femme doit lui rendre tous les Gains Nuptiaux
qu'elle a touché , & même fa Dot ; ainfi quand même il
n'y auroit point d'Enfans lorfque la Femme demande à joüir
de fes Conventions Matrimoniales à caufe de la longue abfence de fon Mari , elle doit donner caution de rendre le
tout à fon Mari s'il revient , & cette caution doit être donnée en ce cas pour la Virile auffi-bien que pour le furplus
qui eft reverfible.

Mais comme il ne feroit pas jufte que la caution donnée
par la Femme demeurât éternellement engagée dans le
doute où l'on eft de la mort du Mari , après trente ans du
jour de la derniere nouvelle qu'on en a eu , la caution eft dechargée de plein droit à l'égard du Mari , même au cas
qu'il revint , ce qui n'empêcheroit pas que la Femme ne
fut tenuë de rendre ce qu'elle a reçû fi fon Mari revenoit
après les trente années , parce que la préfomption de la
mort du Mari ceffant par fon retour , il n'y a plus de caufe qui autorife la Femme à retenir fes Gains Nuptiaux.

La caution doit néanmoins demeurer encore obligée envers les Enfans , même après les trente ans du jour de la
derniere nouvelle qu'on a eu de leur Pere , lorfque les Gains
Nuptiaux & de Survie font reverfibles aux Enfans , comme
l'Augment & les Bagues & Joyaux , & autres Gains le font
de droit , à moins qu'il n'y ait ftipulation au contraire ; car
la Femme n'ayant que l'ufufruit de fes Gains , & fes Heritiers étant tenus à fon decès d'en remettre la proprieté aux
Enfans , la caution peut bien après trente ans d'abfence du
Mari être dechargée envers lui , parcequ'on ne préfume pas
qu'il revienne après un fi long-tems ; mais elle doit toûjours
demeurer obligée envers les Enfans jufqu'à ce que les Gains
Nuptiaux qui leur font reverfibles leur ayent été remis.

Il femble bien qu'après les trente ans la caution devroit
être

être déchargée indiſtinctement , tant à l'égard du Mari que des Enfans , ſuivant le principe que toute action perſonnelle ſe preſcrit par trente ans ; mais comme il ne ſeroit pas juſte que la caution pût preſcrire contre les Enfans dans un tems où leur droit n'eſt pas encore ouvert , il faut neceſſairement que la caution demeure obligée envers eux , juſqu'à ce que les Gains Nuptiaux leur ayent été remis , & leur action contre la caution doit durer trente ans , à compter du jour du decés de la Mere.

La caution eſt ſeulement déchargée après trente ans de l'abſence du Mari , juſqu'à concurrence de la Virile , parce que cette portion appartenant en proprieté à la Femme , & n'étant point reverſible aux Enfans , ce n'eſt qu'à l'égard du Mari que la Femme donne caution pour cette portion.

Si la Femme decede avant les trente ans de l'abſence de ſon Mari , les Enfans pourront demander à joüir de l'Augment, Bagues & Joyaux , & autres Gains , en donnant caution de les rapporter avec les fruits , en cas que leur Pere revienne , laquelle caution demeurera obligée envers le Pere ou ſes créanciers , juſqu'à ce que les trente ans , à compter du jour de la derniere nouvelle qu'on a eu du Pere abſent , ſoient expirés.

Et quoique la caution ſoit déchargée après les trente ans, les Enfans ſeroient neanmoins tenus de rendre ce qu'ils auroient reçû avec les joüiſſances ſi le pere revenoit après les trente ans.

Et quoique le Pere abſent decede ſans revenir dans ſa famille , s'il eſt prouvé qu'il a ſurvécu ſa Femme , les Enfans & leurs cautions ſeront tenus de rapporter à la maſſe de la ſucceſſion du Pere ce qu'ils ont reçû pour les Gains de Survie , parce qu'étant une fois certain que c'eſt le Mari qui a ſurvécu , ces Gains de Survie n'ont jamais appartenu à la Femme , & conſequemment elle n'a pû les tranſmettre à ſes Enfans ; en ſorte que ſi dans le doute de la mort du Pere , ces Gains de Survie ont été accordés proviſionnellement à la Femme , & après elle à

Y

ſes Enfans , ils doivent rendre le tout avec les fruits & joüiſſances , lorſqu'il eſt prouvé que c'eſt le Mari qui a ſurvécu.

Il n'en eſt pas de même lorſque la Femme eſt obligée de
rendre à ſon Mari les Gains Nuptiaux & de Survie qui lui
ont été accordés par proviſion : en cas de retour du Mari
abſent , la Femme n'eſt tenuë de rendre que les fonds &
principaux dont on lui a donné la poſſeſſion , & elle n'eſt pas
tenuë comme les Enfans de rendre les fruits & joüiſſances :
la raiſon de cette différence eſt qu'à l'égard de la Femme ,
comme pendant l'abſence de ſon Mari elle ne reçoit de lui
aucun ſecours , il eſt juſte de lui accorder les fruits & joüiſſances de ſa Dot , & des Gains Nuptiaux , tant pour ſon
entretien que pour celui de ſes Enfans ; au lieu que les Enfans ayant ſuccedé à leur Mere , le Pere ne leur doit plus
d'entretien , & par conſequent ils doivent lui rendre non
ſeulement les fonds ou principaux qu'ils ont reçû proviſionnellement , mais encore les fruits & joüiſſances.

III. A l'égard du Mari il y a fort peu de cas dans leſquels
il puiſſe du vivant de ſa Femme demander ſon droit de Contre-Augment , ou la Donation de Survie & autres Gains qui
peuvent avoir été ſtipulés en ſa faveur.

Car 1°. pour ce qui eſt du cas de faillite , outre qu'il arrive
rarement de la part de la Femme , quand il ſe rencontreroit
que la Femme marchande publique fît un commerce ſeparé
de celui de ſon Mari , & qu'elle auroit fait faillite , on n'adjugeroit pas en ce cas au Mari des Gains de Survie ſur les
biens de ſa Femme ; du moins il ne ſeroit pas preferé aux
Creanciers , parce que de droit il eſt obligé aux Créanciers
de ſa Femme , en ſorte qu'il ne pourroit être payez de ſes
Gains Nuptiaux qu'après que tous les Créanciers ſeroient
payez.

Il en eſt de même du cas de ſeparation , ſi c'eſt le fait du
Mari qui y donne lieu , il ne peut s'en faire un moyen pour
demander ſes Gains Nuptiaux : ſi c'eſt le Mari qui demande
à être ſeparé pour la mauvaiſe conduite de ſa Femme , ce qui
arrive rarement , il ne peut encore même en ce cas demander
ſes Gains Nuptiaux , parce que le cas de Survie n'étant pas

encore arrivé , il ne pourroit demander ſes Gains Nuptiaux
que par forme de penſion alimentaire ; or la Femme n'eſt pas
tenuë des charges du Mariage.

Ainſi ce n'eſt qu'en cas de mort civile ou de longue abſence
de la Femme que le Mari peut demander ſes Gains Nuptiaux
& de Survie du vivant de ſa Femme , auquel cas le droit du
Mari ſe regle avec les mêmes conditions qu'on obſerve pour
la Femme , lorſqu'elle demande ſes Gains Nuptiaux & de
Survie , en cas de mort civile ou de longue abſence de ſon
Mari.

IV. Une regle qui eſt commune au Mari & à la Femme ,
c'eſt que ſi le Conjoint qui a gagné les avantages Nuptiaux
par la mort civile de l'autre Conjoint , vient à deceder avant
le Conjoint mort civilement , ce Conjoint mort civilement ni
ſes Créanciers ne peuvent demander aucuns Gains Nuptiaux
ſur les biens de l'autre Conjoint , parcequ'autrement le Conjoint mort civilement ſeroit tout à la fois reputé ſurvivant &
predecedé : ainſi un Homme marié ayant été condamné aux
Galeres perpetuelles , & ſa Femme étant decedée peu de
tems après , par Arrêt du Parlement de Bourdeaux , prononcé en Robes Rouges , il fut dit que les Creanciers du condamné n'avoient aucun droit en la Dot que le condamné
devoit gagner par le predecès de ſa Femme V. Automne
ad l. ſi mors de Donat, inter vir. & uxor. Deſpeiſſes , tom. 1,
part. 1. ſect. 5. n. 7.

CHAPITRE VINGT-UNIÉME.

En quels cas, & de quel jour les Gains Nuptiaux & de Survie font exigibles.

SOMMAIRE.

I. En quel tems la Dot eſt exigible.
II. Ce qu'il faut pour gagner les Gains Nuptiaux.
III. Quand eſt-ce qu'ils ſont exigibles.

I. SUivant le dernier état du Droit Romain obſervé dans les Païs de Droit Ecrit, la diſſolution du mariage arrivant, ſoit par le decès de la Femme ou par celui du Mari, la Dot de la Femme, conſiſtante en Immeubles, doit être renduë ſur le champ à elle ou à ſes Heritiers, & la Dot conſiſtante en Argent ou en Effets mobiliers, doit pareillement lui être renduë ou à ſes Heritiers, une année après la diſſolution du mariage ; ce que l'on appelle dans les Païs de Droit Ecrit, après l'an revolu.

Voyons s'il en eſt de même pour les Gains Nuptiaux & de Survie, uſitez dans les Païs de Droit Ecrit.

II. Premierement pour que l'un des Conjoints puiſſe demander les Gains Nuptiaux, il faut qu'il ait ſurvécu à l'autre Conjoint ; car de Droit tous les Gains Nuptiaux des Païs de Droit Ecrit, ſont des Gains de Survie, à moins qu'il n'y ait quelque ſtipulation contraire appoſée dans le Contrat de Mariage, auquel cas, on ſe conforme à ce qui eſt reglé à cet égard par le Contrat.

Hors ces cas de Survie du Conjoint, ou de ſtipulation expreſſe en faveur du Conjoint ſurvivant ou predecedé, le Conjoint ni ſes Heritiers ne peuvent demander les Gains Nuptiaux, ce qui a lieu à l'égard des Heritiers, quand même ce ſeroient les Enfans des Conjoints, parce que telle eſt la regle generale , qu'il faut que le Conjoint ait furvêcu pour tranfmettre les Gains Nuptiaux à fes Heritiers , ces Gains n'étant pas fimplement Gains Nuptiaux , mais auffi fondés fur la Survie.

III. A l'égard du jour à compter duquel les Gains Nuptiaux appartenans à l'un des Conjoints peuvent être exigés , les Loix Romaines n'en difent rien.

Il femble d'abord qu'il n'y ait aucune difficulté à decider , qu'ils ne devroient être exigibles qu'àprès l'an revolu , comme la Dot , parce qu'ils ne peuvent pas être plus favorables , & ne font qu'un acceffoire des deniers dotaux.

Cependant Defpeiffes tom. 1. part. 1. fect. 5. n. 6. dit que les Heritiers du Conjoint decedé , font obligés incontinent après la diffolution du Mariage , de delivrer au furvivant les Gains qu'il a fait par le predecès de fon Conjoint , à moins qu'il n'en ait été autrement convenu par le Contrat de Mariage.

Suivant le même principe , Mazuer , tit. 14. des Dots & Mariages , n. 29. decide que l'Augment Dotal doit être payé à la Femme furvivante auffi-tôt après la diffolution du mariage.

Ce qui favorife l'opinion de ces Auteurs eft que fuivant la Loi *Cum notiffimi* , §. 7. *cum autem* , n. 3. au Code *de praefcript.* 30. *vel* 40. *annor.* il eft dit que la prefcription de la Dot & de la Donation à caufe de Nôces commence à courir du jour de la diffolution du Mariage ; d'où il refulteroit que dès ce jour ils font exigibles , la prefcription ne commençant à courir que lorfqu'on eft en état d'agir pour exercer fes droits.

Mais l'Auteur de la Glofe obferve qu'à l'égard de la Dot, cela ne doit s'entendre que lorfqu'elle confifte en immeubles ; & que fi elle confifte en deniers , ou en Effets mobiliers , elle n'eft exigible qu'après l'an revolu, fuivant le dernier état du Droit Romain.

Et quoique le Gloffateur ne dife pas qu'il en foit de même des Gains Nuptiaux , il y a cependant lieu de le croire , parceque fi la Dot n'eft reftituable qu'après l'an revolu , lors qu'elle confifte en deniers, & que cela ait été ainfi reglé pour donner aux Heritiers du Conjoint prédecedé le tems d'arranger les affaires de la fucceffion, & de chercher de l'argent pour rembourfer la Dot ; la même raifon doit faire decider que les Gains Nuptiaux ne font exigibles qu'après l'an revolu, parceque ces Gains Nuptiaux font prefque toûjours reglez expreffément ou tacitement à une fomme de deniers ; & d'autant plus encore que ces Gains ne font qu'un avantage, & ne peuvent pas être plus favorables que l'action donnée pour la reftitution de la Dot, qui eft une veritable creance.

Le feul cas où les Gains Nuptiaux pourroient être demandez auffi-tôt après la diffolution du mariage, feroit lorfque ces Gains font reglez au Don de la proprieté ou de la joüiffance de quelque Immeuble ; car en ce cas on en pourroit demander la delivrance fans delai, par la même raifon qu'on demande la reftitution de la Dot auffi-tôt après la diffolution du mariage, lorfqu'elle confifte en Immeubles ; mais ce cas n'arrive gueres, parce qu'il eft rare que les Gains Nuptiaux confiftent au Gain de la proprieté ou joüiffance d'aucun immeuble ; ordinairement on les regle à une fomme de deniers, ou s'ils ne font pas reglez par le Contrat de Mariage, ceux qui ont lieu de droit ne confiftent pareillement qu'en une fomme de deniers : il n'eft pas d'ufage que les Conjoints fe donnent la proprieté de leurs Immeubles par forme de Gain de Survie.

Et pour les dons de joüiffance d'Immeubles, on n'en voit guéres que dans les ftipulations d'habitation.

Mais ces fortes d'habitations ne forment point de difficulté, furtout pour la premiere Année, parceque de Droit, & quand il n'y en auroit aucune ftipulation, la Femme furvivante a droit de demeurer dans la Maifon de fon Mari depuis fon decès, jufqu'à ce que fa Dot lui ait été payée ; or comme la Dot n'eft payable qu'après l'An revolu, la Femme furvivante a par conféquent droit de continuer à demeurer dans la Maifon de fon Mari, depuis le decès jufqu'après l'An revolu, comme fi le Mariage con-

tinuoit encore pendant cette Année, & à plus forte raifon a-t'elle ce droit lorfque par le Contrat de Mariage on
a ftipulé pour elle un droit d'habitation fa vie durant dans
la Maifon de fon Mari, ou qu'il lui a legué cette habitation, ce qui fe pratique affez communément dans les
Païs de Droit Ecrit. V. Guy Pape, *Confil.* 129. *num.* 3.
Ranchin, *Decif. part.* 2. *Concluf.* 444. & Mynfing. *Cent.* 6.
Obferv. 82. *num.* 1.

Et cette Queftion a été ainfi jugée par un Arrêt du
Parlement de Touloufe l'an 1580. rapporté par M. Maynard liv. 3. ch. 22. & par la Rocheflavin en fes Arrêts liv. 2.
titre du Dot, art. 23. & liv. 6. *verbo* Dot, & preference
d'icelui, Titre 41. Article 2.

Il a pareillement été jugé en la Chambre de l'Edit de
Caftres le 16. May 1639. en la diftribution des biens de
Pierre Marc au profit de Meyffonniere fa Veuve, qu'elle
auroit droit d'infiftance pendant l'Inftance fur la Maifon dudit feu Pierre Marc fon Mari. V. Defpeiffes. tom. 1. p. 1.
fect. 3. num. 53.

A l'égard du Deüil & de l'Année de Viduité, comme
ce ne font point de vrais Gains Nuptiaux, ils font dûs &
exigibles auffi-tôt après le decès du Mari, ainfi qu'on l'a
établi ci-devant dans les Chapitres XI. & XII.

CHAPITRE VINGT-DEUXIÉME.

De quel jour font dûs les interêts des Gains Nuptiaux & de Survie.

SOMMAIRE.

I. Les interêts de la Dot font dûs de plein droit.
II. Secus, *Pour les Gains de la Femme.*
III. Exception dans le Reſſort du Parlement de Paris.
IV. Quid, *Pour les Gains du Mari ?*

I. **L**Es interêts de la Dot, ſuivant le Droit Romain, font dûs à la Femme ou à ſes Heritiers, de plein droit & ſans qu'il ſoit beſoin d'en former la demande, à compter du jour qu'eſt revoluë la premiere année du deüil ou de viduité ; & cette diſpoſition du Droit Romain eſt obſervée uniformément dans toutes les Provinces regies par le Droit Ecrit.

II. Juſtinien quoique très-favorable aux Femmes, nz leur accordoit ce privilege que pour la Dot & non pour la Donation à cauſe de Nôces, à laquelle repond notre Augment, & la raiſon qu'en rend la Loi *Aſſiduis*, §. 2. *qui potiores in pign. vel hypot. habeantur*, c'eſt que *Non enim pro lucro fovemus mulieres.*

La Juriſprudence des Parlemens de Droit Ecrit, apparemment fondée ſur ce principe, ne donne à la Femme les interêts de ſon Augment, que du jour de la demande, ſuivant ce qui nous eſt atteſté par Deſpeiſſes, tome 1. page 297. n. 13. Boniface, tome 1. p. 434. ch. 2. Albert ſur le mot Interèt, n. 8. Catelan, tome 2. livre 4. chapitre 44.

L'Auteur des Additions ſur la Peirere, Edition de 1717. lettre A. n. 22. cite un Arrêt du 23. Juillet 1710. qui a jugé que l'interêt de l'Augment n'eft dû aux Enfans que du jour du commandement.

III. Mais dans les Provinces de Lyonnois , Forêts , Beaujolois , qui font du reffort du Parlement de Paris , l'ufage eft de donner à la Femme les interêts de fes Gains Nuptiaux & de Survie du jour de la mort de fon Mari , fans qu'il foit neceffaire d'en former aucune demande.

On y accorde pareillement aux Enfans les interêts des Gains Nuptiaux & de Survie de leur Mere , du jour du decès du Pere , & fans qu'il y ait de demande.

On diftingue feulement les tiers detenteurs des Heritiers ; lorfque la Femme ou fes Enfans agiffent contre les Heritiers du Mari , les interêts des Gains Nuptiaux leur font dûs de plein droit du jour du decès du Mari , fans qu'il y en ait eu de demande formée ; au lieu que lorfqu'ils exercent leurs hypotêques contre un tiers detenteur , il n'eft tenu de leur payer les interêts de la Dot même que du jour de la demande , & à plus forte raifon ne doit-il auffi que de ce jour les interêts des Gains Nuptiaux.

C'eft ce qui a été jugé par un Arrêt du 10. Avril 1598. rapporté par M. Loüet , lettre I. n. 10. Cet Arrêt en infirmant une Sentence du Sénéchal de Lyon qui avoit condamné un tiers acquereur des biens du Mari de payer à la Veuve les interêts de fon Augment du jour du decès de fon Mari , ne condamne ce tiers detenteur à payer les interêts que du jour de la demande.

M. Bretonnier qui parle de cet Arrêt en fes Obfervations fur Henris , tome 1. liv. 4. ch. 3. queft. 10. obferve que cet Arrêt ne peut fervir de préjugé en faveur des heritiers du Mari , parce qu'un tiers acquereur n'eft tenu de payer les interêts même de la Dot , quoique dûs de plein droit , que du jour de la demande , & que la Sentence qui fut infirmée par cet Arrêt fert toûjours à prouver qu'à Lyon les interêts de l'Augment font dûs fans demande , puifque le Sénéchal l'avoit ainfi jugé même contre un tiers acquereur.

IV. A l'égard des Gains Nuptiaux & de Survie qui

peuvent appartenir au Mari , il ne peut guéres se presenter de question de sçavoir de quel jour les interêts en sont dûs , car ces Gains se prenant sur la Dot de la Femme , qui est entre les mains du Mari ou de ses heritiers , ils n'ont pas besoin d'en demander le payement aux heritiers de la Femme , ils le retiennent sur la Dot , par delibation ou compensation ; & de cette maniere ils se payent par leurs mains aussi-tôt que le Droit des Gains Nuptiaux & de Survie est ouvert , en sorte qu'il ne peut ordinairement leur en être dûs des interêts.

Il n'y a qu'un seul cas où le Mari ne pourroit pas se payer de ses Gains Nuptiaux & de Survie à l'instant du decès de sa Femme , sçavoir lorsqu'il n'auroit pû toucher la Dot de sa Femme , ou du moins qu'il n'en auroit reçû qu'une portion qui ne suffiroit pas pour le remplir de ses Gains Nuptiaux & de Survie ; en ce cas dans les Parlemens de Droit Ecrit il ne lui en seroit dû d'interêt que du jour de la demande qu'il en auroit formé , soit contre les heritiers de la Femme , soit contre les tiers detenteurs , le Mari n'étant pas plus privilegié que la Femme , à laquelle on n'accorde pareillement les interêts de ses Gains que du jour de la demande. Despeisses tome 1. page 297. n. 13.

Au contraire dans les Provinces de Droit Ecrit , du ressort du Parlement de Paris , il paroîtroit juste d'accorder au Mari les interêts de ses Gains Nuptiaux du jour de la mort de sa Femme , de plein droit & sans qu'il y ait besoin d'en former la demande , puisqu'on les accorde ainsi de plein droit à la Femme du jour de la mort de son Mari ; on ne trouve cependant aucun Jugement rendu sur cette question ; mais cela ne vient sans doute que de ce que dans ces Provinces il n'y a point de Gains de Survie dûs de plein droit au Mari , & que l'on n'y en stipule pas toûjours , en sorte que la question des interêts des Gains du Mari s'y presentent plus rarement que pour ceux de la Femme.

CHAPITRE VINGT-TROISIÉME.

Quelles preferences, hypotêques & Privileges a le furvivant pour fes Gains Nuptiaux.

SOMMAIRE.

I. Hypotêque de la Dot.
II. Hypotêque des Gains de la Femme.
III. Hypotêque fubfidiaire fur les biens fubftituez.
IV. Preference de la Femme fur les Meubles.
V. Si ceux qui font obligez à la Dot le font aux Gains Nuptiaux.
VI. Quid, Des Gains Nuptiaux du Mari.

I. JUftinien dans la Loi *affiduis* au Code *qui potior*,&c. donne à la Femme pour la repetition de fa Dot une hypotêque privilegiée fur tous les biens du Mari, & veut que pour cette créance elle foit preferée à tous les autres créanciers de fon Mari, quoi qu'anterieurs au mariage.

Mais cette Loi finguliere n'eft point fuivie en France, excepté dans le Parlement de Touloufe qui l'a fait obferver toutes les fois que les biens font fitués dans fon reffort, quand même le Contrat de Mariage auroit été paffé dans un autre Parlement, & que les parties feroient domiciliées hors de fon reffort, cela y a été ainfi jugé par un Arrêt du 28. Novembre 1636. rapporté par M. d'Olive livre 3. ch. 25.

Les Créanciers vigilans ont feulement un moyen pour empêcher que cette hypotêque privilegiée de la Femme ne leur préjudicie, c'eft de dénoncer leurs hypotêques à la Femme avant fon Mariage, afin qu'elle n'en puiffe prétendre caufe d'ignorance, auquel cas en fe mariant elle fe foumet à n'être payée qu'après ceux des Créanciers qui lui ont denoncé leurs hypotêques : ce qui donne lieu à bien des fraudes & des antidates.

II. Ce droit de prelation accordé à la Femme pour ſa Dot , n'a jamais eu lieu même dans le Droit Romain pour la Donation à cauſe de Nôces ; cette Donation & tous les autres Gains Nuptiaux n'ont toûjours été payés que ſuivant l'ordre de leur hypotêque , ainſi que l'explique la Loi *Aſſiduis §.* dernier , *hæc autem* , dit cette Loi , *tantum ad Dotem ſancimus non ad ante Nuptias Donationem quam ſuo tempori ſervire diſponimus , & habere inter creditores ſui temporis ordinem , non enim pro lucro fovemus mulieres , ſed ne damnum patiantur , ſuiſque rebus defraudentur curamus.*

Dans tous les Païs de Droit Ecrit , on ſuit ce Paragraphe de la Loi *aſſiduis* , & le ſurvivant pour ſes Gains Nuptiaux & de Survie , n'a d'hypotêque ſur les biens du predecedé , que du jour du Contrat de Mariage ; cela a été ainſi jugé pour l'Augment de Dot , même au Parlement de Toulouſe , par Arrêt rapporté par M. Maynard , liv. 3. ch. 26. On peut voir auſſi ſur cette matiere M. de la Rocheflavin , liv. 6. ſous le mot Dot & preference d'icelui , tit. 41. art. 23. où il rapporte un Arrêt du mois de Septembre 1596. qui a pareillement jugé que l'hypotêque de l'Augment n'eſt que du jour du Contrat de Mariage.

S'il n'y a point de Contrat de Mariage , l'hypotêque des Gains Nuptiaux & de Survie eſt du jour de la benediction Nuptiale , Henris tom. 1. liv. 4. queſt. 52.

Mais il faut obſerver pour ce qui eſt des Gains Nuptiaux & de Survie de la Femme , que ſon hypotêque pour ces ſortes de Gains eſt toûjours poſterieure à celle de ſa Dot ; ce qui eſt de grande conſequence lorſqu'il y a des Enfans , car ſi les biens du Mari ne ſont pas ſuffiſans pour payer la Dot & l'Augment , en ce cas la perte tombe ſur l'Augment , & par conſequent ſur les Enfans.

L'Augment eſt ſeulement preferé aux autres Donations portées par le Contrat de Mariage. Catelan en ſes Arrêts , ch. 43.

III. A défaut de biens libres du Mari , les Gains Nuptiaux & de Survie de la Femme fe prennent fur les biens
fubftitués , conformément à l'Authentique *res quæ* , au Code
commun *de legat.* & à la Novelle 39. Du moins cela ne
fouffre aucune difficulté , lorfqu'il s'agit d'une Subftitution
en ligne directe ; il y a fur les biens ainfi fubftitués une
hypotèque fubfidiaire dans tous les degrès de la Subftitution , tant pour la Dot que pour l'Augment & autres
Gains Nuptiaux & de Survie , ce qui eft fondé fur l'intention préfumée du Teftateur , fuivant l'axiome *qui vult
finem , vult & media* : car tout homme qui fait un fideicommis graduel , a intention que celui qu'il inftituë Heritier fe marie , ce qu'il ne pourroit faire avantageufement
fans affurer à fa Femme un Augment ou autres Gains
Nuptiaux proportionnés à la Dot qu'elle lui apporte.

M. de Catelan en fes Arrêts ch. 44. eft de cet avis , &
dit que la queftion fut ainfi jugée en la deuxiéme Chambre des Enquêtes en 1690. & que l'on allouë auffi fur
les biens fubftitués les interêts de l'Augment , depuis l'inftance , fuivant un Arrêt du 8. Août 1662.

Mais il faut obferver que s'il y a un Augment ou autres
Gains Nuptiaux reglé par la Loi ou l'Ufage des lieux , il
n'y a que ces Gains coûtumiers qui puiffent être repetés
fur les biens fubftitués ; & que fi les Gains ftipulez font
plus forts , ils ne feront pris fur les biens fubftitués que
jufqu'à concurrence de ce que donne la Loi ou l'Ufage ,
le furplus étant une pure liberalité de l'Heritier , car l'authentique *res quæ* qui permet d'obliger les biens fubftitués
pour la repetition de la Donation à caufe de Nôces ,
promodo honeftati perfonarum congruo , s'entend s'il n'y a pas
de Gains reglés par l'Ufage ; car s'il y en a , il eft jufte
que l'Heritier fe tienne dans les bornes de l'Ufage.

Tel eft le fentiment de M. de Catelan , *loco fup. cit.*
où il attefte que cela a été ainfi jugé en 1677.

Le même Auteur ajoûte encore en cet endroit , que
par Arrêt du 24. Avril 1646. il fut jugé que la Femme
du Batard du Teftateur , ne peut repeter fa Dot , ni fon

Z iij

Augment fur les biens donnez au Batard à charge de fideicommis envers un des Parens du Teftateur, parceque la Loi qui permet la repetition de la Dot & des Gains Nuptiaux, fur les biens fubftitués en faveur des defcendans, ceffe dans le cas d'Enfans naturels : en effet un Pere legitime peut bien avoir le defir de fe perpetuer par une defcendance legitime & être préfumé avoir eu intention d'en procurer les moyens ; mais il ne convient pas au Pere naturel en perpetuant fa defcendance par un Fils naturel, de vouloir perpetuer la preuve de fon incontinence, & on ne fait pas injure à cette efpece de defcendans de les traiter comme les Collateraux.

Enfin M. Catelan obferve que la Dot & l'Augment peuvent auffi être repetés fubfidiairement fur les biens donnés par le Pere ou la Mere, ou autre, dans les Contrats de Mariage, nonobftant le droit de retour par le predecès du Donataire fans fes Enfans, que cela fut ainfi jugé par deux Arrêts du 6. Mars 1590. & 27. Avril 1649. & que tels biens y font fujets, nonobftant la revocation de la Donation *Per fupervenientiam liberorum*, fuivant un Arrêt rapporté par M. d'Olive, liv. 4. ch. 8.

A l'égard des Subftitutions faites par un Collateral aux defcendans en ligne directe d'un de fes Collateraux, il y a parité de raifon pour dire que les Femmes de ces fubftitués ont hypotêque fubfidiaire fur les biens fubftitués pour leurs Gains Nuptiaux, parceque fi le Teftateur n'a pas eu en vuë fa pofterité directe, il a envifagé la defcendance directe de fon heritier, & par confequent eft préfumé avoir confenti tacitement que les fubftitués auroient la liberté d'hypotêquer les biens pour faciliter leurs Mariages, fans lefquels la fubftitution graduelle ne pourroit avoir lieu.

Mais pour ce qui eft des Subftitutions faites d'un Collateral inftitué à d'autres Collateraux, on ne peut pas dans ce cas fuppofer que le Teftateur ait neceffairement eu en vûë les Mariages de fes Collateraux ; ainfi il ne paroît pas que la Femme d'un Collateral ainfi fubftitué pût prétendre aucune hypotêque, même fubfidiaire pour fes Gains Nuptiaux fur les biens fubftitués.

Cette Queftion de l'hypotêque fubfidiaire des Femmes fur les biens fubftitués, foit en directe ou en Collaterale eft difcutée amplement dans les Obfervations de M. Bretonnier fur Henris, tome 1. liv. 5. ch. 4. queft. 66. où il rapporte tous les differens Arrêts rendus fur cette matiere.

Comme l'hypotêque fubfidiaire des Femmes fur les biens fubftitués n'eft fondée que fur le defir que l'on préfume que le Teftateur a eu de perpetuer fa pofterité ou celle de fon heritier, on tient communément que ce privilege ceffe lorfque le Teftateur a expreffément défendu l'alienation des biens par lui fubftitués, pour quelque caufe que ce puiffe être, même pour caufe de Dot, parce qu'en ce cas on ne peut admettre une préfomption qui feroit directement contraire à l'intention du Teftateur.

Par une fuite de ces mêmes principes, les fecondes Femmes des fubftitués ne doivent avoir aucune hypotêque, même fubfidiaire fur les biens fubftitués, lorfqu'il y a des Enfans mâles du premier Lit, parce qu'en ce cas le vœu du Teftateur eft rempli, & qu'on ne peut pas préfumer qu'il ait eu intention de permettre d'hypotêquer les biens qu'autant qu'il feroit indifpenfablement neceffaire pour l'accompliffement de fes vûës, ainfi qu'il a été jugé par plufieurs Arrêts, rapporté par M. Bretonnier, *loco cit.*

I V. Dans tous les Païs de Droit Ecrit, la Femme a encore un autre privilege, c'eft que pour fes Gains Nuptiaux auffi-bien que pour fa Dot, elle eft preferée fur les Meubles de fon Mari à tous Créanciers, quoique premiers faififfans, même en cas de faillite & banqueroute dont elle n'eft point complice, fans entrer en contribution avec les Créanciers, fuivant la Jurifprudence des Arrêts rapportés par M. Bouguier, lettre D. ch. 14. M. Montholon, art. 63. M. Brodeau fur M. Loüet, lettre M. ch. 8. n. 4. *in fine.*

V. Ceux qui fe font obligés pour plus grande fûreté avec le Mari, à la reftitution de la Dot, ne font pas pour cela de plein droit obligés au payement des Gains Nuptiaux & de Survie, non pas même pour l'Augment, quoiqu'il soit une suite & un accessoire de la Dot, il n'en a pas tout le privilege, n'étant pas aussi essentiel que le Pere du Mari ou autres qui se font obligés avec lui soient tenus de repondre de l'Augment ou autres Gains qui font une liberalité, que de repondre de la Dot qui est une dette du Mari ; c'est ce qui a été jugé pour l'Augment, par deux Arrêts rapportés par M. de Catelan, liv. 4. ch. XI. le premier du 17. Mai 1667. rendu au rapport de M. Catelan lui-même, le second du 28. Juillet 1669. par lesquels il fut jugé que le Beau-Pere n'étoit point responsable de l'Augment, mais seulement de la Dot.

VI. Le Mari survivant a pour son droit de Contre-Augment & autres Gains Nuptiaux & de Survie, hypotêque sur les biens de sa Femme du jour du Contrat de Mariage, & lorsqu'il n'y a point de Contrat du jour de la benediction Nuptiale, comme cela se pratique à l'égard de la Femme.

Mais il n'a point comme elle de preference sur les Meubles de sa Femme, à moins qu'il ne soit le premier saisissant, ce privilege qui est exhorbitant du Droit commun ne lui étant point accordé par la Loi qui le donne à la Femme.

A défaut de biens libres de la Femme, le Contre-Augment & autres Gains Nuptiaux du Mari doivent se prendre subsidiairement sur les biens de la Femme qui font substitués en ligne directe, de même que la Femme en ce cas prend ses Gains sur les biens ainsi substitués à son Mari, y ayant à cet égard parité de raison pour le Mari comme pour la Femme. Ce qui doit avoir lieu sur tout pour le Contre-Augment & autres Gains Nuptiaux & de Survie coûtumiers du Mari dans les Païs où ils font en usage, comme à Toulouse & à Bordeaux, parce que ces Gains Coûtumiers ayant lieu de plein droit & sans stipulation, le Testateur est présumé avoir prévû & consenti tacitement que ces Gains du Mari se prendroient sur les biens substitués à la Femme.

Mais

Mais en cas de Subſtitution faite de la Femme à un de ſes Collateraux ou à un Etranger , il ne paroît pas que le Mari puiſſe avoir d'hypotêque ſubſidiaire ſur les biens ſubſtituės , la préſomption ne pouvant avoir lieu dans ce cas en faveur du Mari , non plus que pour la Femme , comme on l'a obſervé ci-devant.

CHAPITRE VINGT-QUATRIÉME.

Si le Survivant doit donner caution pour toucher ſes Gains Nuptiaux.

SOMMAIRE.

I. Par le Droit Romain tout uſufruitier doit donner caution.
II. En quel cas il en eſt dû pour les Gains Nuptiaux.
III. En quel cas le Survivant en eſt diſpenſé.

I. SUivant la Loi I. au Code *de uſufructu* , tout uſufruitier étoit tenu de donner caution de joüir en bon Pere de famille , & de rendre les biens en bon état.

Cette précaution quoique trés - utile pour la ſûreté des Proprietaires , ne s'obſerve cependant plus , ni dans les Païs de Droit Ecrit , ni dans les Païs Coûtumiers , ſi ce n'eſt dans quelques cas particuliers.

I I. Une des matieres où la preſtation de caution eſt encore uſitée dans les Païs de Droit Ecrit , c'eſt pour la délivrance des Gains Nuptiaux & de Survie au Conjoint ſurvivant , lorſque ces Gains peuvent par l'évenement être reverſibles aux Enfans.

Ainſi par exemple , comme l'Augment de Dot & les Bagues & Joyaux ſont de droit reverſibles aux Enfans après la Mort de leur Mere , & qu'à l'exception de la Virile qui appartient en proprieté à la Mere , elle n'a que l'uſufruit du

ſurplus de ces avantages , elle ne peut en avoir la délivrance qu'en donnant bonne & ſuffiſante caution de les rapporter en cas qu'il y ait lieu ; cette maxime eſt certaine dans
tous les Païs de Droit Ecrit , & nous eſt atteſtée par M.
Bretonnier en ſes Obſervations ſur le dix-huitiéme Plaidoyé
d'Henris tom. 1. p. 827. & en ſes Queſt. Alphabet. *verbo*
Augment de Dot. Argou en ſes Inſtit. au Droit Franç. tom. 1.
liv. 3. ch. 10.

Et ce n'eſt pas ſimplement à ſa caution juratoire que la
Femme doit avoir délivrance de ſon Augment , & de ſes
Bagues & Joyaux , elle doit preſenter & faire recevoir en
Juſtice une perſonne bonne & ſolvable qui ſe porte caution
de la reſtitution de l'Augment , & des Bagues & Joyaux en
cas qu'il y ait lieu à la reſtitution.

En cela le droit d'Augment , Bagues & Joyaux eſt different du Doüaire ; car par l'Article 164. de la Coûtume de
Paris , la Femme doit avoir la délivrance de ſon Doüaire à ſa
caution juratoire , & n'eſt tenu de donner bonne & ſuffiſante caution , qu'en cas qu'elle convole en autre Mariage.

La raiſon de cette diverſité vient ſans doute de ce que le
Doüaire Coûtumier ne conſiſte que dans la joüiſſance en nature de quelques Heritages , & qu'à l'égard du Doüaire
préfix , il eſt auſſi ordinairement reglé à la joüiſſance de
quelque Heritage ou Fonds de Rente ; en ſorte que le Fonds
du Doüaire étant preſque toûjours immobilier , la Femme
ne peut diſpoſer de ce Fonds au préjudice du droit des
Enfans , & en vertu de l'hypotêque l'égale qu'ils ont ſur ce
Fonds , ils evinceroient ceux qui l'auroient acquis à leur préjudice ; au lieu que l'Augment & les Bagues & Joyaux , ſoit
Coûtumiers ou préfix , n'étant jamais qu'une ſomme d'argent , la Mere pourroit la diſſiper entierement , & ſouvent
ſes Enfans ne trouveroient pas dans la Succeſſion de la Mere
dequoi ſe faire payer de cette ſomme , c'eſt pourquoi on
oblige la Femme ſurvivante de donner bonne & ſuffiſante
caution , lorſqu'il y a des Enfans auſquels l'Augment & les
Bagues & Joyaux doivent retourner.

Le Conjoint ſurvivant, ſoit la Femme ou le Mari , eſt tenu

de donner cette caution pour tous les Gains Nuptiaux &
de Survie qui font reverſibles.

I I I. Cette Regle reçoit neanmoins quelques exceptions.

1°. Si par Contrat de Mariage , on a ſtipulé que le Survivant joüira de ſes Gains Nuptiaux ſans donner aucune
caution , ou ſi on a ſtipulé qu'il en aura la délivrance à ſa
caution juratoire , la convention doit être executée , & ne
doit pas paroître injuſte; car puiſqu'on peut ſtipuler l'Augment
& les Bagues & Joyaux ſans retour , on peut bien décharger
le Survivant de donner caution : Mais ces ſortes de ſtipulations ne ſont pas en uſage , & au ſurplus il faudroit qu'elles
fuſſent faites par Contrat de Mariage , & tout Acte poſterieur ne pourroit affranchir de donner bonne & ſuffiſante
caution , parce que poſterieurement au Mariage on ne peut
par quelque Acte que ce ſoit , rien changer , ajoûter ni diminuer aux droits reſpectifs des Conjoints , ſurtout lorſque
l'intereſt des Enfans s'y trouve mêlé , comme dans les
Gains Nuptiaux qui font une ſorte de Legitime pour les
Enfans.

2°. Si par Contrat de Mariage on avoit ſtipulé que le
ſurvivant pour ſes Gains Nuptiaux aura la joüiſſance de
quelques Heritages , ou autres Immeubles du predecedé ,
ou ſi en payement de ſes Gains Nuptiaux reverſibles , on lui
donne la joüiſſance de quelques Immeubles ; dans ces deux
cas , le ſurvivant ne doit point être tenu de donner bonne
& ſuffiſante caution , parce que cette ſûreté ſeroit ſuperfluë ,
les Enfans ayant ſur les Immeubles une hypotêque legale ,
en vertu de laquelle ils peuvent les repeter , nonobſtant
toutes diſpoſitions poſterieures que le ſurvivant pourroit
avoir fait en fraude , & au préjudice de leur droit , &
même dans ces cas , bien loin que les Enfans puiſſent ſe
plaindre , leur condition eſt plus avantageuſe que lorſque le
ſurvivant donne bonne & ſuffiſante caution de reſtituer
une ſomme de déniers qu'on lui confie , ſuivant la maxime
plus cautionis eſt in re quam in perſona ; Et en effet la caution
peut devenir inſolvable , & les déniers être perdus pour
les Enfans ; au lieu que les Biens Immeubles dont la joüiſ-

fance aura été donnée au furvivant , ne fçauroient être en-
levés aux Enfans.

Mais dans ces cas où le furvivant eft difpenfé de donner
bonne & fuffifante caution , il paroît qu'il ne doit avoir
la délivrance de fes Gains Nuptiaux qu'à fa caution juratoire , de joüir en bon Pere de famille , & qu'il ne pourroit refufer cette preftation de ferment , fans fe rendre
fufpect d'être difpofé à deteriorer les biens dont on lui
donne la joüiffance.

3°. Si les Gains Nuptiaux du Survivant font ftipulés où
lui font payés partie en argent ou effets mobiliers , &
partie en Immeubles dont on lui donne la joüiffance , le
furvivant ne pourra être tenu de donner bonne & fuffifante caution , que jufqu'à concurrence du mobilier qui lui
eft donné en payement.

4.°. Et comme cette caution n'eft düë que pour la fûreté
des Enfans à qui les Gains Nuptiaux doivent retourner
après le decès du Conjoint furvivant , on ne doit point
exiger de lui qu'il donne caution pour tout ce qui lui
eft accordé en pleine proprieté & fans retour , foit par la
Loy , foit par le Contrat de Mariage.

5°. Il n'eft pareillement dû aucune caution lorfqu'il n'y
a point d'Enfans vivans au tems de l'ouverture des Gains
Nuptiaux & de Survie , ou qu'ils font tous decedès avant
que la caution foit donnée , parce que la reverfion des Gains
Nuptiaux & de Survie n'a lieu qu'en faveur des Enfans
qui furvivent au Conjoint furvivant leur Pere ou Mere , &
que le cautionnement n'eft établi que pour leur fûreté , en
forte qu'il n'eft plus neceffaire lorfqu'il n'y a point d'Enfans ,
fuivant la Doctrine de Faber *de fecundis Nuptiis defin.* 13.
num. 6.

6°. Il faut obferver que le Conjoint furvivant lorfqu'il eft
dans le cas de donner caution pour toucher fes Gains
Nuptiaux , n'eft tenu de cautionner que jufqu'à concurrence de ces Gains , la Virile deduite , parce que la Virile
appartenante au furvivant en pleine proprieté , & fans aucune charge de reverfion , il ne peut être dû de caution pour
cette portion.

7°. Lorſque le ſurvivant ſe remarie, y ayant des Enfans vivans de ſon premier Mariage, il eſt tenu de donner bonne & ſuffiſante caution, de rapporter les Gains Nuptiaux qu'il a touché, même pour ceux dont il avoit auparavant la pleine proprieté par la Loi, ou qui étoient ſtipulés ſans retour, & même pour la Virile ; car par les ſecondes Nôces le ſurvivant, lors qu'il y a des Enfans vivans du premier Mariage, perd tous les droits de proprieté qu'il pouvoit avoir dans les Gains Nuptiaux, & la totalité de ces Gains devenant reverſible aux Enfans, il doit être tenu de donner bonne & ſuffiſante caution, à moins que par le Contrat de Mariage, il n'ait été expreſſément affranchi des peines des ſecondes Nôces, ce que les futurs Conjoints peuvent faire par le Contrat de Mariage, mais non par aucun Acte poſterieur, ſoit Teſtament ou autre.

Cette caution dûë en cas de ſecondes Nôces, ne peut être exigée d'avance ſous pretexte que le ſurvivant pourra ſe remarier, ce n'eſt que lorſque le ſecond Mariage eſt contracté, que le Survivant remarié doit donner bonne & ſuffiſante caution, s'il ne l'a pas déja donné pour quelque autre cauſe de reverſion ; car s'il l'a déja donné, il n'eſt pas tenu d'en fournir une nouvelle, à moins que ce ne ſoit pour la Virile où autres portions qui n'étoient pas reverſibles avant le ſecond Mariage ; car la caution n'étant pas obligée à la reverſion de la Virile, ni des autres portions ſtipulées ſans retour, le ſurvivant remarié doit donner un ſupplément de caution pour ces portions des Gains Nuptiaux.

Que ſi lors des ſecondes Nôces les Enfans du premier Mariage étoient tous decedés, en ce cas il ne ſera point dû de nouvelle caution, & même celle qui auroit été donnée pour ce qui étoit reverſible avant le ſecond Mariage, demeure déchargé de plein droit à l'inſtant du decès du dernier des Enfans, n'y ayant plus lieu alors à aucune reverſion.

CHAPITRE VINGT-CINQUIÉME.

Quels droits les Conjoints ont dans les Gains Nuptiaux.

SOMMAIRE.

I. Chaque Conjoint pendant la vie de l'autre n'a rien dans les Gains Nuptiaux.
II. Exception que reçoit cette regle.
III. Droit des Conjoints après le decès de l'un d'eux.
IV. Quid , *S'il y a des Enfans.*
V. Quid , *S'il n'y en a point.*

I. POur connoître quels droits chacun des Conjoints , peut avoir dans les Gains Nuptiaux , il faut diftinguer les tems.

En general pendant la vie des deux Conjoints , la Femme ni le Mari n'ont aucun droit dans les Gains de Survie qu'ils peuvent efperer ; car pour qu'un des Conjoints les gagne , il faut qu'il furvive à l'autre , fuivant la difpofition de la Loi 18. au Code *de Donat. Ant. Nupt.* & la Doctrine de M. Faber fur ce tit. *defin.* 6. & de M. Cujas en fa Confultation 24. fur la fin.

C'eft par une fuite de ce principe , & pour conferver le droit des Enfans auquel la Femme ne peut préjudicier , qu'on juge qu'elle ne peut du vivant de fon Mari & de fes Enfans , aliener fon Augment , & cela même dans les Païs de Droit Ecrit du reffort du Parlement de Paris , dans lefquels en confequence d'un Edit du mois d'Avril 1664. Regiftré au Parlement le 20. Août de la même année , la Femme peut aliener fa Dot.

Cette prohibition d'aliener l'Augment du vivant du Mari , a été jugée contre la Femme par Arrêt du 19. Août 1704.

rapporté par M. Bretonnier en ſes Obſervations ſur Henris tom. 2. liv. 4. queſt. 2.

On doit appliquer le même principe à tous les autres Gains Nuptiaux reverſibles , tant du Mari que de la Femme , les Pere & Mere ne pouvant par aucun Acte préjudicier aux droits que la Loi reſerve aux Enfans dans les Gains Nuptiaux , parceque ces Gains ſont pour les Enfans une eſpece de Legitime.

I I. A cette regle generale qu'il faut que le Conjoint ſurvive pour recuëillir les Gains Nuptiaux ſtipulés à ſon profit , il y a trois exceptions.

La premiere eſt qu'il y a certains cas où l'un des Conjoints peut demander ſes Gains Nuptiaux & de Survie du vivant de l'autre Conjoint : Par exemple la Femme peut les deman- der en cas de mort civile, longue abſence, faillite , & ſepara- tion de ſon Mari , *& viceverſâ* ; le Mari en cas de mort civile de ſa Femme , peut demander comme ſurvivant les Gains Nuptiaux qu'il devoit avoir en cas de Survie : ainſi qu'on l'a expliqué dans le Chapitre XXII.

La ſeconde eſt que quoique la plûpart des Gains Nuptiaux des Païs de Droit Ecrit , ſoient des Gains de Survie , il y en a neanmoins quelques-uns qui appartiennent toûjours aux Conjoints, ſoit qu'ils ſurvivent ou qu'ils predecedent, tels que le gain des Bagues Nuptiales accordé à la Femme par la Coûtume de Bourdeaux, la Coûtume de Ferrete, & la repriſe des Habits , Hardes, Linges , & Joyaux que les Héritiers du predecedé font dans la Province d'Alſace , dont on a parlé ci-devant dans les Chapitres IX. & XI. de ce Traité.

La troiſiéme exception, eſt que tous les Gains Nuptiaux, mê- me ceux qui ſont ordinairement Gains de Survie , ne laiſſent pas d'appartenir aux Héritiers du predecedé ſi on l'a ainſi ſtipulé par Contrat de Mariage ; ces ſortes de Contrats étant ſuſceptibles de toutes ſortes de clauſes , pourvû qu'elles ne ſoient point contraires aux bonnes mœurs ni à aucune Loi prohibitive ; or rien n'empêche qu'on ne ſtipule des Gains Nuptiaux en faveur d'un Conjoint , ſoit qu'il ſurvive ou qu'il prédecede.

III. Après le decès d'un des Conjoints , le survivant doit avoir tous ses Gains Nuptiaux & de Survie ; mais pour sçavoir jusqu'où s'étend le droit que le survivant a dans ses Gains Nuptiaux & de Survie , il faut distinguer si lors que le droit du Conjoint est ouvert , il y a des Enfans vivans de ce Mariage , ou s'il n'y en a point.

I V. Au premier cas , qui est , s'il y a des Enfans vivans de ce Mariage , le survivant est tenu de donner bonne & suffisante caution de leur rendre le Fonds des Gains s'ils sont reversibles, n'en ayant que l'usufruit, à l'exception d'une Virile dont il a la pleine proprieté, pourvû qu'il ne se remarie point.

Mais comme on l'a observé ci-devant , les futurs Conjoints peuvent par Contrat de Mariage se décharger de la caution , stipuler les Gains en pleine proprieté , & s'affranchir des peines des secondes Nôces ; & lorsque dans le Contrat de Mariage , il y a de telles clauses , elles prévalent sur l'usage ordinaire.

Il faut cependant observer à l'égard de la clause par laquelle on auroit stipulé les Gains Nuptiaux sans retour , que les opinions sont partagées sur la question de sçavoir , si une telle clause peut préjudicier aux Enfans , sur tout en ce qui concerne leur droit dans l'Augment & les Bagues & Joyaux & autres Gains Nuptiaux de la Femme.

Ceux qui tiennent que la clause *sans retour* est valable, même au préjudice des Enfans , se fondent sur ce qu'on peut stipuler qu'il n'y aura point de Gains Nuptiaux , ce qui est aussi préjudiciable aux Enfans , que lors qu'on stipule les Gains Nuptiaux sans retour.

Ceux qui tiennent que la clause *sans retour* ne peut préjudicier aux Enfans , se fondent sur ce que la proprieté des Gains Nuptiaux est une espece de Legitime dont on ne peut priver les Enfans.

Mais si cela étoit , il ne seroit pas permis de stipuler qu'il n'y aura point de Gains Nuptiaux ; ainsi je ne vois pas de raison assès forte pour empêcher l'effet de la clause par laquelle on auroit stipulé les Gains Nuptiaux en pleine proprieté & sans retour.

Il pourroit feulement y avoir quelque raifon de douter fi cette claufe auroit toûjours fon effet, en cas que le Survivant vint à fe remarier, & qu'il ne fut pas affranchi des peines des fecondes Nôces, c'eft une queftion que nous examinerons dans le ch. XXVII. où nous traiterons la queftion generale de fçavoir fi les Conjoints peuvent s'affranchir des peines des fecondes Nôces ; mais hors ce cas de fecondes Nôces, je penfe dès à prefent que la claufe *fans retour* doit être executée même contre les Enfans.

V. Au fecond cas, qui eft s'il n'y a point d'Enfans lors de l'évenement qui donne ouverture aux Gains Nuptiaux & de Survie, le Conjoint Survivant n'eft tenu de donner aucune caution, parce qu'il a dans ce cas la pleine proprieté de la totalité des Gains Nuptiaux & de Survie.

Refte maintenant à parler de la Virile, & du droit que le Conjoint remarié a dans les Gains Nuptiaux, c'eft ce que nous allons expliquer dans les deux Chapitres fuivans.

CHAPITRE VINGT-SIXIÉME.

De la Virile.

SOMMAIRE.

I. Ce que c'est que la Virile.
II. En quoi elle differe de la Portion Virile.
III. En quels cas le survivant a la Virile.
IV. Que le Pere en a une aussi-bien que la Mere.
V. Quotité de la Virile.
VI. Si le survivant en peut disposer, & comment.

I. ON entend par le mot de Virile, une portion des Gains Nuptiaux & de Survie que la Loi accorde en proprieté au Conjoint survivant ; quand il demeure en Viduité on l'appelle Virile, parce qu'elle est égale à la portion d'un des Enfans.

II. Il ne faut pas confondre cette Virile avec ce que l'on appelle en Droit Portion Virile, qui est un droit tout different ; cette portion Virile est la part que les Pere & Mere, suivant la Novelle 118. ch. 2. prennent en proprieté dans la succession d'un de leurs Enfans, auquel ils succedent avec leurs autres Enfans, Freres & Sœurs du Défunt : on l'appelle Virile, parce qu'ils succedent à leurs Enfans, *in Virilem partem*, & que cette part est égale à celle que chacun des autres Enfans, Freres & Sœurs du défunt prend dans sa succession ; mais pour distinguer cette portion d'avec celle que le survivant prend en proprieté dans les Gains Nuptiaux, on appelle celle-ci Portion Virile, & l'autre Virile simplement.

III. Pour entendre ce que c'est que la Virile dans les Gains Nuptiaux, il faut observer que lorsque le Droit est ouvert au profit d'un des Conjoints pour demander les Gains Nuptiaux, soit par le predecès de l'autre Conjoint, foit pendant la vie de ce Conjoint en cas de mort civile, longue abfence, faillite, feparation, &c. s'il y a des Enfans vivans procréés de ce mariage, le Conjoint furvivant n'a que l'ufufruit des Gains Nuptiaux, à moins que par le Contrat de Mariage il ne fut dit que le Conjoint pourra difpofer à la vie & à la mort de tous les Gains Nuptiaux ou de partie d'iceux, auquel cas il en pourroit difpofer en faveur de qui il jugeroit à propos, encore qu'il y eut des Enfans. C'eft le fentiment de M. Expilly ch. 43. pour l'Augment de Dot.

Mais cette claufe n'autorife le Conjoint à difpofer librement des Gains Nuptiaux, qu'en cas qu'il demeure en Viduité ; car en fe remariant il en perd abfolument la proprieté, fuivant la Loi 3. au Code *de fecundis Nuptiis* ; fi ce n'eft que par le Contrat de Mariage on eut encore ftipulé que le Conjoint pourra difpofer de fes Gains Nuptiaux ou de partie d'iceux, quoiqu'il y ait Enfans, & qu'il fe remarie, parce que les Contrats de Mariage font fufceptibles de toutes fortes de claufes, & que fuivant la Novelle 22. ch. 2. il eft permis aux perfonnes mariées de fe décharger des peines des fecondes Nôces.

Lorfque aucune de ces differentes claufes n'a été appofée au Contrat de Mariage, & que les Conjoints s'en font rapporté à la Loi, le Conjoint qui recüeille fes Gains Nuptiaux n'en a que l'ufufruit fa vie durant, en cas qu'il y ait des Enfans vivans. Cet ufage eft conforme à la difpofition du Droit, & nous eft attefté par tous les Auteurs.

Seulement fi le Conjoint furvivant demeure en viduité, outre l'ufufruit de fes Gains Nuptiaux, il a dans ces mêmes Gains la proprieté d'une portion qui eft ce que l'on appelle *Virile.*

Cet ufage des Païs de Droit Ecrit eft conforme à la difpofition de la Novelle 127. & paroît fondé fur le même motif : par le chapitre 3. de cette Novelle, Juftinien veut que la Femme qui refte en viduité, outre l'ufufruit de la Donation à caufe de Nôces, ait encore en proprieté une portion égale à celle de chacun des Enfans ; par la raiſon que les Femmes qui reſtent en viduité , méritent quelque choſe de plus que celles qui paſſent à de ſecondes Nôces.

Dans ce même chapitre 3. de la Novelle 127. Juſtinien explique de quelle maniere on doit fixer la portion des Gains Nuptiaux , dont la Femme ſurvivante gagne la proprieté lorſqu'elle demeure en viduité : *habere verò eam & proprietatis tantum , quantum filiorum quantitas faciat ; ut ſecundum proprietatis rationem unius & ipſa filii perſonam obtinere videatur.*

C'eſt de cette maniere que l'on regle la Virile que la Femme gagne dans l'Augment , Bagues & Joyaux , & autres Gains Nuptiaux , lorſqu'elle demeure en viduité ; en ſorte que cette Virile n'eſt pas égale à la portion que chacun des Enfans auroit dans la totalité de l'Augment , & des Bagues & Joyaux , ſi la Mere n'y prenoit rien en proprieté ; on compte la Mere pour un Enfant , on fait enſuite autant de parts qu'il y a d'Enfans , & ſur ce pied la Mere prend en proprieté une de ces parts , c'eſt ce que l'on appelle la Virile.

IV. Ce qui eſt dit dans les Loix Romaines de la Virile de la Mere , s'applique également à la part que le Pere gagne dans la Dot & autres Gains Nuptiaux qui peuvent avoir lieu en ſa faveur , ſoit en vertu de la Loi ou de l'uſage , ſoit en vertu de la ſtipulation portée par le Contrat de Mariage , ainſi que cela ſe pratique ſouvent dans les Païs de Droit Ecrit , & en effet la Loi *hac ediĉtali* §. 3. la Loi *ſi quis* §. 1. *de ſecund. nupt.* la Novelle 22. ch. 20. §. 1. & 2. donnent le même droit au Pere dans les Gains Nuptiaux qu'à la Mere ; & la Novelle 127. ch. 3. donne expreſſément une portion Virile au Pere comme à la Mere , *hæc vero* , dit cette Loi , *valere non in matribus ſolis jubemus ſed etiam in patribus.*

V. Pour fixer la quotité de la Virile , on n'a pas égard au nombre d'Enfans qui ſe ſont trouvés vivans lorſque le Pere ou la Mere ont reciieilli les Gains Nuptiaux , on ne compte que les Enfans qui se trouvent vivans lors de l'ouverture du Droit; tellement que la part de ceux qui sont decedés avant que ces Gains soient exigibles, accroît également au Conjoint & aux autres Enfans; c'est le sentiment de M. Duperier dans ses Questions Notables de Droit liv. 2. quest. 24. où il traite cette question fort sçavamment pour l'Augment : il se détermine à dire que pour fixer la quotité de la Virile, il faut s'arrêter au tems de la mort de la Mere, par la raison qu'auparavant on ne peut pas sçavoir si elle perseverera en viduité; en sorte que son droit est en suspens, & n'est assuré irrevocablement que par son decès. M. Catelan tom. 2. liv. 4. ch. 54. est du même avis, & rapporte un Arrêt du 24. Mars 1665. qui l'a ainsi jugé.

Si le Conjoint après avoir reçû ses Gains Nuptiaux fait Profession en Religion, sa Virile doit être reglée suivant le nombre des Enfans qui se trouvent vivans lors de la Profession, & la part de ceux qui decedent ensuite, quoique avant le Conjoint, n'accroît plus qu'aux autres Enfans, & n'augmente plus la Virile. M. de Catelan à l'endroit ci-dessus cité, fait mention d'un Arrêt qui l'a ainsi jugé pour l'Augment : la raison est qu'au moment de la Profession Religieuse du Pere ou de la Mere, la portion Virile leur appartient irrevocablement, & doit par consequent être fixée suivant le nombre d'Enfans qui sont alors vivans.

Pareillement si le Pere ou la Mere sont condamnés à quelque peine qui emporte mort civile, la Virile que gagne le survivant est determinée à proportion du nombre d'Enfans qui se trouvent alors vivans.

Mais quoique on ne regle la quotité de la Virile que selon le nombre des Enfans vivans au tems de la mort civile ou naturelle des Pere ou Mere survivans, ce n'est pas à dire pour cela que jusques à la mort naturelle ou civile du Pere ou de la Mere survivant, la quotité de la Virile & la part des Enfans soient tellement indeterminées, que ni le Survivant ni les Enfans ne puissent disposer de leur portion dans les Gains Nuptiaux.

Il est vrai que jusqu'à la mort naturelle ou civile du survivant, la Virile & les parts des Enfans ne sont pas fixées irrevocablement, parce qu'elles peuvent augmenter par le predecès de quelqu'un des Enfans ; mais cela n'empêche pas que la Virile du Pere ou de la Mere, & les parts des Enfans ne soient d'abord reglées suivant le nombre des Enfans qui se trouvent vivans, sauf à être augmentées par la suite si quelqu'un des Enfans decede avant le Pere ou la Mere survivant.

Ainsi le Pere ou la Mere survivant qui ne se remarie point, peut valablement disposer entre-vifs ou à cause de mort de la portion qui lui appartient pour la Virile, laquelle sera reglée selon le nombre d'Enfans vivans, lorsqu'il dispose, & si depuis cette premiere disposition la quotité de la Virile augmente par le decès de quelqu'un des Enfans, le survivant pourra encore disposer de ce qui lui est accru par le predecès de son Enfant, où s'il n'en dispose pas, cela ne laissera pas de lui appartenir en proprieté à titre de Virile, & de faire partie de sa Succession.

De même à l'égard des Enfans, aussi-tôt que leur Pere ou Mere survivant a reçû ses Gains Nuptiaux, leur part dans la proprieté de ces Gains est determinée selon le nombre d'Enfans qui se trouvent vivans lorsque leur droit est ouvert : ils peuvent dès-lors disposer de la proprieté de cette part, jusqu'à concurrence de sa quotité actuelle, ce qui n'empêche pas qu'elle ne puisse être augmentée par le predecès d'un de leurs Freres ou Sœurs, ou lorsque le Conjoint survivant leur Pere ou Mere se remarie, parce que dès ce moment le survivant perdant la proprieté de tous les avantages à lui faits par son premier Conjoint, la proprieté de sa Virile accroît aussi-tôt à la part que chacun des Enfans avoit déja dans les Gains Nuptiaux.

VI. On doutoit autrefois si le Conjoint survivant avoit la pleine proprieté de sa Virile, ou si cette portion restoit toujours affectée & destinée aux Enfans après le decès de leur Pere ou Mere survivant.

Ce qui faisoit penser que le survivant n'avoit pas une

proprieté parfaite de fa Virile , c'eft que la proprieté que
la Loi donne au furvivant de cette portion , n'efface pas
entierement la qualité originaire de ce bien.

En effet lorfque Juftinien par fa Novelle 127. accorde
au furvivant la Virile dans fes Gains Nuptiaux , quoiqu'il
femble en faire un propre du furvivant & le réünir à fes
autres biens , il n'entend cependant pas que cette portion
foit abfolument confonduë avec les autres biens du furvivant , il fait au contraire connoître qu'il refte toûjours en
cette portion une marque de fon origine qui la diftingue
des autres biens , ce qui paroît par le chapitre 20. de la
Novelle 22. dans lequel Juftinien en parlant de la Virile
après avoir dit , *conjuges percipient hæc lucra , & erunt eis
propria* , ajoûte , *nihil penè ab alia eorum differentia poffeffione.*

La Loi 5. au Code *de fecundis Nuptiis* , femble pareillement infinuer que la proprieté du furvivant dans la Virile
n'eft pas parfaite , & dit feulement que les Peres & Meres
qui ne fe remarient point , font en quelque forte maîtres
de la Virile , *quod eis ad fecundas Nuptias non venientibus ,
quafi rerum dominium conceffum effe non dubium eft.*

Et ce qui autorife encore cette opinion , c'eft que faute
par le furvivant d'avoir expreffément difpofé de fa Virile ,
elle revient aux Enfans , quand même ils ne feroient pas
Heritiers de leurs Peres & Meres , & s'ils le font par portions inégales , ils ne laiffent pas de partager également
la Virile ; en forte que cette portion leur eft acquife plûtôt
en qualité d'Enfans qu'en qualité d'Heritiers , la Loi pré-
fumant que le furvivant qui n'en a pas difpofé , n'a pas
voulu confondre ce Gain avec fes propres biens , mais
qu'il la regardé comme une partie de la fucceffion du
Conjoint predecedé , & qui devoit retourner à fes Enfans : c'eft la raifon qu'en rend Alciat , & ce que dit
M. d'Olive chap. 29. du 3. liv. de fes Queft. Notables ,
& Henris tom. 1. liv. 4. ch. 6. queftion 56.

Nonobftant toutes ces raifons de douter , on convient
aujourd'hui que le furvivant a tellement la proprieté de
fa Virile , qu'il la peut engager , vendre , ou aliener de

quelque maniere que ce foit , qu'il peut en difpofer même au profit d'étrangers , foit par Donation ou autre Acte entre-vifs , foit par Teftament & à titre de Legs , ou d'Inftitution , & à plus forte raifon , qu'il peut en difpofer entre fes Enfans , & en avantager l'un à l'exclufion des autres.

Mais la difficulté eft de fçavoir en quels termes doit être conçûë la difpofition que le furvivant fait de fa Virile ; Si cette difpofition pour être valable doit être expreffe , ou s'il fuffit que le furvivant ait difpofé de tous fes biens , pour que la Virile fe trouve comprife dans cette difpofition generale.

Suivant la Novelle 22. chap. 20. toutes les difpofitions entre-vifs ou à caufe de mort faites au profit d'étrangers , ne comprennent point la Virile que les Pere & Mere ont dans les Gains Nuptiaux , à moins qu'il n'en foit fait une mention expreffe.

M. Cujas fur cette Novelle dit la même chofe , *non per generalem inftitutionem extranei* , & M. Faber dans fon **Code** *de fecundis Nuptiis defin.* 7. eft de cet avis.

Defpeiffes tom. 1. p. 299. eftime que les Créanciers de la Femme fe peuvent faire adjuger la Virile , encore qu'elle ne leur foit pas expreffément obligée , il affure que cela a été ainfi jugé en la Chambre de l'Edit de Languedoc par Arrèt du 12. Juillet 1628. rendu au Rapport de M. Ranchin en l'affaire du Sieur Ogier.

M. de Catelan en fes Arrèts chap. 28. dit que l'Inftitution univerfelle même de l'un des Enfans & l'obligation generale de tous les biens ne comprennent pas la Virile que la Femme gagne fur l'Augment en s'abftenant de fecondes Nôces ; qu'il en faut dire de même de la portion Virile que le Mari gagne fur la Dot par le predecès de la Femme : que cette Virile eft à la verité acquife en proprieté au furvivant ; mais que c'eft une proprieté irréguliere , comme a dit M. d'Olive liv. 3. ch. 19. ce qui eft fondé fur les Novelles 22. & 127. que M. de Cambolas liv. 2. ch. 24. en rapporte des Arrèts ; qu'il faut donc difpofer poſer nommément de la Virile autrement qu’elle ſe partage entre tous les Enfans , & qu’il faut l’obliger nommément , ſinon que les Créanciers qui n’ont qu’une obligation generale , ne peuvent pas la faire ſaiſir.

M. de Catelan convient cependant à l’égard de l’obligation generale , que cela a fait difficulté , & dit qu’il a vû trois fois juger qu’elle comprenoit la Virile.

Mais il ajoûte enſuite qu’enfin l’avis contraire appuyé de la Novelle 22. a prévalu , & qu’il a ainſi vû juger pluſieurs fois que la Virile n’étoit pas hypotêquée en vertu de l’obligation generale de tous les biens , entre-autres au commencement de 1661. & au mois de Decembre de la même année , & que par Arrêt du 22. Novembre 1671. il a été auſſi jugé à ſon Rapport , que la renonciation à tous droits Paternels & Maternels ne comprend pas la Virile que le Pere a gagné ſur la Dot , par le predecès de ſa Femme , dont il n’a pas nommément diſpoſé : cette Virile , dit M. de Catelan ne ſe mêle & ne ſe confond avec les biens d’une autre nature que par une diſpoſition particuliere ; tandis qu’on n’en diſpoſe pas expreſſément , c’eſt une eſpece de biens ſingulier.

M. d’Olive en ſes Arrêts liv. 3. ch. 19. eſt de même avis , & tient qu’il n’y a qu’une diſpoſition expreſſe qui puiſſe dépoüiller les Enfans de la Virile.

Cette queſtion s’eſt preſentée au Parlement de Paris en 1644. des Créanciers d’une Femme mariée à Lyon s’oppoſoient à la diſcuſſion des biens de ſon défunt Mari , & demandoient que la Virile fut declarée leur être affeʒtée & hypotêquée , comme ayant été compriſe dans l’obligation generale que la Femme leur avoit fait de ſes biens : pour ſoûtenir cette prétention ils diſoient que cette portion ne devoit plus avoir une nature particuliere , qu’elle étoit confonduë avec les autres biens de la Mere , & devenoit ſon propre , en ſorte qu’elle devoit être compriſe indifferemment dans l’obligation generale de tous biens.

Les Enfans au contraire ſoûtenoient que leur Mere pouvoit bien diſpoſer de cette portion , mais qu’il falloit qu’elle

Cc

en eu difpofé expreſſément pour qu'on pût prétendre que ſon intention avoit été d'en difpofer , qu'ainſi une alienation ou obligation generale de tous biens ne ſuffiſoit pas pour comprendre la Virile , parce que cette portion eſt toûjours deſtinée aux Enfans après la mort de leur Mere , à moins qu'elle n'en ait difpofé nommément.

Les Créanciers furent deboutés de leur demande par Sentence de la Sénéchauſſée de Lyon , dont ils interjetterent appel : la Cour ordonna une Enquête par Turbes pour informer de l'uſage de la Ville de Lyon ſur cette matiere.

L'avis des Turbiers fut que la Mere n'étoit reputée avoir aliené ſa Virile , que lorſqu'elle en avoit difpofé ſpéciale-ment.

Par Arrêt du 7. Septembre 1644. la Sentence du Sénéchal de Lyon fut confirmée , cet Arrêt eſt rapporté en forme par Henris , avec les moyens des Parties & l'avis des Turbiers , tom. 1. liv. 4. ch. 6. queſt. 56.

Le même Auteur tom. 2. liv. 4. queſt. 26. eſt d'avis contraire à l'Arrêt ci-deſſus , & établit que quand la Mere difpofe de tous ſes biens , la Virile y eſt compriſe indifferem-ment , ſans qu'il ſoit neceſſaire qu'elle en ait fait une difpoſition expreſſe ; il ſe fonde en cet endroit ſur ce que par la Novelle 127. qui eſt la derniere Loi que Juſtinien ait fait ſur cette matiere , il n'eſt point dit qu'il ſoit beſoin d'une difpoſition expreſſe pour comprendre la Virile , cette Novelle , dit-il , donne au ſurvivant la proprieté de la Virile , ſans y ajoûter d'autre condition que celle de demeurer en viduité ; ainſi il n'y a point de raiſon qui autoriſe à faire de ce Droit une proprieté anomale & imparfaite ; il eſt vrai , dit encore Henris , que par la Novelle 20. la Femme ne pouvoit difpofer de ſa Virile que par une difpoſition expreſſe , mais cette Loi a été abrogée par la Novelle 127. qui donne purement & ſimplement la proprieté de la Virile , ſans exiger que le ſurvivant n'en puiſſe difpofer qu'expreſſément ; ainſi , dit-il , on ne doit point rappeller la Novelle 20. non plus que les autres Loix qui ont été faites fur cette matiere , & que Juftinien a fucceffivement abrogé , jufqu'à fa Novelle 127. qui eft la derniere Loi & doit être feule obfervée.

M. Bretonnier en fes Obfervations fur cet endroit d'Henris , eft de même avis , & dit qu'il y a lieu d'être furpris , que l'on perfifte encore dans les Païs de Droit Ecrit dans cette ancienne erreur de croire que la Mere ne peut difpofer de fa Virile que par une difpofition expreffe.

Neanmoins M. Henris & M. Bretonnier conviennent que cette opinion a prévalu , & que tel eft l'Ufage des Païs de Droit Ecrit : ainfi comme de l'aveu même de ces Auteurs l'ufage l'emporte fur la Loi & la raifon , il faut dire que jufqu'à prefent le furvivant ne peut par aucun acte , foit entre-vifs ou à caufe de mort , difpofer de fa Virile , l'aliener ni l'obliger au profit d'un étranger , fans une mention expreffe , & la claufe generale de difpofition , alienation ou obligation de tous biens , ne fuffit pas pour y comprendre la Virile , telle eft à prefent la Jurifprudence de tous les Parlemens , fuivant le témoignage des Auteurs & les Arrêts qu'ils rapportent. Sur quoi on peut voir l'Auteur des Maximes du Parlement de Provence : M. de Cambolas liv. 6. ch. 18. M. de Graverol fur M. de la Rocheflavin liv. 2. tit. 6. art. 6. Chorier en fa Jurifprudence de Guy Pape , p. 155. dans les Notes n. 2. à la fin. M. de Catelan tom. 1. liv. 2. ch. 69. fur la fin. L'Auteur des Notes fur la Peirere , lettre A. *verbo* Agencement n. 40.

Refte à obferver que la Virile que le furvivant gagne par le predecès de fon fecond Conjoint , en ne convolant pas à de troifiémes Nôces ou par le predecès du troifiéme , en ne convolant pas à de quatriémes Nôces , n'entre pas dans la Legitime des Enfans du premier ou fecond Lit , & ne l'augmente pas , quoique le Pere ou la Mere furvivant ait difpofé nommément de cette Virile en faveur d'un des Enfans du mariage d'où procede l'Augment. Cela fut ainfi jugé pour la Virile de la Femme , par Arrêt rendu au Rapport de M. de Catelan le 5. Mars 1659. après partagé. Il rapporte cet Arrêt dans fon chap. 74. où la queſtion eſt traitée fort au long ; ceux qui en voudront voir davantage ſur cette matiere peuvent y avoir recours.

CHAPITRE VINGT-SEPTIÉME.

Quels droits le Conjoint ſurvivant a dans les Gains Nuptiaux lorſqu'il ſe remarie.

SOMMAIRE.

I. Droits du ſurvivant remarié.
II. Quid, S'il y a des Enfans.
III. Diſpoſition du Droit Romain à ce ſujet.
IV. Edit des ſecondes Nôces.
V. Si l'on peut s'affranchir des peines de l'Edit.
VI. Si le Survivant remarié reprend la proprieté des Gains après le decès de tous ſes Enfans.
VII. Juriſprudence des Parlemens ſur ce point.
VIII. Opinion contraire.
IX. Diſtinction de M. Bretonnier.
X. Reſolution.

I. LOrſque le Conjoint ſurvivant qui a recüeilli les Gains Nuptiaux ſe remarie , s'il n'y a point alors d'Enfans vivans du premier Mariage , il n'eſt privé d'aucun des Droits de Proprieté qu'il avoit dans les Gains Nuptiaux , & les conſerve tous en entier même en paſſant à de ſecondes , troiſièmes ou autres Nôces.

II. Il n'en eſt pas de même lorſqu'il y a des Enfans vivans procréés du Mariage d'où procedent les Gains Nuptiaux : Dans ce cas ſi le Conjoint ſurvivant paſſe à d'autres Nôces , il en court dès-lors les peines prononcées contre les ſecondes Nôces.

Pour ſçavoir quel en eſt l'effet à l'égard des Gains Nuptiaux , il faut obſerver que les ſecondes Nôces , quoique to-

lerées , ont toûjours été regardées d'un œil defavorable ,
lorſqu'il y a des Enfans vivans du premier Mariage , parce
qu'elles ſont ordinairement très-préjudiciables à ces Enfans ;
que c'eſt ce qui a engagé les Legiſlateurs à prendre des précautions pour l'interêt des Enfans , lorſque leur Pere ou
Mere ſe remarie , & que c'eſt dans cette vûë que la Loi
fœmina 3. au Code *de ſecund. Nupt.* declare que la Femme qui
ſe remarie ayant des Enfans du precedent Mariage , pert la
proprieté de tous les avantages à elle faits par ſon premier
Mari.

La Loi *generaliter* qui eſt enſuite , étend la même peine
aux Maris ſurvivans qui ſe remarient ayant des Enfans de
leur premier Mariage.

I I I. De ces deux Loix , on a formé le ſecond chef de
l'Edit du mois de Juillet 1560. appellé communément l'Edit
des ſecondes Nôces , qui défend aux perſonnes qui ſe remarient de faire part à leur nouveaux Conjoints , des biens à
elles acquis par les dons & liberalités de leurs Conjoints predecedés , & veut qu'elles reſervent ces biens aux Enfans de
leur premier Mariage.

I V. Conformément à cette diſpoſition de l'Edit des ſecondes Nôces , dans tous les Païs de Droit Ecrit le Conjoint ſurvivant qui ſe remarie ayant des Enfans vivans d'un precedent Mariage , ne peut faire aucune part à ſon nouveau Conjoint des Gains Nuptiaux & de Survie qu'il a eu ſur les biens
du predecedé , il eſt tenu de les reſerver aux Enfans communs de lui & du Conjoint predecedé ſur les biens duquel
il a eu les Gains Nuptiaux , & cette reſerve a lieu tant pour
les Gains acquis en vertu de la Loi ou Uſage , que pour ceux
acquis en vertu de la Convention portée au Contrat de Mariage , & même pour la Virile.

V. Mais on demande ſi par Contrat de Mariage ou par
Teſtament , les Conjoints peuvent s'affranchir des peines des
ſecondes Nôces , dans ce cas où il y a des Enfans vivans du
precedent Mariage.

Premierement pour ce qui eſt des Contrats de Mariage ,
ils ſont ſuſceptibles de toutes ſortes de clauſes , pourvû

C c iij

qu'elles ne foient point contraires aux bonnes mœurs , ni à un Statut prohibitif abfolu , or ni l'honnêteté publique , ni aucune Loi prohibitive n'empêchent que l'on s'affranchiffe des peines des fecondes Nôces ; & l'on peut bien ftipuler que le Survivant quoique remarié confervera dans les Gains Nuptiaux les mêmes droits qu'il avoit avant fon nouveau Mariage , puifqu'on peut ftipuler par Contrat de Mariage , que les Gains Nuptiaux feront fans retour , ou qu'il n'y en aura point du tout , le prémourant peut auffi dans les Païs de Droit Ecrit , affranchir par Teftament fon Conjoint furvivant des peines des fecondes Nôces , parce que dans les Païs de Droit Ecrit , il eft libre aux Conjoints de s'avantager par Teftament.

Il y a même dans la Novelle 22. ch. 2. une difpofition qui autorife les Conjoints à s'affranchir ainfi par Teftament des peines des fecondes Nôces : *Sciendum verò illud* , dit cette Loi, en parlant des fecondes Nôces , *ut omnia quæcumque ex hodiernâ die teftator difpofuerit de talibus five vir , five mulier confiftat, hæc valeant , difponat itaque unufquifque fuper fuis ut dignum eft & fit lex ejus voluntas.*

Ce qu'ajoûte le Paragraphe fuivant ne laiffe à cet égard aucun doute , *fi verò Teftator nihil dixerit aut difpofuerit quod non jam pofitis & valentibus præoccupatum fit legibus , nec aliquid contra univerfas leges ordinaverit , tunc hæc nobis lex pofita fit.*

Julien , Accurfe , Cujas & tous les Commentateurs ont tous interpreté cette Loi dans ce fens ; c'eft-à-dire , qu'il en refulte que les Conjoints peuvent par Teftament s'affranchir des peines des fecondes Nôces.

La Jurifprudence des Parlemens de Droit Ecrit eft conforme à cette Loi , ils jugent tous que les peines des fecondes Nôces peuvent être remifes au Survivant par le Teftament du predecedé : fuivant les Arrêts rapportés par M. d'Olive liv. 3. ch. 16. M. de Cambolas liv. 4. ch. 17. & dans fon Traité des fecondes Nôces n. 14. M. Boyer Decif. 185. la Peirere let. N. n. 16. & 28. Boniface tom. 1. liv. 5. tit. 5. chap. 2.

Le Parlement de Touloufe a feulement cela de particulier

dans fa Jurifprudence, qu'il exige un confentement exprès du prémourant, au lieu que les autres Parlemens de Droit Ecrit fe contentent d'un confentement tacite.

Cependant au Parlement de Paris, on juge que même dans les Païs de Droit Ecrit, qui font de fon reffort, il n'eft pas permis aux Conjoints de s'affranchir des peines des fecondes Nôces. Il y en a un Arrêt de Reglement rendu en l'Audience de la grand Chambre, dans une caufe du Rolle de Lyon le 19. Août 1715. fur l'appel d'une Sentence de la Sénéchauffée de Lyon, renduë entre Paul Vernette Marchand à Lyon, Tuteur des Enfans, Mineurs de défunt Claude Chorel, & de Catherine Guenier fa Femme appellans, & François de la Cour Marchand à Lyon, & autres Intimez : la Sentence avoit jugé conformément à la difpofition du Droit Romain, que les Conjoints peuvent s'affranchir des peines des fecondes Nôces ; par l'Arrêt elle fut infirmée & ordonné que l'Arrêt feroit lû & publié à l'Audience de la Sénéchauffée de Lyon, & dans les Bailliages & Sieges du reffort de la Cour ; ce qui a été executé, cet Arrêt a été publié & enregiftré dans tout le reffort.

M. Bretonnier en fes Queftions Alphabetiques *verbo* fecondes Nôces, fe recrie beaucoup contre cet Arrêt, mais inutilement, puifque c'eft un Arrêt de Reglement, qui fait une Loi generale pour tout le reffort du Parlement de Paris, & qu'il faut fe foûmettre à cette Loi.

Ainfi pour ce qui eft des Païs de Droit Ecrit, du reffort du Parlement de Paris, on ne peut plus prétendre qu'il y foit permis aux Conjoints de s'affranchir des peines des fecondes Nôces, du moins par Teftament.

Il femble même qu'il en faudroit dire autant de l'affranchiffement des peines des fecondes Nôces, ftipulé par Contrat de Mariage ; car dans les Païs de Droit Ecrit, les Teftamens font pour le moins auffi favorables que les Contrats de Mariage.

Cependant comme il n'y a point d'Arrêt de Reglement qui défende précifément de s'affranchir par Contrat de Mariage des peines des fecondes Nôces, je crois qu'une telle

ſtipulation ſeroit valable , parce qu'en ce cas l'affranchiſſe-
ment des peines des ſecondes Nôces eſt une des conditions du Mariage , & l'on ſçait que ces ſortes de conditions doivent être remplies exactement pour faciliter les
Mariages , au lieu que lorſque les peines des ſecondes
Nôces ne ſont remiſes que par le Teſtament du predecedé , cette diſpoſition n'eſt plus une des conditions du
Mariage , & n'a pas la même faveur.

VI. Une autre grande queſtion eſt de ſçavoir ſi le Conjoint ſurvivant qui s'eſt remarié reprend la proprieté de
ſes Gains Nuptiaux après le decès de tous ſes Enfans.

La Loi *fœminæ* au Code *de ſecundis Nuptiis* ſur la fin
decide formellement que la proprieté des Gains Nuptiaux
revient à la Mere par le predecès de tous les Enfans ,
quoiqu'ils ne ſoient decedès que depuis le ſecond mariage ,
& la même choſe doit avoir lieu pour le Pere ſurvivant
remarié , y ayant parité de raiſon.

VII. Et telle eſt la Juriſprudence du Parlement de Toulouſe , ſuivant les Arrêts rapportés par M. Maynard liv. 9.
ch. 30. d'Olive liv. 3. ch. 20. Cambolas , liv. 6. ch. 4.
Catelan tom. 2. liv. 4. ch. 59. Telle eſt auſſi la Juriſprudence du Parlement de Bourdeaux , ſuivant les Arrêts
rapportés par Bechet du Droit de Reverſion ch. 7. la Peirere lettre N. n. 33.

C'eſt auſſi le ſentiment de pluſieurs ſçavans Auteurs ,
tels que M. le Preſident Faber dans ſon Code ſur le titre
de ſecundis Nuptiis defin. 16. & Deſpeiſſes tom. 1. p. 324.

VIII. Cependant quelques-uns tiennent au contraire que
le ſurvivant qui ſe remarie ayant des Enfans d'un premier
mariage , perd incommutablement tous les droits de proprieté qu'il pouvoit avoir dans les Gains Nuptiaux , &
même la proprieté de la Virile , & qu'il ne recouvre point
ces droits de proprieté , quand même dans la ſuite tous ſes
Enfans decederoient avant lui.

Ceux qui embraſſent cette opinion ſe fondent en premier lieu ſur la Loi derniere , au Code *de ſecundis Nuptiis* ,
ſur la Novelle 2. ch. 2. la Novelle 22. ch. 26. & la
Novelle

Novelle 68. où il eſt dit que lorſque tous les Enfans du premier lit viennent à deceder avant la Mere qui s'eſt remariée, qu'en ce cas la Mere recüeillera des Gains Nuptiaux autant qu'elle en devoit gagner par ſes conventions matrimoniales, au cas où il n'y auroit point eu d'Enfans de ſon mariage, & que le reſte appartiendra aux Heritiers teſtamentaires deſdits Enfans predecedés.

Mais ces Textes parlent d'un droit ſingulier qui n'eſt point uſité dans les Païs de Droit Ecrit, c'étoit que la Femme ſurvivante devoit gagner la totalité de la Donation à cauſe de Nôces, lorſqu'il y avoit des Enfans, & qu'elle n'en gagnoit que le tiers lorſqu'il n'y en avoit point ; ce qui ne s'obſerve pas pour l'Augment ni pour les autres Gains Nuptiaux ; ainſi ces Loix ne peuvent ſervir à regler les droits que les Conjoints ont dans les Gains Nuptiaux en cas de ſecondes Nôces.

On ſe fonde en ſecond lieu ſur la Novelle 22. §. 2. pour ſoûtenir que le ſurvivant remarié ne recouvre point la proprieté des Gains Nuptiaux, même en cas de predecès de tous ſes Enfans : il eſt dit dans cette Novelle que la Femme qui pour ſe liberer des peines encourües par elle, pour s'ètre remariée dans l'an du deüil, a recouru au Prince & donné la moitié de ſes biens à ſes Enfans du premier lit, ne recouvre pas les biens donnés, quand même tous ſes Enfans decederoient avant elle, à moins qu'ils ne decedent *inteſtats* ; mais qu'elle n'aura point leſdits biens ſi les Enfans ont laiſſé des Heritiers teſtamentaires.

On veut conclure de cette Novelle que le Conjoint ſurvivant qui par ſon ſecond mariage a perdu la proprieté des biens qu'il avoit eu de ſon Conjoint predecedé, ne recouvre pas cette proprieté quand même tous les Enfans viendroient à predeceder, s'ils laiſſent des Heritiers Teſtamentaires.

Mais ce n'eſt pas là l'objet de cette Loi : la peine qu'elle prononce dans ce cas particulier contre la Femme ſurvivante, n'eſt pas principalement en faveur des Enfans, ni abſo-

D d

lument en haine des secondes Nôces , c'est plûtôt en haine de l'injure faite par la Femme à la memoire de son Mari en se remariant dans l'an du deüil , injure qui ne cesse point , quoique tous les Enfans viennent à deceder ; au lieu que quand le Conjoint survivant n'est privé des droits de proprieté qu'il avoit dans les Gains Nuptiaux , que pour l'interêt des Enfans , cette peine doit cesser quand tous les Enfans decedent avant le Conjoint survivant.

Henris tom. 1. liv. 4. ch. 4. quest. 13. & liv. 5. ch. 4. quest. 46. & Ricard sur l'Edit des secondes Nôces Glose 6. sont d'avis contraire : ils prétendent que la Jurisprudence du Parlement de Paris à l'égard du Conjoint survivant qui se remarie ayant des Enfans d'un precedent mariage , est de le priver de tous droits de proprieté dans les Gains Nuptiaux sans aucune esperance de retour à la proprieté , quand même tous les Enfans viendroient à deceder avant le Conjoint survivant ; pour prouver cette Jurisprudence , on allegue deux Arrêts , l'un du mois d'Aout 1672. rapporté dans le Journal du Palais tome 1. où l'Auteur traite sçavamment la question ; l'autre Arrêt qui est du 6. Mars 1697. est rapporté par M. Bretonnier en ses Observations sur Henris tom. 1. liv. 4. ch. 4. quest. 13. & en effet ces deux Arrêts ont jugé que la Mere remariée ne recouvroit point la proprieté de l'Augment , même en cas de predecès de tous ses Enfans.

Mais il faut que des circonstances particulieres qui ne nous sont pas connuës ayent donné lieu à ces Arrêts ; & si la question se presentoit au Parlement de Paris degagée de circonstances , sans doute qu'on accorderoit au survivant la proprieté , comme on la lui accorde dans les autres Parlemens ; car *quanam invidia* qu'après le decès de tous les Enfans , le Pere ou la Mere survivant remarié reprenne la proprieté des Gains Nuptiaux , les secondes Nôces ne sont point un délit , puisqu'elles sont permises , & ce n'est pas par forme de peine que le survivant qui se remarie est privé de la proprieté des Gains Nuptiaux , c'est uniquement la faveur & l'interêt des Enfans du premier

mariage qui a fait établir la reſerve entiere de la proprieté
des Gains Nuptiaux, en cas que le Pere ou la Mere ſurvivant paſſe à de ſecondes Nôces, ce qui eſt ſi vrai, que
s'il n'y a point d'Enfans vivans au tems du ſecond mariage,
le ſurvivant qui ſe remarie, conſerve toûjours en entier
comme auparavant tous les droits de proprieté qu'il avoit
dans les Gains Nuptiaux.

D'ailleurs quand le ſurvivant ne reprendroit pas la proprieté des Gains Nuptiaux *jure reverſionis*, elle lui appartiendroit *jure ſucceſſionis.*

IX. M. Bretonnier en ſes Obſervations ſur Henris tom.
1. liv. 4. ch. 4. queſt. 13. dit que pour lui il croit qu'il
faut diſtinguer entre l'Augment & les autres avantages.

Qu'à l'égard de l'Augment, comme il revient à la Donation à cauſe de Nôces des Romains, & que les Novelles
2. & 22. decident formellement que la Mere remariée
ne recouvre jamais la proprieté de la Donation à cauſe de
Nôces, quand même tous ces Enfans viendroient à deceder, il faut dire qu'il en doit être de même pour l'Augment.

Pour ce qui eſt de tous les autres avantages, de quelque nature qu'ils puiſſent être, M. Bretonnier dit qu'il
croit que la Mere remariée ſuccedant à ſes Enfans, en
reprend la proprieté dans leur ſucceſſion, parceque pour
l'empêcher de ſucceder à ce genre de biens, il faudroit
qu'elle en fut excluſe par une Loi expreſſe, ce qui n'eſt
point, & par conſequent l'on ne peut priver la Mere de
la proprieté de ces biens, l'excluſion n'eſt prononcée que
par rapport à la Donation à cauſe de Nôces ; ainſi l'on
ne peut l'étendre aux autres avantages, *excluſio unius eſt
incluſio aliorum.*

La preuve certaine, ajoûte M. Bretonnier, que la Mere
quoique remariée a droit de ſucceder à ſes Enfans dans
les biens autres que l'Augment, ſe tire du chap. 3. de
la Novelle 2. où Juſtinien decide qu'à la reſerve de la
Donation à cauſe de Nôces, les Enfans ne peuvent diſpoſer de tous les autres biens au préjudice de la legitime

düe à la Mere ; or si la Mere a droit de legitime dans ce genre de biens , elle a pareillement droit d'y succeder , puisque la legitime se prend à titre d'Heritier.

M. Bretonnier previent ensuite l'objection qu'on pourroit lui faire sur ce que dans les Païs de Droit Ecrit du ressort du Parlement de Paris , la Mere ne succede pas aux biens provenans du côté paternel , suivant l'Edit de S. Maur : il observe que par la Jurisprudence des Arrêts de ce Parlement , cet Edit ne s'entend que des Immeubles , & qu'ordinairement les avantages faits à la Femme , ne sont que des sommes de deniers.

Il y a aujourd'hui un autre moyen qui fait totalement tomber cette objection , c'est que par Edit du mois d'Août 1729. l'Edit de S. Maur a été revoqué , & qu'il a été ordonné que dans les Païs où il avoit lieu , les successions se regleroient dorénavant par les Loix Romaines , comme elles l'étoient avant cet Edit.

X. La distinction que fait M. Bretonnier par déference pour les Loix Romaines , ne paroît pas devoir être adoptée ni pour les Gains Nuptiaux de la Femme , ni pour ceux du Mari , non seulement parce que les Gains Nuptiaux qui sont aujourd'hui en usage dans les Païs de Droit Ecrit , ne sont point les mêmes que ceux qui se pratiquoient chez les Romains ; mais encore parce qu'en cas de secondes Nôces , on ne doit suivre sur cette matiere que l'Edit de 1560. qui est general pour tout le Royaume , & comprend toutes sortes de Gains Nuptiaux.

L'objet de l'Edit des secondes Nôces en obligeant le Conjoint qui se remarie de reserver aux Enfans du premier mariage les Gains Nuptiaux qu'il a eu du predecedé , n'est que d'empêcher le Conjoint qui se remarie de faire tort aux Enfans du premier mariage.

Et même aux termes de cet Edit , le Conjoint qui se remarie ne perd pas absolument la propriété des Gains Nuptiaux , comme il la perdoit par la Novelle 22. l'Edit n'opére qu'une simple reserve ou substitution légale ; en sorte que la propriété n'est point enlevée au survivant aussi-tôt qu'il se remarie, elle lui demeure toûjours, avec cette condition seulement de la remettre aux Enfans s'il s'en trouve de vivans au tems du decès du Conjoint survivant remarié, c'est ce qui s'établit par deux Observations.

La premiere que si dès le moment des secondes Nôces, le Conjoint survivant qui se remarie ayant des Enfans vivans de son premier mariage, étoit dès-lors privé de la proprieté des Gains Nuptiaux sans esperance de retour, elle passeroit directement aux Enfans, & ils pourroient dès-lors, quoique du vivant de leur Pere ou Mere, vendre ou aliener autrement cette proprieté, ce qui n'est pas & n'a jamais été proposé.

Il s'ensuivroit encore un autre inconvenient si la proprieté passoit dès-lors aux Enfans ; c'est que les Enfans venans à deceder sans Enfans, leur Pere ou Mere remarié leur succederoit en leur part de la proprieté des Gains Nuptiaux ; & communiqueroit ainsi cette proprieté aux Enfans des autres lits, ce que l'Edit des secondes Nôces a principalement eu en vûë de prévenir.

La seconde Observation, est que dans les Païs Coûtumiers on ne fait aucune difficulté de decider que le Conjoint remarié demeure proprietaire des Gains Nuptiaux, quand tous les Enfans du premier mariage sont decedès. Et dès-là, pourquoi n'en seroit-il pas de même des Gains Nuptiaux usités dans les Païs de Droit Ecrit, puisqu'il y a parité de raison, & que l'Edit des secondes Nôces est general pour tout le Royaume.

Ainsi pour prendre l'esprit de l'Edit des secondes Nôces, il faut dire que le Conjoint survivant qui se remarie ayant des Enfans de son premier mariage, ne perd pas la proprieté de ses Gains Nuptiaux ; mais que dès-lors il est obligé de la reserver aux Enfans du premier mariage, & qu'elle ne lui demeure acquise irrevocablement qu'en cas de predecès de tous ses Enfans.

Il faut même observer que le Conjoint remarié ne gagne point une portion de la proprieté des Gains Nuptiaux à mesure que quelqu'un de ses Enfans vient à deceder ; car

Dd iij

quand ils font plufieurs , ils fe fuccedent les uns aux autres dans ce genre de bien , à l'exclufion des Pere & Mere , fuivant les chap. 23. & 26. de la Novelle 22. & la Jurifprudence des Parlemens ; & fi cela étoit autrement , & que le Conjoint furvivant fuccedât à chacun de fes Enfans , ce feroit une voye pour communiquer ces biens aux Enfans des autres lits , ce que l'Edit des fecondes Nôces a fur tout pour objet d'empêcher ; en forte que le Conjoint furvivant ne gagne irrevocablement cette propricté , que dans la fucceffion du dernier de fes Enfans ; & alors la totalité de cette proprieté lui eft affurée.

CHAPITRE VINGT-HUITIÉME.

Pour quelles caufes le Survivant peut être privé de fes Gains Nuptiaux.

SOMMAIRE.

I. Caufes pour lefquelles le Survivant eft privé des Gains Nuptiaux.
II. Caufes particulieres aux Femmes.

I. **E**Ntre les caufes pour lefquelles les Conjoints furvi-vans font privés de leurs Gains Nuptiaux, il y en a quelques-unes communes au Mari & à la Femme, d'autres qui n'ont lieu que contre la Femme feulement.

Celles qui concernent le Mari auffi-bien que la Femme font :

1°. Si le Survivant a tué fon Conjoint, en ce cas il eft privé des Gains Nuptiaux, & cela s'obferve rigoureufement quand même ce feroit le Mari qui auroit tué fa Femme furprife en adultere, & quand même le Survivant qui a tué le predecedé auroit obtenu des Lettres de Grace, & les auroit fait enteriner ; *l. fi ab hoftibus 10. §. fi vir. unic. Digeft. folut. matrim. non enim æquum eft virum ob faci-nus fuum dotem lucri facere dicto, §. unic. cum nemo ex fuo de-licto meliorem fuam conditionem facere poteft. l. non fraudan-tur 134. §. nemo, Digeft. de diverf. reg. jur.*

2°. Le Survivant qui ne pourfuit pas la vengeance de la mort du predecedé, eft pareillement privé de fes Gains Nuptiaux. *L. ei qui. 20. Digeft. de his quæ ut indign. Barto-lus ad d. legem, & l. cum mortem 27. Digeft. de jure fifci.*

II. Outre ces deux caufes pour lefquelles les Femmes auffi-bien que les Maris peuvent être privées de leurs Gains Nup-tiaux, les Femmes en font encore privées.

1°. Lorfqu'elles fe remarient à des perfonnes indigues de leur qualité, elles font privées de leurs Gains Nuptiaux, foit qu'elles ayent des Enfans ou non : mais pour qu'elles encourent cette peine , il ne fuffit pas qu'il y ait inégalité de fortune & de condition , il faut qu'il y ait une difproportion confiderable de la qualité de la Femme à celle de fon nouveau Mari , & que la mefalliance foit honteufe pour la famille ; comme fi une Femme d'une grande condition époufoit fon valet : la Coûtume de Bretagne art. 434. prive dans ce cas la Femme de fon Doüaire ; ainfi il faut dire la même chofe des Gains Nuptiaux.

2°. La Femme eft privée de fes Gains Nuptiaux pour avoir quitté fon Mari fans caufe legitime , ainfi qu'il refulte de la Loi unique *ʃ. 1.* au Digefte *unde vir & uxor ,* fuivant laquelle la Femme qui avoit fait divorce avec fon Mari étoit privée de fa fucceffion ; ce qui doit à plus forte raifon s'étendre aux Gains Nuptiaux , puifque la fucceffion dont la Femme étoit privée , ne pouvoit avoir lieu que dans le cas où il n'y avoit point de parens du Mari , au lieu que les Gains Nuptiaux ne laiffent pas d'être dûs à la Femme , quoi qu'il y ait des parens du Mari & même des Enfans : auffi avons-nous plufieurs Coûtumes , comme Normandie art. 377. & 378. Maine art. 327. Anjou 314. Bretagne art. 451. 452. & 453. qui privent la Femme de fon Doüaire lorfqu'elle a quitté fon Mari fans caufe legitime , ce qui peut également s'appliquer aux Gains Nuptiaux des Païs de Droit Ecrit , y ayant parité de raifon.

3°. La Femme convaincuë d'adultere eft privée de fes Gains Nuptiaux , à moins que depuis elle ne fe foit reconciliée avec fon Mari , *Faber in fuo Cod. lib. 9. tit. ad leg. jul. de adult. 7. defin. 2. & capit. plerumque 4. extra de Donat. inter vir. & uxor. Cujac. addict. capit.*

4°. La Femme qui fe remarie dans l'an du deüil eft privée de fes Gains Nuptiaux, fuivant la Loi 2. au Code *de fecundis Nuptiis* , & la Novelle 22. chap. 22. ce qui eft particulier aux Païs de Droit Ecrit ; car dans les Païs Coûtumiers , la Femme n'eft pas privée de fon doüaire pour s'être remariée dans l'an du deüil.

5°. La Femme qui vit impudiquement après la mort
de fon

de son Mari , soit pendant l'an du düeil ou depuis , est
privée de tous ses Gains Nuptiaux : Novell. 39. *cap. secundum*
2. *& authent. eisdem , Cod. de secundis Nuptiis.*

CHAPITRE VINGT-NEUVIÉME.

Quels droits les Enfans ont dans les Gains Nup-
tiaux.

SOMMAIRE.

*I. Quel droit les Enfans ont dans ces Gains du vivant de leurs
Pere & Mere.*
II. Quid , *Pendant la vie du Survivant.*
III. Quelle sorte de renonciation comprend les Gains Nuptiaux.
IV. Qui sont ceux qui les recüeillent.
V. Comment ils les partagent.
VI. Quelle en est la qualité.

I. POur connoître quel droit les Enfans ont dans les Gains
Nuptiaux pendant la vie de leurs Pere & Mere , il
faut distinguer les tems & les differens actes.

Tant que les Pere & Mere sont encore tous deux vivans , le droit que leurs Enfans ont dans les Gains Nuptiaux , soit du Pere ou de la Mere , est en suspens : car
comme il faut que le Conjoint survive pour recüeillir ses
Gains Nuptiaux , & les transmettre à ses Heritiers , soit
ses Enfans ou autres , tant que les deux Conjoints sont
tous deux vivans , on ne peut pas encore determiner , si
ce seront les Gains Nuptiaux du Mari , ou ceux de la Femme
qui auront lieu : en sorte que les Enfans ne peuvent alors
disposer d'aucune portion , soit des Gains Nuptiaux de
leur Pere , soit de ceux de la Mere , à moins que ce ne
fut du consentement des Pere & Mere ; encore avec ce

confentement les Enfans ne peuvent-ils difpofer que par une difpofition expreffe , tellement que la renonciation faite par une fille dans fon Contrat de Mariage , quoique du confentement de fes Pere & Mere conjointement ou feparément à tous droits paternels & maternels , ne comprendroit pas fa part dans les Gains Nuptiaux s'il n'en eft fait une mention expreffe , parceque *indiget. fpeciali notâ.*

Le Conjoint predecedé ne tranfmet point fes Gains Nuptiaux à fes Enfans ou autres Heritiers , à moins que dans le Contrat de Mariage il n'y eut quelque claufe par laquelle en dérogeant à l'ufage ordinaire , on eut ftipulé que le Conjoint auroit fes Gains Nuptiaux , foit en cas de furvie ou de predecès.

Il y a encore un autre cas où les Enfans peuvent pendant la vie de leur Pere ou Mere furvivant demander les Gains Nuptiaux de leur Pere ou Mere predecedé , quoique le predecedé ne les ait point recüeillis , fçavoir quand le Conjoint furvivant a tué le predecedé , ainfi qu'il a été jugé par Arrêt du Parlement de Grenoble du 4. Fevrier 1624. cité par Baffet tom. 1. liv. 4. tit. 6. ch. 6. qui adjuge aux Enfans l'Augment de leur Mere que fon Mari avoit tué.

Il y a auffi certains cas dans lefquels les Enfans ont droits dans les Gains Nuptiaux , même du vivant de leur Pere ou Mere.

Par exemple lorfque pour caufe de faillite , longue abfence , feparation ou mort civile du Mari , la Femme a obtenu ou été en droit d'obtenir la délivrance de fes Gains Nuptiaux du vivant de fon Mari , ces Gains Nuptiaux ou le droit de les demander , s'il n'ont pas encore été délivrés à la Mere , paffent après fon decès à fes Enfans , quoique du vivant de leur Pere.

Et de même lorfque pour caufe de mort civile ou longue abfence de la Femme , le droit du Mari a été ouvert pour demander les Gains Nuptiaux du vivant de fa Femme , foit qu'ils lui ayent été délivrés ou non , il les tranfmet après fon decès à fes Enfans qui les recüeillent, quoique leur Mere foit encore vivante.

Hors ces cas particuliers, le droit des Enfans dans les Gains Nuptiaux de celui de leur Pere & Mere qui furvivra eft incertain tant qu'ils font encore tous les deux vivans : néanmoins le droit des Enfans pour les Gains Nuptiaux qui leur feront tranfmis par l'évenement, foit du chef du Pere ou de la Mere, a un effet retroactif au jour du Contrat de Mariage, en forte qu'ils ont hypotêque dès ce jour fur tous les biens de leurs Pere & Mere pour la fûreté des Gains Nuptiaux qui auront lieu à leur profit, & toutes les alienations qui auront été faites pendant le mariage au préjudice des Gains Nuptiaux, qui par l'évenement auront lieu au profit des Enfans, font revoquées de plein droit, fuivant la decifion précife du chap. 24. de la Novelle 22.

II. Maintenant pour connoître quel droit ont les Enfans dans les Gains Nuptiaux après la mort de leur Pere ou Mere furvivant qui les avoit recüeilli, il faut obferver que Juftinien dans le chap. 26. de la Novelle 22. decide que les Enfans qui decedent avant leur Mere, peuvent difpofer comme bon leur femble de leur part des Gains Nuptiaux, à la referve de la portion accordée à leur Mere par fon Contrat de Mariage *in cafum orbitatis.*

M. Cujas fur ce chapitre & fur le troifiéme de la Novelle 2. foûtient que les Enfans peuvent difpofer de leur part dans la Donation à caufe de Nôces à laquelle a fuccedé l'Augment.

M. Ricard dans fon Traité des Donations fur l'explication de l'Edit des fecondes Nôces ch. 9. gl. 6. n. 387. fait mention d'un Arrêt du mois d'Août 1672. par lequel il fut jugé que les Enfans après la mort de leur Pere, font tellement proprietaires de leur part dans l'Augment, que l'alienation qu'ils en ont faite doit fubfifter, même au préjudice de la Mere qui auroit furvécu à fes Enfans.

M. Bretonnier en fes Obfervations fur Henris, tom. 2. liv. 4. queft. 5. étoit alors de ce fentiment ; mais depuis ayant appris que dans l'espece de l'Arrêt rapporté par Ricard , la Mere étoit remariée , il a crû qu'il ne tiroit point à conséquence & a embrassé un sentiment tout opposé dans son Recüeil Alphabetique de Questions *verbo* Augment , où il dit que pendant la vie de la Mere , le droit des Enfans dans l'Augment est en suspens ; qu'ils n'en sont proprietaires que sous la condition *si matri supervixerint ;* que la part de celui des Enfans qui decede avant sa Mere accroît à ses Freres & Sœurs également, ainsi que l'établit Duperrier liv. 2. quest 24. & que cela étant , les Enfans ne peuvent du vivant de leur Mere , vendre ni engager leur part à son préjudice.

Et en effet M. de Catelan tom. 2. liv. 4. ch. 54. rapporte un Arrêt du Parlement de Toulouse du 24. Mars 1665. qui jugea que les Créanciers d'un Fils condamné à mort par Contumace ne pourroient pas se venger sur sa part dans l'Augment au préjudice de leur Mere , & la raison qu'il en donne est qu'étant reputé mort avant sa Mere , il n'avoit aucun droit dans l'Augment.

Ainsi je crois qu'il faut dire que pendant la vie du Pere ou de la Mere qui a recüeilli ses Gains Nuptiaux , les Enfans n'y ont encore aucun droit, du moins qu'ils n'en ont qu'une proprieté conditionnelle , *si superstiti parenti supervixerint :* & cette opinion peut se concilier avec le ch. 26. de la Novelle 22. car cette Novelle dit que les Enfans qui decedent avant leur Mere , peuvent disposer de leur part dans les Gains Nuptiaux , à la reserve de la portion accordée à leur Mere , *in casum orbitatis.* Or si tous les Enfans decedent avant la Mere , elle retient en pleine proprieté la Totalité de ses Gains Nuptiaux , & par consequent la disposition faite par les Enfans qui decedent avant leur Mere , ne peut lui préjudicier, à moins que par le Contrat de Mariage il n'y eut quelque clause en faveur des Enfans qui leur donnât le droit de disposer de leur part dans l'Augment , même en cas qu'ils vinssent à deceder avant leur Mere : & c'est apparemment le cas que suppose la Novelle 22. autrement elle impliqueroit contradiction, puifque quand il n'y a point d'Enfans, ou qu'ils decedent tous avant la Mere, elle a conftamment la proprieté de fon Augment entier.

III. Pour fçavoir quelle forte de renonciation eft capable de comprendre la part que l'Enfant avoit droit de prétendre dans les Gains Nuptiaux, il faut diftinguer les differens tems dans lefquels cette renonciation peut être faite.

1°. Quand la renonciation de l'Enfant eft faite pendant la vie du Pere & de la Mere, & avant que le droit des Gains Nuptiaux foit acquis aux Enfans, pour que cette renonciation foit valable, il faut que l'Acte faffe une mention expreffe des Gains Nuptiaux, afin de faire entendre à l'Enfant à quoi il renonce.

2°. Lorfque les Gains Nuptiaux font acquis, foit par le decès du Pere ou de la Mere ou autrement, fi le Conjoint furvivant en mariant fes Enfans les fait renoncer à tous droits qu'ils pouvoient prétendre dans les biens du predecedé, ou dans fa fucceffion, ou dans l'hoirie, la renonciation ainfi conçuë comprend la part que l'Enfant avoit dans les Gains Nuptiaux, à moins que le Conjoint furvivant qui auroit fait faire une telle renonciation ne fut remarié, & que la renonciation fut faite à fon profit : car le fecond mariage étant defavorable, fur tout en ce qu'il préjudicie aux Enfans du premier lit, en ce cas le furvivant doit être confideré comme un étranger, & à moins que la renonciation ne fut expreffe, elle ne comprendra pas la part que l'Enfant avoit dans les Gains Nuptiaux.

Mais la renonciation feroit valable fi le furvivant remarié l'avoit ftipulé en faveur des Enfans du premier lit ou de l'un d'eux ; dans ce cas il fuffiroit que la renonciation fut à tous droits, & il ne feroit pas neceffaire qu'il y fut fait une mention expreffe des Gains Nuptiaux.

3°. Quand après le decès du Pere ou de la Mere, le Fils aîné ou autre inftitué heritier univerfel, marie fes Freres ou Sœurs, & les fait renoncer à tous droits Paternels ou Maternels , ou ce qui est la même chose , à tous les Droits qu'ils pouvoient prétendre dans la succession du Pere ou de la Mere predecedé , une telle renonciation comprend la part que le renonçant avoit dans les Gains Nuptiaux , pourvû que la Dot donnée au renonçant le remplisse à peu près de sa legitime , & de sa part dans les Gains Nuptiaux : car s'il souffroit une lezion trop considerable , il pourroit être restitué contre sa renonciation ; ce qui auroit lieu même dans le ressort du Parlement de Paris , & pour les renonciations faites par les Filles dans leur Contrat de Mariage : car quoi qu'on ne les releve pas legerement de leurs renonciations à des droits échûs , neanmoins on les en releve quand il y a une lezion trop considerable.

Toutes les distinctions que l'on vient de faire ont été admises pour les renonciations , parce qu'elles sont peu favorables. Mais à l'égard de tous les autres Actes contenant des dispositions universelles , tels que les Partages , les Transactions , les Cessions & Transports de droits successifs , & autres Actes par lesquels un des Enfans abandonne aux autres ou à l'un d'eux toutes ses prétentions , sur la succession du Pere ou de la Mere decedé , tous ces Actes comprennent sans contredit la part que l'Enfant pouvoit prétendre dans les Gains Nuptiaux. M. Bretonnier en ses Observ. sur Henris tom. 2. liv. 4. quest. 5.

IV. On voit par ce qui vient d'être dit , que les Enfans qui survivent au Conjoint survivant leur Pere ou Mere , sont les seuls qui ont droit de prendre part dans les Gains Nuptiaux , & dans la Virile , & que la part de ceux des Enfans qui decedent avant leur Pere ou Mere survivant , accroît également à leur Pere ou Mere , & à leurs autres Freres & Sœurs survivans.

Mais les Gains Nuptiaux appartiennent aux Enfans , quoi qu'ils ne soient Heritiers ni de leur Pere ni de leur Mere , parce que ces Gains sont un troisiéme genre de biens differens des biens de la succession du Pere & de la Mere. Novel. 22. ch. 20. *dabuntur hæc filiis honore præ-*

cipuo, licet non fiant hæredes Patris, aut Matris, aut utriufque.

Et l'Enfant donataire peut prendre fa part dans les Gains Nuptiaux, fans être obligé de rapporter ce qui lui a été donné par fes Pere & Mere ; les Enfans peuvent auffi avoir en même-tems leur legitime & leur part dans les Gains Nuptiaux, ainfi, que l'établit M. Bretonnier en fes Obfervations fur Henris, tom. 2. liv. 4. queft. 1. & fur le 18. Plaidoyer d'Henris.

Les Petits - Enfans peuvent auffi fans être Heritiers de leur ayeul ou ayeule, prendre part dans leurs Gains Nuptiaux, par reprefentation de leurs Pere ou Mere ; mais il faut pour cela qu'ils en foient Heritiers, car autrement ils ne peuvent les reprefenter : c'eft ce que dit la Novelle 22. ch. 21. §. 1. *defuncti portionem illius damus filiis, fi hæredes fint patris.*

V. S'il y a plufieurs Petits-Enfans concourans avec des Enfans du premier degré, le partage fe fait par fouches, en forte que les Petits-Enfans n'ont tous enfemble que la portion qu'auroit eu leur Pere ou Mere qu'ils reprefentent, fuivant ces termes de la Novelle 22. *defuncti portionem illius damus filiis.*

Mais lorfqu'il n'y a que des Petits-Enfans de differentes branches, partageront-ils les Gains Nuptiaux par fouches, ou par têtes ? Godefroy fur la Loi 7. au Code *de fecundis Nuptiis*, dit qu'ils fuccederont par fouches, parce que ce genre de biens appartenoit à leur Pere ou Mere à titre particulier, quoiqu'ils ne fuffent pas Heritiers de leur Pere ou Mere : & d'ailleurs c'eft une regle certaine qu'en ligne directe, les Petits-Enfans de differentes branches fuccedent toûjours *in ftirpes non in capita.*

VI. Lorfque les Enfans ont une fois recüicilli les Gains Nuptiaux de leur Pere ou Mere, ce genre de biens n'a plus de qualité ni de regle particulieres, il demeure confondu avec leurs autres biens, & ils en peuvent difpofer comme bon leur femble : s'ils meurent fans en avoir difpofé, ces biens paffent à leurs Heritiers ou Collateraux, avec leurs autres biens, fuivant les regles ordinaires des Succeffions.

CHAPITRE TRENTIÉME.

Quel droit les Créanciers ont dans les Gains Nuptiaux.

SOMMAIRE.

I. Droits des Créanciers du Mari.
II. Droits de ceux de la Femme.
III. Droits de ceux des Enfans.
IV. Si le Conjoint ou les Enfans peuvent renoncer aux Gains Nuptiaux en fraude de leurs Créanciers.

I. POur connoître quels droits les Créanciers peuvent avoir dans les Gains Nuptiaux , il faut distinguer les Gains Nuptiaux du Mari de ceux de la Femme , & les Créanciers du Mari , de la Femme & des Enfans.

Les Créanciers du Mari anterieurs au mariage , peuvent en tout tems faire vendre les biens du Mari , ou les prendre en payement , au préjudice des Gains Nuptiaux qui peuvent avoir lieu dans la suite au profit de la Femme & des Enfans : ils ont cette préference , soit qu'ils se trouvent en concurrence avec la Femme ou avec les Enfans , & même dans les Païs où la Loi *assiduis* est suivie , comme au Parlement de Toulouse , parce que cette Loi ne donne hypotêque à la Femme avant les Créanciers du Mari anterieurs au mariage , que pour sa Dot , & non pour la Donation à cause de Nôces , à laquelle l'Augment , les Bagues & Joyaux & autres Gains Nuptiaux ont succedé.

Pour ce qui est des Créanciers du Mari , dont l'hypotêque est postérieure au mariage , ils ne peuvent rien prétendre sur les biens du Mari au préjudice des Gains Nuptiaux de la Femme , & s'ils sont Detempteurs de quelques

biens

biens du Mari hypotéqués aux Gains Nuptiaux , la Femme
& les Enfans pourront les en faire deguerpir lorſque les
Gains Nuptiaux auront lieu à leur profit , Novelle 22. ch.
24.

Mais les Créanciers du Mari , ſoit anterieurs ou poſterieurs
au mariage , pendant la vie de la Femme , n'ont aucun droit
ſur ſes biens pour les Gains Nuptiaux ſtipulés en faveur
du Mari , parce qu'il eſt encore incertain ſi ces Gains auront lieu , & que par l'évenement le Mari ni ſes Heritiers ou ayant cauſe n'y auront peut-être rien.

Après la mort de la Femme , ſi les Gains Nuptiaux du
Mari ſont reverſibles aux Enfans , les Créanciers du Mari
n'ont de recours que ſur l'uſufruit qu'il a des Gains Nuptiaux , & ſur la Virile dont il doit avoir la proprieté ,
encore pour la virile faut-il qu'elle leur ſoit expreſſément
obligée , autrement ils n'auroient pas droit de ſe venger
ſur cette portion.

II. A l'égard des Créanciers de la Femme anterieurs
au mariage , ils peuvent en tout tems faire vendre les
biens de la Femme ou les prendre en payement , même
au préjudice des Gains Nuptiaux , qui pourroient dans
la ſuite avoir lieu au profit du Mari & des Enfans.

Mais les Créanciers de la Femme poſterieurs au mariage
ne peuvent rien prétendre ſur ſes biens , qu'après que les
Gains Nuptiaux du Mari ſeront acquités ſi le cas y echet :
& ſi leſdits Créanciers ſe trouvoient alors détenteurs de
quelques biens de la Femme hypotêqués aux Gains Nuptiaux du Mari , le Mari ou ſes Enfans pourroient les en
faire déguerpir par la voye de l'action hypotécaire , comme
il vient d'être dit ci-devant au ſujet des Gains Nuptiaux
de la Femme.

A l'égard des Créanciers de la Femme anterieurs ou
poſterieurs au mariage , ils n'ont pendant la vie du Mari
aucun droit ſur ſes biens , pour raiſon des Gains Nuptiaux ſtipulés en faveur de la Femme , & même après la
mort du Mari , ſi les Gains Nuptiaux de la Femme ſont
reverſibles aux Enfans , les Créanciers de la Femme n'ont

droit de se venger que sur les fruits & revenus de la totalité de ses Gains : & pour ce qui est de la proprieté , ils n'ont droit que sur la Virile , encore faut-il pour cela qu'elle leur soit expressément obligée , ainsi que cela a été jugé par Arrêt du 7. Septembre 1644. rapporté par Henris tom. 1. liv. 4. quest. 56.

III. Pour ce qui est des Créanciers des Enfans , pendant la vie des Pere & Mere , ils n'ont certainement aucun droit sur leurs biens même pour ce qui peut un jour en revenir aux Enfans à titre de Gains Nuptiaux , parce que les Enfans n'ont encore eux-mêmes aucun droit acquis.

Après la mort de l'un des Conjoints , & que le survivant a recüeilli ses Gains Nuptiaux , les Créanciers des Enfans n'y ont encore aucun droit pendant la vie de ce Conjoint survivant , encore bien que les Gains Nuptiaux soient reversibles aux Enfans , parce qu'ils n'y ont eux-mêmes qu'un droit conditionnel , *Si parenti superstiti supervixerint.*

Quelques-uns veulent que l'on distingue si le Conjoint survivant reste en viduité ou s'il est remarié.

Au premier cas , ils conviennent que les Enfans n'ont encore aucun droit acquis irrévocablement dans les Gains Nuptiaux , & par conséquent que leurs Créanciers n'y peuvent rien prétendre.

Au second cas , on prétend que les Enfans peuvent obliger & aliener leur part dans les Gains Nuptiaux , & que cela a été ainsi jugé par un Arrêt du mois d'Août 1692. rapporté par Ricard sur l'Edit des secondes Nôces ch. 9. gl. 6. n. 1378.

Au contraire au Parlement de Toulouse on juge que quoique le Conjoint survivant se remarie , les Enfans ne peuvent engager à leurs Créanciers la part qu'ils esperent recüeillir dans les Gains Nuptiaux , parceque par leur predecès la proprieté de ces Gains retourne à leur Pere ou Mere survivant , quoique remarié. Suivant les Arrêts rapportés par M. Maynard liv. 9. ch. 30. d'Olive liv. 3. ch. 20. Cambolas liv. 6. ch. 4. Catelan tom. 2. liv. 4. ch. 59.

La même Jurisprudence est suivie au Parlement de Bour-

deaux , fuivant le témoignage de M. Boyer Decif. 85.
Bechet du Droit de Reverfion , ch. 7. la Peirere lettre
N. n. 33.

Cette Jurifprudence paroît la mieux fondée , comme on
l'a déja obfervé ci-devant dans le chap. 29. car la referve de
la proprieté des Gains Nuptiaux , n'étant établie qu'en faveur
des Enfans du premier lit , il n'y a aucune raifon lorfque tous les Enfans font decedés , pour priver le Pere ou
la Mere Survivant de la proprieté de leurs Gains Nuptiaux , & alors il eft indifferent que le furvivant foit remarié ou qu'il foit refté en Viduité.

Ainfi dans les principes , il faut dire que les Créanciers
des Enfans n'ont aucun droit dans les Gains Nuptiaux qui
peuvent être tranfmis aux Enfans , jufqu'à ce que le droit des
Enfans foit ouvert pour qu'ils puiffent recüeillir effectivement
les Gains Nuptiaux.

IV. Quelques-uns prétendent que les Enfans peuvent
ceder leur part des Gains Nuptiaux à leurs Pere ou Mere ,
ou à leurs Freres & Sœurs , au préjudice de leurs Créanciers , parceque , difent-ils , c'eft un Benefice de la Loi ,
auquel ils peuvent renoncer ; tel eft le fentiment de
M. le Prefident Faber *Cod. de fecundis Nuptiis defin.* 13. *n.*
19. où il dit que cela fut ainfi jugé au Senat de Cham-
bery. M. Catelan liv. 2. ch. 69. dit auffi que cela a été
jugé de même au Parlement de Touloufe par un Arrêt
de 1678.

Mais je ne puis croire qu'on autorifât en Juftice une
renonciation aux Gains Nuptiaux faite par le Conjoint furvivant , ou par les Enfans au préjudice de leurs Créanciers ;
car il n'eft pas permis de renoncer en fraude d'un tiers
à un droit acquis , & ce feroit ici une véritable fraude
que le Conjoint furvivant & fes Enfans feroient à leurs
Créanciers , fi au préjudice de ces Créanciers ils renon-
çoient aux Gains Nuptiaux qui leur font acquis.

Il eft vrai que dans le Droit Romain un Debiteur pouvoit
renoncer à une Donation , à un Legs , & à une Succeffion ,
ou ne pas demander fa Falcidie ni fa Trebellianique ,

fans que cela fut taxé de fraude , & que les Créanciers puffent l'empêcher , l. 6. 19. & 20. au Digefte *quæ in fraud. credit.*

Mais en France ces Loix ne font pas fuivies , & c'eft ce qui fait dire communément que le titre *quæ in fraudem creditorum , &c.* n'y eft pas reçû , ce qui n'eft pas vrai indiftinctement : en effet on en obferve quelques Loix , & on en rejette d'autres , telles que celles que l'on vient de citer , & la Jurifprudence reçuë fur cette matiere , permet non feulement aux Créanciers de prevenir le Debiteur & d'intervenir au partage ; mais même quand le Debiteur a prevenu fes Créanciers par une renonciation frauduleufe , on revoque fa renonciation , & on l'oblige de ceder fes droits à fes Créanciers qui font reçûs à les exercer à leurs rifques & fortunes , comme nous l'apprenons de M. de Montholon Arrêt 55. Loüet lettre R. n. 20. Valla Traité 12. l'Hommeau en fes Maximes liv. 3. & dans l'article 277. de la Coûtume de Normandie.

Ainfi comme les mêmes raifons militent pour ce qui concerne les Gains Nuptiaux , je penfe qu'on doit en porter le même jugement , & que le Conjoint furvivant ni les Enfans ne peuvent y renoncer en fraude de leurs Créanciers.

CHAPITRE TRENTE-UNIÉME.

De la Prefcription des Gains Nuptiaux.

SOMMAIRE.

I. Prefcription contre la Femme.
II. Contre les Enfans.
III. Contre le Mari.
IV. Quid, De la Virile.

I. LOrfque le Conjoint furvivant ou fes Enfans ne trouvent pas dans la fucceffion du Conjoint predecedé dequoi fe payer de leurs Gains Nuptiaux, ils ne manquent pas de fe pourvoir contre les Détenteurs des autres biens qui ont été hypotéqués aux Gains Nuptiaux, & qui depuis ont été alienés par le predecedé ou autres qui les avoient hypotéqué.

Les Detenteurs ont de leur côté interêt pour rendre l'action hypotécaire fans effet, d'oppofer qu'ils ont acquis la prefcription contre l'hypotèque qui étoit imprimée fur les biens dont ils font Detenteurs, il faut donc examiner comment l'hypotéque des Gains Nuptiaux peut fe prefcrire.

Premierement pour ce qui eft de l'hypotéque que la Femme a pour fes Gains Nuptiaux fur les biens que fon Mari avoit au moment du mariage ou qu'il a acquis depuis, le tems de poffeffion neceffaire aux tiers Detenteurs pour acquerir la prefcription, ne peut commencer à courir contre la Femme que du jour que fon droit eft ouvert pour demander fes Gains Nuptiaux.

Ce principe eft fondé fur la Loi *cum notiffimi* §. 4. *Cod. de prafcript.* 30. *vel* 40. *ann.* qui porte que la prefcription ne court point contre la Femme pendant le mariage, tant par rapport à fa Dot , que par rapport à la Donation à cause de Nôces : & cela s'observe quand même la Femme ou les Enfans auroient parlé dans l'Acte qui fait le titre du Detenteur , parceque l'on n'est jamais reputé avoir renoncé à un droit qui n'étoit pas encore ouvert.

Mais aussi la prescription court contre la Femme à compter du jour que son droit est ouvert , soit par la mort naturelle ou civile de son Mari , soit pour cause de separation , faillite , & longue absence.

Seulement dans ce dernier cas de longue absence du Mari , on pourroit , suivant les circonstances , suspendre la prescription au-delà du terme ordinaire , parce que quoique la Femme fut en droit après un certain tems de demander ses Gains Nuptiaux , on ne peut interpreter contre elle & à son préjudice l'esperance qu'elle avoit de revoir son Mari absent , qui lui a fait differer à se pourvoir pour demander par provision la delivrance de ses Gains Nuptiaux.

II. Du même jour que le droit est ouvert au profit de la Femme , la prescription commence aussi à courir contre les Enfans , parceque quoiqu'ils n'ayent du vivant de leur Mere qu'une propriété nuë & même conditionnelle , ils ne laissent pas d'être en état d'agir & de veiller par eux-mêmes à la conservation des Gains Nuptiaux , ils peuvent dès-lors assigner en declaration d'hypotéque les Detenteurs des biens hypotéqués aux Gains Nuptiaux ; en sorte que la prescription court dès-lors contre eux , à moins qu'ils ne l'interrompent par quelque Acte judiciaire signifié aux Detenteurs.

Mais la prescription ne peut être acquise par les Detenteurs contre les Enfans , que par trente années de possession non interrompuë , suivant la Novelle 22. ch. 24.

Et le moindre Acte Judiciaire signifié aux Detenteurs , soit de la part de la Mere, soit de la part des Enfans , interrompt la prescription , tant à l'égard de la Mere que de tous les Enfans , parce qu'en matiere de Droits individuels, ce qui est fait par l'un des Créanciers , profite à tous les autres suivant la Loi derniere au Code *de duobus reis.*

Et si au tems de l'ouverture du droit des Gains Nuptiaux , la Femme ou quelqu'un des Enfans est encore
Mineur , la prescription ne peut commencer à courir contre eux que du jour de leur majorité , & même le Mineur releveroit le Majeur , leurs droits étant individuels.

III. Il faut appliquer aux Gains Nuptiaux du Mari
les mêmes principes ; la prescription de l'hypotèque qu'il a
pour ses Gains ne commence à courir que du jour que
son droit est ouvert par la mort naturelle ou civile de la
Femme ou autrement , & elle commence à courir contre
les Enfans , à compter du même jour , sauf le cas d'interruption civile ou de minorité , comme on vient de
l'expliquer pour les Gains Nuptiaux de la Femme.

IV. C'est une grande question de sçavoir , de quel jour
les Detenteurs des biens hypotèqués aux Gains Nuptiaux
peuvent prescrire la Virile , soit contre le Conjoint survivant , soit contre les Enfans : en effet comme le Conjoint
survivant perd la proprieté de la Virile lorsqu'il passe à de
secondes Nôces , & que lors même qu'il reste en viduité ,
s'il ne dispose pas expressément de cette portion , elle demeure tellement confonduë dans la masse des Gains Nuptiaux , qu'il est censé n'y avoir jamais eu aucun droit ,
on ne peut decider pendant la vie de ce Conjoint survivant , si c'est à lui ou à ses Enfans qu'appartient la proprieté de cette portion. Car outre qu'il est incertain si le
Conjoint survivant se remariera ou s'il demeurera en viduité , il est aussi toûjours incertain jusqu'à sa mort s'il
usera ou non de la faculté qu'il a de disposer de la Virile :
en sorte que pendant la vie de ce Conjoint survivant , on
ne peut pas , pour ainsi dire , déterminer si c'est sur sa
tête , ou sur celle de ses Enfans que reside la proprieté de
la Virile.

Si l'on envisage cette proprieté comme residente par
provision en la personne du Conjoint survivant tant qu'il
ne passera point à de secondes Nôces , auquel cas il
auroit droit de disposer de la proprieté de sa Virile , il
pourra arriver tout au contraire qu'avant son decès il se fera

remarié, & que par là il aura perdu dès ce moment la propriété de sa Virile.

Et quand même le survivant ne se remarieroit pas, s'il meurt sans avoir disposé nommément de sa Virile, la propriété de cette portion sera censée ne lui avoir jamais appartenu, & demeurera confondue avec la propriété du reste des Gains Nuptiaux qui appartient aux Enfans.

On ne peut pas non plus dire que par provision les Enfans sont propriétaires de la Virile pendant la vie du Conjoint survivant, sous pretexte que la propriété que le survivant a de cette portion peut être revoquée à leur profit en cas de secondes Noces ou de non-disposition : car si par l'evenement le survivant ne s'est point remarié, & qu'il ait disposé nommément de sa Virile, au moyen de l'accomplissement de ces deux conditions, la propriété de cette Virile lui aura toûjours appartenu.

De ces differentes considerations, il resulte qu'à proprement parler pendant la vie du Conjoint survivant ni les Enfans ni le Conjoint survivant lui-même n'ont point une propriété parfaite & determinée de la Virile : ils ont également droit à la propriété de cette portion, mais de part & d'autre sous condition. Sçavoir pour le Conjoint survivant qu'il ne se remariera point, & qu'il disposera nommément de cette Virile, & les Enfans en cas que le survivant se soit remarié ou qu'il n'ait pas disposé nommément de cette portion ; en sorte que la propriété de la Virile est de part & d'autre en suspens jusqu'à la mort du Conjoint survivant : & ce n'est qu'en ce moment qu'il commence à devenir certain si le survivant a eu la propriété de la Virile, ou si elle a toûjours appartenu aux Enfans même de son vivant.

Cette incertitude de la propriété de la Virile pendant la vie du Conjoint survivant, fait que ni le survivant ni les Enfans ne peuvent alors agir comme propriétaires incommutables de cette Virile, ni la revendiquer sur les heritages hypoteques aux Gains Nuptiaux : & par cette raison la prescription des hypoteques de cette portion ne devroit pas courir pendant la vie du Conjoint survivant, du moins contre les Enfans : elle peut bien après la mort du predecedé commencer à courir contre le Conjoint survivant , parce qu'il est dès-lors en état d'agir pour demander à joüir de cette portion , sinon à titre de proprieté , du moins à titre d'usufruit ; au lieu que le droit des Enfans & pour l'usufruit & pour la proprieté de cette portion est tout à fait en suspens jusqu'au moment du decès du Conjoint survivant.

Cependant nonobstant toutes ces considerations , on juge que l'hypotéque de la Virile se prescrit contre les Enfans même du vivant de leur Pere ou Mere survivant , & cela apparemment parceque l'on considere que quoiqu'ils n'ayent pas dès-lors une proprieté certaine , ils ont un droit conditionnel à cette proprieté , & peuvent à ce titre assigner les tiers Détenteurs des heritages pour les faire declarer affectés & hypotêqués à la Virile , & par cette interruption civile empêcher la Prescription : c'est ce qui a été jugé par Arrêt du 7. Juin 1647. rapporté par Henris tom. 1. liv. 4. ch. 6. quest. 108.

PIECES
JUSTIFICATIVES.

DECLARATION DU ROY,

CONCERNANT LES INSINUATIONS.

Donnée à Marly le 25. Juin 1729.

L O U I S, par la grace de Dieu, Roi de France & de Navarre : A tous ceux qui ces Préfentes Lettres verront, S A L U T. La formalité de l'Infinuation ayant été établie par les Rois nos Predeceſſeurs, à l'égard des Donations entre-vifs, & de quelques autres Actes qui font énoncés dans leurs Ordonnances, le feu Roi nôtre très-honoré Seigneur & Bifayeul, jugea à propos d'étendre cette formalité, par plufieurs Edits & Declarations à beaucoup d'autres cas dont il n'avoit point été fait mention dans les Loix anterieures à l'Edit du mois de Decembre 1703. & il ordonna entre autres chofes, par la Declaration du 20. Mars 1708. que les dons portés dans les Contrats de Mariage, par forme d'Augment & de Contre-Augment, les Dons mobils, Engagemens, droits de Retention, Agencemens, gains de Nôces & de Survie, dans les Païs où ils font en ufage, feroient Infinués & Enregiftrés dans les tems, & fous les peines portées par l'article fecond de l'Edit du mois de Decembre 1703. Mais il Nous a été reprefenté, que fous prétexte de ces derniers termes, & par l'extenſion qu'on a voulu leur donner, il s'eft élevé plufieurs conteftations, dans lefquelles on a prétendu que les Actes de l'efpece ci-deffus marquée, devoient être declarés nuls,

G g ij

faute d'avoir été Infinués dans les tems preferits par les mêmes Edits & Declarations ; on a oppofé à cette prétention , que les termes generaux de ces Loix devoient être interpretés felon la nature des Actes aufquels il s'agifloit de les appliquer ; qu'à la verité la peine de nullité tomboit juftement fur des Donations entre-vifs , & autres Actes femblables , aufquels un tiers pouvoit être intereflé , & qui par cette raifon meritoient d'être regardés comme non avenus , lorfqu'on ne les avoit pas rendus publics par la folemnité de l'Infinuation ; mais qu'il feroit trop rigoureux d'étendre la même peine à des difpofitions , qui fans avoir le caractere d'une véritable Donation , ne font que de fimples Conventions matrimoniales , ftipulées entre les Parties contractantes , foit pour aider le Mari à foûtenir les charges du mariage , foit pour balancer les avantages qu'il fait reciproquement à fa Femme , & pour établir par-là une efpece de compenfation aufli jufte que favorable ; que s'il étoit permis de foûtenir que ces fortes de conventions doivent être declarées nulles par le défaut d'Infinuation , on détruiroit par ce moyen l'efprit & la liaifon eflentielle de toutes les claufes d'un Contrat de mariage , & cela dans un tems où l'inconvenient que cette rigueur produiroit ne pourroit plus être reparé , ce qui rendroit la condition des deux contractans entierement inégale : qu'enfin dans une grande partie du Royaume le défaut d'Infinuation degenereroit dans une efpece d'avantage indirect que l'un des Conjoints pourroit faire à l'autre , contre la prohibition des Coûtumes qui y font reçuës ; & comme il Nous eft refervé de declarer le véritable fens des Loix , dont les exprefflions generales peuvent avoir befoin d'interpretation , Nous avons crû devoir preferer en cette occafion celui qui eft le plus favorable au bien & à la confervation des familles de nôtre Royaume , en affurant l'entiere execution des Contrats de mariage , & en les affranchiflant d'une peine de nullité , qui ne peut jamais s'appliquer aux conditions réciproques qu'il eft d'ufage d'y ftipuler , fans troubler toute l'économie d'un Acte qui eft le fondement

& la baze de la societé civile. A ces causes, de l'avis de nôtre Conseil, & de nôtre certaine science, pleine puissance & autorité Royale, Nous avons par ces Presentes, signées de nôtre main, dit, declaré & ordonné, disons, declarons & ordonnons, voulons & Nous plaît que l'Edit du mois de Decembre 1703. & les Declarations données en consequence, notamment la Declaration du 20. Mars 1708. soient executés selon leur forme & teneur, sans neanmoins que les Dons mobils, Augmens, Contre-Augmens, Engagemens, droits de Retention, Agencemens, Gains de Nôces & de Survie, dans les Païs où ils sont en usage, soient censés avoir été compris dans la disposition desdits Edits & Declarations, qui porte la peine de nullité, encore qu'ils n'ayent pas été insinués dans les formes & délais prescrits par lesdits Edits & Declarations ; declarant qu'audit cas, ceux qui auront negligé de satisfaire à cette formalité, n'ont dû & ne doivent être regardés que comme sujets aux autres peines prononcées par lesdits Edits & Declarations ; à l'effet de quoi Nous avons dérogé & dérogeons, en tant que besoin seroit, à toutes dispositions des Ordonnances precedentes qui pourroient paroître à ce contraires. Si donnons en mandement à nos amez & feaux Conseillers les Gens tenans nôtre Cour de Parlement à Paris, que ces Presentes ils ayent à faire lire, publier & regiftrer, & le contenu en icelles garder & observer selon leur forme & teneur. Car tel est nôtre plaisir ; en témoin de quoi Nous avons fait mettre nôtre Scel à cesdites Presentes. Donne'e à Marly le vingt cinquiéme jour de Juin, l'an de grace mil sept cens vingt-neuf, & de nôtre Regne le quatorziéme. Signé L O U I S. *Et plus bas* Par le Roy, Phelypeaux. Vû au Conseil, Le Peletier. Et scellée du grand Sceau de cire jaune.

Regiftrée, oüy, ce requerant le Procureur General du Roy, pour être executée selon sa forme & teneur, & copies collationnées envoyées aux Bailliages & Sénéchauffées du Reffort, pour y être lûes, publiées & regiftrées ; enjoint aux Subftituts du Procureur General du Roi d'y tenir la main, & d'en certifier la Cour dans le mois, suivant l'Arrêt de ce jour. A Paris en Parlement le douze Juillet mil sept cens vingt-neuf. Signé, Ysabeau.

CONSULTATION
DES AVOCATS
ÉS COURS DE LYON,

Sur les Gains Nuptiaux & de Survie, ufités dans les Provinces de Lyonnois, Forêts, Beaujolois.

LES fouffignés qui ont pris lecture des Queftions propofées font d'avis :

1°. Que l'Augment de Dot eft cette Donation que le futur Epoux fait à la future Epoufe par Contrat de Mariage, en confideration de la Dot qu'elle lui a apporté; qu'il n'a précifément ici d'autre nom que celui même d'Augment, fous lequel nous entendons ce qui ne peut être qu'un Gain de Survie, ce qui eft un troifiéme genre de biens qui n'eft proprement ni paternel ni maternel, mais formé par le benefice de la Loi.

Les Romains reconnoiffoient une efpece d'avantage qui paroît avoir du rapport avec nôtre Augment, mais qui eft bien different, c'eft la Donation à caufe de Nôces; quoiqu'elle fut comme l'Augment une fuite de la Dot, fuivant l'Authentique *dos data Donationem propter Nuptias meretur.* Cependant ce n'eft pas dans cette efpece de Donation que nous trouvons des principes propres à nôtre fujet, & quoiqu'on applique à l'Augment de Dot la plûpart des Loix qui ont été faites pour la Donation à caufe de Nôces, on ne fçauroit cependant trop marquer la difference qu'il y a de l'un à l'autre. La Donation à caufe de Nôces devoit toûjours être égale à la Dot, au lieu que l'Augment fe regle quelquefois *nutu contrahentium.*

Il y avoit encore une efpece d'avantage autorifé par la Loi, & qui étoit appellée *fponfalitia largitas* : cette liberalité à laquelle le mariage donnoit lieu étoit vrayment un Contrat, *fpecialis Contractus*, dit l'Authentique, Novell. 119. l'on en voit plufieurs efpeces qui font propofées dans le cours du titre trois au Code *de Donat. ant. Nupt. vel propter Nuptias & fponfalitiis.* Mais c'eft encore là un genre de Donation étranger à celui que nous traitons, & dans lequel la Femme ne pourroit jamais compter que fur une fimple joüiffance.

Tel eft l'Augment reçû dans toutes les Provinces regies par le Droit Ecrit, telles que les nôtres, & qui eft autorifé par des Conftitutions très-anciennes. Voyez Harmenopule.

Au refte on voit fouvent que ces mots *Augmentum Dotis* font employez dans le cours des Loix ; mais cette parité de nom n'annonce pas l'expreffion d'une même chofe. Dans le Droit *Augmentum Dotis* n'étoit autre que l'Augmentation réelle & effective que faifoit la Femme pendant le mariage du bien qu'elle avoit apporté à fon Mari ; enfin l'Augment que nous connoiffons dans ces Provinces eft d'une nature toute particuliere, & n'a point ou peu de rapport à toutes les Donations qui avoient été établies par le Droit Romain.

2°. L'Augment eft dû par tout de plein droit & fans ftipulation dans nos Provinces, même en faveur d'une Veuve, quoiqu'on eut prétendu qu'il fut le prix de la virginité, *præmium delibatæ pudicitiæ*, mais on peut le ftipuler plus ou moins, de la maniere qu'on le juge à propos, fans aucune confideration du montant de la Dot, & il dépend toûjours de la convention des Parties, jufques là même qu'on pourroit convenir qu'il n'y auroit ni Augment ni Bagues & Joyaux.

A l'égard des Bagues & Joyaux, quoiqu'ils foient de même nature que l'Augment, par rapport à l'avantage des Enfans, cependant ils ne font pas dûs de droit, il faut les ſtipuler , à la difference de l'Augment , comme nous l'avons dit ci-deſſus ; les Bagues & Joyaux qui ſont en uſage parmi nous & dans tous les Païs de Droit Ecrit , ſont proprement les pierreries & autres bijoux que l'Epoux donne à l'Epouſe , mais qu'on reduit ordinairement à une ſomme d'argent , & lorſque la Femme à la mort du Mari ſe trouve beaucoup de Joyaux , elle en tient compte ſur la ſomme à laquelle ils ont été fixés par le Contrat de Mariage , mais s'ils excedent , elle ne tient pas compte du ſurplus , bien entendu que l'excedent ſeroit un petit objet , car s'il s'agiſſoit de bijoux conſiderables la Femme en tiendroit compte.

3°. La quotité coûtumiere de l'Augment n'a jamais lieu qu'au défaut de la conventionnelle qui eſt toûjours arbitraire dans nos Païs , l'Augment eſt de la moitié quand la Dot eſt en argent.

Si la Dot eſt en Droits , Actions & Obligations , il en eſt de même que lorſqu'elle eſt en argent , l'Augment eſt de la moitié ; nous entendons des Obligations qui ſoient valables & qui puiſſent être exigées : ſi la Dot conſiſte pour le tout , ou en partie en meubles meublans , l'Augment eſt auſſi de la moitié de leur valeur ; tel eſt l'uſage de la Province du Lyonnois , dans lequel on eſt d'autant plus autoriſé qu'il a été confirmé par un Arrêt contradictoire du 6. Mars 1697. rendu au Rolle de Lyon.

Le motif de la quotité de la moitié dans les trois cas ci-deſſus , ſe tire de l'agrément que fournit au Mari une Dot qui eſt en argent ou en effets mobiliers , *facultas & utilitas negociationis.*

Quand la Dot conſiſte en Immeubles , l'Augment n'eſt que du tiers de leur prix.

Nous avons conſulté la nature des biens pour fixer l'Augment , il faut à preſent conſulter la qualité des perſonnes pour regler les Bagues & Joyaux.

S'il s'agit de perſonnes Nobles (au nombre deſquelles ſont les Avocats & les Medecins) alors les Bagues & Joyaux ſont évalués ſur le pied de la dixiéme partie de la Dot ,

& ſur

& sur le pied de la vingtiéme partie pour les Roturiers, telle est la regle generale : neanmoins dans nos Provinces on donne également un dixiéme aux Femmes de Marchands en gros & en détail , il n'y a que les Femmes de ceux qui exercent quelque profession vile , comme les Tailleurs , les Cordonniers & autres semblables qu'on nomme *plebeii* , ausquelles on n'accorde qu'un vingtiéme.

4°. Les Bagues & Joyaux sont reversibles de droit aux Enfans comme l'Augment , parce qu'ils ont la même nature ; mais la Mere à une portion égale à celle des Enfans qui lui survivent , c'est ce qu'on appelle portion Virile dont elle peut disposer comme elle le juge à propos , & même l'engager , pourvû que la disposition ou l'obligation soit expresse ; mais elle perd cette portion par un second mariage ; quant à la proprieté , l'usufruit lui demeurant toûjours reservé en entier , de même que celui de l'Augment pendant sa vie.

5°. Cette portion égale à celle des Enfans qu'a la Mere , & qu'on appelle par cette raison Virile , se prend également sur les Bagues & Joyaux comme sur l'Augment , ainsi que nous venons de le dire ci-dessus.

6°. La quotité des Bagues & Joyaux conventionnels est ordinairement celle qui est reglée de droit ; l'on suit donc presque toûjours la disposition de la Loi , quoiqu'on puisse ne pas s'y tenir , & la regler differemment.

A l'égard de la quantité , on peut si l'on veut par Contrat de Mariage stipuler l'Augment & les Bagues & Joyaux plus forts ou moindres qu'ils ne le sont de droit , il n'est dans cette matiere aucun principe qui éloigne une pareille stipulation, & d'ailleurs le Contrat de Mariage reçoit toutes sortes de clauses, pourvû qu'elles ne soient pas contre les bonnes mœurs.

C'est une question assez problematique de sçavoir si on peut stipuler l'Augment & les Bagues & Joyaux sans retour , au préjudice des Enfans ; les uns soûtiennent qu'on le peut , & ils se fondent sur la maxime universellement reçuë , que le Contrat de Mariage est susceptible de toutes sortes de conventions & de clauses , pourvû qu'elles ne soient

H h

pas contre les bonnes mœurs. Or, disent-ils, une semblable stipulation ne presente rien contre les bonnes mœurs, elle ne doit donc pas être reprouvée ; ils appuyent encore leur sentiment sur un second principe également certain, qui est qu'on peut convenir qu'il n'y aura ni Augment ni Bagues & Joyaux : cette stipulation, ajoûtent-ils, qui est autorisée, fera le même préjudice aux Enfans, que si on avoit stipulé cet avantage sans retour à leur égard, & ils ne mettent point de différence entre ces deux especes.

Les autres au contraire soûtiennent qu'on ne peut pas stipuler l'Augment & les Bagues & Joyaux sans retour au préjudice des Enfans ; parceque, disent-ils, la Loi a essentiellement envisagé les Enfans dans le motif qui lui a fait introduire ces sortes d'avantages, elle les assure ces avantages à la Femme, & aux Enfans dès la benediction Nuptiale, par une sage prévoyance, comme une derniere table en cas de naufrage de la part du Mari, & comme un remede subsidiaire contre la mauvaise fortune, & en effet c'est la seule ressource qui reste aux Enfans d'un Pere dissipateur, il n'arrive que trop souvent que la mauvaise conduite renverse la fortune d'un Pere, quel seroit le sort des Enfans, si on avoit la liberté de stipuler l'Augment & les Bagues & Joyaux sans retour, à leur préjudice, la Mere qui ne seroit plus retenuë par aucun motif d'interêt, pourroit se remarier impunément, & les abandonner sans que leurs plaintes en ce cas fussent écoutées, tandis qu'elle joüiroit tranquillement entre les bras d'un second Mari, des avantages que lui auroit fait le premier, & dont la Loi assure toûjours la proprieté aux Enfans, lorsque la Femme passe à de secondes Nêces ; ils ne trouvent point encore de parité entre la convention qu'il n'y aura ni Augment ni Bagues & Joyaux, & la stipulation de ces mêmes avantages sans retour au préjudice des Enfans, parce qu'au premier cas ceux qui contractent sont maîtres de ne pas profiter de ces avantages ; mais quand on veut les stipuler, ce ne peut jamais être sans retour au préjudice des Enfans, la nature & la Loi repugnent également à une stipulation de cette espece.

Dans ces circonstances, après avoir balancé les raisons de part & d'autre, nous pancherions à croire qu'on ne peut point stipuler l'Augment & les Bagues & Joyaux sans retour, au préjudice des Enfans, & nous nous déterminerions d'autant plus volontiers à ce parti, qu'il n'est pas permis dans nos Provinces de s'affranchir des peines des secondes Nôces : & il est certain que si on pouvoit stipuler l'Augment & les Bagues & Joyaux sans retour au préjudice des Enfans, on trouveroit le secret par une semblable convention d'éluder l'effet de la prohibition, & de contrevenir directement à la disposition d'un Arrêt de Reglement dont nous parlerons ci-après ; voilà quel seroit nôtre avis en pareil cas ; mais nous ne sçaurions attester l'usage sur cette Question, n'y en ayant point de certain.

7°. On peut stipuler qu'il n'y aura ni Augment ni Bagues & Joyaux. En le stipulant on renonce à un avantage que la Loi offroit : or il n'est rien de plus naturel que de pouvoir renoncer au benefice qui a été introduit pour nous : c'est une regle de droit incontestable : d'ailleurs comme nous l'avons déja dit, le Contrat de Mariage est un Contrat qui reçoit toutes sortes de clauses, celle-ci peut être à la verité préjudiciable aux Enfans, suivans les évenemens & la conduite des parties qui contractent, mais quel moyen pourroit alors offrir la Loi, qu'on a pû ne pas écouter ?

8°. S'il n'y a point de Dot, il n'y a point d'Augment, parce que l'Augment n'est dû qu'en consideration de la joüissance que le Mari doit avoir de la Dot : il en est de même des Bagues & Joyaux, attendu qu'on ne peut les regler & les fixer par le Contrat de Mariage que sur le montant de la Dot ; cependant les Bagues & Joyaux conventionnels sont dûs, quoiqu'il n'y ait point de Dot, c'est dans le cas auquel un Mari prenant la beauté & la vertu de sa Femme pour une Dot suffisante, lui a promis des Bagues & Joyaux.

L'Augment & les Bagues & Joyaux sont également dûs, quand même la Dot n'a pas été payée, qui que ce soit qui l'air conftitué , à moins qu'il n'y ait une convention contraire , excepté dans le cas où la Femme fe feroit conftituée de fon chef une Dot qu'elle n'auroit pas payée , auquel cas l'Augment & les Bagues & Joyaux ne feroient pas dûs.

9°. Il n'eft pas d'un ufage ordinaire dans ces Provinces de ftipuler d'autres Gains de Survie que ceux de l'Augment & Bagues & Joyaux : le Mari reconnoît à fa Femme les nipes qu'elle a apporté , & que les Auteurs coûtumiers appellent *Trouffelle* ou *Trouffeau* : mais ce n'eft pas là un Gain de Survie pour la Femme , c'eft fon propre bien ; cependant l'on pourroit bien ftipuler d'autres avantages qui feroient également de droit reverfibles aux Enfans , & dans lefquels la Mere auroit de même une portion Virile en propriété comme dans l'Augment.

10°. Dans ces Provinces , le Mari n'a de droit aucun Gain de Survie fur les biens de fa Femme predecedée , & s'il eft d'ufage d'en ftipuler quelqu'un , ce n'eft gueres que parmi les Païfans qui dans leur Contrat de Mariage fe conftituent un Augment reciproque , dont la quotité dépend uniquement de la convention , & ordinairement il eft de la moitié de l'Augment fait à la Femme.

Cet Augment que la Femme fera par exemple à fon Mari , eft également reverfible aux Enfans de droit. Le Pere n'y a qu'une portion Virile comme eux , on l'appelle *Contre-Augment* : le Mari en perd la proprieté par fon fecond Mariage , la joüiffance de tout l'Augment lui étant refervée de même qu'à la Femme.

11°. L'on peut faire fur l'Augment & autres Gains de Survie toutes les conventions imaginables, pourvû qu'elles ne prefentent rien qui foit contre les bonnes mœurs ; c'eft là , on le repete, la feule exception que reçoive la regle qui veut que le Contrat de Mariage étant de tous les Contrats de la focieté le plus favorable , puiffe auffi être foûmis à toutes fortes de claufes.

Il femble que la convention par laquelle le Prémourant affranchiroit le Survivant des peines des fecondes Nôces , devroit être reçû dans nos Provinces, c'est en effet la disposition du Droit qui l'autorise, les Loix cedent ici à la volonté des Testateurs , & telle est enfin la Jurisprudence de tous les Parlemens du Droit Ecrit : cependant l'on ne peut pas dans nos Provinces s'affranchir des peines des secondes Nôces : le Parlement de Paris l'a ainsi jugé par un Arrêt de Reglement du 19. Août 1715. rendu en la Grand Chambre sur l'Appel d'une Sentence de la Sénéchaussée de cette Ville , renduë entre Paul Vernette Marchand à Lyon , Tuteur des Enfans Mineurs de défunt Claude Chorel , & de Catherine Guenier sa Femme , & François de la Cour Marchand à Lyon & autres Intimés : cette Sentence étoit conforme à la disposition la plus précise du Droit , Nov. 22. ch. 2. Cujas ; & c'est avec raison que M. Bretonnier s'écrie contre l'Arrêt en rapportant la Loi & les moyens de Droit qui avoient déterminé les premiers Juges ; mais quoiqu'il en soit , il est inutile de rien examiner à ce sujet , puisqu'en ce point nous devons absolument déroger à l'autorité de la Loi depuis l'Arrêt de 1715. qui a été publié & enregistré ici.

 Déliberé à Lyon ce quatriéme May mil sept cens trente-quatre.
 Signé Dufournel. Fuseau. Deschamps.

ACTE DE NOTORIETÉ

Sur les Gains Nuptiaux & de Survie, délivré
par le Bailliage de Beaujolois, communiqué
par Mᶜ. Maillart, Avocat.

Extrait des Regiſtres du Bailliage de Beaujolois du 21.
Juin 1735.

CHarles Joſeph Luc de Camus, Chevalier, Seigneur Com-
te d'Argigny & de Charanlay, Baillif de Beaujolois,
Sçavoir faiſons que ſur la requiſition de Vermorel, Procureur au Siége qui a dit, &c.

Oüis les Avocats audit Siége.

Et Mᶜ. Pierre de la Font Pougelon, Avocat du Roy qui
ont dit, &c.

Il eſt dit qu'Acte de Notorieté eſt accordé à Vermorel
ſur ſa Requiſition, que l'uſage eſt dans ce Siege, que
quoique l'Augment ne ſoit point ſtipulé, il eſt legal & ſe
fixe ſuivant l'uſage ; ſçavoir lorſque la Dot eſt conſtituée
en argent ou effets mobiliers, à la moitié de la Dot, ſi
elle eſt en Immeubles au tiers d'iceux, les Bagues & Joyaux,
quoique non ſtipulés ſont également dûs & fixès, ſçavoir
entre les Nobles & Perſonnes conſtituées en dignité ou
Bourgeois, ſur le pied de la dixiéme partie de la Dot,
& entre les Artiſans & autres Roturiers, ſur le pied de la
vingtiéme partie ; que les interêts de la Dot, Augment,
Bagues & Joyaux ſont dûs du jour du decès du Mari, &
neanmoins ſi la Veuve a été entretenuë & nourrie aux dépens de l'hoirie pendant ſon année de Viduité, ils ne
commencent à courir que du jour de l'an revolu du decès du Mari, & qu'enfin il eſt dû un habit de deüil ſui-

vant la condition des Parties , le tout pour fervir & valoir
ce que de raifon. Fait & prononcé à Villefranche Judi-
ciellement , l'Audience tenante au Bailliage de Beaujolois ,
par Nous Alexis Noyel , Ecuyer , Sieur de Billeroche ,
Confeiller du Roy , & de fon Alteffe Sereniffime Mon-
feigneur le Duc d'Orleans , Lieutenant Particulier , &
Affeffeur Criminel audit Bailliage de Beaujolois ; Jofeph
Aimé de Buffieres , Ecuyer , Sieur de Chatellus ; & Jean-
Marie Roland , Sieur de la Platiere , tous Confeillers
du Roy , Officiers , Magiftrats , Enquêteurs , & Commiffaires Examinateurs audit Siege , cejourd'hui 21. Juin
1735.

Signé MESSONNIER.

Scellé ledit jour & an.
Signé MESSONNIER.

CONSULTATION

DES AVOCATS DE MACON,

Sur les Gains Nuptiaux & de Survie uſités dans leur Province.

LEs Avocats de la Ville de Mâcon ſouſſignés qui ont examiné les queſtions propoſées ſur les Uſages de ce Païs, ſur les Gains de Survie entre Mari & Femme, atteſtent & certifient ce qui ſuit.

1°. Qu'en Mâconnois où les Contrats de Mariage ſont ſuſceptibles de toutes ſortes de conventions, il eſt ordinaire entre Conjoints de ſe faire des Dons modiques & reciproques en cas de Survie, dont la ſomme eſt toûjours fixée & déterminée par les Contrats de Mariage, & cela à l'arbitrage des Parties contractantes qui ne conſiderent point leurs Conſtitutions de mariage pour fixer les liberalités reciproques qui exigent une convention expreſſe & ſpeciale, ſans quoi le ſurvivant des Conjoints n'a rien pour ce regard à demander ſur les biens du predecedé.

Lorſque l'on y ſtipule une telle liberalité qui dépend dans ſon execution d'un évenement incertain, le Mari a coûtume de donner le double, c'eſt-à-dire, qu'il donne cent écus, quand la Femme au même cas donne cinquante écus; la ſtipulation eſt toûjours faite en argent; cet avantage reciproque n'a pas d'autre nom que celui de Don ou Gain de Survie, & il eſt vrai cependant que quelquefois les Notaires l'appellent du nom de Doüaire, quoique le terme ſoit impropre.

2°. Le Conjoint qui par ſa ſurvivance a profité de cette liberalité, dont pluſieurs s'abſtiennent pour s'épargner les frais de l'Inſinuation que l'on en exige au Bureau du Roy,

eſt

eſt abſolument maître d'en diſpoſer à ſon gré lorſqu'il s'eſt abſtenu de ſe remarier, & a le tout en libre diſpoſition ; mais en cas de Convolat, la ſomme ſtipulée appartient à tous les Enfans du premier lit par portions égales du jour même du Convolat, l'uſufruit réſervé au Pere ou à la Mere remariée.

Les ſouſſignés n'ont pas vû de Contrats de Mariage dans leſquels il ait été ſtipulé que le Survivant profitera en toute proprieté du Don de Survie malgré ſon Convolat, les Conjoints en ce Païs, où les ſeconds Mariages, ſur tout entre honnêtes gens, ſont moins frequens qu'ailleurs, ne portent pas ſi loin leur prévoyance, l'on eſtime cependant que ſi les Conjoints en ſe faiſant ces petites liberalités reciproques qui ſont ordinairement modiques, ſe relevoient de la peine des ſecondes Nôces, qu'on approuveroit en Juſtice cette ſtipulation.

3°. Dans le cas où le Survivant doit cautionner pour la reſtitution du Don de Survie le cas écheant, l'on ne ſe contente pas de ſa caution juratoire, au contraire on l'oblige de cautionner bien & düëment, & il n'en eſt diſpenſé qu'en ſe contentant des interêts ſa vie durant de la ſomme ſtipulée.

4°. La Femme en Mâconnois n'a jamais d'Augment s'il n'y en a une convention expreſſe ; en ce dernier cas la quotité eſt purement arbitraire, & il n'y a là-deſſus aucune regle certaine ; mais dans le cas d'une ſtipulation d'Augment, la reverſion a lieu de droit en faveur des Enfans communs, & la Femme qui s'eſt abſtenuë d'un autre Mariage, ne ſçauroit diſpoſer que de ſa Virile, ſur laquelle l'on ſuit en Mâconnois la diſpoſition du Droit Romain, de la maniere qu'on le pratique à Lyon, & dans les autres Païs où l'Augment de Dot eſt obſervé.

L'avantage des Bagues & Joyaux exige auſſi une convention expreſſe, ſouvent on regle le tout à une certaine ſomme, & quand il n'y a rien de fixé dans les Contrats de Mariage, & qu'il a été dit que le Mari fournira des Bagues & Joyaux à la Femme ſuivant ſon état & condi tion, l'on les regle, sçavoir entre Roturiers à la vingtiéme partie de la Dot, & entre Gens de qualité à la dixiéme partie.

Au surplus les Bagues & Joyaux sont sujets à la perte par Convolat, & cette perte profite à tous les Enfans ; mais si la Femme ne se remarie pas, elle a la liberté d'en disposer librement, non pas seulement de sa Virile, comme de l'Augment, mais bien du total.

Enfin il arrive quelquefois, mais rarement, que la Femme outre le Don de Survie, fait des avantages à son Mari futur, ce qui est encore arbitraire & sans aucune regle ; cela s'appelle un *Avantage*, ou un *Don pur & simple*, sujet à la peine du Convolat quand il y a des Enfans du Mariage, sans aucune reserve de la Virile ; mais cessant le Convolat du Mari, il en est absolument maître, & en peut disposer aussi librement que de ses autres biens & du Gain de Survie, qui comme on l'a déja dit, n'appartient de droit aux Enfans du premier lit qu'en cas de Convolat du survivant des Conjoints.

Ce sont les réponses qui se presentent à faire sur les questions proposées au Memoire ci-joint, & dans la discussion desquelles l'on n'entre point, parceque l'on ne souhaite que d'être éclairci de ce qui se pratique là-dessus au Païs du Mâconnois. Fait à Mâcon le 17. Mars 1733.

Signé Rubat. Milliet. Haloru. Chesnard. Vaillant *l'aîné.* Mainssonnat. Vaillant *puisné.* Bodin.

CONSULTATION
DES AVOCATS
AU PARLEMENT DE PROVENCE,

Sur les Gains Nuptiaux & de Survie ufités
dans leur Province.

LEs fouffignez Avocats au Parlement de ce Païs de Provence , donnant leur avis fur les Queftions propofées.

Difent qu'il eft de maxime que la Donation de Survie
reciproque entre les Conjoints , eft en ufage dans le reffort
du Parlement de Provence , elle n'a pas d'autre nom que
celui de *Donation de Survie* ou de *Donation en cas de Predecès* ; elle n'eft jamais dûë fans une convention expreffe
dans le Contrat de Mariage , & lorfqu'on n'en a pas convenu , il n'en eft dû aucune , ni par la Loi , ni par la
Coûtume ou Statut de ce Païs.

Cette Donation de Survie appartient en toute proprieté
au Survivant , lorfque le Conjoint predecedé n'a délaiffé
aucun Enfant de fon mariage : & cela quand même le
furvivant fe remarieroit. Que fi le Conjoint predecedé a
délaiffé des Enfans, le furvivant joüit des fruits de cette Donation , mais elle fe divife à fa mort par portions Viriles avec fes
Enfans qui lui furvivent , fans que cette divifion fe faffe ,
eu égard au nombre des Enfans vivans , au tems de la
mort du Conjoint predecedé , mais feulement du dernier.

Le Conjoint furvivant perd pourtant la proprieté de fa
portion Virile , ayant des Enfans , en cas qu'il fe remarie :
mais fi après fon remariage fes Enfans meurent , lui furvivant , cette peine ceffe , & il conferve la proprieté du
total de la Donation de Survie.

Ii ij

On n'a pas vû qu'on ait ſtipulé dans les Contrats de Mariage , que le Conjoint ſurvivant retiendra & conſervera la proprieté de toute la Donation , ſans en faire part à ſes Enfans , même dans le cas qu'il ſe remarieroit ; mais ſi on le ſtipuloit , une telle convention n'auroit rien d'illicite ; cependant cela pourroit être conteſté.

Il n'eſt pas non plus d'uſage qu'on oblige le ſurvivant de donner caution de rendre les Gains de Survie en cas qu'il ſe remarie.

Ordinairement on ſtipule que le Mari donne à ſa femme en cas qu'elle lui ſurvive , la ſomme de 1000. livres , & la Femme donne à ſon Mari au cas qu'il lui ſurvive 500. livres , & ainſi ordinairement la moitié moins ; c'eſt ce qu'on appelle *Donation de Survie* ou *de Predecès* , dont on a parlé au commencement ; mais cette proportion n'eſt pas neceſſaire , & l'on peut le regler autrement.

Et comme les Femmes ſe font reconnoître les Coffres , Hardes , Bagues & Joyaux qu'elles apportent à leurs Maris , qu'on apprétie tantôt à 1000. livres, tantôt à 2000. livres , plus ou moins , ſuivant l'importance deſdits Coffres ; par exemple une Femme ſe conſtituë en Dot 30000. livres , ſçavoir 3000. au prix & valeur de ſes Coffres , & 27000. liv. en argent , ou en certains autres effets , on ſtipule dans le Contrat de Mariage après la Donation de Survie en argent reciproque entre les deux Conjoints , que *leurs Robbes , Bagues & Joyaux , enſemble le prix & reconnu d'iceux appartiendront au ſurvivant deſdits Mariés ;* laquelle clauſe , *enſemble le prix & reconnu d'iceux ,* opere cet effet , que la Femme a les 30000. livres de ſa Dot , & encore ſes Coffres en eſpeces , & que le mari , s'il ſurvit , ne lui rend que 27000. livres & gagne les 3000. livres de la *reconnoiſſance des Coffres ,* outre les coffres en eſpeces , & la Donation de Survie en argent qui lui appartiennent comme acheteur , en vertu de la reconnoiſſance qu'il en a paſſée.

Outre la Donation de Survie , on ſtipule quelquefois pour la Femme ſurvivante une penſion viagere de 500. livres ou de 1000. livres plus ou moins , ſuivant que les parties en conviennent ; mais fi cette penfion ou rente viagere n'eft pas ftipulée, il n'en eft dû aucune.

On ftipule auffi quelquefois que le Fiancé s'oblige d'orner fa future Epoufe des Bagues & Joyaux de la valeur de 3000. liv. de 6000. liv. ou de 10000. livres plus ou moins, ce qu'on ne voit pourtant que dans certains Contrats de Mariage de perfonnes de diftinction.

Ces Bagues & Joyaux fuivent la même nature que la Donation de Survie en argent.

En un mot, la Femme ne gagne aucune Donation de Survie, Augment de Dot, ou autre liberalité, fans ftipulation & convention expreffe, dès qu'il n'y a point de ftipulation, ni convention, elle ne reprend que fa Dot.

Deliberé à Aix, pour fervir de Memoire hors Jugement, le 16. Mars 1733. *Signé* de Colla. Chery. Ganteaume. Chaudon.

CONSULTATION
DES AVOCATS
AU PARLEMENT DE PAU.

Sur les Gains Nuptiaux & de Survie.

SUr les Queſtions propoſées de ſçavoir, &c.

Les ſouſſignés répondent que l'Augment de Dot, & les Bagues & Joyaux n'ont pas lieu de plein droit dans le reſſort du Parlement de Pau, qu'il n'eſt pas même d'uſage d'y ſtipuler des Bagues & Joyaux, mais ſeulement un Gain de Survie, qu'on appelle Augment ou Agencement, dont la quotité dépend de la convention des Parties, quoique ordinairement la Femme ſtipule le double du Mari.

Cet Augment eſt de droit reverſible aux Enfans après la mort de la Mere : de ſorte néanmoins qu'il appartient à l'Enfant heritier, & que les autres n'y ont qu'une legitime coûtumiere : la mere a pourtant en proprieté une Virile qui eſt égale à la portion que chaque cadet a ſur l'Augment.

On n'a pas coûtume de ſtipuler d'autre Gain de Survie que l'Augment.

Le Mari n'a de droit & ſans ſtipulation aucun gain de Survie ſur la Dot de ſa Femme predecedée ; l'Augment qu'il gagne en vertu de la ſtipulation, eſt ce que les Declarations du Roy appellent Contre-Augment.

On a dit ſur la premiere queſtion, que ſa quotité eſt ordinairement la moitié de l'Augment ſtipulé par la Femme, il eſt reverſible aux Enfans, de même que celui qui eſt gagné par la Femme, & le Mari peut diſpoſer d'une pareille Virile.

Deliberé à Pau , en Affemblée de Matricule ce 20. Juin 1733.

 Signé , Forcade , Doyen des Avocats.
   Dubofq , Avocat.
   Vignau , Avocat.
   Dagen , Avocat.
   Sajus , Avocat.
   Pomarede , Avocat.
   Danty , Avocat.
   Dubofq , Avocat.
   Canton , Syndic.
   Saint Pau , Avocat.
   Forcade fils , Avocat.
   La Caffy , Avocat.
   De Caffenare , Avocat.
   Deftoiut , Syndic.
   Picamilh , Avocat.
   Caffaigne , Avocat.
   Retouffet , Avocat.
   La Paufe , Avocat.
   Mofqueros , Avocat.
   Lardas , Avocat.
   Carrere , Avocat.
   Berlier , Avocat.
   Balagué , Avocat.

CONSULTATION
DES AVOCATS
DU PARLEMENT DE METZ,

Sur les Gains Nuptiaux ufités dans ce Parlement.

LEs Batonier & Avocats du Parlement de Metz, atteſtent que dans le reſſort du même Parlement, les Augmens de Dot n'y ſont point en uſage ; que les Bagues & Joyaux dépendent totalement des conventions arrêtées entre les Epoux par leur Contrat de Mariage , de même que les Gains de Survie , & à défaut de ſtipulations , que l'on a recours aux diſpoſitions des differentes Coûtumes ſuivies dans le même reſſort.

Ces Coûtumes ſont celles de Metz , de l'Evêché , de Luxembourg , de Lorraine , de ſaint Mihiel , de Verman-dois , de ſainte Croix ou Verdun , de Sedan , de Paris , & de Vitry.

Outre ces Coûtumes il y a le Païs Toulois , regi par le Droit Ecrit.

Soit dans les Païs Coûtumiers , ſoit dans celui de Toul , on ne connoît pas les Augmens de Dot ; ils ne ſont en uſage qu'entre les Juifs , qui ſont tolerés & établis à Metz , encore faut-il que cela ſoit préciſément convenu & fixé par les Contrats de Mariage qui ſe paſſent entre eux.

Comme tout dépend de la volonté des Contractans , on ne peut rien fixer là-deſſüs dans la Juriſprudence , qui n'eſt autre que de ſuivre les conventions des particuliers , que l'on nomme Pactions & Conventions Matrimoniales.

L'Augment de Dot non plus que les Bagues & Joyaux , n'ont pas lieu de plein droit , & l'on ne trouve même

jamais

jamais d'Augment de Dot ſtipulé , on s'en tient à une
ſtipulation de Bagues & Joyaux qui ſont plus ou moins
forts , ſuivant la fixation qui s'en fait volontairement , on
peut y appoſer telles charges & conditions que l'on juge
à propos , ou pour reſter à la Femme & aux ſiens , tant
en proprieté qu'en ſimple uſufruit , ou pour les rendre
reverſibles , ou pour les remettre au Mari ſeul , ou à ſes
heritiers en cas de predecès de la Femme , ou pour en
priver les Enfans , & autres précautions de cette nature ; on
peut auſſi en donner à une Femme qui n'apporte rien en
Dot , ou dans la Communauté , toute l'attention que l'on
y donne eſt dans le cas des ſecondes Nôces , où les Bagues &
Joyaux , les uſufruits , le Gain de Survie conventionnel ,
& tous autres avantages quel qu'ils ſoient , ſont reductibles
à une part d'Enfant moins prenant , ſuivant l'Edit des ſecondes Nôces que l'on ſuit très-ſcrupuleuſement , & cette
portion paſſe aux heritiers du ſurvivant , comme le ſurplus
de ſes biens.

Tout dépendant ainſi qu'on vient de le dire de la volonté des Epoux , il n'y a point de portion Virile à prendre par l'un ni par l'autre , attendu que le Contrat de
Mariage fait la Loi.

L'on peut auſſi outre les Bagues & Joyaux ſtipuler d'autres
avantages en faveur de la Femme , tel eſt le Doüaire
qui peut être ou d'une ſomme certaine ou d'un uſufruit ,
ſelon la maniere dont il eſt deſigné. Les Epoux ont également la liberté de ſe former mutuellement ou ſéparé-
ment un Gain de Survie qui peut tomber ſur une proprieté ,
ou être d'une ſimple joüiſſance.

N'y ayant point d'Augment de Dot parmi nous , il n'y
a point de Contre-Augmens , les ſtipulations des uns &
des autres ſont entierement inconnuës dans les Contrats
de Mariage , & les Coûtumes n'en introduiſent point ;
d'où il s'enſuit que dans l'étenduë du reſſort , il n'y a point
d'uſage general là-deſſus , & moins encore de particuliers
pour chaque Province.

A défaut de Contrat de Mariage qui regle les conven

K k

tions des Epoux , il faut recourir aux Coûtumes.

Celle de Metz singularise d'abord en ce qu'elle n'est pas introductive de Communauté , elle l'excluë même , à moins qu'elle ne soit précisément stipulée par Contrat de Mariage ; lorsque l'on se remarie sans Contrat , ou que par le Contrat la Communauté n'est pas convenuë , le Mari survivant , soit qu'il y ait Enfans ou non , emporte tous les Meubles & Acquêts de Gagiere , à la charge de payer les dettes passives ; la Femme en cas qu'il y ait Enfans n'a qu'une portion comme un Enfant , outre sa Courtine , Habits , Bagues & Joyaux que la Coûtume lui donne par préciput , & dans le cas où il n'y a point d'Enfans , elle a tous les Meubles & Acquêts de Gagiere ; c'est la disposition de l'Article 10. du Titre 6.

Il faut remarquer que ce que l'on nomme Acquêts de Gagieres , ce sont les Acquisitions dans lesquelles l'on déclare que l'on acquierre à ce titre de Gagiere ; si ce terme ne s'y trouve pas le bien acquis est de droit un bien de fonds , dont les dispositions à cause de mort ne sont pas libres ; au lieu qu'en lui imprimant cette qualité de Gagiere , on en peut disposer comme des Meubles , & il est reglé de même , soit par la Coûtume , soit par les dispositions particulieres ou des Contractans , ou des Donateurs , ou des Testateurs.

Par les Articles 4. & 5. de la Coûtume de l'Evêché , le Mari survivant , soit qu'il y ait Enfans ou non , emporte tous les Meubles , à la charge des dettes mobiliaires & personnelles , & des frais funeraires. La Femme n'a cet avantage qu'au cas qu'il n'y ait point d'Enfans ; l'on peut cependant convenir du contraire par Contrat de Mariage.

La Coûtume de Lorraine donne aussi à l'un ou à l'autre des Survivans , les Meubles & choses reputées Meubles , à la charge des dettes personnelles contractées avant ou depuis le Mariage , Legs & Donations Testamentaires qui ne sont point assignés sur des Immeubles : mais cette disposition cesse quand l'on y a derogé par un Contrat de Mariage qui prévaut alors.

La Coûtume de Luxembourg accorde par l'Article 8. du Titre 8. pour Gain de Survie au Mari ou à la Femme tous les Meubles & tout ce qui est reputé pour tel avec l'usufruit de tous les Immeubles du prémourant, comme aussi de la moitié des Acquêts faits pendant le Mariage, soit qu'il y ait Enfans ou non, à la charge au premier cas de les entretenir & doter suivant les facultés du survivant, comme aussi d'entretenir les biens comme bon Pere de famille, & de payer les charges réelles d'iceux.

Il est à observer là-dessus que l'avantage fait par cette Coûtume a lieu quand même il y en auroit d'autres convenus par traité de Mariage, à moins que pour les faire rester, il n'y ait une dérogation formellement stipulée.

Par la Coûtume de Vermandois, le Mari Noble survivant a les Meubles & les Dettes.

Par celle de Verdun, article 2. du titre 4. le Mari survivant est le maître de se rendre meublier ou non, en prenant le premier parti il a la joüissance seulement des Acquêts, à la charge des frais funeraires, des dettes de la Femme, de la nourriture & entretien des Enfans jusques à leur mariage ou autre établissement.

Par celle de Saint Mihiel Art. 3. du tit. 6. le survivant emporte les Meubles & ce qui est reputé Meuble, en cas qu'il n'y ait point d'Enfans, en payant les frais funeraires, & les dettes, à l'exception de celles créés pour Acquêts d'Heritages ; mais en cas d'Enfans le partage se fait par moitié.

Celle de Sedan ne donne aucun Gain de Survie, si ce n'est entre Personnes Nobles, qui n'ayant point d'Enfans, peuvent prendre pour Droit de Survie les Meubles en leur totalité, la moitié des Conquêts en propriété, & l'autre en usufruit, à la charge des dettes personnelles, des Legs mobiliers faits par Testament, des frais funeraires & de l'entretien des biens dont il joüira ; la même Coûtume laisse aux Nobles la liberté de prendre cette survivance ou de partager la Communauté comme roturiers ; mais tout cela n'a lieu que dans le cas où il n'y auroit point de convention dérogeante à la Coûtume, ce font les difpofitions des Articles 78. 79. & 81.

Pour les endroits regis par les Coûtumes de Paris & de Vitry, il faut auffi y recourir, c'eft fur ce pied que l'on juge au Parlement de Metz toutes les queftions qui fe prefentent à ce fujet, c'eft-à-dire, ou par les Contrats de Mariage, ou par les Textes & l'efprit des Coûtumes.

A Metz ce 25. Septembre 1733.

Signé Vignon Battonnier. Rulland. Vannier. Pagel. Cabouilly. Joffe. Gatrue. Le Febvre. Bardou Duhames. Huffenot. Lambert. De Bouteiller. La Roche. Harvier.

CONSULTATION
DES AVOCATS
AU CONSEIL SOUVERAIN D'ALSACE,

Sur les Gains de Survie.

ON ne peut répondre aux Queſtions propoſées ſur l'Uſage d'Alſace en matiere de Gains de Survie entre Conjoints , qu'en donnant une juſte idée des Uſages de cette Province ſur l'état des gens mariés : par-là on pourra connoître ce que l'on y penſe , & ce qui s'y pratique en fait de Gains de Survie.

L'Alſace , quoique gouvernée par le Droit Ecrit , ne laiſſe pas d'avoir des Coûtumes locales : cela paroît venir de ce qu'autrefois cette Province étoit compoſée de quanti-té de petits Etats , dont les Magiſtrats ou les Poſſeſſeurs étoient Etats d'Empire : il y avoit des Evêques , dix ou douze Villes en forme de Republiques , des Comtes & d'autres Seigneurs , tous Etats d'Empire.

Dans une partie des Villes ci-devant Imperiales , comme Colmar , Turckheim , Munſter , Scleſtad , Landau , le Droit de Devolution ſi connu en Brabant a lieu , quoique de differentes manieres en certains points ; mais pour ce qui concerne les gens Mariés , l'effet de ce droit eſt que tout ce qu'apportent , heritent ou acquierent les Conjoints en Immeubles , appartient en proprieté aux Enfans de leur mariage , l'uſufruit reſervé au ſurvivant, qui emporte la proprieté abſoluë des Meubles , avec la faculté d'aliener en cas d'indigence les Immeubles , pourvû neanmoins que le Magiſtrat le lui permette en connoiſſance de cauſe , s'il n'y a point d'Enfans , le ſurvivant ſuccede en plein au prémourant , pourvû que celui-ci n'ait pas tefté.

Ces Droits de Devolution & de Succeffion reciproque entre Conjoints , peuvent fouffrir dérogation par des Contrats de Mariage , & c'eft ce qui fe fait le plus communément. Il eft affez d'ufage que par de pareils Actes , les Conjoints ftipulent referve des biens apportés , & qu'ils heriteront , & Communauté des Acquêts. Au furplus les Conjoints peuvent de leur confentement mutuel , fans autre formalité , changer leurs Contrats de Mariage ou même les annuller.

Strasbourg ci-devant Republique a fes Loix écrites , fuivant lefquelles tout ce qu'une Femme apporte en Mariage , ou qu'elle herite conftant le mariage , eft un bien propre & refervé à elle & aux fiens , dont le remploi fe fait par ·privilege & préferablement aux Créanciers hypotêcaires , même anterieurs au Mariage.

Ailleurs tout ce que les Conjoints apportent en mariage , ou qu'ils heritent & acquierent , compofe une maffe , dont le Mari ou fes heritiers prennent deux tiers , & la Femme ou les fiens l'autre tiers , avec environ 60. livres pour Gain Nuptial. Cette confufion ou focieté de tous biens eft appellée la Coûtume de Ferrete : elle n'eft point écrite ; & cet ufage eft reçû dans la plus grande partie de la Haute Alface , & même dans la Baffe.

Mais une chofe qui paroît reçûë affès generalement par toute l'Alface , c'eft que le furvivant reprend avant partage tous fes Habits , Hardes , Linges & Joyaux : & les Heritiers du predecedé font de leur côté la même chofe. Lorfqu'il y a des Enfans , la mort du Pere arrivant , fes Habits & Hardes appartiennent aux Garçons ; quand la Mere meurt , les filles prelevent également fes Habits , Hardes & Joyaux.

Un Gain Nuptial très-ufité dans cette Province , c'eft une efpece de Donation à caufe de Nôces , qui fe ftipule dans les Contrats de Mariage , & qu'on appelle en la langue du Païs ; Morgengaab ; il y a des Jurifconfultes qui traduifent ce mot par ceux-ci *Donum Matutinale* , *Morganatica* ; c'eft un avantage que le futur Epoux fait à sa future Epouse, si elle est Fille, d'une certaine somme qui est quelquefois stipulée propre à la Femme, quelquefois reversible. Quand une Veuve épouse un Garçon, elle lui fait aussi un avantage de cette nature, & si un Veuf se marie avec une Veuve, celle-ci a aussi sa Morgengaab. Tout cela est l'effet des stipulations; car il se voit des Contrats de Mariage où on n'en stipule point, & alors il n'est point dû de Morgengaab à la Femme, si ce n'est dans la Coûtume de Ferrete dont on vient de parler, où la Femme ou ses Heritiers tirent de la masse commune ou totale des biens des Conjoints, le tiers avec environ 60. livres pour Morgengaab coûtumiere.

Les Usages mentionnés ci-dessus sont attestés par les soussignés anciens Avocats au Conseil Souverain d'Alsace. A Colmar ce 20. May 1733.

Signé Mathieu Pere. Priquel. Bruges. Kieffer. Queffemme le jeune. Mathieu Fils.

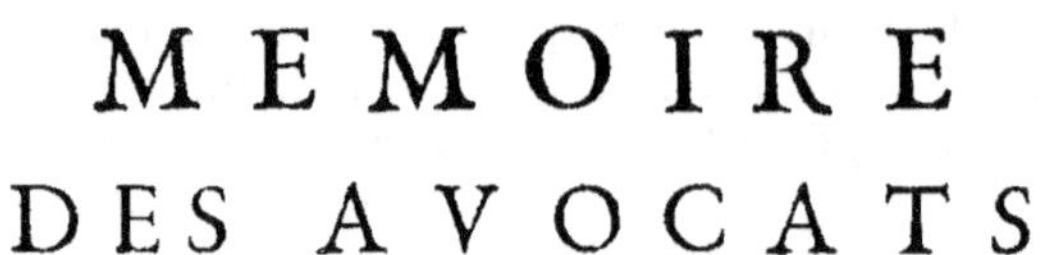

MEMOIRE
DES AVOCATS
AU CONSEIL SOUVERAIN DE ROUSSILLON,

Sur les Gains Nuptiaux & de Survie.

LE Rouſſillon eſt gouverné par les anciennes Conſtitutions de Catalogne , & par les Droits Canonique & Civil. Ce ſont les Loix qui furent indiquées à cette Province par le feu Roi , après qu'il l'eut réünie à la couronne par le Traité des Pyrenées du 7. Novembre 1659.

Ces Conſtitutions ne ſont autre choſe que les anciens Uſages du Païs , les Loix que les Etats Generaux ſuplioient ſa Majeſté de leur accorder , leurs Deliberations omologuées , & les Pragmatiques que le Souverain leur donnoit de ſon propre mouvement.

Parmi ces Loix ou Conſtitutions , il n'y en a point qui ayent établi des Gains de Survie reciproques aux deux Conjoints : les Femmes y ſont uniquement favoriſées : le Mari n'a ſur la ſucceſſion de ſa défunte que ce qu'il a eu la précaution de ſtipuler dans leur Contrat : mais auſſi il eſt l'adminiſtrateur & l'uſufruitier de la Dot ; en telle ſorte que ſi l'Epouſe a conſtitué tous ſes biens , les acquiſitions qu'elle a fait à prix d'argent , ou à la faveur des fruits , appartiennent au Mari comme cenſées faites de ſon bien.

Les avantages que ces Conſtitutions donnent à la Veuve , ſe réduiſent à deux , le premier eſt qu'elle a ſur les biens de ſon défunt les alimens & ſon entretien pendant la premiere année de ſon Veuvage , en rendant compte des fruits ; & le ſecond conſiſte en ce qu'elle demeure enſuite joüiſ-

ſante

sante de tous les biens du Mari , quelques considerables qu'ils soient , (à moins que cette joüissance n'ait été restrainte & limitée à certains biens , dans le Contrat de Mariage ,) jusques à ce qu'elle soit payée en argent comptant , tant de sa Dot , que de l'Augment , si elle en a.

Il est vrai que la Veuve est obligée de se payer de ces deux créances , si elle trouve dans la succession des especes ou des matieres d'or & d'argent suffisamment : & en ce cas elle ne peut prétendre cette joüissance qui est communément appellée *Droit de Tenute.*

Cette Tenute ou joüissance n'a même lieu qu'autant que la Veuve a fait continuer par inventaire tous les biens & effets de la succession du Mari , dans deux mois après le decès. La Constitution fixe ce délai : mais la Jurisprudence en suspend le cours pendant les neuf premiers jours accordés par le Droit Civil. *Auth. sed neque Cod. de sepul. viol.* mais aussi l'inventaire une fois fait dans le délai & avec exactitude , ses alimens & entretiens lui sont adjugés pendant l'an du Veuvage , suivant l'état & condition du Mari ; même sur le fonds des biens , si les revenus ne suffisent pas : & la joüissance que la Coûtume lui donne est , après l'an , à ses profits , sans rendre compte des fruits.

Bien plus , la Veuve n'a pas besoin de prendre nouvelle possession des biens de son Mari : elle en est dispensée : l'inventaire lui suffit : elle est censée continuer la possession du défunt : le mort saisit le vif en cette matiere : cette continuation de possession est si efficace , qu'elle peut user de complainte & intenter toutes actions possessoires en cas de trouble : & dés qu'elle est une fois Tenutaire , elle est comme maîtresse (*quasi Domina*) elle est regardée comme une heritiere chargée de rendre : elle peut , dans tous les faits non volontaires , tout ce que pourroit l'heritier s'il possedoit : & on peut aussi l'actionner en seul pour toutes les affaires de la succession.

Ce droit Tenute ne comprend pas seulement les biens libres du Mari : la Veuve peut en user de même sur les biens substitués par les ascendans du défunt ; au cas qu'ils soient subsidiairement affectés par la Loi pour la restitution de la Dot & de l'Augment : c'est-à-dire , au défaut des biens libres. *Auth. res quæ Cod. comm. de legat.* Et le commun sentiment des Auteurs du Païs , est que la Tenute s'étend même aux biens substitués confondus avec ceux du Mari , jusques à leur separation.

Enfin la Tenute passe aux Fils & Filles de la Veuve & du défunt , s'ils sont heritiers de la Mere : mais non pas aux Petits-Fils ; à cause que ce droit est exhorbitant , & ne peut souffrir cette extension. Les Enfans du premier lit sont même preferés à la Veuve d'un second lit : ils joüissent des biens sans imputer les fruits , ny en rendre compte ; mais la Veuve ne peut transmettre à des heritiers collateraux que la simple retention des biens , qui les engage à précompter sur le principal de leur créance l'excedant des fruits qu'ils perçoivent au-delà des interêts compensatifs.

Outre les avantages que la Coûtume donne à la Veuve aux conditions ci-dessus expliquées , l'Usage & la Jurisprudence des Arrêts lui donnent encore la Bague Nuptiale , · c'est celle que l'Epouse reçoit pour arres , & que le Prêtre benit) un de ses Bijoux mediocres , & les Habits usuels qu'elle portoit ordinairement , eu égard à la condition du Mari , & à ce qui s'observe dans la famille.

Il est aussi d'usage de stipuler dans le Contrat un Gain de Survie reciproque : ce Gain est d'ordinaire égal en faveur des Conjoints : il est cependant quelquefois plus fort au profit de la Femme : on trouve même des Contrats où la Femme stipule le Gain de tous ses Bijoux , Hardes & Nipes , en cas qu'elle survive. Enfin tout dépend des conventions , sur lesquelles les Conjoints ont une entiere liberté.

La quotité conventionnelle la plus ordinaire de ce Gain de Survie , est la dixiéme partie de la Dot : on en trouve qui la reglent au sixiéme : mais très-rarement la voit-on plus forte. Les Conjoints peuvent pourtant la regler à leur volonté,

Le survivant dispose de ce Gain comme bon lui semble, s'il ne convole : mais en cas de secondes Nôces en quelque-tems que ce soit, la propriété en est reglée sur la disposition de la Loi *fœmina* au Code *de secundis Nupt.* & autres dispositions du Droit Civil.

Si la Veuve convole dans la premiere année, (dite communément l'an du deüil,) les susdits alimens cessent pour le reste de l'an, sans restitution pour le passé, que des seuls Habits à elle fournis pour le deüil qu'elle abandonne. La Tenute subsiste cependant, & la Veuve en joüit, même après avoir convolé, jusques à son payement réel & effectif.

A l'égard des autres avantages faits par l'Epoux, ou accordés par l'Usage, la propriété en est reservée aux Enfans communs, si la Veuve convole : conformément à la disposition du Droit Civil : & on ne fait aucune difference sur le tems auquel la Veuve a convolé ; à moins que les secondes Nôces ne fussent si precipitées, qu'il pût y avoir du trouble ou de l'équivoque sur la filiation des Enfans dont elle pourroit accoucher, avant les dix mois du decès de son premier Mari : il est vrai que ce dernier cas n'a jamais été decidé : mais on ne doute pas que la Veuve qui convoleroit avec tant de précipitation, ne fut déchûë & privée de la joüissance même des susdits avantages, quoique cependant on suive en Roussillon la Jurisprudence qui tient, que le Droit Canon a abrogé toutes les peines des secondes Nôces qui regardent la punition ; & n'a laissé que celles qui concernent le bien & l'avantage des Enfans, & qui leur sont uniquement favorables.

On observe que l'Augment dont on a parlé n'est connu en Roussillon que sous les noms de *Sponsalici* ou *Screix*, & n'est autre chose qu'une Donation que le Mari fait à sa Femme, *in præmium virginitatis :* (en telle sorte que l'usage exclud les Veuves de cet avantage :) quoique certains Auteurs du Païs l'ayent improprement appellée Donation pour cause de Nôces. Cet Augment n'est dû qu'autant qu'il a été stipulé : la Veuve ne le retire qu'à proportion & au

prorata de la Dot payée ; excepté qu'un étranger n'eut promis la Dot ; auquel cas elle reſtitueroit l'Augment en entier , bien que la Dot ne fut pas payée : enfin elle en
joüit pendant ſa vie , en baillant caution ; après laquelle
la proprieté en eſt acquiſe à tous les Enfans communs par
egales portions. Il eſt de même decidé que la Femme n'en
perd pas la joüiſſance , quoiqu'elle convole à des ſecondes
Nôces.

Cet Augment eſt d'ailleurs autant privilegié que la Dot :
il peut être aſſigné & payé ſur les biens ſubſtitués par les
aſcendans du Mari , (ſi ſes biens libres ne ſuffiſent pas ,)
pourvû qu'il ne ſoit pas exhorbitant , eu égard à l'état ,
condition & qualité des Conjoints. Le Mari eſt même en
droit de le conſtituer , quoique ſon Epouſe n'ait aucune
Dot : auquel cas elle en profite , en la maniere ci-devant
expliquée. Sa quotité ordinaire eſt de trois ou quatre mille
livres parmi les gens de condition.

Les Conjoints ont en Rouſſillon toute liberté de faire
entre eux les conventions qu'il leur plaît. Rien n'empêche que le Mari n'aſſocie ſa Femme aux Acquêts & Conquêts. Et à l'égard des peines des ſecondes Nôces , les
Auteurs Catalans les plus ſuivis , eſtiment qu'il eſt libre de
s'en affranchir reciproquement , ſuivant le droit des Novelles. *Collat.* 4. *tit.* 1. *de Nupt.* §. *diſponat.* & conformément à la Juriſprudence du Parlement d'Aix en Proven-
ce : on croît même que le Conſeil Souverain de Rouſſillon
ne s'écarteroit pas de cette Juriſprudence , mais la queſtion
n'a jamais été jugée.

Au ſurplus on ſuit en cette matiere , dans le reſſort
de ce Conſeil Souverain , la diſpoſition du Droit Civil
avec les modifications du Droit Canon.

Signé , Caſes , Avocat au Conſeil Souverain de Rouſſillon , & Avocat du Roi ès Siéges de la Viguerie de
Rouſſillon & du Bailliage de Perpignan.

Gilles & Beaumes , Avocat audit Conſeil Souverain ,
& Procureur du Roi eſdits Siéges de la Viguerie de Rouſſillon & Bailliage de Perpignan.

Pontich & Busquet Avocat audit Conseil Souverain, & Substitut de Monsieur le Procureur General du Roi audit Conseil Souverain.

Coma, Avocat audit Conseil Souverain, & Professeur en Droit Civil.

Delcros & Ros, Avocat audit Conseil Souverain.

Fossa, Avocat audit Conseil Souverain.

Estcuc, Avocat audit Conseil Souverain.

Noguer & Jordi, Avocat audit Conseil Souverain, & Professeur en Droit Civil.

Gaffard, Avocat audit Conseil Souverain.

EXTRAIT
DES ARRETEZ
DE M. LE PREMIER PRESIDENT
DE LA MOIGNON.

Titre des Doüaires.

Article I.

IL n'y aura pour les Mariages qui feront contractés ci-aprés en Païs de Coûtume & de Droit Ecrit, autre Doüaire, Augment de Dot, Préciput, & Gain de Survie, que celui qui fera convenu par le Contrat de Mariage.

II.

S'il n'y a point de Contrat de Mariage, il n'y aura aucun Doüaire, ni Augment de Dot, ni Préciput, ni Gain de Survie.

XVI.

La Veuve aura fon Doüaire & fon Augment de Dot, encore qu'elle n'ait rien apporté en Mariage, ou que la Dot qui lui a été promife n'ait point été payée.

XXV.

La confifcation & la commife arrivée par le fait du Mari, durant le Mariage, ne fait aucun préjudice au Doüaire de la Femme & des Enfans, ni à l'Augment de Dot.

XXVIII.

Le Doüaire & l'Augment de Dot fe prennent fur les biens du Mari, fans la diminution du droit de Communauté, fi aucun appartient à la Femme, ni du Don mutuel fait

entre les Conjoints durant le Mariage , & des autres Donations faites par le Mari à fa Femme.

XXIX

Les fruits , arrerages & interêts du Doüaire & de l'Augment de Dot courent du jour du decès du Mari , fans qu'il
foit befoin de les demander en Juftice.

XXX.

Mais à l'égard des tiers-acquereurs , les fruits des heritages & les arrerages des rentes par lui acquifes , ne peuvent
être prétendus que du jour de la demande contre lui faite
en Juftice.

LI.

La mort civile du Mari ne donne point ouverture au
Doüaire ni à l'Augment de Dot , fauf à la Femme de
demander en Juftice une penfion qui ne pourra exceder
le mi-Doüaire.

LVII.

Les bien : fubftitués ne font fujets au Doüaire , finon en un
feul cas , lorfqu'il a été promis par l'inftitué en ligne directe.

LIX.

La Dot , l'Augment & le Doüaire feront payés par
privilege fur le prix des Immeubles donnés au Mari par fon
Contrat de Mariage , même avant les **Creanciers** du Mari
anterieurs en hypotêque ; mais à l'égard du remploi des
Propres , Préciput , Gain de Survie , & autres conventions ,
la Femme viendra en fon ordre d'hypotêque après les Créanciers anterieurs.

LXI.

Et fi pour le Doüaire & l'Augment de Dot a été promis
une rente en fonds , elle fera fournie , eu égard au revenu
des heritages du Mari au tems du decès.

LXII.

Et fi les heritages donnés au Mari par fon Contrat de Mariage ont été faifis réellement de fon vivant , la faifie réelle
n'empêche point la délivrance de la rente , pourvû que les
Créanciers faififfans & oppofans n'ayent point de privileges
fur les mêmes heritages,

LXIII.

Le Decret fait après le decès du Mari purge le Doüaire & l'Augment de Dot à l'égard de la Veuve & des Enfans , encore que la Veuve foit Tutrice de fes Enfans , & qu'elle foit obligée en fon nom aux dettes qui ont donné caufe à la faifie.

LXIV.

Mais fi du vivant du Mari l'Immeuble qui avoit été baillé en Doüaire ou pour l'Augment de Dot , eft decreté à la requête ou fur l'oppofition des Créanciers pofterieurs en hypotèque à celle du Doüaire , la Veuve & les Enfans Doüariers pourront vendiquer l'Immeuble nonobftant le Decret.

LXV.

Et fi le faififfant ou ancien des oppofans ont une hypotèque plus ancienne & préferable à celle du Doüaire & de l'Augment de Dot , le Decret fera valable ; & néanmoins il fera en la liberté de la Veuve & des Enfans Doüairiers d'évincer l'Adjudicataire , en payant toutes les dettes anterieures au Contrat de Mariage , fauf à la Veuve & aux Enfans à fe faire rembourfer fur les autres biens des fommes qui auront été par eux payées.

LXIX.

Et fi le Contrat de Mariage ne fait aucune mention de l'Augment de Dot , Préciput , Gain de Survie , ou de Doüaire , la convention des mêmes droits , par un acte pofterieur , fera inutile & de nul effet.

LXX.

L'Augment de Dot n'aura lieu finon en cas que la Femme furvive , & en cas de Survie la proprieté en demeurera refervée & appartiendra pour le tout aux Enfans iffus du Mariage , même lorfque la Veuve demeure en Viduité ; & s'il n'y a point d'Enfans , il demeure en pleine proprieté à la Veuve , s'il n'a été autrement convenu.

LXXI.

Les Enfans pourront prendre la qualité d'Heritiers du Pere , & la proprieté de l'Augment de Dot entrera dans la computation de la legitime ou de la fucceffion Paternelle

ADDITIONS
AU TRAITÉ
DES
GAINS NUPTIAUX
ET DE SURVIE;
CONTENANT DES OBSERVATIONS
FAITES SUR CE TRAITE'.

*PAR M****

ET LES REPONSES DE L'AUTEUR.

M m

AVIS
DE L'AUTEUR.

LORQUE *mon Traité des Gains Nuptiaux & de Survie étoit sur le point de paroître, on m'envoya de Lyon une Copie d'un Manuscrit, contenant des Observations sur quelques endroits de cet Ouvrage : on me marqua en même-tems qu'elles étoient d'une personne de Lyon, d'un mérité distingué qui ne vouloit pas être connuë.*

Je crois cependant à l'érudition qui paroît dans ces Observations en reconnoître l'Auteur pour un des plus celebres Avocats de Lyon, qui remplit dans cette Ville plusieurs Places importantes & honorables, & dont le mérite est connu depuis long-tems par divers Ouvrages qu'il a donné au Public.

Si j'avois eû occasion de m'entretenir avec lui sur la matiere des Gains Nuptiaux, j'aurois beaucoup profité de ses lumieres, & il seroit à souhaiter qu'il eut eu le loisir de travailler davantage ses Observations, mais on m'a marqué que ses grandes occupations ne le lui avoient pas permis, qu'il n'avoit fait ces Observations que dans un tems où il étoit à la Campagne,

M m ij

276

ou il n'avoit même pas le secours de ses Livres.

Je suis néanmoins persuadé que le Public sera bien aise d'en profiter ; & comme l'Auteur m'a permis d'en faire tel usage que je jugerois à propos, je vais les donner ici telles qu'on me les a envoyé.

À la suite de chaque Observation, je joindrai mes Réponses, soit pour traiter les Questions qu'il n'a fait qu'indiquer, soit pour discuter quelques points sur lesquels je ne puis me rendre à son avis.

ADDITIONS AU TRAITÉ
DES
GAINS NUPTIAUX
ET DE SURVIE,
CONTENANT DES OBSERVATIONS
faites fur ce Traité, par un Auteur Anonyme,
& les Reponfes à ces Obfervations.

PREMIERE OBSERVATION,

Sur le Chapitre fecond de l'Augment de Dot,
Nombre I.

E fçai que c'eft une opinion de prefque
tous les Jurifconfultes , que l'Augment
vient de *l'Hypobolon* des Grecs, & non de
la Donation à caufe de Nôces ; mais je tiens
cette opinion mal fondée : elle vient de ce
que les Jurifconfultes ont voulu que l'Augment ne fût point dû à des Veuves qui fe remarient ,
& ils ont crû qu'il devoit être *præmium delibatæ pudicitiæ :*
dèflors il a fallu chercher quelque origine differente de

M m iij

la Donation à cauſe de Nôces , & ils ont eu recours à *l'Hypobolon* ; cependant la Donation à cauſe de Nôces & *l'Hypobolon* , ne ſont qu'une ſeule & même choſe ſous differens noms. Du tems de Juſtinien , on ſe ſervoit de celui de Donation à cauſe de Nôces : mais l'uſage qui eſt le tyran des langues , introduiſit bientôt après celui *d'Hypobolon* comme ſynonime , & ils furent tous deux en uſage à la fois. Qu'on liſe l'original grec des Novelles de Leon , on verra qu'en formant ſes Loix pour reformer celles de Juſtinien , il ſe ſert du terme *d'Hypobolon* relativement aux Loix de Juſtinien , & qu'il ſe ſervoit de ce nom pour exprimer la Donation à cauſe de Nôces : par exemple ſuivant cet Empereur , *c'étoit une choſe ridicule d'ordonner que l'Hypobolon fut égal à la Dot , il eſt juſte que la convention des parties ſoit preferée à cette Loi , & nous l'ordonnons ainſi.* Or qui eſt-ce qui avoit ordonné cette égalité , & ſur quoi l'étoit-elle ? c'étoit par Juſtinien , ſur la Donation à cauſe de Nôces : donc la Donation à cauſe de Nôces & *l'Hypobolon* ſont la même choſe ; cette preuve eſt demonſtrative ; on voit par toutes les Novelles de Leon qu'il avoit tâché de contrarier Juſtinien , & qu'il le faiſoit en termes durs & injurieux ; voici une autre preuve auſſi demonſtrative : Harmenopule vivoit peu après Leon , & étoit à Conſtantinople où les Loix de Juſtinien & de Leon avoient toûjours été ſuivies par tradition , & il ne pouvoit errer ſur la ſignification des mots : or il ſe ſert indifferemment des mots *Hypobolon* & Donations à cauſe de Nôces , comme de termes ſynonimes , donc , &c.

Après cela qu'on accumule tant qu'on voudra d'autorités de Juriſconſultes Latins & François , il faut que tout céde à celle de Leon & d'Harmenopule ; ou il n'y a rien de prouvé en critique , ou cela l'eſt.

Mais , dit-on , la Donation à cauſe de Nôces dans Juſtinien , eſt égale à la Dot , & *l'Hypobolon* dans Leon & parmi nous eſt ſujet à la convention ; cela conclud qu'en ce qui concerne l'égalité ordonnée par Juſtinien , on doit ſuivre la reformation faite par Leon , mais non pas que ce ne ſoit deux termes ſynonimes.

Cette remarque n'eſt pas une ſimple remarque d'érudition, elle eſt d'une grande conſequence ; car ſi l'Augment
vient de *l'Hypobolon*, & non de la Donation à cauſe de
Nôces, nous n'avons plus de Loix & de principes pour
nous conduire, nous tombons dans l'anomie, toutes les
Novelles de Juſtinien ſur la Donation à cauſe de Nôces
nous deviennent inutiles, nous n'avons plus à avoir recours
qu'à une raiſon arbitraire ; quelle ſource de varieté &
d'incertitude dans les affaires. Au contraire ſi la Donation
à cauſe de Nôces & *l'Hypobolon* ne ſont que la même
choſe, l'Augment ne vient pas moins de l'un que de l'autre, & comme nous ſuivons le Droit de Juſtinien, les
Loix de ce Prince ſont pour nous un point d'appui fixe
& invariable, ſauf quelques bagatelles abrogées par l'uſage, comme l'égalité dont nous avons parlé.

R E P O N S E.

On ne rapportera pas ici le ſentiment de ceux qui tiennent que l'Augment vient de *l'Hypobolon* des Grecs, parce que l'on en a déja fait mention dans le chapitre ſecond, & que l'Auteur des Obſervations dit lui-même qu'il
ſçait que c'eſt l'opinion de preſque tous les Juriſconſultes;
mais pour juſtifier cette opinion, on va faire voir que les
noms de Donations à cauſe de Nôces & *d'Hypobolon*, n'ont
jamais été ſynonimes ; que tous les Auteurs nous ont atteſté que les Donations à cauſe de Nôces des Romains ne
ſont plus en uſage, même dans les Provinces regies par le
Droit Ecrit ; d'où il reſultera que l'Augment ne peut pas
en tirer ſon origine, & que par conſéquent ce ne peut
être que de *l'Hypobolon* des Grecs.

Dans le Texte du Code liv. 5. tit. 3. *de Donat. ant.*
Nupt. les Donations à cauſe de Nôces ne ſont point nommées *Hypobolon*, quoique ce nom Grec ait été latiniſé,
& que des Auteurs Latins s'en ſoient ſervi pour exprimer
l'Augment. Non-ſeulement dans ce titre, mais auſſi dans
tous les autres endroits du Code où il en eſt parlé, elles

ne font nommées que *Donationes propter Nuptias*, ou *ante Nuptias.*

En Grec on les nommoit ἀντιφερνή ou ἀντιφερνα *quasi contra Dos*, ou *contraria Dos*. On les nommoit auffi πρόγαμμα δωρεά, ou γάμον δωρεά ou προγαμιαῖα δωρεά; ce qui fignifioit *Donatio Nuptiarum* ou, *ante Nuptialis*. C'étoient là les termes Grecs qui répondoient au nom Latin des Donations à caufe de Nôces des Romains : on en trouve la preuve dans les Livres mêmes du Droit.

En effet dans la Loi 20. & derniere, au Code liv. 5. tit. 3. *de Donationibus ante Nupt.* il eft dit en parlant de ces Donations, *quia quafi Antipherna hæc poſſunt intelligi, & non ſimplex Donatio*, lequel mot *Antipherna* étoit le nom que l'on donnoit en Grec à ces fortes de Donations, & que l'on avoit latiniſé, pour s'en fervir dans les Loix Latines, & defigner par là que c'étoit un ufage qui venoit des Grecs.

Tous les Interpretes qui ont fait mention du nom Grec qui répondoit au nom latin des Donations à caufe de Nôces des Romains, ont tous remarqué que c'étoit ce que les Grecs nommoient *Antipherni* ou *Antipherna* : c'eft ce que difent Borcholten fur les Inftitutes de Juftinien, liv. 2. tit. 7. §. 3. Althuſius en fa Juriſprudence Romaine, liv. 1. chap. 36. Cujas en fes Obſervations, liv. 5. ch. 4. *Gregorius Toloſanus*, *in ſintagm. juris* liv. 9. chap. 17. n. 7. Colombet, en fon abregé de la Juriſprudence Romaine, part. 3. tit. 30. Helo en fa Juriſprudence Françoiſe, liv. 2. tit. 7. §. 3. *Julius Pacius Iſagogic. in Inſtit.* liv. 2. tit 7. Veſenbec fur le Digeſte, liv. 23. tit. 3. n. 11. & une foule d'autres Auteurs.

Dans la Verſion Grecque, que Theophile Profeſſeur de Droit à Conſtantinople fit des Inſtitutes de Juftinien par ordre de cet Empereur, liv. 2. tit. 7. §. 3. où il eft parlé des Donations à caufe de Nôces, elles font nommées προγαμια δωρεά, ce qui eft traduit en Latin par *Donatio ante Nuptias.*

Dans le texte Grec des Novelles de Juftinien, les Donation.

nations à caufe de Nôces font par tout nommées προγαμιαῖα δωρεά, ainfi qu'on le peut voir dans les Novelles 39. 61. 119. & plufieurs autres. Et fuivant la verfion Latine d'Haloander, ces mots Grecs font traduits par *Donatio antenuptialis*, ou *propter Nuptias*.

Dans le texte Grec des Bafiliques tom. 4. liv. 28. tit. 12. *de lucris Nuptialibus*, lequel titre eft tiré des Novelles de Juftinien, les Donations à caufe de Nôces font pareillement nommées προγαμιαῖα δωρεά ou γάμου δωρεά. Elles font ainfi nommées dans tous les endroits des Bafiliques où il en eft parlé, & Jean Leunclavius, & Annibal Fabrot dans les verfions Latines qu'ils ont donné des Bafiliques, ont auffi traduit ces mots Grecs par *Donatio antenuptias*, ou *Antenuptialis*.

Dans aucun de ces Textes Grecs ni des verfions Latines qui en ont été faites, les Donations à caufe de Nôces ne font nommées *Hypobolon*, & aucun Interprete du Droit n'a dit que les Donations à caufe de Nôces, proprement dites, fuffent la même chofe que *l'Hypobolon* des Grecs, mais feulement que *l'Hypobolon* a fuccedé à ces Donations.

Auffi dans le texte Grec des Novelles de Leon, fous l'Empire duquel *l'Hypobolon* étoit ufité au lieu des Donations à caufe de Nôces, proprement dites, les Donations faites à la femme en faveur de mariage ne font plus nommées *Antipherni* ou *Antipherna*, ni προγαμιαῖα δωρεά, & dans la traduction Latine elles ne font pas non plus nommées *Donationes ante*, ou *propter Nuptias*, mais feulement ὑπόβολον en Grec, c'eft le nom qui leur eft donné dans les Novelles 20. & 22. & autres, où cet Empereur en parle.

Harmenopule a rapporté ces Novelles dans les mêmes termes du texte Grec, & dans la traduction Latine qu'il en a donné, il a confervé le mot *Hypobolon* qu'il a latinifé, comme ne pouvant être rendu exactement par aucune expreffion latine ; d'où il refulte que les termes *d'Hypobolon* & de *Donationes ante aut propter Nuptias*, n'ont jamais été fynonimes.

Et si l'Empereur Leon & Harmenopule parlent de *l'Hy-pobolon* relativement aux Donations à cause de Nôces, ce n'est pas simplement pour apporter quelque changement à ces Donations, c'est pour dire qu'elles étoient absurdes, qu'elles ne sont plus observées, que l'on ne pratiquera plus que *l'Hypobolon*, qu'ils ne designent point comme un nom synonime des Donations à cause de Nôces, ni comme la même chose dans l'effet, mais seulement comme la Donation qui avoit succedé aux Donations à cause de Nôces, proprement dites, depuis qu'elles étoient tombées en non-usage.

Veut-on encore une autre preuve que *l'Hypobolon* n'étoit point la même chose que la Donation à cause de Nôces, elle se trouve dans Harmenopule, liv. 4. tit. 10. où cet Auteur parle de *l'Hypobolon*, non pas comme d'une chose nouvelle, mais comme d'une chose ancienne & differente de la Donation à cause de Nôces, *cæterum*, dit-il, *apud veteres Hypobolum ad dimidiam Dotem computabatur*, ce que l'on ne peut appliquer ni à l'ancienne Donation à cause de Nôces, ni à celle qui se pratiquoit suivant le Droit de Justinien ; car l'ancienne n'étoit point reglée par les Loix à la moitié de la Dot, elle dépendoit absolument de la convention des Parties, la nouvelle devoit être égale à la Dot ; ainsi *l'Hypobolon* avoit une autre origine que la Donation à cause de Nôces des Romains, & étoit un usage des Grecs, ce qui ne doit pas paroître bien extraordinaire, chaque Nation ayant toûjours eu ses usages particuliers sur la forme de s'avantager en faveur de mariage, & les Romains ayant emprunté beaucoup d'usages des Grecs, avec lesquels ils étoient confondus depuis la translation de l'Empire Romain à Constantinople.

Tous les Auteurs que l'on a cité dans le Chapitre second & dans cette Reponse, ne donnent le nom *d'Hy-pobolon* qu'à l'Augment, & non à la Donation à cause de Nôces. La signification propre de chaque terme se transmettant par tradition d'âge en âge, est-il à présumer que tous les Auteurs se soient trompés sur *l'Hypobolon*, & puis qu'ils ont tous dit que la Donation à caufe de Nôces des Romains répondoit à ce que les Grecs appelloient *Antipherni* , que ces fortes de Donations tomberent en non-ufage fous les derniers Empereurs Grecs , qu'en leur place on pratiqua d'autres Donations ufitées chez les Grecs , appellées *Hypobolon* , que l'Augment tire fon origine de cet *Hypobolon* ; que l'on fait voir de quelle maniere cet ufage eft parvenu jufqu'à nous en s'introduifant de la Grece en Italie , & de l'Italie dans les Gaules ; peut-on après tout cela foûtenir que les Donations à caufe de Nôces des Romains fubfiftent encore , & que l'Augment de Dot en tire fon origine.

Je ne rappellerai point ici toutes les differentes autorités que j'ai rapporté dans le chapitre fecond , pour juftifier que les Donations à caufe de Nôces ne font plus en ufage , même dans les Païs de Droit Ecrit , mais j'obferverai feulement que tel eft le fentiment de trois des plus celebres Avocats de Lyon qui l'ont ainfi établi dans un Memoire qu'ils ont eu la bonté de me donner fur plufieurs queftions , & que j'ai inferé parmi les Pieces juftificatives qui font à la fuite de mon Traité , dans lequel Memoire , ils démontrent que l'Augment eft bien different de la Donation à caufe de Nôces des Romains , que ce n'eft point dans ces Donations que fe trouvent les principes de l'Augment , & que l'on ne fçauroit trop marquer la difference qu'il y a de l'un à l'autre.

Quant à la derniere raifon alleguée par l'Auteur des Obfervations , qui confifte à dire que fi *l'Hypobolon* n'étoit pas la même chofe que la Donation à caufe de Nôces des Romains , il n'y auroit donc aucune Loi fur la matiere de l'Augment de Dot , ce n'eft là qu'une confideration , d'où l'on ne peut pas conclure qu'il faille regarder l'Augment comme établi par les Loix Romaines : c'eft un inconvenient , je l'avoüe , qu'il n'y ait point de Loi fixe fur certaines matieres , & les principes fur l'Augment feroient plus certains , s'ils étoient fondés fur les Loix Romaines ; mais parce que cela feroit plus avantageux , s'enfuit-il que cela soit ainfi, & que l'on doive attribuer aux Loix Romaines l'origine d'un ufage qui vient des Grecs.

L'Augment de Dot n'eft pas le feul Don Nuptial ufité en Païs de Droit Ecrit, qui foit fondé fur l'ufage. On y pratique le Don de Bagues & Joyaux, les Donations de Survie, les Dons de Coffres & Trouffeau, & plufieurs autres femblables, qui ne font fondés que fur l'ufage, & que perfonne ne s'eft jamais avifé de vouloir faire defcendre des Loix Romaines ; pourquoi donc veut-on abfolument que l'Augment de Dot foit fondé fur les Loix Romaines, parce qu'il eft ufité dans les Païs de Droit Ecrit, tandis qu'il n'eft réellement fondé que fur l'ufage.

L'opinion particuliere qui tend à faire defcendre l'Augment de Dot des Loix Romaines, provient fans doute du zele & de l'attachement que les Habitans des Païs de Droit Ecrit ont pour ces Loix qui font en effet très-belles ; ils voudroient être réglés par elles fur toutes fortes de matieres, même celles qui ne font fondées que fur des Ufages non écrits. Mais puifque les Romains avoient des Loix écrites & des Ufages non écrits, tels que l'ufage de l'Augment de Dot, fous le nom *d'Hypobolon*, que ces Ufages non écrits devoient être obfervés auffi-bien que les Loix écrites, lorfque les Habitans des Païs de Droit Ecrit étoient fous la domination des Romains, ils étoient obligés de fe conformer aux Ufages non écrits ufités chés les Romains, & qui y avoient acquis force de Loi, auffi-bien qu'aux Loix écrites, & lorfqu'ils ont paffé fous la domination Françoife, ils ont été confervés dans ces ufages auffi-bien que dans les Loix écrites, & ont dû continuer à pratiquer les mêmes ufages qui avoient force de Loi chez les Romains, & par conféquent à pratiquer *l'Hypobolon* des Grecs, dont les Romains avoient adopté l'ufage.

Il eft donc conftant que l'Augment de Dot des Païs de Droit Ecrit, tire fon origine de *l'Hypobolon* des Grecs, & non de la Donation à caufe de Nôces des Romains,

& si l'on applique à l'Augment de Dot quelques - unes
des Loix faites par Justinien sur la Donation à cause de
Nôces , ce n'est qu'autant que ces Loix contiennent des
dispositions qui conviennent à tous les Gains Nuptiaux &
de Survie en general , & non pas en tant qu'elles ne
statuent que sur les Donations à cause de Nôces , proprement dites.

SECONDE OBSERVATION,

Sur le même Chapitre second de l'Augment de Dot.

L'Un des points le plus important où nous mêne cette
Remarque , est le cas où une partie de la Dot a été
stipulée , payable dans un certain tems ; par exemple ,
un pere donne à sa fille 100000. livres , sçavoir 10000.
livres comptant , 90000. livres après sa mort. Le Gendre
meurt avant son Beau-Pere , on demande de combien est
l'Augment ; l'Auteur répond qu'il doit être sur le pied de
100000. livres , & sa réponse est fondée en autorité &
conforme à l'opinion generale des Avocats , je ne puis
cependant m'y rendre.

Le premier principe de l'Augment , selon mes raisons,
étoit dans les Loix Romaines le gain que le Mari faisoit
de la Dot par le predecès de sa Femme ; il étoit juste
que la Femme de son côté eut un avantage de son Mari :
si un Testateur doit une Legitime à des ascendans & des-
cendans , il paroissoit raisonnable qu'un Mari & une Femme qui deviennent plus près que des Peres & des Enfans , se donnent quelque chose en cas de mort. Ce principe ne peut subsister parmi nous , au moins pour les
Païs qui ne connoissent point le Contre-Augment ; & la

cause de l'Augment , ce n'est pas le mariage , c'est la joüiffance de la Dot : donc il doit être reglé par la joüiffance de la Dot , & le Mari dans l'efpece n'ayant eu la joüiffance que de 10000. livres , ne doit pas un Augment plus fort , la feule exhibition de l'efpece en fait fentir la juftice , & d'autant plus que l'Augment eft en proprieté à la femme ; car dans les Païs fujets au Doüaire où il n'y a qu'une fimple joüiffance , l'injuftice ne feroit pas fi fenfible. A cette raifon prife de l'équité , fe joint celle de la Loi Novell. 2. ch. 5. La Loi a parlé , il faut fe taire ; la Loy eft conforme à la raifon & à la juftice , qu'a-t-on à dire : à ces deux motifs joignons l'ufage , & d'abord où faut-il l'aller prendre : en voici quatre fources. *Primò* , les Jugemens & Sentences ; *Quando* , les opinions & principes reçûs parmi les Praticiens. *Tertiò* , la pratique journaliere des Parties. *Quartò* , le ftile ordinaire des Notaires , qui étant conforme à la tradition , marque ce que dans l'ufage on a coûtume de faire.

Quant à la premiere fource , elle fe tait dans cette matiere , nous n'avons point de jugement fur la queftion contraire à mon opinion : au contraire l'Auteur a cité deux Arrêts de Boërius qui y font favorables.

Quant à l'opinion des Praticiens , elle m'eft certainement contraire : mais elle l'eft auffi à la Loy & à la raifon ; or de bonne foi dans ces circonftances eft-ce un motif fuffifant pour établir une maxime.

La pratique journaliere des Parties ne m'eft point contraire : de plus de cent traités de mariage où cette queftion pouvoit naître , je n'en ai vû que deux où le beaupere ait tenu vigueur : dans toutes les autres occafions l'évidence de la juftice s'eft faite fi bien fentir , que les Parties fe font executées d'elles-mêmes , & dans la Pratique on regle un Augment préfix , pour éviter une difficulté où la raifon eft contraire à la prétention des Femmes.

La maniere dont par un ufage fuivi , les Notaires ont coûtume de ftipuler l'Augment , me paroît d'un grand point pour déterminer l'ufage , la voici : *payera pour Augment cat futur Epoux la moitié des sommes qu'il recevra, & le tiers des immeubles.* Cette clause est uniforme, soit qu'une partie de la Dot ait un délai, soit qu'elle n'en ait point: je certifie l'avoir verifié dans deux cens Contrats de Mariage, & l'avoir consulté de dessein prémedité à plus de douze Notaires; elle est certaine, & c'est le stile. Cela posé, je demande dans l'espece, après une clause pareille, le mari qui n'a reçû que 10000. livres, peut-il devoir l'Augment de 90000. livres qu'il n'a pas reçû. Voilà ce qui semble plus fort pour fixer l'usage, qui n'est pas des opinions de Praticiens.

J'ai idée d'avoir vû Bacquet conforme à mon sentiment.

Voyons les raisons que l'on objecte au contraire; elles se reduisent aux autoritēs.

Faber doit être rejetté de même que tous ceux qui croyent que l'Augment *ej præmium delibatæ pudicitiæ*, ils raisonnent consequemment; dans l'espece proposée, ils décident qu'une Virginité ne peut augmenter de prix vingt ans après qu'elle a été perduë, que tout ce qu'elle a valu est acquis le lendemain des Nôces; mais ce principe devant être supprimé, puisque l'Augment est dû aux Veuves, toutes les consequences tombent, & l'autorité des Auteurs n'est d'aucun poids.

Expilly peut-être doit être écouté dans les Païs où le Contre-Augment a lieu, puisqu'il dit que l'Augment se doit regler sur le Contre-Augment, & que le Mari le gagne suivant ce qui a été constitué, & non par ce qui a été payé, ce qui est decider la question par la question même; mais sans examiner s'il a raison dans le fond, son principe n'a aucune application dans les Païs où l'on ne connoît point le Contre-Augment.

Enfin, dit-on, le mari doit s'imputer d'avoir donné un délai pour le payement de la Dot. Ce délai des 90000. livres dans nôtre espece, est-il donc du fait du mari? n'est-il pas intrinseque aux conventions? le mariage se feroit-il fait sans cela, il est ce délai réellement & véritablement dans la nature du bien, de la fortune, & de la situation de la famille de la Femme.

REPONSE.

Pour éclaircir la difficulté proposée , il faut distinguer deux cas dans lesquels la Dot de la Femme peut n'avoir pas été payée , ou ne l'avoir pas été entierement.

Le premier cas est lorsque par le Contrat de mariage , ou par la convention verbale qui a precedé le Mariage , la Femme ou ceux qui l'ont doté , ont promis de payer la Dot comptant , ou du moins de la payer après un certain délai convenu entre les Parties , & que le Mari , au lieu de se faire payer de la Dot aussi - tôt qu'elle étoit exigible , a negligé d'en poursuivre le payement , ou bien a donné terme & délai pour ce payement , & est mort sans l'avoir reçû ; c'est là principalement le cas que j'ai prévû , tant dans le Chapitre second , que dans le Chapitre 17. lorsque j'ai discuté la question , de sçavoir si la Femme peut demander ses Gains Nuptiaux en entier , lorsque sa Dot , ou du moins une partie n'a pas été payée.

Or dans ce cas il est constant que la Femme est bien fondée à demander la totalité de son Augment de ses Bagues & Joyaux , & autres Gains Nuptiaux & de Survie , parce que c'est au Mari à s'imputer d'avoir donné terme & délai pour le payement de la Dot , ou d'avoir negligé d'en poursuivre le payement lorsqu'elle étoit exigible , & qu'il est vrai de dire en ce cas que la Femme n'en doit pas souffrir , n'y ayant rien à lui imputer , & qu' par consequent elle doit joüir de ses Gains Nuptiaux & de Survie en entier , comme si sa Dot avoit été entierement payée.

Et c'est sur-tout à ce cas qu'il faut appliquer les autorités que j'ai rapportées ; l'Auteur des Observations ne s'est point expliqué sur ce premier cas , & il y a tout lieu de croire qu'il ne seroit pas d'un avis different ; ainsi je n'en dirai pas davantage à cet égard.

Le second cas où la Dot peut n'avoir pas été payée , ou du moins ne l'avoir pas été entierement , c'est le cas

dans

dans lequel en contractant mariage, la Dot, ou du moins une partie d'icelle, a été stipulée payable dans un certain tems, par exemple après la mort du Pere qui a dotté sa Fille. Dans cette espece le Gendre venant à deceder avant son Beau-Pere sans avoir rien touché de la Dot, ou du moins sans l'avoir entierement reçûë, devroit-il l'Augment de Dot en entier, ou n'en devroit-il qu'à proportion de ce qu'il auroit touché de la Dot. C'est-là l'espece que traite l'Auteur des Observations ; il dit que j'ai répondu que dans ce cas, l'Augment doit être payé en entier, & applique à cette espece ce que j'ai decidé pour le premier cas ; je n'avois cependant point envisagé le second cas ; mais quoiqu'il en soit, & quand ma réponse seroit generale pour les deux cas, ce ne seroit pas un avis solitaire que j'aurois embrassé, puisque l'on convient qu'elle est fondée en autorité, & conforme à l'opinion generale des Avocats.

J'ajoûterai seulement ici le sentiment de Claude le Brun de la Rochette, Avocat ès Cours de Lyon & au Siege Presidial de Beaujolois, lequel en son Procés Civil & Criminel, *liv.* 2. *p.* 19. dit que la disposition de l'Authentique *de non eligendo secund. nub. §. penult. in coll.* 1. de l'Authentique, *sed quæ nihil Cod. de Pactis conventis, l. fin. Cod. de non num. pecun. l. fin. ff. qui satisdare cog.* avec l'opinion de Guy Pape, quest. 274. qui ont tenu que le Doüaire ou Survie n'étoit restituable qu'à proportion de ce qui étoit payé de la Dot, sont aujourd'hui rejettées, étant la Survie entierement dûë, hors que la Dot n'ait été payée : *spécialement* si le Mari a été en demeure de se faire payer aux termes échus.

Ce terme *spécialement* dont se sert le sieur de la Rochette, fait connoître que ce n'est pas seulement lorsque le Mari a negligé de se faire payer de la Dot, que l'Augment en est dû en entier, mais qu'il est toûjours dû sans aucune diminution, soit que la Dot ait été payée ou non, & qu'il n'y ait rien à imputer au Mari.

Aussi penserois-je que dans ce dernier cas comme dans

le premier , l'Augment de Dot feroit dû en entier à la Femme , quoique fa Dot , ou du moins une partie d'icelle , n'eut pas été payée : parce que fi dans ce dernier cas l'on ne peut rien imputer au Mari , du moins il eft vrai de dire qu'il ne peut pas fe plaindre de ce que la Dot ou partie d'icelle n'a pas été payée , puifqu'il a volontairement donné terme & délai pour le payement , & qu'il a contracté mariage à cette condition ; en forte qu'il ne peut pas oppofer le défaut de payement de la Dot, pour fe difpenfer de payer l'Augment ; car il faudroit pour cela , que l'on eût fait dépendre le payement de l'Augment de celui de la Dot, & qu'on eut expreffément ftipulé que la Femme n'auroit d'Augment qu'à proportion de ce qui auroit été effectivement payé de fa Dot ; claufe qui n'eft point une condition tacite de la Promeffe expreffe ou tacite que fait le Mari de donner un Augment ; le Mari étant le maître de donner à fa Femme un Augment , quoique elle ne lui apporte rien en Dot. Ainfi à plus forte raifon lorfque la Femme apporte une Dot qui n'eft pas à la verité actuellement exigible , mais qui le fera un jour , & que le Mari en donnant terme par le Contrat de Mariage pour le payement de cette Dot , a néanmoins promis l'Augment purement & fimplement , fans mettre la reftriction qu'il ne le payeroit qu'à proportion de ce qu'il auroit touché de la Dot, la préfomption eft qu'il a bien voulu en donner l'Augment en entier , même dans le cas où il n'auroit pas encore touché la Dot , ou qu'il n'en auroit touché qu'une partie , & la Femme en ce cas eft bien fondée à demander la totalité de fon Augment , & de fes autres Gains Nuptiaux & de Survie.

Selon l'Auteur des Obfervations , le premier principe de l'Augment étoit dans les Loix Romaines le Gain que le Mari faifoit de la Dot par le prédecès de fa Femme , & qu'il étoit jufte que la Femme eut de fon côté un avantage du Mari.

Ce fiftéme ne s'accorde cependant pas avec le Droit

Romain , en quelque état que l'on le confidere.

Si l'on remonte à l'ancien Droit Romain , c'eſt-à-dire , celui qui étoit en uſage avant Juſtinien , le Mari dont la Femme venoit à predeceder gagnoit dans certains cas la Dot entiere de ſa Femme par droit de Survie , ſçavoir lorſque la Dot étoit adventice : ou bien ſi elle étoit pro-fectice , lorſque le Pere ou l'Ayeul qui l'avoient conſtituée étoient decedés avant le Mari. Ces cas & autres ſemblables , ont été remarqués dans le Chapitre 3. du Contre-Augment , où l'on a fait voir que ce Gain de Survie a tiré ſon ori-gine du gain que le Mari faiſoit de la Dot de ſa Fem-me , ſuivant l'ancien Droit Romain : c'eſt pourquoi l'on n'entrera pas ici à cet égard dans une plus grande diſ-cuſſion , ceux qui voudront rechercher plus particuliere-ment l'origine du Contre-Augment , peuvent avoir recours au Code Theodoſien liv. 3. tit. 13. *de Dotibus* , qui con-tient diverſes diſpoſitions au ſujet du gain de la Dot , leſ-quelles diſpoſitions paroiſſent avoir donné lieu à l'uſage qui a introduit le Contre-Augment.

Mais ce gain de la Dot n'a jamais pû être le principe de l'Augment , car il n'y avoit alors ni Donations à cauſe de Nôces , ni Augment de Dot.

En effet il eſt certain , & c'eſt un point reconnu par tous les Auteurs , que juſqu'à la tranſlation de l'Empire Romain à Conſtantinople , il n'y avoit aucune difference entre les Donations en faveur de Mariage , & les Dona-tions ordinaires entre étrangers. Non-ſeulement la Loy n'accordoit de plein droit aucun avantage aux Femmes , mais elle ne contenoit aucune diſpoſition particuliere ſur les avantages qui pouvoient être ſtipulés en leur faveur ; toutes Donations entre Futurs Conjoints & faites en con-ſideration du Mariage , étoient irrévocables , & devoient être executées quand même le mariage n'auroit pas eu lieu ; en un mot elles n'étoient pas traitées plus favora-blement que des Donations ordinaires faites entre étran-gers & dépendoient abſolument de la convention des Par-ties ; en ſorte que les Donations que l'on pouvoit ſtipuler en faveur des Femmes, ne formoient point un genre particulier de Donations qui fuſſent oppoſées au gain que le Mari faiſoit alors en certains cas de la Dot de ſa Femme.

Conſtantin le Grand fut le premier qui fit quelques Loix particulieres au ſujet des Donations en faveur de Mariage, ce fut lui qui leur aſſigna le nom propre de *Donationes Antè Nuptias.* Alors ces ſortes de Donations commencerent à avoir une denomination, une forme, & des regles particulieres. Les ſucceſſeurs de Conſtantin firent auſſi diverſes Loix ſur ces Donations, & ce fut Juſtinien qui les perfectionna en ordonnant qu'elles pourroient être faites même pendant le Mariage, pourquoi il les fit appeller *Donationes propter Nuptias*, au lieu, d'*Antè Nuptias*.

Mais lorſque ces Donations à cauſe de Nôces, proprement dites, commencerent à ſe pratiquer, le gain de la Dot qui ſuivant l'ancien Droit avoit lieu dans certains cas au profit du Mari, étoit déja abrogé, comme il ſe voit par la Conſtitution de Juſtinien inſerée au Code liv. 5. tit. 13. *de rei uxoriæ actione lege unicâ*, qui porte qu'arrivant la diſſolution du Mariage, la Dot eſt toûjours reſtituable à la Femme ou à ſes Heritiers, ſans qu'il ſoit neceſſaire que cela ſoit ainſi ſtipulé, laquelle ſtipulation eſt toûjours préſumée, & ſe ſupléе de droit : en ſorte que n'y ayant plus alors de gain de la Dot établi par les Loix Romaines, on ne peut pas dire que les Donations à cauſe de Nôces dont l'uſage ne faiſoit que commencer, ni l'Augment qui leur a ſuccedé dans la ſuite, ayent tiré leur origine de ce gain de la Dot qui étoit déja abrogé.

Il n'eſt donc pas vrai, comme le ſuppoſe l'Auteur des Obſervations, que l'Augment ait été établi par réciprocité du gain que le Mari faiſoit de la Dot en cas de predecès de ſa Femme, puiſque quand ce gain de la Dot avoit lieu, il n'y avoit ni Donations à cauſe de Nôces, ni Augment, & que quand les Donations à cauſe de Nôces, proprement dites, ont commencé à être pratiquées , le gain de la Dot au profit du Mari avoit ceſſé de l'être.

Et ſi l'on conſulte les Novelles de l'Empereur Leon , qui forment le dernier état du Droit Romain ſur la matiere que nous agitons , on voit qu'il n'y avoit plus alors ni gain de la Dot pour le Mari , ni Donation à cauſe de Nôces , proprement dites , pour la Femme ; que les Femmes au lieu de ces Donations avoient le gain de Survie nommé *Hypobolon* ; & que cet avantage n'étoit point reciproque pour le Mari , que les Femmes étoient ſeules avantagées par les Loix , & qu'il ne faut chercher d'autre cauſe de *l'Hypobolon* accordé aux Femmes , & depuis nommé Augment , ſi ce n'eſt que les derniers Empereurs Grecs étoient *nimis uxorii.*

Auſſi l'Auteur des Obſervations convient-il que ſon principe ne peut ſubſiſter pour les Païs qui ne connoiſſent point le Contre-Augment , comme il y en a pluſieurs , dans leſquels néanmoins l'Augment eſt uſité ; c'eſt pourquoi il cherche auſſi - tôt à donner une autre origine à l'Augment , & dit que ce n'eſt pas le mariage qui en eſt la cauſe , que c'eſt la joüiſſance de la Dot , & que par conſequent il doit être reglé à proportion de cette joüiſſance : à quoi je répons qu'il eſt vrai que dans l'uſage on a établi que l'Augment coûtumier ſe regleroit à proportion de la Dot , afin qu'il ne ſoit pas incertain & indeterminé , lorſqu'il n'eſt pas fixé par le Contrat de Mariage , mais c'eſt à proportion du fonds de la Dot promiſe , & non pas à proportion de la joüiſſance , ni du tems que le Mari a joüi d'une portion ; ce qui eſt ſi vrai , qu'il eſt inconteſtable que l'Augment coûtumier ne laiſſe pas d'être dû en entier , quoique le Mari ait donné terme pour le payement de la Dot depuis le Mariage. Et ſi cela étoit autrement , un Mari de mauvaiſe foy pourroit fruſtrer ſa Femme de ſon Augment , en ſuſcitant des conteſtations ſimulées pour faire paroître qu'il auroit été troublé dans la joüiſſance de la Dot.

Pour ce qui eſt de la Novelle 20. de l'Empereur Leon

dont on a invoqué l'autorité, elle est ici sans application ; car outre que le texte Grec ne parle que de *l'Hypobolon*, & que Harmenopule n'a rendu ce mot Grec dans sa traduction Latine que par le même nom *d'Hypobolon* qu'il a latinisé, elle ne parle ni de gain de la Dot, ni de Contre-Augment ni de Donations à cause de Nôces, proprement dites, & ne dit point que le Gain de Survie établi en faveur de la Femme, se regle à proportion de la joüissance que le Mari a eu de sa Dot : voici le texte de la traduction Latine, *postquam semel prævalere visum est, in Imperio, ne in Matrimonii collatione ex æquo collationes fiant sed major Donatione propter Nuptias dos sit hoc in republicâ obtineto.* Il faut observer en passant sur ce mot *Donatione propter Nuptias*, que dans le texte Grec, & dans la traduction Latine d'Harmenopule, il y a *Hypobolo*, & que si dans d'autres traductions on a mis *Donatione propter Nuptias*, c'est improprement & pour exprimer *l'Hypobolon* par une periphrase latine, & non pour exprimer les Donations à cause de Nôces, proprement dites.

La même Novelle 20. ajoûte *& si mors Matrimonium dirimat, tum si Maritus sine liberis decedat, pactumque non subsit, Uxor Dotem donationemque propter Nuptias, nil autem amplius auferto ; si verò mulierem mors abripiat, dotem hæredes ejus capiunto, Maritus autem suis rebus ne privator, neque quæ ipsius sunt alii, sed ipse habeto quomodo enim iniquum non est alios ex illius rebus lucrum sentire, ipsum verò supra amissionem conjugis bonis etiam suis, sive Donationis propter Nuptias privari.*

Les Novelles 22. & 1-0. du même qui parlent de *l'Hypobolon*, ne disent point non plus qu'il se regle sur le gain de la Dot, ni sur la joüissance que le Mari a eu de la Dot.

Il est vrai que Monsieur Boyer pense que l'Augment n'est dû qu'à proportion de ce qui a été payé de la Dot, quand c'est la Femme qui s'est elle-même constitué sa Dot, & qu'elle ne l'a pas payé aussi-tôt qu'elle étoit exigible ; mais j'ai observé que suivant la derniere Jurisprudence, on ne diftingue plus fi c'eft la Femme ou une autre perfonne qui a conftitué la Dot, & que l'Augment en eft toûjours dû en entier, foit qu'elle ait été payée ou non.

On ne peut pas dire qu'il n'y ait aucune trace de cette Jurifprudence, puifque dans le Chapitre 17. j'ai cité une foule d'Arrêts rapportés par M. M. Expilly, Maynard, la Peirere, & Baffet, qui ont tous ainfi jugé la queftion, & l'Auteur des Obfervations ne rapporte aucun jugement contraire ; il convient que l'opinion des Praticiens eft oppofée à fa propofition, & fe rejette fur ce qu'il prétend que cette opinion eft contraire à la Loy & à la raifon.

Quant à la Loy, elle eft ici fans application, puifque, comme on l'a démontré, le droit d'Augment n'eft point fondé fur les Loix de Juftinien.

A l'égard de la raifon, elle n'eft point bleffée par l'ufage qui accorde à la Femme fon Augment entier, foit que fa Dot foit payée ou non ; car cet Augment eft toûjours donné en confideration de la Dot promife, & que le Mari pouvoit toucher ; & quand ce feroit une pure liberalité de la part du Mari dans le cas où il n'auroit point touché la Dot, la raifon ne s'oppoferoit point à cette liberalité : d'ailleuis, comme le dit lui-même l'Auteur des Obfervations, *l'ufage eft un tyran* auquel il faut ceder, il acquiert force de Loi, & prévaut fouvent fur la raifon ; il fuffit donc que j'aye prouvé quel eft l'ufage, je n'ai pas entrepris de le juftifier, ce n'eft qu'un fait que je donne tel qu'il eft.

L'Auteur des Obfervations dit que la pratique journaliere des parties, ne lui eft point contraire : que de plus de cent traités de mariages où cette queftion pouvoit naître, il n'en a vû que deux où le Beau-Pere ait tenu rigueur ; mais il ne donne ici pour exemples que des affaires reglées par voye de conciliation, où l'on fe remet quelque chofe de part & d'autre ; en forte qu'il n'y a rien à conclure de ce qui s'eft paffé dans ces occafions. Ce ne font que des arrangemens particuliers qui ne font pas une Loi, ni même un préjugé fur la queftion generale. L'Auteur des Obſervations convient qu'en deux occaſions il a vû inſiſter au contraire. Ce qui eſt arrivé alors peut arriver ſouvent, & puiſque l'on regle un Augment préfix, comme il le dit, pour éviter cette difficulté, c'eſt une preuve qu'il eſt ordinaire que les Femmes demandent la totalité de leur Augment, quoique leur Dot n'ait pas été payée en entier.

Examinons maintenant ce que l'on prétend induire du Stile des Notaires. Les ſtipulations d'Augment ſont, dit-on, conçûës en ces termes : *payera pour Augment ledit futur Epoux la moitié des ſommes qu'il recevra, & le tiers des Immeubles.* Cette clauſe eſt uniforme, ſoit qu'il y ait un délai convenu pour le payement d'une partie de la Dot, ou qu'il n'y en ait point : on l'a verifié dans deux cens Contrats de Mariage, & conſulté à plus de douze Notaires.

Je ſuis bien perſuadé que tous ces faits ſont tels qu'ils ſont atteſtez ; mais ils ne détruiſent point ce que j'ai avancé ſur l'uſage. Les Contrats de Mariage des Païs de Droit Ecrit ne ſont pas tous redigés dans les mêmes termes : j'en ai vû pluſieurs, & notamment quelques-uns paſſés à Lyon, & qui n'étoient pas fort anciens, dans leſquels l'Augment de Dot étoit ſtipulé purement & ſimplement, ſans qu'on y eut appoſé cette reſtriction que le Mari ne payeroit l'Augment que des ſommes qu'il recevroit.

Au ſurplus cette clauſe me paroît fort équitable, & je ne ſuis pas ſurpris que l'on ait attention de l'inſerer dans les Contrats de Mariage, & je penſe bien lorſqu'elle y eſt écrite, que l'Augment n'eſt effectivement dû qu'à proportion de ce qui a été payé de la Dot, parce que chacun ayant la liberté de renoncer à ſes droits & privileges, la Femme pourroit renoncer à tout droit d'Augment, & à plus forte raiſon, par une ſtipulation expreſſe appoſée au Contrat de Mariage, peut-elle valablement conſentir que ſon Augment ſoit reglé à proportion de ce qu'elle aura payé de ſa Dot : dans cette eſpece ce n'eſt plus l'uſage, qui doit regler la proportion de l'Augment, c'eſt

la claufe du Contrat de Mariage qui fait la Loy des Parties , & qui doit avoir fon execution , nono bftant l'ufage
contraire , parce que cet ufage n'eft pas une loi prohibitive , & que l'on a pû y deroger : & je n'ai jamais prétendu que l'ufage de donner l'Augment en entier , quoique toute la Dot n'ait pas été payée , dût prévaloir fur
une ftipulation contraire ; les Arrêts & le fentiment des
Auteurs que j'ai cité ne concernent que le cas d'une ftipulation d'Augment pure & fimple.

Mais lorfque le Contrat de Mariage ne contient point
cette ftipulation expreffe , que l'Augment ne fera payé qu'à
proportion des fommes reçûës par le Mari , c'eft alors qu'il
faut recourir à l'ufage , pour fçavoir fi l'Augment eft dû
en entier , quoique toute la Dot n'ait pas été payée ; &
c'eft dans ce dernier cas que l'ufage eft d'accorder l'Augment en entier , parce que l'on préfume que l'intention
du Mari a été telle dès qu'il n'y a aucune ftipulation
contraire.

Ainfi ce que l'on m'a oppofé de la Pratique des Parties & du Stile des Notaires , n'empêche point que l'ufage
ne foit tel que je l'ai rapporté , toutes les fois qu'il n'y
a point de ftipulation expreffe au contraire , telle que
celle dont on a parlé ci - devant ; il paroît même que
cette ftipulation eft une précaution que l'on a crû devoir
prendre pour reftraindre le droit trop étendu que l'ufage
donneroit à la Femme , ce qui prouve de plus en plus
que cet ufage eft tel que je l'ai annoncé.

On a cité Bacquet fans indiquer précifément en quel
endroit de fon ouvrage il agite la queftion ; je l'ai cher-
ché , & n'ai trouvé qu'un feul endroit où il parle de quelque chofe qui ait rapport à nôtre matiere , c'eft en fon
Traité des Droits de Juftice , ch. 15. n. 64. & 65. il y
traite la queftion de fçavoir fi le Doüaire ufité dans les
Païs Coûtumiers eft dû en entier à la Femme , quoique
la Dot par elle promife n'ait pas été payée : il decide
qu'elle eft dûë , & entre autres raifons qu'il en donne ,
c'eft , dit-il , que le Doüaire a été inconnu au Droit Ci-

vil , *nec eft Donatio propter Nuptias , quæ ad securitatem dotis tantum dabatur.* Ce font apparemment ces mots , dont on induit que Bacquet eft d'avis que l'Augment n'eft dû qu'à proportion de ce qu'il y a eu de payé de la Dot ; mais outre qu'il ne le dit point formellement , & qu'il ne traite la queftion que par rapport au Doüaire , & non à l'égard de la Donation à caufe de Nôces ; ce qu'il dit en paffant des Donations à caufe de Nôces , ne tire point à confequence pour l'Augment qui n'étant fondé que fur l'ufage , ne fe regle point par les Loix Romaines ; *ne verbum quidem* , de l'Augment en cet endroit s'il y avoit quelque induction à tirer de ce qu'il dit à l'égard du Doüaire , elle feroit favorable à mon fentiment , puifqu'il eftime que le Doüaire entier eft dû à la Femme , quoique fa Dot , ou une partie d'icelle , n'ait pas été payée.

L'autorité de Faber doit , dit-on , être rejettée , de même que celle de tous les Auteurs qui croyent que l'Augment eft *præmium delibatæ pudicitiæ* , ce principe devant être fupprimé , puifque l'Augment eft dû aux Veuves auffi-bien qu'aux Filles.

Je pourrois répondre que cette définition de l'Augment de Dot ne doit pas être rejettée indiftinctement , & qu'elle s'accorde avec l'ufage de certaines Provinces : en effet dans celles de Bugey , Gex & Valromey , l'Augment de Dot Coûtumier n'eft dû qu'aux Filles , & les Veuves qui fe remarient n'en ont point pour leur fecond , ou autre mariage. Et par la Coûtume de Bourdeaux , l'Augment des Filles eft d'une fomme égale à leur Dot , au lieu que celui des Veuves n'eft que du tiers.

Mais je conviens que l'ufage de ces Provinces eft fingulier , & contraire à la nature generale de l'Augment , qui ne fe regle communément qu'à proportion de la Dot apportée par la Femme , & eft par confequent un avantage donné en confideration de la Dot ; mais encore une fois , ce n'eft pas à proportion de la joüiffance que le Mari a eu de la Dot , que cet Augment doit fe regler , car fi cela étoit ainfi , il s'enfuivroit que la Femme ne

devroit en joüir qu'autant de tems que fon Mari auroit
joüi de la Dot, & que fi le Mari étoit mort, par exemple, un an ou deux après avoir reçû le payement de la
Dot, la Femme par un principe d'egalité & de compenfation, n'auroit droit de joüir de fon Augment que pendant un an ou deux, ce qui feroit abfurde, & n'a jamais été propofé.

Auffi eft-il decidé par les Loix & par tous les Auteurs,
que la Femme qui pendant le mariage a été obligée de
retirer fa Dot à caufe de la pauvreté de fon Mari, n'eft
pas moins en droi de demander fes Gains Nuptiaux en
entier, *l. 29. in fine Cod. de jure Dotium* ; ce qui a lieu
pareillement lorfque l'adminiftration de la Dot a été donnée à des Commiffaires ou Sequeftres, foit à caufe de
la diffipation, ou à caufe de la fureur de la Femme. *l. 22.*
§. 8. verf. fin verò. ff. folut. matrim. Defpeilles tom. 1. part. 1.
fect. 5. n. 6.

C'eft donc en confideration & à proportion du fonds de
la Dot promife, que l'Augment eft accordé aux Femmes ;
& je ne vois pas qu'il y ait aucune injuftice à le leur
accorder en entier, quoique leur Dot, ou du moins une
partie d'icelle, n'ait pas été payée, parce que fi le Mari
n'a pas joüi de la Dot ou d'une partie, la Femme n'a
pas non plus joüi pendant ce tems-là de fon Augment,
& de même que le Mari auroit touché la Dot auffi-tôt
qu'elle feroit devenuë exigible, de même la Femme eft
en droit de demander fon Augment auffi-tôt après le decès de fon Mari, parce que dès ce moment il devient
exigible, en quoi l'egalité & la reciprocité paroiffent toûjours confervés entre le Mari & la Femme.

Expilly, ajoûte-t-on, doit peut-être être écouté dans les
Païs où le Contre-Augment a lieu, parce qu'il dit que
l'Augment fe regle fur le Contre-Augment, & que le
Mari le gagne fuivant ce qui a été conftitué, & non pas
fuivant ce qui a été payé ; mais fans examiner s'il a raifon
au fond, on foûtient que fon principe n'a point d'application dans les Païs où le Contre-Augment eft inconnu.

Cependant la raison que donne Expilly pour appuyer son sentiment militeroit aussi-bien dans les Provinces de Lyonnois, Foréts, Beaujolois, & autres Provinces de Droit Ecrit, que dans le Parlement de Dauphiné, dont M. Expilly rapporte principalement la Jurisprudence ; car le Contre-Augment n'a pas lieu de plein droit en Dauphiné, & il n'y est dû que lorsqu'il est stipulé, de même que dans les Provinces de Lyonnois, Foréts, Beaujolois, ou on en stipule quelquefois aussi-bien que dans le Dauphiné : ainsi les considerations tirées par M. Expilly de ce que le Contre-Augment seroit dû en entier au Mari, quoique toute la Dot n'eut pas été payée, doivent determiner à dire que dans tous les Païs où l'Augment a lieu, il est dû en entier à la Femme, quoique sa Dot ou une partie n'eut pas été payée, puisque dans le même cas où la Dot de la Femme n'auroit pas été payée, & que le Mari n'auroit rien eu de son chef lors du mariage, il ne laisseroit pas en cas de survie de gagner en entier le Contre-Augment qui auroit été stipulé à son profit.

Enfin quoique l'on dise, que quand le délai pour le payement de la Dot est donné par le Contrat de Mariage, ce délai n'est pas du fait du Mari, qu'il est une des conditions sans laquelle le mariage ne se fut pas fait, je pense qu'il ne laisse pas d'être du fait du Mari, puisque dans un tems où il n'avoit encore aucun ménagement à garder avec la famille de sa future, il a expressément consenti à ce délai par le Contrat de Mariage, & de ce que ce délai a été une des conditions accordée entre les Parties, que peut-on conclure, sinon que le Mari ne peut pas s'en plaindre ni s'en faire un pretexte pour ne pas payer l'Augment en entier.

TROISIÉME OBSERVATION,

Sur le Chapitre second de l'Augment, nom. 3,
page 32. & suivantes.

JE ne dirai pas avec Bretonnier indéfiniment, que si le Mari n'a pû toucher les Obligations dotales, il ne doit point l'Augment, j'ajoûterai à moins qu'il n'en ait touché ou pû toucher l'interêt. C'est la joüissance de la Dot qui donne lieu à l'Augment ; & dès qu'il en peut être dû un sol d'interêt au Mari, l'Augment est dû ; l'Auteur paroît avoir un peu trop donné de confiance à M. Bretonnier qui est assez bon témoin des usages, mais peu judicieux dans ses decisions.

Par exemple, il est absolument faux que l'Augment des Obligations soit au tiers, il est à la moitié comme d'un effet mobilier, je tiens même pour principe dans cette matiere, que l'Augment tire sa force du Contrat de Mariage, & devient invariable par tous les accidens qui n'ont pas été prévûs dans le Contrat : ainsi que l'Obligation ait été remboursée ou non, l'Augment est toûjours à la moitié. Qu'un Contrat de rente qui est un immeuble soit remboursé ou non, l'Augment est toûjours au tiers, on le juge ainsi à la Sénéchaussée de Lyon. (Cette decision est je crois omise par l'Auteur pour les Contrats.) Bretonnier a pris un faux principe en ne donnant que le tiers pour tout ce qui n'est pas deniers, & pour tout ce qui est plus sujet au mot *Commodatum* qu'à celui de *Mutuum.* Il faut dire que tout ce qui est mobilier forme l'Augment à la moitié, & cette regle a son application à plusieurs endroits du Livre.

REPONSE.

Lorfque j'ai dit que l'Augment des Obligations n'eft que du tiers , je n'ai fait que rapporter l'ufage qui m'a parû être le plus generalement fuivi fur ce point , & il me paroît encore tel que je l'ai annoncé. M. Bretonnier n'eft pas le feul qui en rende témoignage , il eft attefté de même par plufieurs autres Auteurs. Tels font Faber en fon Code *de Donat. ant. Nupt. defin.* 4. où il dit que les meubles & effets mobiliers ne doivent pas avoir plus de faveur que les immeubles.

M. Auzanet en fes Memoires , titre des Doüaires & Augment de Dot , eft pareillement d'avis que l'Augment des Obligations doit être reglé au tiers.

M. Revel fur les Statuts de Breffe , Doute 3. va encore plus loin. Il dit que quand la Dot eft certaine comme en deniers , l'Augment eft de la moitié ; mais que quand la Dot eft de valeur incertaine , comme en heritages ou efpeces telles que Blé , Vin , Beftiaux , &c. on regle ordinairement l'Augment au tiers ou au quart. Que fi la Dot eft tout-à-fait incertaine , comme fi elle confifte en procès , droits , noms & actions , en ce cas il faut convenir dudit Augment par Contrat de Mariage , & le fixer , qu'autrement il n'en feroit dû aucun , du moins s'il furpaffoit les forces du Mari , fi ce n'eft qu'il eut traité defdits droits à une fomme , ou qu'il eut pris des heritages pour fa portion hereditaire : auquel cas il eftime qu'il en devroit l'Augment , *Arbitrio boni viri* , & après les dettes & impenfes neceffaires déduites : en forte que cet Auteur qui comprend certainement les Obligations fous le nom de droits & actions , loin de les mettre dans la même claffe que les meubles & effets mobiliers dont il dit que l'Augment eft du tiers , en fait un claffe particuliere , comme d'effets dont la valeur eft incertaine , & dont il n'eft point dû d'Augment , ou s'il en eft dû , ce n'eft qu'*arbitrio boni viri* ; ce qui juftifie encore l'opinion de ceux qui tiennent que l'Augment des Obligations n'eft que du tiers.

En effet les Obligations ni les meubles meublans & autres effets mobiliers ne peuvent être mis dans la même claſſe que les deniers. Car ſi l'on donne un Augment plus fort pour l'argent comptant que pour les Immeubles , c'eſt que le Mari peut faire valoir l'argent dans le commerce , & en tirer aiſément un profit conſiderable , au lieu que le revenu des heritages eſt plus caſuel , à cauſe des reparations & autres non valeurs. Et ſi l'on ne donne que le tiers pour les heritages , à plus forte raiſon ne doit-on donner tout au plus que le tiers pour les Obligations , meubles meublans , & autres effets mobiliers , leſquels ne rapportent aucun revenu , & ſont encore moins lucratifs au Mari que des heritages.

Cette opinion eſt encore fortifiée par ce que dit l'Auteur des Obſervations , que l'Augment des Contrats de rente eſt toûjours du tiers , ſoit qu'ils ayent été rembourſés ou non , car puiſque pour un bien dotal qui produit un revenu annuel , on ne donne l'Augment que du tiers , même dans le cas où cet immeuble par le rembourſement auroit été converti en deniers , qui eſt la nature de bien la plus favoriſée ; à plus forte raiſon l'Augment d'une ſimple Obligation qui ne produit point de revenu annuel , & dont le payement peut être difficile à recouvrer , ne doit-il être que du tiers : & de même à l'égard des meubles meublans , danrées & autres effets mobiliers auſquels on ne peut appliquer les raiſons pour leſquelles on a donné l'Augment plus fort pour les deniers que pour les heritages : c'eſt encore aſſés favoriſer la Femme que de lui donner un Augment du tiers de ces ſortes de biens , comme on le donne pour les heritages.

Au ſurplus , l'uſage eſt une Loi ſujette à beaucoup de variations , & puiſque l'Auteur des Obſervations aſſure qu'à Lyon l'uſage eſt de fixer l'Augment à la moitié , tant pour les Obligations , meubles meublans , & autres effets mobiliers , auſſi-bien que pour la Dot en deniers , ce dernier état de l'uſage qui ſe pratique à Lyon eſt une exception à l'uſage qui paroît le plus generalement ſuivi dans les Païs de Droit Ecrit , & le mieux fondé en raiſon.

QUATRIÉME OBSERVATION,

Sur le Chapitre second de l'Augment , n. 3. p. 35.

L'AUTEUR pofe pour maxime que par toute la France tous les biens d'une Femme font dotaux , s'il n'y a referve de paraphernaux : tout le monde eft ici dans un principe contraire , & l'on tient que lorfque une Femme pour avoir fon bien ou partie en paraphernal , fe contente de ne point faire de conftitution generale , fes biens font paraphernaux. Ici concourent la Loi , l'opinion du Palais , & la Pratique ; ainfi cela doit paffer pour maxime. Cette Obfervation a fon application à plufieurs endroits du Livre.

REPONSE.

Je n'avois pas traité la queftion de fçavoir fi tous les biens de la Femme font Dotaux , à moins qu'ils ne foient refervés en paraphernaux , parceque mon objet n'étoit pas de faire un traité de la Dot , matiere fur laquelle il y a déja eu nombre de volumes écrits par differens Auteurs , aufquels on peut avoir recours. D'ailleurs comme j'ai pris l'opinion qui m'a paru la plus fuivie , j'avois crû qu'il n'étoit pas neceffaire de s'arrêter à l'établir ; mais puifque l'on contefte la maxime que j'ai adoptée , il eft facile de la juftifier.

Je fçai que c'eft une queftion fort controverfée entre les Docteurs , de fçavoir , fi quand la Femme ne s'eft point conftitué de Dot , les biens qu'elle poffede au tems du mariage , ou qui lui échéent depuis , font Dotaux ou paraphernaux. Les uns foûtiennent qu'ils font Dotaux , les autres qu'ils font paraphernaux. Ils font rapportés par *Baldus Novellus de Dote , part.* 6. Privilege 14. & par *Menochius de Præfumption. liv.* 3. *Præfumpt.* 8.

Guy

Guy Pape eſt l'un de ceux qui tiennent qu'ils ſont Dotaux, & voici de quelle maniere il s'en explique, queſt. 468.
n. 13. *Juxtà hoc quæro, mulier nubit viro, nullam Dotem ſibi
conſtituendo expreſsè, an bona ipſius uxoris cenſeantur parapher-
nalia ; dic quod non : ſed dotalia in Dotem tacitè conſtituta, ſi
interveniat traditio.* Il repete la même choſe dans la queſtion 499. Ferrerius dans ſa Note ſur cette derniere queſtion ,
eſt de même avis , & l'établit par de bonnes raiſons. M. Bretonnier en ſon Recüeil Alphabetique de Queſtions *verbo
paraphernaux* , tient que cette opinion eſt la plus juridique.

Pour moi , en m'expliquant plus particulierement que
je n'avois fait ſur cette queſtion , je diſtinguerois ſi par le
Contrat de Mariage la Femme s'eſt conſtituée nommément quelque choſe en Dot, auquel cas j'eſtime qu'il n'y
a de bien Dotal que ce qui eſt declaré tel par le Contrat de Mariage , le ſurplus étant préſumé reſervé en paraphernal , ſuivant la maxime *incluſio unius , eſt excluſio al-
terius.*

Mais s'il n'y a point eu de Contrat de Mariage , ou
que dans le Contrat il n'y ait aucune conſtitution de Dot,
& que néanmoins la Femme ait fait une tradition effective à ſon Mari des biens qu'elle luy a apporté lors du
Mariage , ou qui lui ſont échus depuis , en ce cas je penſe que tous ces biens apportés par la Femme ſont de plein
droit reputés dotaux , à moins que par une clauſe expreſſe ils ne fuſſent reſervés en Paraphernaux ; & c'eſt là le
cas dont j'ai entendu parler dans l'endroit remarqué par
l'Auteur des Obſervations. Ce qui me determine à embraſſer cet avis , eſt que de tout tems & dans tout Païs, le
Mari a toûjours été appellé *caput mulieris* ; que tous les
biens que ſa Femme apporte en mariage lui ſont ordinairement donnés pour ſoûtenir les charges du mariage ,
ou du moins ſont naturellement préſumés y être deſtinés ;
en ſorte que le Mari en eſt adminiſtrateur né , & que par
conſequent ces biens ont naturellement tous les caraĉteres
de biens Dotaux , & ſont réellement tels , à moins que
par une ſtipulation expreſſe cet ordre naturel ne ſoit dé-

rangé , & qu'ils ne foient refervés en Paraphernaux : & je crois que la Loy , l'opinion du Palais , & la Pratique que l'on a alleguées ne concernent que le cas où il y a eu une conftitution de Dot , & non pas celui où il n'y a eu aucune conftitution ni referve des biens en Paraphernal.

CINQUIÉME OBSERVATION,

Sur le Chapitre troisiéme du Contre-Augment.
Nombre 9.

SI le Mari & la Femme meurent en même-tems , la difficulté tombe à mon avis fur une queftion de fait & de préfomption fuivant les circonftances. Je crois que Domat a parlé quelque part de ces fortes d'incidens rares : enfin mon avis eft que les Heritiers de celui des Conjoints qui veut avoir un avantage , doit prouver la furvie , & que faute de preuve , il n'y en a point ; c'eft ici le cas de *actore probante reus abfolvitur*. & non pas de *in dubiis melior conditio poffidentis*. Cependant je m'en rapporte à de plus habiles , mais je dis mon avis.

REPONSE.

Domat en fes Loix Civiles, part. 2. liv. 1. tit. 1. fect. 2. n. 11. & 12. le Brun en fon Traité des Succeffions , liv. 1. ch. 1. fect. 1. n. 13. & fuivans , & plufieurs autres Auteurs ont traité la queftion , de fçavoir lequel des Pere ou Mere , ou des Enfans eft préfumé avoir furvécu , quand ils font peris par un même accident , ou qu'il eft certain qu'ils font morts fans que l'on fçache précifément lequel eft decedé le premier. Ils obfervent que c'eft felon

les circonſtances que l'on doit decider ces ſortes de queſtions , & que ce n'eſt qu'à défaut de circonſtances que
l'on a recours aux préſomptions tirées de l'âge , du ſexe
ou du temperamment.

Ces Auteurs n'ont point traité la queſtion à l'égard du
Mari & de la Femme morts en même-tems. Je n'ai trouvé que Automne & Deſpeiſſes qui l'ayent prévuë : le
premier en ſa Conference du Droit François avec le Droit
Romain ſur la Loy 8. au Digeſte *de rebus dubiis* , fait
mention d'un Arrêt du Parlement de Bourdeaux qui a jugé une queſtion de cette nature. Il rapporte qu'une Femme donataire de ſon Mari ayant peri ſur mer avec lui ,
les heritiers de cette Femme demanderent à ceux du
Mari l'execution de la Donation ; les heritiers du Mari
diſoient au contraire que la préſomption étoit que le
Mari avoit ſurvécu ; la queſtion fut jugée en faveur du
Mari par Arrêt rendu en la ſeconde Chambre des Enquêtes du Parlement de Bourdeaux. Mais Automne ne
dit rien ni de l'âge ni du temperamment des Parties , ni
des autres circonſtances ; en ſorte que l'on ne voit point
quels furent les motifs qui déterminerent les Juges.

Deſpeiſſes tom. 1. part. 1. du Mariage , ſect. 5. n. 6.
dit que ſi les deux Conjoints ſont morts enſemble , &
qu'il n'apparoiſſe pas qui des deux eſt mort le premier ,
ni l'un ni l'autre d'eux ne gagne les avantages nuptiaux ,
parce qu'en ce cas *neuter alteri ſupervixiſſe videtur.*

Je crois bien en general que c'eſt à ceux qui alleguent
le predecès de l'un des Conjoints à le prouver , & que
faute de ce ils doivent être déchûs de leurs prétentions ,
ſuivant la maxime *actore non probante reus abſolvitur* ; mais
cette maxime ne peut être ici appliquée que dans le cas
où il n'eſt queſtion que du predecès de l'un des Conjoints , & non pas lorſque les Heritiers de chacun des
Conjoints alleguent chacun de leur part le predecès de
l'autre Conjoint ; car dans ce dernier cas , lorſque les
Heritiers des deux Conjoints qui alleguent de part &
d'autre le predecès des deux Conjoints , ſe demandent

respectivement les Gains Nuptiaux qu'ils prétendent avoir été acquis au Conjoint survivant, comme ils sont respectivement Demandeurs & Défendeurs, ce n'est plus le cas d'appliquer la maxime *actore non probante reus absolvitur.* Si les Heritiers de la Femme & ceux du Mari ne prouvent de part ni d'autre le predecès qu'ils alleguent, ce ne seroit pas juger la question que de les mettre hors de cour faute de preuve, & l'on ne pourroit pas adjuger aux uns les Gains Nuptiaux, sous pretexte que les autres ne justifient pas le predecès, puisque le predecès ne seroit justifié de part ni d'autre. Il faut donc alors avoir recours aux circonstances, & au défaut des circonstances, aux présomptions.

Indépendamment des présomptions, je crois que lorsque le Mari a reçû la Dot, ses Heritiers *cæteris paribus*, sont mieux fondés que ceux de la Femme à retenir sur la Dot les Gains Nuptiaux dûs au Mari, parce que pour revoquer cette Donation où la tradition est déja faite, ce seroit aux Heritiers de la Femme à prouver qu'elle a survécu, & que *in dubiis melior est conditio possidentis.* Tel est le sentiment de Despeisses, tom. 1. part. 1. du Mariage, sect. 5. n. 6. ce qui est conforme à la Loy *qui duos*, 9. §. *si maritus pen. ff. de reb. dub.*

Il en seroit de même à l'égard de la Femme, si elle avoit reçû de son vivant ce qu'elle devoit gagner en cas de survie.

A l'égard du Mari, quand même il n'auroit pas reçû la Dot, ses Heritiers seroient toûjours en droit d'exiger ses Gains Nuptiaux toutes les fois qu'il n'y auroit pas de circonstances d'où l'on pût induire que la Femme auroit survécu; parce qu'à défaut de telles circonstances, il faut avoir recours aux présomptions, & que suivant les présomptions naturelles, *cæteris paribus*, la Femme comme la plus foible est présumée être decedée avant son Mari; & par consequent ses Heritiers ne justifiant pas le predecès du Mari, seroient mal fondés à demander son Augment & ses autres Gains de Survie, & ce sont au con-

traire les Heritiers du Mari qui font en droit de demander à ceux de la Femme le Contre-Augment , & les
autres gains de Survie qui peuvent être dûs au Mari ,
toutes les fois que les Heritiers de la femme ne justifient point qu'elle ait survécu.

SIXIÉME OBSERVATION,

Sur le même Chapitre troisiéme du Contre-Augment. Article 9.

JE crois qu'un Contrat qui donneroit un Contre-Augment même en cas de predecès du Mari feroit bon.
Les Contrats de Mariage font fufceptibles de toutes les
claufes. Ne peut-on pas faire une Donation entre-vifs par
Contrat de Mariage à un Mari & à fes heritiers ; & un
Contre-Augment de cette nature ne feroit qu'une Donation entre-vifs , & par confequent recevable. Je connois
un Contrat de cette nature , & le crois bon , ce qui eft
d'autant plus favorable qu'une Femme a la joüiffance de
fa Dot pendant toute fa vie. Et dans le Païs Coûtumier
où le Doüaire a lieu pour les Enfans , n'eft-ce pas un
véritable avantage qui vient aux heritiers du prémourant.

REPONSE.

Ce n'eft pas affés que le Donataire ait la capacité de
recevoir , il faut auffi que les biens qu'on lui donne
foient difponibles , autrement la Donation ne peut produire fon effet. Et c'eft ce qui arriveroit fi le Contre-
Augment étoit ftipulé même en cas de predecès du
Mari. Il auroit bien la capacité generale de recevoir telle
Donation que fa Future auroit voulu lui faire , mais en

cas de predecès, fes heritiers ne pourroient demander le Contre-Augment ftipulé à fon profit , parce que la Dot en ce cas n'étoit pas difponible.

Il eft vrai que les Contrats de Mariage font fufceptibles de toutes fortes de claufes ; mais ce n'eft qu'autant qu'elles ne font point contraires à des Loix prohibitives, aufquelles il n'eft pas permis de déroger, même par Contrat de Mariage. Il n'y a certainement point de Loix où ce caractere de prohibition abfoluë foit plus marqué que celles qui prévoyent les conventions que l'on voudroit faire au préjudice de leur difpofition , & qui en prononcent formellement la nullité. Or telles font les Loix qui declarent nulles toutes les conventions par lefquelles la Femme furvivante feroit privé de fa Dot , ou même feulement d'une partie.

En effet , fuivant la Loi *fi Pater* 12. §. 1. *in fine* , & la Loi *ut autem* 16. au Digefte *de Pactis Dotalibus* , la Dot doit être renduë, quoique la Femme eut promis de ne jamais former de demande à ce fujet. Et fuivant la Loi *fi convenerit* 2. au même titre du Digefte, & la Loi 1. §. 1. au Digefte *de Dote prælegatâ* quand même la Femme auroit promis de ne la point repeter même en cas de predecès de fon Mari , ou de n'en repeter qu'une partie en cas qu'il y eut des Enfans du Mariage, & qu'il y en auroit au tems du decès du Mari , fes heritiers feroient toûjours tenus de rendre la Dot en entier , ce qui eft auffi conforme à la Loi *quamvis* 3. au Code *de Pactis conventis tam fuprà Dotem* , &c.

Les conventions faites pour donner au Mari un Gain Nuptial fur la Dot , ne font donc valables qu'en cas de predecès de la Femme , & par conféquent le gain ftipulé en faveur du Mari eft toûjours un Gain de Survie.

On peut bien par Contrat de Mariage ftipuler un Gain Nuptial au profit du Mari , même en cas de predecès de fa part ; mais je penfeque ce ne peut être que fur les paraphernaux de la Femme , dont la difpofition eft toûjours libre, foit que la Femme furvive ou qu'elle predecede, à la difference de la Dot , dont aucune portion ne peut être donnée au Mari qu'en cas de predecès de la Femme.

SEPTIÉME OBSERVATION,

Sur le Chapitre cinquiéme du Droit d'Habitation.
Nombre 4.

LE véritable principe du Droit d'Habitation , est que la Femme est censée demeurer *in sacris mariti* pendant l'année de deüil : en Dauphiné elle perd ses avantages matrimoniaux si elle en sort. Il est dû au respect de l'union conjugale plus qu'à la convention ; c'est plûtôt une charge à une Femme qu'un avantage. Il faut un consentement des Heritiers du Mari pour qu'elle ait droit d'en sortir , & il est de droit.

A Lyon ce droit est entierement inconnu , & c'est à l'Auteur une erreur de fait peu importante de dire qu'on a coûtume de le stipuler. Cela est peut-être sans exemple : on a même coûtume de mettre à la charge de la Femme le loüage , à commencer depuis le premier terme qui a suivi la mort du Mari ; mais comme l'Auteur ajoûte qu'il n'est dû que par convention , & non de droit , son erreur ne peut être préjudiciable.

REPONSE.

L'origine du droit d'Habitation à l'égard des Veuves , vient de ce que les Heritiers du Mari ont un an pour rendre à la Femme sa Dot. Comme elle n'en a pas la joüissance pendant cette année que l'on nomme l'an du deüil , & qu'il est néanmoins juste que les Heritiers lui fournissent de quoi subsister jusqu'à la restitution de sa Dot , anciennement elle étoit pendant cette année de délai nourrie & entretenuë dans la maison de son Mari aux dépens de la Succession. Suivant ce que dit Mazuer en sa Pratique , titre 40. des Alimens n. 6. en forte qu'elle avoit gratuite-ment fon habitation dans la maifon de fon Mari, laquel-le habitation étoit confiderée comme une partie de fon en-tretien.

Mais comme on a trouvé trop d'inconveniens à obliger les Heritiers du Mari de fournir en nature à la Veuve fon entretien pendant une année entiere, fuivant le der-nier ufage, au lieu de la nourriture & entretien en na-ture, on lui donne tant pour fes habits de deüil, & ou-tre cela une certaine fomme à laquelle on fixe ce dont elle a befoin pour fa fubfiftance, jufqu'à la reftitution de fa Dot. Ce droit qu'on lui paye en argent eft ce que l'on appelle année ou droit de Viduité, dans lequel font com-pris la nourriture, l'entretien, le logement; en forte qu'au moyen de ce droit qu'on lui paye en argent, elle n'eft plus obligée de refter dans la maifon de fon Mari, elle a la liberté d'aller fe loger où elle juge à propos; mais auffi les Heritiers de fon Mari ne font plus tenus de lui fournir fon habitation dans la maifon du Mari, à moins que ce-la n'ait été ftipulé par le Contrat de Mariage, ou que fon Mari ne lui ait legué fon habitation dans quelqu'unes de fes maifons.

Il eft affez d'ufage dans la plûpart des Provinces de Droit Ecrit, de ftipuler en faveur de la Femme, en cas de furvie, un droit d'habitation, ftipulations qui tirent leur origine de l'habitation qui étoit autrefois dûë de plein droit à la Femme pendant la premiere année de viduité.

Je n'ai pas connoiffance qu'en Dauphiné la Femme fur-vivante ait encore aujourd'hui de plein droit fon habita-tion dans la maifon de fon Mari, plufieurs Perfonnes de ce Païs m'ont feulement affuré qu'il eft affez d'ufage de ftipu-ler un logement au profit du furvivant des Conjoints; mais que ces logemens ne font dûs que lorfqu'ils font ftipulés.

A l'égard des Provinces de Lyonnois, Forêts, & Beau-jolois, il fe peut faire que les ftipulations d'habitations n'y foient pas communes entre toutes fortes de perfonnes; mais elle s'y pratiquent volontiers entre les perfonnes d'un état

diftingué

diſtingué , ou d'une fortune aiſée. Et au ſurplus , c'eſt un droit qui dépend abſolument de la convention , & toutes ſortes de perſonnes en peuvent ſtipuler , comme l'Auteur des Obſervations en convient.

HUITIÉME OBSERVATION,

Sur le Chapitre Vingtiéme.

En quel cas un des Conjoints peut demander ſes Gains Nuptiaux & de Survie du vivant de l'autre Conjoint. Nombre 6.

CEci eſt de conſequence , ſur tout à Lyon , où le commerce ne produit que trop ſouvent des faillites. L'Auteur croit que dans ce cas le droit d'Augment eſt acquis comme en cas de predecès du Mari ; je ſçai que quelques Arrêts paroiſſent favoriſer ſon opinion ; nous ſommes dans un uſage contraire : bien plus on diſpute quelque fois qui doit tenir par proviſion l'Augment, la Femme, ou les Creanciers du Mari ; mais quand même c'eſt la Femme, ce n'eſt qu'en donnant caution de reſtituer en cas qu'elle meure avant ſon Mari , même d'en payer les interêts pendant la vie du Mari à ſes Creanciers. Voilà l'uſage , il eſt certain & très-commun ; car le cas de le pratiquer eſt frequent : il reſte à ſçavoir , s'il eſt juſte ou ſi c'eſt un abus ; pour moi je le crois juſte. Pour acquerir une proprieté, il faut une Loi ou une convention , il faut un titre ; or quel eſt celui de la Femme dans le cas de la faillite de ſon Mari ? le droit d'Augment dans le cas de predecès du Mari eſt un droit exhorbitant, puiſque le Mari ne gagne rien par le predecès de ſa Femme. Il eſt fondé dans la Loi ſans avoir pris ſa ſource dans les principes de la nature. Dès-lors il doit être renfermé dans la déciſion de la Loi ; quelques Arrêts dont on ne voit ni les eſpeces ni les motifs ni la maniere dont les droits des Parties ont été défendus , ne doivent pas nous faire abandonner un uſage commun.

REPONSE.

Quand les premiers Juges de Lyon ne ſeroient pas dans l'uſage d'accorder à la Femme ſon Augment & ſes Bagues & Joyaux, en cas de faillite de ſon Mari, cela ne détruiroit pas la Juriſprudence contraire que j'ai rapportée, reſultante des Arrêts, qui dans ce cas ont accordé à la Femme ſes Gains Nuptiaux ; car on ne peut alleguer la Juriſprudence particuliere des premiers Juges , loiſqu'elle eſt oppoſée à la Juriſprudence des Arrêts émanés du Tribunal ſouverain , dans le reſſort duquel ſont les premiers Juges. La Juriſprudence des Arrêts l'emporte inconteſtablement ſur celle des premiers Juges , elle ſeule a force de Loi , & eſt la regle que les premiers Juges doivent ſuivre dans les matieres ſur leſquelles il n'y a point d'autre Loi : & ſi l'on conſulte quelquefois la maniere dont les premiers Juges ſont dans l'habitude de juger une queſtion , ce n'eſt que lorſqu'on ne trouve aucune trace de la Juriſprudence des Arrêts.

Ici la Juriſprudence des Arrêts eſt conſtante , puiſque l'on en rapporte pluſieurs qui ont tous jugé la queſtion d'une maniere uniforme : l'eſpece ni les motifs de ces Arrêts ne ſont point inconnus , ils ſont expliqués par les Auteurs qui font mention de ces Arrêts , notamment pour ce qui eſt de l'Arrêt du 18. Juillet 1656. qui eſt rapporté fort au long, avec les Plaidoyers des Avocats des Parties dans le premier tome du Journal des Audiences, liv. 8. chap. 46. par Henris , tome 2. liv. 4. queſt. 1. & Soefve tome 2. cent. 1. chap. 37.

Suivant cette Juriſprudence , l'uſage eſt d'accorder à

la Femme ſes Gains Nuptiaux en cas de faillite de ſon Mari.

Il eſt vrai que ce n'eſt que par proviſion que l'on les lui accorde , & dans l'eſperance qu'elle ſurvivra , & que ſi par l'évenement elle decede la premiere , en ce cas comme elle ne devoit rien gagner , elle eſt obligée de reſtituer aux Heritiers ou Creanciers de ſon Mari tout ce qu'elle a reçû , même de leur en payer les interêts ; & c'eſt pour cela qu'en lui accordant ſes Gains Nuptiaux par proviſion , on l'oblige de donner caution de les reſtituer en cas qu'elle meure avant ſon Mari , même d'en payer les interêts , ce qui eſt d'autant plus juſte , qu'en general la Femme pour toucher ſes Gains Nuptiaux , doit donner caution toutes les fois qu'ils ſont reverſibles après ſa mort à ſes enfans , & qu'à plus forte raiſon doit-on prendre la même précaution à ſon égard , lorſqu'elle les touche par proviſion en cas de faillite de ſon Mari , cas dans lequel ils peuvent être reverſibles , non ſeulement à ſes enfans après ſa mort , mais auſſi au Mari lui-même ou à ſes Heritiers ou Créanciers lorſqu'elle ne lui a pas ſurvécu.

S'il y a quelquefois des conteſtations entre la Femme & les Creanciers du Mari , pour ſçavoir qui d'eux joüira par proviſion du fond des Gains de Survie , ou ce ſont de mauvaiſes conteſtations de la part des Creanciers , ou s'ils ſont bien fondés , ce ne peut être que lorſqu'ils ſont anterieurs au mariage , ou que la Femme s'eſt obligée envers eux ; encore ſon obligation ne pourroit-elle préjudicier au droit que les Enfans ont dans les Gains Nuptiaux.

En un mot tout ce que l'on a allegué au ſujet de la caution que doit donner la Femme , & des conteſtations qui s'élevent entre elle & les Creanciers en cas de faillite , tout cela même prouve qu'il eſt d'uſage de lui accorder ſes Gains de Survie , en y obſervant ſeulement certaines conditions & reſtrictions ſelon les circonſtances.

L'Auteur des Obſervations prétend qu'il faut renfermer cet ufage dans la decifion de la Loi , parce qu'il fuppofe toûjours que l'Augment de Dot eft fondé fur les Loix Romaines ; mais comme on a déja demontré , qu'il n'eft fondé que fur l'ufage , c'eft par l'ufage feul que l'on doit déterminer l'étenduë de ce droit. Et il ne paroît pas qu'il y ait aucune injuftice à donner à la Femme fes Gains de Survie en cas de faillite de fon Mari , parce que quand on ne les lui accorderoit pas , le Mari ne feroit pas moins dépoüillé de fes biens par fes Creanciers , & que fi l'on obligeoit la Femme d'attendre la mort de fon Mari pour les demander , fouvent elle courreroit rifque de les perdre , ou auroit beaucoup de peine à les recouvrer fur les Creanciers qui feroient en poffeffion des biens du Mari , c'eft pourquoi on les lui adjuge par provifion , quoique fon Mari foit encore vivant , fauf à les reftituer s'il y a lieu.

NEUVIÉME OBSERVATION,

Sur le Chapitre vingt-deuxiéme, des interêts des Gains Nuptiaux.

L'Auteur paroît affés incertain fur les interêts de l'Augment. Sont - ils dûs de droit ou non ? **A** Lyon nonobftant l'Arrêt de Loüet , on les donne de droit même dans le cas de cet Arrêt : en Forêts on ne les donne que depuis le jour de la demande même , hors le cas de cet Arrêt. Qui a raifon ? je n'ai pas examiné la queftion dans le Droit. Nôtre ufage pourroit bien être abufif.

REPONSE.

Je n'ai pas prétendu que la Jurifprudence fur les interêts de l'Augment fut douteufe , j'ai feulement dit qu'elle n'eft pas uniforme ; & en effet dans les Parlemens de Droit Ecrit , on n'adjuge à la Femme les interêts de fes Gains Nuptiaux , que du jour de la demande ; au contraire au Parlement de Paris , on les adjuge du jour du decès du Mari. On y admet feulement une exception à l'égard des tiers détenteurs , fuivant l'Arrêt du 10. Avril 1598. rapporté par M. Loüet , par lequel un tiers détenteur qui par Sentence du Sénéchal de Lyon avoit été condamné à payer à la Veuve les interêts de fon Augment du jour du decès du Mari , ne fut condamné à les payer que du jour de la demande.

L'Auteur des Obfervations dit bien qu'à Lyon non obftant cet Arrêt , on adjuge toûjours à la Femme les interêts de l'Augment du jour du decès de fon Mari , même contre un tiers détenteur ; mais il ne dit point que ces Jugemens ayent été confirmés au Parlement de Paris , & fi l'on en interjettoit appel , ils pourroient bien être infirmés , comme le fut la Sentence fur l'appel de laquelle intervint l'Arrêt rapporté par M. Loüet.

L'Ufage des Païs où l'on accorde à la Femme les interêts de fon Augment & autres Gains Nuptiaux du jour du decès de fon Mari , paroît plus conforme aux principes que l'ufage des Païs dans lefquels on ne donne ces interêts que du jour de la demande : en effet les interêts de la Dot font dûs de plein droit ; or les Gains Nuptiaux font un acceffoire de la Dot , & doivent par confequent avoir le même privilege.

D'ailleurs les Gains Nuptiaux font une efpece de penfion alimentaire pour la Femme. Or tout ce qui eft alimentaire , comme la legitime & le doüaire , porte interêt de plein droit.

Il y en a une difpofition expreffe pour le doüaire dans la Coûtume de Paris , art. 256. qui porte que *le Doüaire foit coûtumier ou préfix , faifit fans qu'il foit befoin de le demander en jugement , & courent les fruits & arrerages du jour du decès du Mari. :* la plûpart des Coûtumes contiennent la même difpofition.

R r iij

Ainsi comme il y a parité de raison pour l'Augment, & autres Gains Nuptiaux qui font le doüaire des Païs de Droit Ecrit, il paroît jufte d'en accorder les interêts du jour du decès du Mari.

DIXIÉME OBSERVATION,

Sur le Chapitre Huitiéme, des Penfions viageres.
Nombre 3.

L'Auteur croit qu'une Femme ne peut avoir une penfion & une année de Viduité, ce qui generalement parlant pourroit être vrai, mais cela merite d'être plus developpé. L'année de Viduité eft dûë au lien du Sacrement, une Femme eft pendant ce tems *in facris mariti* : elle doit dans cette année reprefenter dans le même état, dans la même condition, dans le même éclat, où elle étoit du vivant de fon Mari : c'eft pour entretenir cet état qu'on lui donne une année de Viduité, voilà fon véritable établiffement, ce n'eft point pour les interêts de fes droits ; les heritiers du Mari n'en doivent point pendant la premiere année, & fi la Femme mouroit peu de jours après fon Mari, fes Heritiers n'auroient point droit d'en prétendre. J'ai vû donner 8000. livres pour l'année de Viduité d'une femme qui n'avoit que 6000. livres de droits, parce que fon Mari étoit un Gentilhomme riche qui vivoit avec fplendeur, & qu'il lui falloit bien 8000. livres pour entretenir cet état. Après ces principes qui ont leur application à differens endroits du livre, on peut decider que fi la penfion d'une Femme eft afsès confiderable pour entretenir fon état, il ne lui faut point d'année de Viduité, mais fi elle n'eft pas afsès forte, on doit y fournir. Il faut obferver que jamais l'année de Viduité n'eft moindre que les interêts des droits, mais elle eft fouvent plus forte : ordinairement c'eſt la ſomme ronde au-deſſus du nombre rompu que forme le total de ſes droits , comme s'ils ſont de 1850. livres on donnera 2000. livres.

RÉPONSE.

Il n'y a dans cette Obſervation qu'une ſeule propoſition qui ſouffre difficulté , c'eſt celle où l'Auteur dit que jamais l'année de Viduité n'eſt moindre que les interêts des droits de la Femme.

Je conviens que ſouvent l'année de Viduité peut exceder les interêts des droits de la Femme , lorſque ces interêts ne ſuffiroient pas pour lui procurer ſon entretien , ſuivant la condition de ſon défunt Mari ; mais je ne penſe pas que ce droit de Viduité doive toûjours être au moins égal aux interêts des droits de la Femme , & je crois qu'il peut être moindre que ces interêts lorſqu'il eſt ſuffiſant pour ſon entretien , & cela par deux raiſons.

La premiere , que ce droit de Viduité n'eſt pas dû à la Femme à proportion de ſon bien ni de ſes droits , mais ſuivant l'état & condition de ſon Mari , comme l'Auteur des Obſervations le dit lui-même ; en ſorte qu'il ſuffit de lui donner dequoi ſoûtenir ce même état pendant l'année du deüil , quand même ce qu'on lui donneroit n'égaleroit pas les interêts de ſes droits.

La ſeconde raiſon , eſt que le mariage étant cenſé continuer pendant cette année , & les Heritiers du Mari étant tenus d'en acquitter toutes les charges , ils n'ont pas ſeulement à payer à la Femme ſon droit de Viduité , ils ſont auſſi obligés de lui fournir les habits de deüil pour elle & ſes Domeſtiques , ils ont encore à payer outre les frais funeraires les dettes , & les legs , toutes les charges annuelles dont les biens du Mari & les biens dotaux de la Femme ſont tenus : en ſorte que la Femme ne peut exiger pendant cette année que ſon entretien , tel qu'elle l'auroit eu pendant le mariage , & ce qu'il faudroit au-de-là pour égaler les interêts de ses droits, appartient aux Heritiers pour acquitter toutes les charges du mariage ; souvent cet excedant n'est pas suffisant pour acquitter ces charges, mais quand il y auroit du benefice, il leur appartient de même qu'il appartenoit au Mari pendant le mariage , parce que le mariage est encore censé subsister pendant l'année de deüil, & que le Mari est representé par ses Heritiers.

ONZIÉME OBSERVATION,

Sur le Douziéme Chapitre , de l'année ou droit de Viduité.

Et le Vingt-huitiéme , Pour quelles causes le Survivant peut être privé de ses Gains Nuptiaux.

JE crois bien qu'une Femme qui se remarieroit pendant l'année de deüil perdroit son année de Viduité , au moins à proportion du tems qui en resteroit à expirer, parce que son Mari ne lui doit pas l'entretien chès son second Mari : mais elle ne perd pas son Augment, dans le Parlement de Paris , comme elle fait en Dauphiné. C'est une difference que l'Auteur devoit remarquer ; car il a pris comme une Jurisprudence universelle des Païs de Droit Ecrit, ce qui s'observe dans certaines Provinces. Je ne sçai pas quelles sont celles où cela s'observe, mais pour à Lyon , sûrement il n'en est pas ainsi.

R E P O N S E.

Suivant le Droit Romain , la Femme qui se remarie
pendant

pendant l'an du deüil est sujette à plusieurs peines , dont la principale est qu'elle est privée de tous les avantages qu'elle avoit eu de son défunt mari. C'est la disposition expresse de la Loy *si qua ex fœminis 2.* au Code *de secund. nupt.* la Novelle 22. ch. *si qui verò in princip. vers. si enim* & la Novelle 39. cap. 2.

C'est aussi ce que dit *Peregrinus de Jure Fisci , liv. 2. tit. 25. n. 1.* & ce qui est observé par plusieurs autres Auteurs.

Et telle est la Jurisprudence , non pas seulement du Parlement de Dauphiné , mais de la plûpart des Parlemens de Droit Ecrit.

C'est ainsi que la question fut jugée au Parlement de Grenoble , par Arrêt du mois de Janvier 1618. rendu *consultis classibus* , contre une Femme qui s'étoit remariée dans le cinquiéme mois , après le decès de son premier mari. M. Expilly , Plaidoyé 38.

La même chose fut jugée au Parlement de Toulouse ; par un Arrêt du 5. Janvier 1575. rapporté par la Rocheflavin en ses Arrêts , liv. 2. *verbo* Mariage , tit. 4. art. 23. & 24. & par un autre Arrêt du 24. Janvier 1576. rapporté par M. Maynard liv. 3. ch. 90.

Et M. Duvair en ses Oeuvres , Arrêt 5. rapporte un Arrêt prononcé en robes rouges au Parlement d'Aix , par lequel une Veuve fut pareillement privée de ses Gains Nuptiaux pour s'être remariée dans l'an du deüil.

La même Jurisprudence est suivie au Parlement de Dijon.

Il est vrai , comme l'a fort bien remarqué l'Auteur des Observations , qu'au Parlement de Paris , même dans les Païs de Droit Ecrit, qui sont du ressort de ce Parlement, les Femmes ne perdent point leurs Gains Nuptiaux pour s'être remariées pendant l'année de deüil , à quoi il faut ajoûter que telle est aussi la Jurisprudence du Parlement de Bourdeaux ; mais la Jurisprudence de ces deux Parlemens n'est qu'une exception à l'usage le plus general des Païs de Droit Ecrit , suivant lequel la Femme qui se remarie dans l'an du deüil, est déchûë de tous les avantages à elle faits par son premier Mari.

DOUZIÉME OBSERVATION,

Sur le Chapitre treiziéme, de la Quarte dûë au Conjoint survivant pauvre.

J'Ignore s'il y a quelque Province en France où la Femme pauvre ait le quart du bien de son Mari ; mais sûrement elle ne l'a pas dans le Parlement de Paris ; ce qui peut se remarquer à Lyon, où le negoce fait des fortunes assés rapides, pour qu'un Mari qui a fait un mariage assorti en épousant une Femme qui n'avoit rien, laisse quelquefois des cent mille écus de bien. On peut dire même que si cette quarte avoit lieu, elle porteroit bien loin, puisqu'il s'agiroit de définir une Femme pauvre, & le raisonnement & les consequences ameneroient bientôt à decider qu'une Femme devroit toûjours lever au moins le quart des biens de son Mari ; car il ne seroit pas juste qu'une Femme n'ayant rien, fut plus favorablement traitée que celle dont le bien monteroit au huitiéme de celui de son Mari ; mais enfin cette quarte n'a point lieu, & elle seroit dure, puisque suivant la Loi, elle seroit en proprieté : souhaitons, j'y consens, un Edit qui donne au moins en usufruit à la Femme le moyen de porter avec honneur le nom de son Mari, mais jusqu'à cet Edit on ne peut rien donner.

REPONSE.

L'Auteur des Observations convient qu'il seroit juste d'accorder, du moins en usufruit, à la Femme survivante pauvre , dequoi porter avec honneur le nom de son Mari ; mais il prétend que l'Authentique *præterea* qui donne en ce cas à la Femme le quart des biens de son Mari , n'est pas observé à Lyon.

On soûtenoit la même chose en Provence , jusqu'à l'Arrêt du 21. Fevrier 1732. que j'ai rapporté : & néanmoins par cet Arrêt solemnel , il fut jugé que l'Authentique *præterea* y devoit avoir son execution.

Elle s'observe aussi au Parlement de Toulouse , suivant les Arrêts du mois d'Octobre 1548. rapportés par Papon en ses Arrêts liv. 13. tit. 4. art. 7. du mois de Fevrier 1579. Maynard liv. 3. ch. 97. Arrêt prononcé en robes rouges le 14. Septembre 1581. Charondas liv. 7. de ses Reponses , ch. 154. Maynard liv. 3. ch. 25. & la Roche-flavin en ses Arrêts liv. 2. au mot Dot & préference d'icelui , tit. 6. art. 22. & liv. 6. sous le même mot , tit. 41. art. 1.

Cette Authentique est pareillement suivie dans les autres Parlemens de Droit Ecrit. Suivant le témoignage de Despeisses , tom. 1. part. 1. du Mariage , sect. 5. n. 25. Le Brun des Successions liv. 1. ch. 7. n. 12. & d'une foule d'autres Auteurs.

Pourquoi donc ne s'observeroit-elle pas dans les Païs de Droit Ecrit du ressort du Parlement de Paris , puisque c'est une disposition des Loix Romaines ausquelles ils sont si fort attachés , & qui n'a point été abrogée par aucune Loi posterieure.

Il est vrai que je n'ai pas trouvé d'Arrêt qui ait jugé la question dans ces Provinces ; mais on n'en rapporte pas non plus qui ait jugé que l'Authentique dont il s'agit n'y soit pas suivie.

Et il n'est pas étonnant que le cas de la pratiquer arrive rarement même à Lyon , nonobstant l'inégalité qui se trouve souvent entre les biens du Mari & ceux de la Femme , à cause des fortunes considerables qui s'y font dans le commerce ; parce que les Conjoints y ayant comme dans tous les autres Païs de Droit Ecrit , la liberté de s'avantager par Teſtament, le prémourant ne manque guéres, & ſur tout quand il eſt riche, d'inſtituer le ſurvivant ſon heritier, ou du moins de lui faire quelque legs conſiderable, & principalement quand le ſurvivant n'a pas de bien de ſon chef ; en ſorte qu'au moyen des diſpoſitions Teſtamentaires faites au profit du Survivant, il n'eſt plus dans le cas de demander la quarte en vertu de l'Authentique *præterea*.

TREIZIÉME OBSERVATION,

Sur le Chapitre dix-huitiéme, Si les Gains Nuptiaux ſont reductibles pour la legitime.

SUivant l'Auteur, l'Augment préfix ſe reduit au Coûtumier, pour le ſurplus être mis en maſſe de l'heredité, pour former les legitimes ; cela ne s'obſerve point, & eſt contraire aux principes ; un traité de Mariage eſt un traité ſemblable aux autres. Les conventions qui y ſont ſtipulées ſont de véritables créances qui n'entrent point dans la maſſe de l'hoirie. Lors d'un Mariage, l'Augment eſt convenu & reglé comme un Droit, & non comme une Donation ; ſouvent il eſt le prix (quand il excede le Coûtumier) ou d'un âge peu aſſorti, ou d'une naiſſance plus diſtinguée ; en un mot, il eſt toûjours regardé comme une convention ou une créance, & non jamais comme une Donation, & cela a quelque ſomme qu'il ſoit porté, tel eſt l'uſage.

REPONSE.

On pourroit dire du Doüaire préfix & de toutes les autres conventions matrimoniales, comme l'Auteur des

Obfervations le dit de l'Augment , qu'ils ne font point reduétibles pour la legitime à quelque fomme qu'ils fe montent , & cela fondé fur ce que ce font des conventions effentielles du Mariage , qui forment plûtôt des Créances que des Donations.

Néanmoins il eft certain que le Doüaire préfix qui excede , & tous les autres avantages trop confiderables, quoique convenus par le Contrat de Mariage , font reduétibles *arbitrio boni viri* , quand ils préjudicient à la legitime des Enfans.

Il feroit facile d'appuyer cette propofition d'un grand nombre d'autorités ; mais pour ne pas fe jetter dans une trop longue differtation , on fe contentera de rapporter ici ce qu'en a dit M. Denis le Brun , en fon traité des Succeffions , liv. 2. ch. 3. feét. 5. n. 7. ce qui ne paf- " fe pas , dit-il , les termes des Conventions de Mariage , " ne doit pas être compté dans la maffe des biens fur " laquelle on regle la legitime , & ne fait qu'un Contrat " onereux ; mais il n'en eft pas de même des Donations " & des autres conventions qui degenerent en liberalité ; " car puifque l'on compte bien les Donations faites avant " le Mariage , comme fi la dette de la legitime étoit " une obligation que l'on contraétat dès le moment de la " naiffance , parce qu'elle a fon fondement dans la nature; " à plus forte raifon l'on doit avoir égard à celles qui font " faites lors d'un Mariage , duquel on a eu fujet d'efperer " des Enfans , aufquels on a dû pourvoir. "

Et dans la feétion 7. n. 6. " il obferve qu'il eft certain " que ce qui n'excede pas les bornes des conventions or- " dinaires , n'eft pas fujet au retranchement qui fe fait " pour la legitime des Enfans , comme une Communau- " té Coûtumiere , un Doüaire Coûtumier , ou un Pré- " fix proportionné à un Coûtumier , &c. mais un préciput " exhorbitant , un Ameubliffement exceffif , un Doüai- " re qui furpaffe de beaucoup le Coûtumier , &c. & " cela au défavantage du Pere ou de la Mère , fur les " biens de qui la legitime eft dûë , pourroit être fujet à "

„ la legitime. Auffi, dit-il, ces fortes de claufes exhorbi-
„ tantes n'obligent-elles pas valablement les Mineurs, à
„ moins que les formalités requifes pour l'alienation des
„ biens de Mineurs n'ayent été obfervées.

Il y a parité de raifon pour reduire l'Augment préfix, lorfqu'il abforbe la totalité des biens du Pere, & qu'il ne refte pas dequoi fournir aux Enfans leur legitime ; il n'eft donc pas contre les principes de dire qu'un tel Augment eft reductible pour la legitime, & l'ufage doit être conforme aux principes, s'agiffant ici d'un droit fondé fur l'équité, & qui ne doit pas être arbitraire.

<hr>

QUATORZIÉME OBSERVATION,

Sur le même Chapitre dix-huitiéme.

JE n'imagine pas en quel fens on peut dire qu'on obligeroit une Femme qui auroit un trop grand Augment à donner des alimens à des Legitimaires ; car ces legitimaires font ou fes enfans, ou ceux d'un autre lit ; fi ce font fes enfans, elle leur doit des Alimens comme Mere; s'ils font d'un autre lit, jamais l'Augment n'eft plus fort que la portion du moins prenant ; en quelque fens qu'on le dife, je ne vois ni titre ni principe qui puiffe faire qu'un Augment confiderable donne lieu à une penfion.

REPONSE.

Puifque la Femme furvivante doit comme Mere des Alimens à fes Enfans, à plus forte raifon leur en doit-elle, lorfqu'à titre d'Augment elle emporte la totalité des biens de fon Mari, & qu'on peut leur fournir dequoi fubfifter, en reduifant l'Augment, fans obliger la Mere de leur fournir des Alimens, *de fuo.*

Qu'on appelle ce retranchement de l'Augment, Alimens, Penfion, ou Legitime, cela eft indifferent, & revient au même dans l'effet.

Il eft donc vrai de dire en ce fens que l'Augment préfix eft reductible pour la legitime. Ce qui doit s'entendre de l'Augment des premieres Femmes ; car à l'égard des fecondes Femmes, leur Augment ne peut jamais faire de queftion, parce que fuivant l'Edit des fecondes Nôces, tous les avantages à elle faits par leurs Maris, font reduits de plein droit à une portion égale à celle de l'Enfant le moins prenant, en forte qu'ils ne peuvent jamais préjudicier à la legitime des Enfans des precedens mariages.

QUINZIÉME OBSERVATION,

Sur le Chapitre dix-neuviéme. Si les Gains Nuptiaux font fujets au retranchement de l'Edit des fecondes Nôces.

L'Auteur auroit pû expliquer pourquoi les Creanciers n'ont rien dans le retranchement que font faire les fecondes Nôces dans les Gains Nuptiaux. C'eft que la conftitution de l'Augment n'eft jamais fait à leur préjudice ; car même s'ils font Hypotequaires, peuvent-ils fe plaindre d'un Augment donné avant leurs creances ? s'ils font anterieurs, il ne leur fait point de préjudice : nulle Loy qui empêche au Debiteur de faire tel avantage qu'il veut à fa Femme : il eft vrai que les Loix ordonnent en faveur des Enfans du premier lit, que ces avantages foient moderés ; mais ces Loix faites en faveur des Enfans du premier lit doivent y être reftraintes.

REPONSE.

J'avois déja dit dans le n. 7. de ce Chapitre, que les Creanciers du Mari n'ont aucun droit dans le retranchement de l'Augment, parce que les Enfans tiennent ce retranchement de la Loy, & non du Pere. Ce que l'Auteur des Obſervations ajoûte confirme de plus en plus ma propoſition.

✠✠✠✠✠✠✠✠✠✠✠✠✠✠✠✠✠✠✠✠✠✠✠✠✠✠✠✠✠✠✠

SEIZIÉME OBSERVATION,

Sur le Chapitre 20. En quel cas un des Conjoints peut demander ſes Gains Nuptiaux & de Survie, du vivant de l'autre Conjoint.

JE ne vois pas pourquoi en cas d'abſence du Mari, la caution ſeroit déchargée après trente ans d'abſence ; je crois cette deciſion ſans cauſe, & dérogeante à la regle generale, qu'une Caution eſt obligée comme le principal Debiteur.

REPONSE.

La regle generale eſt bien que l'obligation de la Caution ne peut pas être plus étenduë que celle du principal Debiteur ; c'eſt ce qu'entendent les Loix lorſqu'elles diſent que la caution ne peut pas être obligée *in duriorem cauſam quam reus principalis* ; mais il n'eſt point de l'eſſence du cautionnement que l'obligation de la caution ſoit auſſi étenduë que celle du principal obligé. La caution peut être obligée *in mitiorem cauſam* ; par exemple, n'être tenuë que juſqu'à concurrence d'une certaine ſomme moindre que celle dûë par le principal obligé, elle peut n'être point contraignable par corps, quoique le principal obligé le ſoit ; & par une ſuite de ces exemples, je penſe qu'il en doit

être

être de même pour la durée de l'Obligation dans l'espece dont il s'agit.

Une Femme pendant l'absence de son Mari s'est fait adjuger par provision son Augment & ses Bagues & Joyaux , en donnant caution de les rapporter en cas de retour de son Mari. En quelque tems qu'il reparoisse , même après trente ans , la Femme sera tenuë de lui rendre les Gains Nuptiaux & de Survie qu'elle s'étoit fait adjuger par provision , parce que la verité aussi-tôt qu'elle est connuë , fait cesser toutes les présomptions , & que l'on ne prescrit point contre la verité.

Mais il n'en est pas de même à l'égard de la caution : elle doit être déchargée après trente ans , parce que c'est le terme de toute obligation personnelle , & que c'est bien assés de l'assujettir à veiller pendant ce tems à la conservation du fond des Gains Nuptiaux. Comme la caution n'est point en possession des biens du Mari , il n'est pas question à son égard de prescrire contre la verité , ni de supposer le Mari predecedé , tandis que réellement il est encore vivant. C'est en quoi consiste la difference qu'il y a entre l'obligation de la caution , & celle de la Femme. La caution est déchargée après trente ans , du moins envers le Mari , parce qu'après ce tems son obligation personnelle étant prescrite , elle n'a plus été obligée de veiller à la conservation des biens ; au lieu que la Femme qui n'a obtenu ses Gains Nuptiaux que sur une présomption de la mort du Mari , ne peut pas pour s'en conserver la joüissance opposer de prescription , parce que le Mari en se representant , fait cesser toutes les présomptions contraires , & que la Femme ne peut opposer de prescription pour le faire reputer mort , parce qu'on ne prescrit point contre la verité.

T t

DIX-SEPTIÉME OBSERVATION,

Sur le même Chapitre vingtiéme.

SI une Femme ne s'est pas fait separer de biens à cause de l'absence de son Mari, elle doit lui rendre ses Gains Nuptiaux avec les interêts, *in quantum locupletior facta est*, d'autant qu'elle n'a pû ni s'enrichir ni diminuer son bien tant qu'elle a été en la puissance de son Mari.

Si elle avoit été separée de biens, elle devroit compte à son Mari, peut-être lui devroit-elle rendre les interêts de ses Gains Nuptiaux, supposé qu'elle ne les eut pas employé à l'entretien de la commune famille : car ce qu'elle aura dépensé pour ses Enfans lui feroit demeuré ; & cela auroit lieu bien plus sûrement si l'Augment étoit un immeuble produisant des fruits ; mais au contraire ne peut-on pas dire qu'une Femme qui doit à son Mari en cas de retour la restitution de son Augment, est une simple debitrice ordinaire, contre laquelle n'y ayant point eu de demande, elle ne peut devoir des interêts, je m'en rapporte, mais cela a besoin d'être discuté.

Quant aux Enfans, la même raison du défaut de demande, les exempteroit encore du rapport d'interêt, & quand ce seroient des fruits, je ne les croirois assujettis à les rapporter que *in quantum locupletiores facti sunt*, & s'ils ne sont pas émancipés, cela est certain ; mais s'ils sont émancipés, je le croirois de même, parce que l'absence de leur Pere les rend en quelque façon possesseurs de bonne foy, qui ne doivent point de restitution de fruits. Tout cela peut être matiere à discution, mais le cas arrive très-rarement.

R E P O N S E.

Il ne fe rencontre guéres d'efpece telle que la premiere que prévoit l'Auteur des Obfervations; où il fuppofe qu'une Femme auroit demandé fes Gains Nuptiaux à caufe de la longue abfence de fon Mari, fans s'être faite féparer de biens; car la longue abfence de l'un des Conjoints eft un moyen de feparation, & celui qui eft demeuré dans le lieu de leur établiffement, ne manque pas de demander fa feparation, & fur tout fi c'eft la Femme, parce qu'il eft toûjours de fon interêt de fe faire feparer de bien, afin de pouvoir joüir & difpofer de fa Dot, & de ne pas dépendre des Heritiers de fon Mari, ou du curateur, ou fequeftre nommé pour regir fes biens. Au refte fi le cas arrivoit qu'une Femme eut demandé fes Gains Nuptiaux pendant l'abfence de fon Mari, fans néanmoins s'être fait feparer de bien, je penferois comme l'Auteur des Obfervations, & par la même raifon qu'en cas de retour du Mari, cette femme feroit tenuë de lui rendre non feulement le fond des Gains Nuptiaux qu'elle auroit reçû, mais auffi les interêts à proportion de ce qu'elle en auroit touché au-delà de fon entretien, fuivant l'état & condition de fon Mari.

Si la Femme s'eft fait feparer de biens à caufe de l'abfence de fon Mari, il n'eft pas douteux qu'auffi-tôt qu'il fera de retour, & fans attendre qu'il en ait formé la demande, elle fera tenuë de lui reftituer le fond des Gains Nuptiaux qu'elle a reçû par provifion; mais je ne crois pas qu'elle foit tenuë de lui en reftituer les fruits ou interêts, ni qu'elle en foit comptable envers lui, parce que le retour du Mari n'empêche pas qu'il n'y ait eu jufques-là une jufte caufe de feparation, & que la delivrance des Gains Nuptiaux qui en étoit une fuite, n'ait été valablement ordonnée: en forte que tout ce que le Mari peut prétendre à fon retour, c'eft que les chofes foient remifes pour l'avenir au même état qu'elles étoient avant fon abfence; mais il ne peut pas revenir contre ce qui a été fait pour le paffé.

T t ij

A l'égard des Enfans, l'Auteur des Obſervations a diſtingué, s'ils ſont émancipés ou non : au premier cas il eſtime que le défaut de demande de la part du Pere à ſon retour, afin de reſtitution des fruits ou interêts des Gains Nuptiaux, les exempteroit de les rapporter : *niſi in quantum locupletiores facti ſunt.* Pour moi je tirerois du défaut d'émancipation une conſequence toute oppoſée : car comme un des effets de la puiſſance paternelle eſt que tout ce que les Enfans non émancipés acquierent appartient à leur Pere, à l'exception des pecules *caſtrenſe, & quaſi caſtrenſe,* les Enfans non émancipés, quoique poſſeſſeurs de bonne foy, ne peuvent pas gagner irrevocablement les joüiſſances qu'ils ont eu des Gains Nuptiaux qui ne forment point un pecule *caſtrenſe* ni *quaſi caſtrenſe,* tout ce qu'ils ont acquis de cette maniere appartient à leur Pere, & ils doivent le lui rendre en entier à ſon retour.

Il ne ſuffit pas qu'ils en faſſent la reſtitution ſeulement, *in quantum locupletiores facti ſunt,* & ils ne peuvent pas ſe diſpenſer de reſtituer ce qu'ils ont conſumé, ſous pretexte que ces joüiſſances leur ont tenu lieu des alimens, que leur Pere auroit été obligé de leur donner, parce que non ſeulement cela peut exceder de beaucoup de ſimples alimens, mais auſſi qu'il ne leur doit rien même à ce titre, attendu que lorſqu'ils ont joüi des Gains Nuptiaux, il falloit que leur Mere fut déja decedée, & que par conſequent ils avoient recüeilli ſon bien & ſes droits, leſquels ſont préſumés ſuffiſans pour mettre les Enfans en état de ſubſiſter.

Lorſque les Enfans ſont émancipés, on pourroit dire qu'ils gagnent irrevocablement les fruits des Gains Nuptiaux, parce qu'ils ſont poſſeſſeurs de bonne foi, mais pour gagner ainſi les fruits, il ne ſuffit pas d'avoir joüi de bonne foi, il faut avoir poſſedé, *animo Domini,* & non pas à titre précaire. Or pendant l'abſence du Pere, les Enfans, quoique de bonne foi, ne poſſedent pas les Gains Nuptiaux, *animo Domini,* ils n'en joüiſſent que par proviſion, & comme des ſequeſtres ou curateurs. Ils ne peuvent pas ignorer que leur poſſeſſion n'eſt pas irrevocable, mais ſeulement proviſoire & conditionnelle, qu'elle n'eſt fondée que fur une préfomption de la mort du Pere, qui peut ceffer d'un moment à l'autre ; en forte que leur poffef-fion n'eft en quelque forte que précaire, & qu'ils doivent rendre compte de la totalité des fruits ; à la difference de la Femme feparée de biens qui les gagne fans retour, parce qu'ils lui tiennent lieu de l'entretien que fon Mari lui devoit fournir.

DIX-HUITIÉME OBSERVATION,

Sur le Chapitre vingt-troifiéme ; Quelles préfe-rences Hypoteques & privileges le furvivant a pour fes Gains Nuptiaux. Nombre 6.

JE ne comprends pas bien en quel fens on dit que le Mari n'a point de privilege fur les biens de fa Femme pour fon Contre-Augment : car le contre-Augment étant une retention de la Dot qu'il a dans fes mains, je ne doute pas que s'il avoit reçû la Dot mobiliaire, il n'ex-clud les creanciers de fa Femme qui voudroient lui de-mander quelque dette ; que fi la Dot n'étoit point payée, il eft vrai qu'il n'auroit point de privilege.

R E P O N S E.

Le Mari qui a reçû la Dot de fa Femme peut, il eft vrai, la retenir jufqu'à concurrence de fon Contre-Augment & des autres Gains Nuptiaux & de Survie qui ont été ftipu-lés à fon profit, & cela nonobftant tous les Creanciers de la Femme qui voudroient fe venger fur fa Dot ; mais ce n'eft pas en vertu d'un privilege particulier aux Gains Nuptiaux du Mari, tel que celui que la Femme a pour être payée de fon Augment & de fes Bagues & Joyaux fur les meubles de fon Mari, par preference à tous Créan-ciers : le Mari n'a point de pareil privilege, & n'a droit

de retenir la Dot jufqu'à concurrence de fes Gains Nuptiaux , nonobftant les Creanciers de fa Femme , que
comme tout Creancier qui a reçû fon payement , &
qu'on ne peut obliger de rapporter même en faveur
d'un Créancier privilegié , parce que *fuum recepit* ; & en
effet à l'égard du Mari dans nôtre efpece , *fuum recepit* ,
& le payement de fes Gains eft une affaire confommée
par la compenfation qui s'opére de plein droit jufqu'à
dûë concurrence , entre la reftitution qu'il doit faire de
la Dot , & le droit qu'il a de la retenir en tout ou partie en payement de fes Gains Nuptiaux. Le Mari n'eft
donc preferé dans ce cas que parce qu'il eft payé au
moyen de cette compenfation : auffi convient-on que fi la
Dot n'étoit pas payée , le Mari n'auroit point de privilege , ainfi que je l'ai établi , & ce n'eft que de ce dernier cas que j'avois entendu parler.

DIX-NEUVIÉME OBSERVATION,

Sur le Chapitre Vingt-quatriéme.

Si le furvivant doit donner caution pour toucher
fes Gains Nuptiaux & de Survie.

L'Auteur fuppofe par tout que même avant le convol
de la Femme , les Enfans ont droit & font proprietaires de leur portion virile ; je ne le crois pas ; il eft vrai
que dans l'application des maximes , ce principe eft d'une
très-petite confequence ; car je ne vois point de cas où
ces deux avis opérent des decifions differentes : cependant
comme il faut toûjours être dans les principes , je crois
qu'une Femme tant qu'elle furvit fon Mari en viduité ,
eft feule & véritable proprietaire de fon Augment , de
même qu'un homme grevé de fubftitution pendant fa vie,

eſt proprietaire du bien ſubſtitué : Il eſt vrai que les portions viriles ſont reverſibles aux Enfans , ou ſi l'on veut ſubſtituées , mais cela n'empêche pas que l'Augment ne ſoit à la Femme.

VINGTIÉME OBSERVATION,

ſur le même Chapitre vingt-quatriéme.

QUoique je donne par-là à la Femme plus que l'Auteur , je ne crois pas cependant qu'elle ne doive de caution qu'en cas de convol , elle la doit indéfiniment ſi elle veut recevoir le fond de ſes Gains Nuptiaux : & même dans la pratique , dès qu'il y a des Immeubles du Mari après ſa mort , l'Heritier croit ces biens hypotequés à l'Augment , & payant l'interêt à la Femme , ne ſe libere qu'après ſon decès du principal.

Reponſe aux deux Obſervations precedentes.

Tant qu'il y a des Enfans vivans , la Mere , quoiqu'elle reſte en viduité , ne peut diſpoſer quant à la proprieté que d'une virile de ſes Gains Nuptiaux & de Survie ; le ſurplus eſt reſervé aux Enfans ; en ſorte que la Mere n'en a la joüiſſance que comme une uſufruitiere , ou ſi l'on veut comme une perſonne grevée de ſubſtitution.

On prétend que les Enfans ne ſont pas proprietaires de leurs portions viriles du vivant de la Mere : mais en la perſonne de qui reſideroit donc la proprieté de ces portions ? car la Mere ne l'a certainement pas , puiſque le droit de proprieté conſiſte dans la liberté de diſpoſer même en pure perte du fond de la choſe , *jus utendi & abutendi* , droit que la Mere n'a pas dans les portions qui ſont reverſibles à ſes Enfans.

Il eſt vrai que les Enfans n'ont pas non plus une proprieté fixe & irrevocable de leurs portions viriles, qu'après avoir ſurvêcu à leur Mere, & que s'ils decedent tous avant elle, la proprieté des Gains Nuptiaux en entier lui demeure, à moins qu'il n'y eut au Contrat de Mariage quelque clauſe contraire.

Mais ſi ſous ce pretexte on nioit que les Enfans ſoient proprietaires de leurs portions viriles, il s'enſuivroit de-là que la proprieté de ces portions n'appartiendroit alors à perſonne, puiſqu'elle n'appartient pas non plus à la Mere.

Il eſt donc plus naturel de regarder les Enfans comme proprietaires de leurs portions viriles, même du vivant de leur Mere, ſous la condition ſeulement *ſi matri ſupervixerint ;* parce que ſuivant l'ordre de la nature, ils doivent plûtôt ſurvivre à leur Mere, que la Mere ſurvivre à ſes Enfans, & qu'en cas de ſurvie des Enfans, leurs portions viriles leurs ſont tellement reverſibles, que la Mere n'a pû en faire aucune diſpoſition à leur préjudice.

Et il eſt ſi vrai que la Mere n'a pas la proprieté des portions viriles de ſes Enfans, que l'Auteur des Obſervations, qui prétend donner à la Femme plus de droit que je n'ai fait, obſerve que lorſqu'elle veut toucher ſes Gains Nuptiaux, elle doit donner caution, quand même elle ne ſeroit pas remariée, ce que j'ai auſſi remarqué ; en ſorte qu'elle n'eſt à cet égard que comme une doüairiere qui donne pareillement caution & n'eſt qu'une ſimple uſufruitiere.

Au reſte dès que l'on convient des effets, & que l'étenduë que l'on donne de part & d'autre aux droits de la Femme & des Enfans eſt la même, peu importe quel nom l'on donne à leurs droits, ce n'eſt plus qu'une diſpute ſur les termes.

A l'égard de ce que j'ai dit, que la Femme ne doit de caution pour ſa virile que lorſqu'elle ſe remarie, je n'ai pas prétendu pour cela que la Femme ne doive de caution pour toucher la totalité de ſes Gains Nuptiaux en general, que
lorſqu'elle

lorſqu'elle ſe remarie ; j'ai au contraire expliqué qu'elle doit toûjours donner caution à cet effet , ſoit qu'elle reſte en viduité , ou qu'elle ſe remarie ; la reſtriction que j'ai mis ſur la caution qui n'eſt dûë qu'en cas de ſecondes Nôces , eſt à l'égard de la virile de la Femme ſeulement , pour laquelle elle ne doit effectivement donner caution que lors qu'elle ſe remarie , parce qu'on ne doit pas préſumer qu'elle ſe remariera , ni lui faire donner d'avance caution pour ce cas qui n'arrivera peut-être point , il ſuffit qu'elle donne caution à cet égard lors qu'elle ſe remarie.

Mais quoique la Femme ſoit tenuë de donner caution pour tout ce qui eſt reverſible , je crois qu'elle a droit d'en toucher le fonds ; & que quoiqu'il ſe trouve dans la ſucceſſion du Mari des Immeubles ſur leſquels elle a de plein droit hypotèque pour ſes Gains Nuptiaux , il ne doit pas dépendre de l'heritier d'en retenir entre ſes mains le fonds , même en lui en payant l'interèt , parce que ces Gains Nuptiaux ſont une créance exigible , & qu'il doit être au choix de la Femme ou de ſe contenter de la joüiſſance d'un Immeuble de la ſucceſſion pour lui tenir lieu des interèts de ſes Gains Nuptiaux , (comme véritablement cela ſe pratique volontiers ,) ou d'en exiger le payement en argent comptant. Suivant ce qui reſulte d'un Arrêt du 19. Janvier 1636. rapporté par M. Collet ſur les Statuts de Breſſe , page 170. colom. 2. par lequel il fut jugé que la Femme devoit être payée en argent de ſa Donation de Survie , & ne pouvoit être contrainte de prendre des fonds en payement.

VINGT-UNIÉME OBSERVATION,

Sur le Chapitre vingt-ſixiéme ; De la Virile , où il eſt dit que les Enfans ont une part dans les Gains Nuptiaux auſſi-tôt que leur Pere ou Mere ſurvivant les a receüilli.

Dans la Pratique , cela eſt indifferent , mais il eſt contraire aux principes de dire qu'un Fils du vivant de la Mere , non remariée , puiſſe diſpoſer de ſa part d'Augment , non plus qu'un heritier appellé à une ſubſtitution , ne peut du vivant du grevé diſpoſer du fonds du ſubſtitué ; mais cependant ſi l'un ou l'autre l'a fait , quoique ç'ait été ſans droit , n'étant pas proprietaire , en cas qu'ils le deviennent par la ſuite , les engagemens doivent être executés.

REPONSE.

Le Droit d'un Enfant dans l'Augment du vivant de ſa Mere eſt une véritable proprieté conditionnelle , tellement que les Créanciers de l'Enfant ont hypotéque ſur ſa part de l'Augment & autres Gains Nuptiaux , non pas ſeulement du jour du decès de la Mere , mais du jour de l'Obligation paſſée à leur profit même du vivant de la Mere ; ainſi le droit de l'Enfant eſt du moins une nuë proprieté conditionnelle qui a un effet retroactif au jour de l'ouverture des Gains Nuptiaux , lorſque par l'évenement l'Enfant a ſurvécu à ſa Mere.

VINGT-DEUXIÉME OBSERVATION,

Sur le même Chapitre vingt-sixiéme.
De la Virile.

L'Auteur a bien decidé fur le peu de droit que peuvent prétendre, même à titre de legitime fur la portion Virile d'une Femme, les Enfans d'un autre lit, mais il a omis de dire fi la Femme difpofant de fa portion Virile, les Enfans legitimaires ont droit d'y prétendre une legitime, outre la portion Virile que chacun a dans ce même Augment. Bretonnier decide que non. Je crois qu'il fe trompe : ma raifon eft que la Novelle qui a diftribué en portions viriles l'Augment, après en avoir donné une à chacun des Enfans, ajoûte fur la derniere que la Mere en pourra difpofer comme de fes autres biens ; or elle ne peut difpofer de fes autres biens au préjudice de la legitime, donc, &c. & fi l'on étudie tout l'Arrêt de Catelan, on verra qu'il a fuppofé pour principe que tous les Enfans du même lit doivent avoir une legitime dans la portion Virile venuë de leur Pere. Si on objecte que les Enfans ont une portion Virile qui les dédommage de la legitime, je reponds que leur portion virile vient de la Loy, & non de leur Mere, & que la legitime doit être prife dans tous les biens dont une Mere a droit de difpofer. Cette queftion eft d'ufage, & ne doit pas être omife.

REPONSE.

La queftion qui eft prévûë dans cette Obfervation eft auffi problematique qu'elle eft importante, & il eft neceſſaire de l'examiner, non pas ſeulement par rapport à l'Augment de Dot, mais en general & par rapport à tous les Gains Nuptiaux & de Survie, ſoit du Mari ou de la Femme, tels que les Bagues & Joyaux, les Donations de Survie, le Contre-Augment, & autres avantages dans leſquels le Conjoint ſurvivant qui ne ſe remarie pas, gagne une virile en proprieté; car la même difficulté peut naître au ſujet de la virile de tous ces differens Gains Nuptiaux, auſſi-bien que ſur celle de l'Augment, & d'ailleurs ce n'eſt point par des principes particuliers à l'Augment que la queſtion doit ſe décider, mais par des principes communs à tous les Gains Nuptiaux des Païs de Droit Ecrit.

Pour ſoûtenir que la virile gagnée par le Conjoint ſurvivant, doit entrer dans la maſſe de ſes biens, pour fixer à proportion la legitime des Enfans, on peut dire que plus les Loix donnent aux Peres & Meres ſurvivans une proprieté abſoluë ſur cette portion virile, plus elles la confondent avec le reſte de ſes biens, & qu'ainſi la legitime devant être fixée à proportion de tous les biens du défunt indiſtinctement, la Virile du ſurvivant doit être miſe dans la maſſe de ſes biens pour fixer la legitime des Enfans: c'eſt le ſentiment de l'Auteur des Obſervations, qui propoſe cette queſtion, il ſe fonde ſur ce que la Novelle qui diſtribuë en virile les Gains Nuptiaux, après en avoir donné une à chacun des Enfans, ajoûte ſur la derniere, que la Mere en pourra diſpoſer comme de ſes propres biens, & ſur ce qu'elle ne peut diſpoſer de ſes propres biens au préjudice de la legitime.

Cependant il paroît que les Enfans ne ſeroient pas bien fondés dans une telle prétention: en effet qu'eſt-ce que la legitime, on la définit, *certa portio hæreditatis ex lege debita*; il y a pluſieurs ſortes de legitimes reglées par les Loix, ſelon les diverſes eſpeces de biens. Il y a la legitime de droit, qui eſt réglée par les Loix Romaines. Il y a la legitime Statutaire, reglée par les Coûtumes, qui conſiſte dans une certaine portion des propres, & en quelques lieux des acquêts qu'elles réſervent aux heritiers; il y a encore le Doüaire qui 'eft une efpece de legitime accordée par les Coûtumes , il y a le préciput & la part avantageufe de l'aîné , qui eft auffi pour lui une efpece de legitime.

Quand les biens de la fucceffion font de nature à être fujets à ces diverfes fortes de legitimes , chaque legitimaire peut opter telle de ces legitimes qu'il juge à propos , c'eft-à-dire prendre la legitime de droit , ou la referve coûtumiere , ou le Doüaire ; mais il ne peut jamais cumuler deux titres lucratifs fur une même nature de bien , ni prendre deux legitimes ; c'eft un principe fi certain qu'il n'a pas befoin d'être appuyé d'aucune autorité.

Les portions Viriles que les Loix donnent aux Enfans dans les Gains Nuptiaux , font pour eux de véritables legitimes ; car ces portions font auffi-bien que la legitime de droit , *certa portio ex lege debita* , puifqu'elles font fixées & affurées par la Loy aux Enfans , ils les tiennent directement de la Loy , comme la legitime de droit ; on en fait même un troifiéme genre de bien que l'on prétend qu'ils ne tiennent pas de leur Pere ou Mere : & en effet il n'eft pas neceffaire qu'ils foient heritiers de leur Pere ou Mere pour recüeillir ces portions , en forte qu'ils les tiennent abfolument de la Loy : les Gains Nuptiaux appartiennent de droit au Conjoint furvivant en pleine proprieté , s'il n'a point d'Enfans ; mais s'il a des Enfans , la Loy ftipule pour eux , & prend leurs interêts , elle veut qu'il ne puiffe les priver totalement de ce genre de bien , & que fes difpofitions foient reduites à une virile. Le furplus qu'elle conferve aux Enfans eft une véritable legitime. C'eft même une legitime bien plus confiderable que toutes les autres , puifqu'au lieu que celle de droit n'eft que du tiers ou de la moitié des biens pour tous les Enfans , celle-ci eft telle que les Peres ou Meres furvivans ne peuvent difpofer que d'une part d'Enfant , quand même ils feroient dix ou douze , & encore plus ; en forte que communément ils peuvent avoir entre eux beaucoup plus que leur Pere ou Mere furvivant.

Il feroit donc injufte que les Enfans priffent encore une legitime fur la portion Virile de leur Pere ou Mere furvivant ,

V u iij

ce feroit cumuler fur une même efpece de biens deux caufes lucratives, & lever deux legitimes fur les Gains Nuptiaux.

Si les Enfans levoient cette legitime fur la Virile de leur Pere ou Mere furvivant, ce feroit éluder la difpofi-tion des Loix Romaines, qui portent que le furvivant qui ne fe remarie pas, peut difpofer comme il le juge à propos de cette portion, ce ne feroit pas avoir la fa-culté de difpofer de cette portion, que d'être obligé d'en laiffer encore le tiers ou la moitié aux Enfans pour leur legitime.

Lorfque les Loix ont permis aux Peres & Meres de difpofer de tous leurs biens par Teftament, elles ont re-fervé la legitime aux Enfans ; mais elles n'ont point fait la même referve lorfqu'elles ont permis aux Peres ou Meres furvivans de difpofer de leur Virile, d'où il re-fulte que les Enfans n'ont aucun droit de legitime fur cette portion, & que leur legitime à cet égard, c'eft la portion virile qu'ils ont chacun égale à celle de leur Pere ou Mere furvivant.

En vain diroit-on que la Virile des Enfans leur vient de la Loy, & non de leur Pere ou Mere ; car on pour-roit dire la même chofe de la legitime de droit qui eft déferée aux Enfans par la Loy, nonobftant toute difpo-fition contraire, & néanmoins la legitime de droit ne fe cumule point fur les mêmes biens avec aucun autre titre lucratif, tel que la referve Coûtumiere ou le Doüaire ; ainfi par la même raifon, les Enfans ne peuvent demander de legitime fur la Virile de leur Pere ou Mere.

VINGT-TROISIÉME OBSERVATION,

Sur le Chapitre vingt-septiéme.

Quel droit a le Conjoint survivant dans les Gains Nuptiaux & de Survie , lorsqu'il se remarie.

IL est toûjours bien dangereux d'attaquer la Jurisprudence reçûë , & il faut être bien sûr de son fait. Personne ne doute parmi nous qu'une Femme par son convol ne perde la proprieté de ses Gains Nuptiaux , qu'ils ne soient devolus à ses Enfans , sans pouvoir revenir à la Mere, même par leur predecès ; mais ils vont aux Heritiers même étrangers , & aux Creanciers des Enfans. Veut-on renverser cette Jurisprudence dans les Païs du ressort du Parlement de Paris ? il est vrai en copiant les Auteurs du Parlement de Toulouse , qu'à s'en tenir au Droit du Code, une Mere n'est tenuë qu'à reserver ; mais la No-velle 22. a établi un droit nouveau ; il ne faut que lire Henrys & le Journal du Palais, la question y est traitée à fond , je ne les copierai pas , je citerai seulement le Chapitre 24. de la Novelle 22. *vindicabunt ea filii , hære-desque eorum.* On ne peut opposer l'Edit des Nôces , qui ajoûte sans déroger aux Coûtumes qui ont une peine plus severe contre les Enfans qui se remarient ; pourquoi nous troubler , puisque nous vivons dans une Jurispru-dence conforme au Droit, jusqu'à donner en pleine pro-prieté à une Mere une portion de son Augment , sous pretexte que depuis son convol tous ses Enfans sont morts. Que si on objecte qu'il y a des inconveniens, je réponds que toute Loy en a , & que ce n'est pas une raison pour ne les pas suivre : en un mot nous suivons le Droit Romain , il est précis , la Jurisprudence est certaine , l'usage est constant : pourquoi changer ?

Je ne vois pas pourquoi une Mere n'heritera pas de l'Augment, ni part d'Augment, dont la proprieté est à l'Enfant, de même que des autres biens ? si l'Enfant peut les donner à un étranger, pourquoi pas à la Mere?

REPONSE.

J'ai déja fait dans le Chapitre 27. une ample dissertation sur cette question : j'y ai rapporté les autorités pour & contre ; j'y ai même prévenu les Objections que l'on me fait dans cette Observation, & après avoir balancé le tout, j'ai suivi l'opinion qui m'a paru la mieux fondée, qui est que le Conjoint survivant, quoique remarié reprend la proprieté de ses Gains Nuptiaux après le decès du dernier de ses Enfans. J'ai établi cette opinion, principalement en faisant voir que les retranchemens & reductions que font les Loix sur les avantages des Conjoints qui se remarient, ne sont point faites en haine des secondes Nôces, mais seulement en faveur des Enfans du premier lit, & que l'Edit des secondes Nôces qui est la derniere Loi sur cette matiere, & une loi generale pour tout le Royaume, même pour les Païs de Droit Ecrit, n'oblige les Femmes qui se remarient à reserver les avantages à elles faits par leurs premiers Maris, qu'à leurs Enfans communs : j'ai fait voir que s'il y a quelques Loix qui privent irrevocablement la Femme de ses Gains Nuptiaux, ce n'est que lorsqu'elle se remarie dans l'an du deüil, & à cause de l'injure qu'elle fait à son premier Mari par ces secondes Nôces précipitées. Je ne repeterai point ici tout ce que j'ai dit à ce sujet dans le Chapitre 27. je prie le Lecteur d'y avoir recours, il y trouvera la réponse aux Objections qui me sont faites.

J'ajoûterai seulement à l'égard du Chapitre 24. de la Novelle 22. que l'on m'oppose que ce Chapitre, en parlant des Gains Nuptiaux de la Femme remariée, s'explique en ces termes : *vindicabunt ea filii hæredesque eorum,* lesquels termes *hæredesque eorum,* ne signifient pas que tou-

tes

tes fortes d'heritiers du Mari , foit les Enfans ou les autres ,
ayent droit de recüeillir la proprieté des Gains Nuptiaux de
la Femme remariée ; car fi l'intention du Legiflateur eut
été de l'ordonner ainfi , il auroit dit : *vindicabunt ea filii aut*
alii quicumque hæredes Patris ; au lieu qu'il a feulement dit :
filii hæredefque eorum ; en forte que quand il appelle les Heritiers des Enfans à l'exclufion de ceux au profit defquels
la Femme remariée auroit difpofé , c'eft qu'il fuppofe que
les Enfans ont furvêcu leur mere , & que par ce moyen
ils ont tranfmis à leurs heritiers le droit qu'ils avoient de
revendiquer le fond des Gains Nuptiaux , entre les mains
de ceux à qui la Femme pourroit les avoir remis , ce
qui n'empêche pas que la Femme , quoique remariée ,
ne gagne la proprieté de tous les Gains Nuptiaux , lorfque tous fes Enfans decedent avant elle.

Pour ce qui eft de l'Edit des fecondes Nôces qu'on prétend ne pouvoir être oppofé , fous pretexte qu'il ajoûte ,
fans déroger aux Coûtumes , qui ont une peine plus fevere
contre les Conjoints qui fe remarient , il faut obferver
que l'Edit ne s'énonce pas tout-à-fait dans ces termes , il
porte feulement ce qui fuit ; *toutes-fois n'entendons par nôtre*
prefent Edit bailler aufdites Femmes plus de pouvoir & liberté
de donner & difpofer de leurs biens , qu'il ne leur eft loifible
par les Coûtumes des Païs aufquelles par ces Prefentes n'eft déro-
gé , en tant qu'elles reftraignent plus ou autant la liberalité
defdites Femmes ; cette difpofition n'eft pas fi generale qu'on
veut le faire entendre : elle ne concerne en aucune maniere les avantages faits aux Femmes par leurs premiers
Maris. L'Edit ne parle en cet endroit que des biens que
les Femmes ont de leur chef , & provenans d'ailleurs
que de la liberalité de leurs premiers Maris , & l'unique
objet de la difpofition de l'Edit au fujet de ces biens ,
eft que quoique en general il ait été permis par l'Article
premier aux Femmes qui fe remarient de donner de leurs
propres biens une part d'Enfant à leurs feconds Maris ,
néanmoins elles ne pourront pas donner tant , fi la Coûtume
du lieu où font les biens ne le lui permet pas. Or on ne

X x

peut jamais inferer de-là que le Conjoint remarié perde
la proprieté de tous ſes Gains Nuptiaux, même ſans eſperance de retour, après le decès du dernier de ſes Enfans.

J'avois déja diſcuté la Juriſprudence particuliere, que
l'on attribuë au Parlement de Paris ; Juriſprudence qui
feroit contraire à celle de tous les autres Parlemens ; mais
j'ai examiné de nouveau cette Juriſprudence, & j'ai reconnu qu'elle n'eſt pas tout-à-fait telle qu'on la ſuppoſe.

Dans l'eſpece de l'Arrêt rapporté par Henrys, tom. 1.
liv. 4. ch. 4 queſt. 13. il ne s'agiſſoit point des Gains
Nuptiaux de la Femme, mais ſeulement de la ſucceſſion
de ſon Mari qui l'avoit inſtituée ſon heritiere ; & ſi nonobſtant le predecès de tous ſes Enfans, elle fut condamnée
à remettre ladite ſucceſſion à une heritiere collaterale de
ſon premier Mari ; ce fut moins en haine des ſecondes
Nôces, que parce qu'elle ne fut regardée que comme
une heritiere fiduciaire, attendu qu'elle avoit été chargée
par ſon Mari de remettre dans un certain tems l'hoirie à
un de ſes Enfans, & qu'il les avoit ſubſtitué les uns aux
autres.

Il eſt vrai qu'Henrys, à l'occaſion de cet Arrêt, traite
la queſtion à l'égard des Gains Nuptiaux, qu'il la diſcute
encore liv. 5. ch. 4. queſt. 46. & que par tout il eſt
d'avis que la Mere qui ſe remarie, perd la proprieté de
tous les avantages à elle faits par ſon Mari, incommutablement & ſans eſperance de la reprendre après le decès
de tous ſes Enfans ; mais néanmoins il convient que c'eſt
un point de controverſe, & ſon Annotateur dit pareillement que la queſtion eſt difficile, qu'elle ne ſe trouve
point decidée expreſſément dans le Droit, que la Loy,
fœmina au Code *de ſecund. Nupt.* decide nettement que cette
proprieté revient à la Mere par le predecès de tous les
Enfans, que cette Loi eſt certainement ſuivie dans les
Parlemens de Droit Ecrit ; & pour concilier la Novelle
22. avec le Chapitre 3. de la Novelle, il diſtingue entre
l'Augment & les autres avantages faits à la Femme : il

eftime que la Femme remariée perd la propriété de l'Augment , fans efperance de la recouvrer même en cas de predecès de tous fes Enfans, mais qu'à l'égard des autres avantages , elle en recouvre en ce cas la propriété , parce qu'il n'y a point de Loy qui l'en prive expreffément.

Cette rigueur n'auroit donc lieu contre la Femme remariée que pour l'Augment , & non pour les Bagues & Joyaux , ni pour les autres Gains Nuptiaux & de Survie , foit du Mari ou de la Femme , defquels on convient que les Loix ne parlent point ; mais comme les mêmes raifons pour lefquelles le furvivant, quoique remarié , reprend la propriété de fes autres Gains Nuptiaux en cas de predecès de tous fes Enfans , militent également à l'égard de l'Augment , je crois qu'il doit fuivre le même fort que les autres Gains Nuptiaux , & que par conféquent la Mere, quoique remariée , en reprend la propriété après le decès de tous fes Enfans.

Dans l'efpece de l'Arrêt du 27. Août 1672. rapporté dans le Journal du Palais , ce ne fut pas parce que la Mere s'étoit remariée qu'on jugea qu'elle n'avoit plus aucun droit de propriété dans fes Gains Nuptiaux ; ce fut parce que le dernier de fes Enfans auquel elle avoit furvécu , avoit laiffé des Enfans ; car ces Petits-Enfans reprefentant leur Pere, dont ils étoient heritiers , la Mere étoit obligée de leur referver la propriété des Gains Nuptiaux , à laquelle leur Pere avoit droit pendant fa vie. Auffi la Mere ne plaidoit-elle point contre fes Petits-Enfans : au contraire elle agiffoit de concert avec eux , & convenoit que fuivant les Loix , elle avoit été obligée de referver à fes Petits-Enfans la propriété de la portion Virile , à laquelle il avoit droit ; & elle ne foûtenoit que la propriété de cette portion lui appartenoit à elle furvivante jufqu'à fon decès, que pour fe garentir & fes Petits-Enfans de l'hypotèque que les Créanciers de fon fils exerçoient fur cette portion : l'Arrêt jugea que les Creanciers avoient hypotéque fur cette portion ; mais ce fut parce que le Fils avoit tranfmis fon droit à fes Enfans qui étoient fes

X x ij

Heritiers , ce qui ne décide point que la Femme n'eut pas eu la proprieté des Gains Nuptiaux , si tous ses Enfans étoient morts avant elle sans Enfans.

Ainsi la Jurisprudence que l'on attribuë à cet égard au Parlement de Paris ne paroît pas constante , & il y a lieu de croire , que si la question s'y presentoit degagée de circonstances entre des Heritiers collateraux du Mari , & une Femme survivante remariée , dont tous les Enfans seroient decedés avant elle sans Enfans , on lui adjugeroit la proprieté de ses Gains Nuptiaux , de même quedans les Parlemens de Droit Ecrit.

Ce que l'Auteur des Observations dit en finissant cet article , qu'il ne voit pas pourquoi la Mere n'heriteroit pas de l'Augment , ni part d'Augment , sert plûtôt à appuyer cette opinion que la sienne. Car si la Mere peut succeder à ses Enfans dans l'Augment , pourquoi une Mere remariée ne succederoit-elle pas au dernier de ses Enfans en ce genre de biens ? dès qu'il ne reste plus de traces du premier mariage , il n'y a plus de raison pour restraindre les droits de la Femme , sous pretexte qu'elle s'est remariée , ces restrictions n'étant qu'en faveur des Enfans du premier lit.

VINGT-QUATRIÉME OBSERVATION,

Sur le Chapitre vingt-huitiéme ; Pour quelles causes le survivant peut etre privé de ses Gains Nuptiaux & de Survie.

IL n'a jamais été observé qu'une Femme perde ses droits pour s'être remariée avec une personne indigne de sa condition.

REPONSE.

Suivant la Loy unique au Code *de mulieribus quæ servis propriis se junxerunt*, les Femmes qui étoient convainçuës d'avoir eu commerce avec leurs Efclaves, étoient condamnées à perdre la tête, & les Efclaves condamnés au feu.

Après ces peines fi feveres prononcées contre les Femmes par les Loix Romaines, on ne doit pas être étonné fi parmi nous celles qui fe remarient à des perfonnes indignes d'elles, eu égard à leur condition, font privées de tous les avantages à elles faits par leurs premiers Maris.

L'Ordonnance d'Henris III. faite à Blois, au mois de Mai 1579. article 182. declare nuls tous avantages faits par des Femmes à leurs feconds Maris, lorfqu'ils font indignes de leur condition.

M. Guy Coquille en fes Notes fur cet article, dit que de tels Actes démontrent ou que les Femmes font diminuées de fens, & méritent felon les Loix être interdites de l'adminiftration de leurs biens, ou qu'elles fe montrent indignes d'avoir époufé un Mari homme d'honneur, partant doivent être privées, & de l'honneur & des biens du défunt Mari.

Et les Remarques tirées de M. Duret, portent fur cet article que le ftatut qui défend quelque chofe à la Femme a lieu au Mari, quoiqu'il n'en faffe mention, quand il y a parité de raifon.

L'Ordonnance de Loüis XIII. donnée à Paris au mois de Janvier 1629. article 145. eft conçuë en ces termes, *ajoutant* à l'article 182. de l'Ordonnance de Blois, *voulons que les Femmes Veuves ayans Enfans qui fe remarieront contre & au préjudice de ladite Ordonnance, foient privée du Doüaire à elles acquis par leurs premiers Mariages.*

Ce mot *Doüaire* eft pris dans cet article pour tout avantage matrimonial; car cette difpofition de l'Ordonnance eft generale pour tout le Royaume, & comprend par confequent les Païs de Droit Ecrit, auffi-bien que les Païs Coûtumiers.

L'Article 434. de la Coûtume de Bretagne contient une femblable difpofition.

Defpeilles tome 1. part. 1. Sect. 5. n. 18. dit que les Veuves ayant Enfans qui fe remarient à perfonnes indignes de leur qualité , font privées du Doüaire à elles acquis par leurs premiers Mariages , fuivant l'article 145. des nouvelles Ordonnances de Loüis XIII. & que puifque le Doüaire eft l'ufufruit que la Femme gagne par le predecès de fon Mari en Païs Coûtumier fur portion des biens du Mari , & qu'en Languedoc on n'y pratique pas ce Doüaire , mais feulement l'Augment Dotal , il s'enfuit qu'en ladite Province de Languedoc , fuivant lefdites Ordonnances , la Veuve qui fe remarie à perfonne indigne de fa qualité , doit être privée non-feulement de la proprieté dudit Augment , (ce qui eft commun à tous ceux qui fe remarient , comme il a été dit ci-deffus ,) mais auffi de l'ufufruit d'icelui , qui , en quelque façon, eft femblable audit Doüaire.

Il obferve feulement qu'il ne faut pas croire que toutes les Veuves qui fe remarient avec leurs valets , foient fujettes aufdites peines , ains feulement celles qui fe remarient avec leurs valets qui ne font pas de leur qualité : que fi lefdits Valets à gages fon prefque d'égale qualité à leur Maîtreffe , les fufdites peines n'ont pas lieu , & qu'il l'a vû décider ainfi dans une Confultation authentique où il étoit , en faveur d'une Veuve de Laboureur qui s'étoit remariée avec fon Valet auffi Laboureur.

A toutes ces raifons , & ces differentes autorités , il faut encore ajoûter que de même qu'une Femme eft privée de fes Gains Nuptiaux , lorfqu'elle fe remarie dans l'an du deüil , parceque ces fecondes Nôces précipitées font une injure qu'elle fait à la memoire de fon Mari , par la même raifon elle doit être privée de fes Gains Nuptiaux lorfqu'elle fe remarie à une perfonne indigne de la condition de fon premier Mari , puifque c'eft une injure encore plus grande qu'elle fait à fa memoire & à fa famille , que quand elle fe remarie dans l'an de deüil.

VINGT-CINQUIÉME OBSERVATION ,

*Sur le Chapitre trentiéme ; Du droit des Creanciers
dans les Gains Nuptiaux.*

ON n'a pas aſſés developpé les droits des Femmes à
l'égard des Creanciers. Pour les Immeubles tout ſe
regle par hypotêque en France , excepté au Parlement de
Touloufe , mais pour les Meubles elles ont un privilege
dans les Païs de Droit Ecrit , par lequel elles excluent tous
Creanciers exceptés les privilegiés.

R E P O N S E.

Je n'ai eu pour objet dans le Chapitre 30. que d'examiner quels droits les Creanciers ont dans les Gains Nuptiaux , parce que j'avois déja diſcuté les droits de la Femme vis-à-vis des Creanciers dans le Chapitre 23. qui traite
des preferences , hypotêques & privileges que le Conjoint
ſurvivant ou ſes Enfans ont pour les Gains Nuptiaux :
ainſi je renvoye le Lecteur à ce Chapitre.

J'ajoûterai ſeulement ici une obſervation à l'égard des
Creanciers privilegiés qui doivent être payés ſur les meubles avant la Femme , nonobſtant le privilege qu'elle a
pour être payé ſur les meubles de ſon défunt Mari avant
tous les Creanciers non privilegiés.

Premierement , j'eſtime que le Creancier qui eſt nanti des
meubles par forme de gage , ou qui les auroit mis en dépôt ,
& celui qui eſt Creancier du prix des meubles que l'on diſcute , ſont preferés à tous autres Creanciers privilegiés ,
même à la Femme , parce que leur privilege eſt ſpécial
ſur les meubles , & par conſequent plus fort ſur leſdits
meubles qu'un privilége , tel que celui de la Femme qui
n'affecte que tous les meubles en general.

2°. Je crois que les frais de Juſtice , les frais Funeraires , les Salaires des Medecins , Chirurgiens , & Apoticaires , font payés fur les meubles du défunt , préferablement aux Gains Nuptiaux de la Femme , parce que ces fortes de creances paſſent toûjours avant toutes les autres.

3°. Les Loyers , fermages , dépens d'Hotelage , & les Gages des Serviteurs pour l'année courante & la précedente , doivent auſſi être préferés à la Femme , parce que ces creances font pour chofes dont elle a profité auſſi-bien que fon Mari.

Pour ce qui eſt de tous les autres Creanciers , la Femme leur eſt préferée , quand même ils feroient hypotécaires , & que la queſtion fe prefenteroit dans quelqu'une des Provinces de Droit Ecrit , où les Meubles fe diſtribuent par ordre d'hypotêque , quand ils font encore entre les mains du debiteur , comme dans les Parlemens de Bourdeaux & de Provence , fuivant les Arrêts rapportés par la Peirere , lettre M. n. 26. & Boniface , tom. 2. liv. 4. tit. 3. chap. 1. & tome 4. liv. 8. tit. 20. ch. 4. la raifon de cette préference eſt que le privilege fur une certaine nature de biens , tel que celui de la Femme fur les meubles , eſt un droit plus fort que l'hypotêque qui n'affecte que tous les biens en général.

✳

VINGT-SIXIÉME OBSERVATION,

Sur le même Chapitre trente. Du droit des Creanciers dans les Gains Nuptiaux.

ON juge à Lyon qu'une Femme peut , même en fraude de fes Creanciers , anticiper la reſtitution de fes Gains Nuptiaux à fes Enfans , de même qu'un grevé de fubſtitution peut anticiper le tems de la reſtitution , & on croit que le droit des Enfans fur l'Augment eſt fi favorable , que la feule volonté de la Mere peut faire obſtacle aux Creanciers. Cela eſt-il bien fondé ? peut-être pourroit-on avec juſtice critiquer cet ufage.

REPONSE.

RÉPONSE.

J'ai déja établi dans le Chapitre 30. que le Conjoint furvivant ne peut en fraude de fes Creanciers anticiper la reftitution des Gains Nuptiaux. J'ajoûterai feulement ici une obfervation pour répondre à l'objection de ceux qui foûtiennent que chacun a la liberté de renoncer à fon droit , c'eft que pour decider contre quelles fortes de renonciations du debiteur les Creanciers peuvent revenir , on doit diftinguer fi le droit auquel a renoncé le debiteur n'étoit qu'une fimple faculté d'acquerir , telle que le droit d'exercer un retrait , un remeré , de prendre des Lettres de Refcifion ; ou fi c'étoit un droit acquis , comme une Succeffion , une Donation.

En cas de renonciation du Debiteur aux droits de fimple faculté , les Creanciers ne peuvent exercer lefdits droits , même à leurs rifques , parce que ces droits n'étant pas des biens réels , le Debiteur n'eft pas préfumé y avoir renoncé en fraude de fes Créanciers.

A l'égard des droits acquis lors que le Debiteur y a renoncé , les Créanciers font reçûs à les exercer , parce qu'on préfume qu'une telle renonciation eft faite dans la vûë de leur fouftraire les biens aufquels le Debiteur avoit droit , mais ils ne les exercent jamais qu'à leurs rifques.

Ainfi les Gains Nuptiaux dont joüit le furvivant , étant des droits réellement acquis , s'il en anticipe la reftitution en fraude de fes Creanciers , ils doivent être autorifés à revenir contre cette reftitution , & à fe venger fur la joüiffance que le furvivant devoit avoir.

❖❖❖❖❖❖❖❖❖❖❖❖❖❖❖❖❖❖❖❖❖❖❖❖❖❖❖❖❖❖❖❖❖❖

VINGT-SEPTIÉME OBSERVATION,

Sur le même Chapitre trentiéme ; Du droit des Creanciers dans les Gains Nuptiaux. Nom. 4.

LA queftion de fçavoir fi un Enfant peut renoncer en fraude de fes Creanciers , mérite d'être difcutée ; je ne decide ni pour ni contre : on peut objecter qu'on peut renoncer à une succession en fraude des Creanciers, & ne pas acquerir ; mais j'aime mieux adherer à l'avis de l'Auteur, parce que le droit d'Augment est si certain, que ce n'est pas proprement acquerir que de le percevoir ; mais je crois qu'à la decision, il étoit bon d'ajoûter quelque preuve.

R E P O N S E.

Un Enfant ne peut en fraude de ses Creanciers renoncer à la part qui lui étoit acquise dans les Gains Nuptiaux, & cela par les raisons que j'ai alleguées dans le Chapitre trentiéme, & dans la Reponse à l'Observation precedente au sujet des Creanciers des Conjoints ; car il y a parité de raison pour tous les Creanciers, soit du Pere ou de la Mere ou des Enfans, tout ce qui se fait en fraude des uns & des autres étant également injuste.

Anciennement les Creanciers faisoient condamner leurs Debiteurs à se porter heritiers en leur donnant bonne & suffisante caution de les indemniser & garentir de tout évenement, & qu'ils ne seroient point tenus au-delà des forces de la succession.

Dans la suite, on a reconnu qu'il étoit injuste d'obliger les Debiteurs à paroître malgré eux dans toutes les discussions d'une succession, uniquement pour l'interêt de leurs Creanciers, & que ce circuit étoit inutile.

Mais on n'a pas pour cela autorisé les renonciations des Debiteurs à une succession au préjudice de leurs Créanciers ; car on a introduit de subroger les Creanciers au lieu & place du Debiteur, de maniere qu'ils exercent ses droits à leurs risques, & qu'il n'est pas vrai indistinctement qu'un Debiteur puisse renoncer à une succession en fraude de ses Creanciers.

Un Debiteur peut bien ne pas faire une nouvelle acquisition, sans que ses Creanciers puissent l'obliger d'acquerir ; mais renoncer à une succession, ce n'est pas simplement manquer à acquerir, c'est abdiquer un droit acquis, ce qui ne se peut faire en fraude des Creanciers , suivant la Loy 1. §. 1. *Digest. quæ in fraud. credit. instit. de action.*

Or il en est de même du droit d'Augment , & des Gains Nuptiaux , les Enfans y ont un droit acquis dès qu'ils survivent à leur Pere & Mere , & lorsqu'ils y renoncent , ce n'est pas une omission d'acquerir , c'est une abdication d'un bien qui leur appartenoit déja , abdication qui ne peut préjudicier à leurs Créanciers.

VINGT-HUITIÉME OBSERVATION,

Sur le Chapitre trente-uniéme ; De la prescription des Gains Nuptiaux.

JE doute qu'une Femme & des Enfans ayant parlé dans une vente , cela ne fasse aucun préjudice aux Gains Nuptiaux ; car je ne crois pas que l'on ne puisse renoncer au droit qui n'est pas ouvert , pourvû qu'on l'énonce expressément. Pour decider la question , il auroit fallu distinguer sur ce qu'on entend par le mot de Parler ; ou bien une Femme & des Enfans ont vendu avec le Mari & Pere conjointement , ou bien ils n'ont fait que renoncer à leur hypotêque ; dans le premier cas , comme tous les vendeurs doivent maintenir la vente , il ne faut pas douter qu'ils ne fussent exclus de troubler le vendeur qu'ils doivent garentir : dans le second cas , ils peuvent revenir tout aussi aisément qu'ils le pourroient pour une dette dont ils auroient herité d'ailleurs.

REPONSE.

La maxime que l'on ne peut renoncer , a un droit qui n'est pas encore ouvert , est fondée sur deux raisons ;

La premiere , que toute renonciation pour être valable , doit être faite en connoissance de cause , & que l'on ne

Y y ij

connoît pas véritablement un droit qui n'est pas encore ouvert.

La seconde raison, est que l'on présume que celui qui a renoncé à un droit non ouvert, ne l'auroit peut-être pas fait si facilement, si le droit eut été ouvert, & qu'il eut été en état d'en joüir.

Il n'y a d'exception à cette regle generale, qu'à l'égard des renonciations qui se font par Contrat de Mariage aux successions futures, lesquelles ont été autorisées, tant à cause de la faveur des Contrats de Mariage dont il est essentiel d'entretenir les conventions, qu'à cause qu'elles ont un prix, sçavoir la Dot que les Peres & Meres donnent à l'Enfant qui renonce.

Mais comme aucune de ces considerations ne se rencontreroit dans la vente faite à un étranger, des biens hypotêqués aux Gains Nuptiaux, dans laquelle la Femme ou les Enfans seroient intervenus, soit comme fondés de procuration du vendeur, ou de l'acquereur, soit pour faire quelque declaration ou stipulation de leur chef, ou même pour renoncer à tous droits d'hypotêque sur ces biens, une telle renonciation ne seroit pas valable si elle étoit faite dans un tems où le droit éventuel qu'ils avoient aux Gains Nuptiaux, n'étoit pas encore ouvert, attendu que l'on ne peut renoncer d'avance à des droits non ouverts : & à plus forte raison leur seule intervention dans une telle vente ou dans une obligation, n'emporteroit-elle pas une renonciation tacite à ces avantages, puisqu'ils ne peuvent pas y renoncer valablement, même par une clause expresse, jusqu'à ce que le droit en soit ouvert.

Il n'y a qu'un seul cas dans lequel l'intervention de la Femme ou des Enfans dans le Contrat de vente des biens hypotêqués aux Gains Nuptiaux, préjudicieroit à leurs droits, c'est le cas où ils se feroient obligés à la garentie de la vente ; car en ce cas ils seroient tenus de faire joüir l'Acquereur, sans pouvoir exercer contre lui leurs droits : mais ce ne seroit point à cause de la renonciation expresse ou tacite qu'ils y auroient fait, ce ne seroit qu'à cause de la garentie qu'ils auroient promise à l'Acquereur, laquelle indépendamment de leur renonciation expresse ou tacite, & quand il n'y auroit aucune renonciation, produiroit seule en faveur de l'Acquereur une exception suffisante pour écarter toutes prétentions de la Femme & des Enfans au sujet des Gains Nuptiaux.

VINGT-NEUVIÉME OBSERVATION.

JE ne sçai si l'Auteur a remarqué que le Decret ne purge point l'Augment non plus que le Doüaire.

REPONSE.

LE Decret des biens du Mari ne purge point les Gains Nuptiaux & de Survie de la Femme, jusqu'à ce que son droit pour les demander soit ouvert par la mort naturelle ou civile du Mari, ou par la faillite du Mari, ou par la separation de biens provoquée par le Mari ou la Femme.

Et vicè versâ. Le Decret des biens de la Femme ne purge point les Gains Nuptiaux du Mari, jusqu'à ce que son droit soit ouvert par la mort naturelle ou civile de la Femme.

De même à l'égard des Enfans, le Decret ne purge point le droit éventuel qu'ils ont aux Gains Nuptiaux stipulés en faveur de leurs Peres & Meres, ni du vivant de tous les deux Conjoints, ni jusqu'à la mort naturelle ou civile de celui de leur Pere ou Mere survivant, qui a recüeilli ses Gains Nuptiaux.

La raison tant à l'égard des Conjoints que des Enfans, pour laquelle le Decret ne purge pas leurs droits non ouverts, est que le Decret emporte une espece de prescription & de fin de non recevoir que l'on ne peut opposer à celui qui n'étoit pas en état d'agir.

TRENTIÉME OBSERVATION.

J'Ai vû demander si le tiers des Immeubles où se monte l'Augment doit être reglé suivant la valeur des Immeubles au tems du Mariage, ou au tems de l'ouverture de l'Augment, je crois que le tems du Mariage doit decider, je me fonde sur ce que l'Augment doit être invariable, & non sujet pour le plus ou le moins aux évenemens posterieurs au Mariage.

REPONSE.

J'Ai prévû la question que propose ici l'Auteur des Observations dans le Chapitre second de l'Augment de Dot, n. 3. page 31. & 34. & cela non seulement par rapport aux Immeubles apportés en Dot, mais aussi par rapport aux effets Mobiliers.

J'ai dit page 31. que l'estimation des effets qui composent la Dot se fait eu égard à la valeur qu'ils avoient lors de la constitution de Dot, & que si la valeur en est augmentée ou diminuée depuis, le profit ou la perte concernent le Mari seul, qui est le Maître de la Dot, & page 34. j'ai remarqué que pour regler la quotité de l'Augment des meubles ou immeubles lorsque leur valeur n'est pas fixée par le Contrat de Mariage, on ne considere que la valeur qu'ils avoient au tems du Mariage; ou s'ils sont échûs depuis, la valeur qu'ils avoient au tems qu'ils sont échûs, sans aucun égard à la diminution ou augmentation survenuës; cet usage est fondé sur ce que les droits des Conjoints doivent être invariables. Cela paroît constant, ainsi je ne m'arrèterai pas davantage à l'établir.

XXXI. ET DERNIERE OBSERVATION.

J'Ai vû demander comment devoit être l'Augment d'une rente à deux pour cent, ou sur l'Hôtel de Ville de

Paris à deux & demi pour cent. C’eſt un immeuble :
ainſi c’eſt au tiers ; mais comment fixera-t-on la valeur
du principal, je ſçai que pluſieurs critiqueront mon avis :
mais je crois que l’équité & la raiſon doivent decider.
Comment fixer à 30000. livres un Contrat qui ne rend
que 600. livres, qui ne peut être vendu que ſur ce pied,
& qui réellement ne vaut que la moitié dans le commerce, il me paroît plus juſte d’en fixer la valeur plûtôt
ſur ce qu’il vaut que ſur le prix imaginaire de 30000.
livres.

REPONSE.

Quoique par les revolutions des tems, la plûpart des
Contrats de rentes ſur l’Hôtel de Ville ne rapportent pas
à proportion de leur principal un denier auſſi fort que
celui que l’on ſtipule communément dans les Contrats ſur
particuliers, & que dans le commerce ces ſortes de Contrats ſe vendent ſouvent à un prix fort inferieur à celui de la
conſtitution de la rente ; néanmoins je ne crois pas que l’Augment d’une Femme qui a apporté en Dot un Contrat de rente
ſur la Ville à deux & demi pour cent ou à un denier encore
plus bas, puiſſe être moindre que le tiers du principal de cette
rente ; parce qu’en juſtice reglée, on ne donne point aux effets
royaux d’autre valeur que celle qu’il a plû au Prince d’y attribuer. Le principal de ce Contrat n’eſt pas une valeur idéale.
Le Roy peut le rembourſer, comme cela eſt arrivé pluſieurs
fois : d’ailleurs quand le Mari a pris en Dot ce Contrat, c’étoit
à lui à en reduire l’Augment par le Contrat de Mariage, s’il
ne vouloit pas le payer à proportion du principal.

Mais ce ſeroit encore une autre queſtion ſi la Femme ayant
apporté en dot un Contrat ſur la Ville de 60000. liv. au denier
cinquante, les Heritiers du Mari vouloient lui donner pour
ſon Augment de cet immeuble un Contrat auſſi ſur la Ville
de 20000. livres au même denier, & qui ſeroit de la ſucceſſion du Mari : pourroit-on l’obliger de prendre ce Contrat en
payement ſur le pied de 20000. livres.

La raiſon de douter ſeroit de dire que la Femme ne peut pas ſe plaindre quand on lui paye ſon Augment en effets de même nature que ſa Dot, & qu'ayant apporté en dot un Contrat pour 60000. livres, quoiqu'il n'en vaille dans le commerce que trente au plus, elle ne peut pas refuſer de recevoir pour 20000. livres un Contrat dont le principal eſt effectivement de 20000. livres.

Mais la raiſon de decider au contraire, eſt que l'Augment & les autres Gains Nuptiaux de la Femme ſont toûjours une créance exigible en argent, de quelque nature que ſoit ſa Dot, ſoit en meubles ou en immeubles, & qu'on ne peut la forcer de prendre un immeuble en payement, quoique cet immeuble ſoit de la ſucceſſion de ſon mari : en ſorte que quand elle auroit apporté en Dot un Contrat de rente ſur la Ville, & qu'il ne ſe trouveroit dans la ſucceſſion de ſon Mari, pour tout bien qu'un Contrat de rente auſſi ſur la Ville, elle ne ſeroit pas obligée de le prendre en payement, ſoit ſur le pied du principal de ce Contrat, ſoit pour un prix inferieur ; mais elle peut le faire vendre & ſur le prix qui en provient prendre ſon payement en argent.

Il faut appliquer ce qui vient d'être dit des Contrats ſur la Ville, aux Contrats ſur particuliers qui ne produiroient qu'un denier moindre que le denier vingt ou autre denier, communément uſité dans le Païs ; car il y a parité de raiſon entre ces Contrats, & ceux ſur la Ville, & ce n'eſt pas ſur la rente, mais ſur le capital que l'on regle l'Augment, parce que c'eſt le capital qui forme le fond de ce genre de bien, & que l'Augment ſe regle à proportion de la valeur des fonds, & non pas de leur produit. Autrement il faudroit dire auſſi qu'une Femme qui apporte en Dot une Maiſon de Plaiſance, ou des meubles & effets mobiliers, d'un prix conſiderable, ne pourroit en demander l'Augment, ſous pretexte que ces biens ne produiſent aucun revenu, ce qui ſeroit injuſte & contraire à l'uſage qui ſe pratique à cet égard dans tous les Païs de Droit Ecrit.

F I N.

TABLE
DES MATIERES
Contenuës dans ce Traité.

D

Fin de la Table des Matieres.